트위터 부트스트랩으로 만드는
워드프레스® 테마

트위터 부트스트랩으로 만드는 워드프레스 테마

지은이 **김덕기**

펴낸이 **박찬규** 엮은이 **윤가희** 디자인 **북누리** 표지디자인 **아로와 & 아로와나**

펴낸곳 **위키북스** 전화 **031-955-3658, 3659** 팩스 **031-955-3660**

주소 **경기도 파주시 문발로 115 세종출판벤처타운 311호**

가격 **35,000** 페이지 **504** 책규격 **188 x 240mm**

초판 발행 **2015년 04월 20일**
ISBN **978-89-98139-95-7 (93000)**

등록번호 **제406-2006-000036호** 등록일자 **2006년 05월 19일**
홈페이지 **wikibook.co.kr** 전자우편 **wikibook@wikibook.co.kr**

이 책의 한국어판 저작권은 저작권자와의 독점 계약으로 위키북스가 소유합니다.
신 저작권법에 의해 한국 내에서 보호를 받는 저작물이므로 무단 전재와 복제를 금합니다.
이 책의 내용에 대한 추가 지원과 문의는 위키북스 출판사 홈페이지 wikibook.co.kr이나
이메일 wikibook@wikibook.co.kr을 이용해 주세요.

이 도서의 국립중앙도서관 출판시도서목록 CIP는
서지정보유통지원시스템 홈페이지(http://seoji.nl.go.kr)와
국가자료공동목록시스템(http://www.nl.go.kr/kolisnet)에서 이용하실 수 있습니다.
CIP제어번호 2015010478

트위터 부트스트랩으로 만드는 워드프레스 테마

김덕기 지음

위키북스

서문

필자가 처음으로 부트스트랩을 접했던 것은 의뢰를 받아 웹사이트를 제작하던 때였습니다. 이때는 기존 방식대로 포토샵으로 이미지를 만들고 CSS로 레이아웃을 배치했었죠. 버튼 하나하나를 포토샵으로 만들고 아이콘을 구매해 사용하면서 웹페이지의 모든 요소를 스타일시트를 적용해 일일이 배치하는 작업이 반복됐습니다. 수십 개의 웹페이지를 만드는 데 몇 개월이 걸렸습니다. 여기에 사용한 스타일시트의 양만 해도 상당했습니다.

그런데 트위터 부트스트랩을 접하고 나서는 놀라움의 연속이었습니다. 시험 삼아 제 블로그를 부트스트랩으로 만들어봤는데, 기본적인 레이아웃과 요소를 배치를 하고 대략적인 블로그 스킨을 만드는 데 하루밖에 걸리지 않았습니다. 보통의 스타일시트를 사용했다면 3일은 족히 걸리는 일이었죠. 그 이후로는 항상 부트스트랩을 사용해 디자인하고 있습니다.

부트스트랩 이전에도 여러 가지 프레임워크를 사용해봤지만, 웹페이지에 사용되는 포괄적인 라이브러리를 갖추고 있는 것은 없었기에 여러 가지 라이브러리를 조합해서 사용하는 데 어려움이 발생하기도 했습니다. 부트스트랩은 웹페이지에서 사용되는 모든 요소에 대해서 스타일시트를 만들어놓았기 때문에 필요한 라이브러리를 찾아다닐 필요가 없습니다. 없으면 응용해서 사용할 수 있도록 스타일 변경도 자유롭습니다. 더구나 부트스트랩과 관련된 프로젝트가 아주 많이 있어서 다양한 프로젝트를 알고 있으면 웹사이트 제작에 많은 시간이 절약됩니다. 이러한 프로젝트는 수백 개에 이르고 대부분이 자바스크립트 플러그인화 돼 있어서 스타일시트로 배치하고 옵션 설정만 하면 손쉽게 사용할 수 있습니다.

부트스트랩의 장점 중 하나는 반응형 디자인을 쉽게 만들 수 있다는 것입니다. 버전 2.0부터는 반응형이 가능하도록 별도의 스타일시트 파일을 추가했는데, 3.0에서는 반응형 디자인이 우선으로 적용되게 해서 반응형은 기본이 되고 두 개로 나누어진 스타일시트는 한 개로 통합됐습니다. 모바일이 인터넷을 주도할 것이므로 앞으로 인터넷 접속은 데스크톱보다는 스마트폰, 태블릿 PC로 이뤄질 것이고 이들 기기를 위한 디자인이 활성화될 것입니다.

서문

부트스트랩을 이용해 디자인하면 정형화된 스타일 때문에 부트스트랩으로 만든 디자인이라는 티가 납니다. 해외에서는 많은 디자이너가 부트스트랩을 이용해 디자인하고 있기 때문에 이를 이용한 디자인은 진정한 웹디자인이 아니라는 우려의 목소리도 나오고 있습니다. 디자인이란 창의성을 전제하고 있는데 공장에서 찍어내듯 디자인이 만들어지고 있으니 그럴 만도 하죠. 하지만 이러한 우려는 우려에 불과합니다.

부트스트랩은 하나의 도구일 뿐입니다. 이를 이용하는 목적은 웹디자인을 쉽고 빠르게 하기 위한 것입니다. 부트스트랩으로 디자인해서 사용자 스타일을 적용하지 않고 그대로 사용한다면 말 그대로 공장에서 찍어낸 디자인밖에 안됩니다. 뼈대는 부트스트랩이되 모양은 자신만의 스타일이 나와야 합니다. 자신만의 스타일을 만드는 것은 웹디자이너의 역량에 달려있습니다.

부트스트랩의 이용 범위는 웹사이트뿐만 아니라 앱에서도 사용할 수 있습니다. 모든 범위에 거쳐 활용도를 넓히려면 어떤 한 부분에서 실제로 어떻게 사용되는지 알아보는 것도 중요하다고 생각됩니다.

워드프레스는 2015년 3월 현재 전 세계적으로 모든 웹사이트의 23.6%의 점유율을 기록하고 있고 계속 증가하고 있습니다. 워드프레스가 인기 있는 이유는 기능을 확장하기 위해 플러그인을 사용하고 사이트 디자인을 위해 테마를 사용하는데, 무료 플러그인과 무료 테마가 많으며 유료라 하더라도 그리 비싼 가격이 아니기 때문입니다. 무엇보다 워드프레스가 인기 있는 가장 큰 이유는 사용자 커뮤니티가 활발하다는 것입니다.

어떤 프로그램을 사용하기 위해서 문제점을 해결하거나 활용도를 넓히려면 이러한 커뮤니티의 활동은 아주 중요한 역할을 합니다. 어떤 기능을 추가하기 위해 플러그인을 찾아보면 대부분 원하는 기능의 플러그인이 존재합니다. 하지만 커스터마이징하고자 할 때 이러한 커뮤니티가 없으면 제대로 된 기능을 발휘하지 못합니다. 인기 있는 플러그인은 지속적으로 업데이트 되고 커뮤니티 활동도 활발합니다.

서문

필자의 전작인 부트스트랩 2.0 버전을 기반으로 한 책에서는 단순한 정적인 웹사이트를 만들었기에 실제 웹사이트에서 사용하려면 어떻게 적용해야 하는지 방법을 다시 찾아야 하는 결점이 있었습니다. 그래서 생각한 것이 간단한 구조의 CMS였습니다. 찾아보니 텍스트 베이스의 CMS가 눈에 들어오더군요. 이를 며칠 사용해보고 간단한 웹사이트는 만들 수 있겠다 싶어서 실제 작업을 해봤지만 기능을 추가하는 데 한계가 많았습니다.

워드프레스는 제가 잘 아는 분야이고 요즘은 국내에서도 기존 웹사이트를 워드프레스로 많이 전환하고 있는 추세이며 쇼핑몰도 활발히 개발되고 있습니다. 부트스트랩으로 워드프레스 웹사이트를 어떻게 만드는지 알아보는 것도 웹사이트 개발에 도움될 것이라 생각됩니다.

이 책의 구성

이 책의 내용은 4개의 장으로 나뉩니다.

1장에서는 부트스트랩의 모든 내용에 대해서 상세히 설명합니다. 부트스트랩을 이용한 웹디자인을 위해서 부트스트랩의 모든 내용을 잘 파악해야 응용이나 확장이 쉬워질 것입니다. 부트스트랩 2.0 버전에서는 웹 접근성에 대해 많이 다루지 않았지만, 3.0 버전부터는 시대의 요구에 의해 많은 부분에서 웹 접근성에 관한 내용이 추가돼 있습니다. 따라서 부트스트랩의 코드를 그대로 사용하면 웹 접근성을 쉽게 적용할 수 있습니다. 이 책에서는 부트스트랩에서 사용된 각종 웹 접근성을 위한 기본적인 내용을 설명했습니다.

2장은 워드프레스 테마 만들기입니다. 워드프레스 테마는 사이트 디자인을 위해 사용되는데 프로그래밍을 위해 PHP에 대해 잘 알아야 하는 것은 아닙니다. 워드프레스에서 사용되는 템플릿 계층 구조와 템플릿 태그에 대해 알면 테마를 만들거나 디자인 수정이 쉬워집니다. 템플릿 계층구조를 기반으로 부트스트랩을 이용해 템플릿 파일을 만들고 템플릿 태그를 삽입해 만들 수 있습니다. 테마를 보다 쉽게 만들기 위해 워드프레스에 기본적으로 포함된 기본 테마를 사용합니다. 기본 테마인 Twenty Fifteen은 블로그 전용 테마로서 레이아웃과 구조가 간단합니다. 부트스트랩의 레이아웃을 위한 그리드 시스템을 추가하는 것만으로도 쉽게 테마를 만들 수 있습니다.

3장은 다양한 콘텐츠 만들기입니다. 2장에서 만든 기본적인 테마를 바탕으로 여러 가지 콘텐츠를 다룰 수 있는 글 타입에 대해 설명합니다. 웹사이트는 블로그만 있는 것이 아니고 쇼핑몰, 호텔 사이트, 포트폴리오 사이트 등 다양합니다. 이들 사이트를 원하는 레이아웃으로 만들려면 글 타입을 추가하면 됩니다. 추가되는 글 타입에 따라 포트폴리오, 갤러리, 슬라이더 등 여러 가지 형태의 콘텐츠를 자유롭게 디자인 할 수 있습니다. 또한 이들 콘텐츠를 전면 페이지에 모두 출력하는 방법을 다룹니다.

4장은 이전 장에서 다루지 못한 사이트에서 필요한 세부적인 내용을 설명합니다. 탑메뉴를 만들어 로그인이나 회원가입 메뉴를 배치하는 방법, 화면 전체 폭을 사용해 콘텐츠를 출력하는 방법, 추가적인 홈페이지를 만드는 방법 등을 설명합니다.

이 책의 구성

사전 지식 이 책은 웹디자인 응용서에 속하므로 웹디자인에 대한 어느 정도의 지식이 필요합니다. 트위터 부트스트랩 개발자도 언급하고 있듯이 부트스트랩을 사용하려면 기본적인 HTML 지식과 CSS에 대한 지식을 갖추고 있어야 합니다. 그렇다고 전문적인 지식이 필요하지는 않습니다. 웹페이지를 만들기 위한 레이아웃을 혼자서 만들 수 있는 정도의 지식만 있으면 됩니다. 부트스트랩 기초 부분을 보고 이해만 가능하다면 얼마든지 시작할 수 있습니다.

2장부터는 워드프레스 테마를 만듭니다. 따라서 워드프레스에 관한 기초지식이 필요합니다. 다른 CMS를 많이 다뤄본 분들은 바로 시작할 수도 있습니다.

첨부 파일 이 책에서 사용한 각종 소스와 이미지 파일은 제 블로그에서 내려받습니다. 기타 추가 변경사항이나 업데이트 내용, 부트스트랩 새 버전에 관한 내용, 등 부트스트랩 관련 내용도 제 블로그를 참고하시면 됩니다.

첨부 파일 주소: http://martian36.tistory.com/1379

책을 보면서 에러가 있거나 질문 사항이 있으면 제 웹사이트에서 게시글을 남겨주시면 됩니다. 이 사이트는 기존에 발간된 책의 질문 답변 게시판으로 이용되고 있으며 게시판은 스팸을 방지하기 위해 회원 가입이 필수입니다. 회원가입 후 책 제목으로 된 사용자 그룹에 가입하면 게시글을 작성할 수 있습니다. 이 사이트는 책을 따라하면서 안되는 내용에 대해서만 질문을 받습니다.

게시판 사이트 주소: http://diywordpress.kr/

실습 동영상 앱스토어나 구글플레이에서 '위키북스 캐스트'로 검색하거나 QR 코드를 촬영하면 스토어로 연결됩니다. 앱을 설치하고 '부트스트랩으로 만드는 워드프레스 테마' 책을 선택하면 동영상 실습 강의를 볼 수 있습니다. 2부 워드프레스 테마 만들기, 3부 다양한 콘텐츠 만들기, 4부 디테일의 내용 중 일부를 실습하는 영상을 제공하고 있습니다.

01.
부트스트랩 기초

부트스트랩이란? ······ 21
    스타일시트의 재활용 ······ 21
    부트스트랩이 나타난 배경 ······ 24
    부트스트랩의 특징 ······ 24
    텍스트 편집기 ······ 29
    웹브라우저 ······ 29

웹서버 환경 만들기 ······ 31

부트스트랩 사용 환경 만들기 ······ 36
    부트스트랩 파일 내려받기 ······ 36

CSS ······ 41
    그리드 시스템 ······ 41
    글자(Typography) ······ 49
    테이블(table) ······ 59
    폼(Forms) ······ 62
    버튼(Buttons) ······ 80
    이미지(Images) ······ 84

목 차

도움 클래스(Helper classes) ·· 85

반응형 선택자(Responsive utilities) ··· 89

구성요소(Components) ·· 92

아이콘(Glyphicons) ··· 92

드롭다운 ·· 95

버튼 그룹 ··· 99

입력상자 그룹(Input groups) ·· 109

냅(Navs) ··· 114

냅바(Navbars) ·· 119

브레드크럼(Breadcrumb) ·· 125

페이지 처리(Pagination) ··· 125

레이블(Label)과 배지(Badge) ·· 128

점보트론(Jumbotron) ··· 129

페이지 헤더 ·· 130

썸네일(Thumbnails) ··· 131

알림 메시지(Alerts) ··· 133

프로그레스 바(Progress Bar) ··· 135

미디어 오브젝트(Media Object) ·· 138

리스트 그룹(List group) ··· 141

패널(Panels) ·· 144

반응형 임베드(Responsive embed) ·· 147

웰(Wells) ·· 148

자바스크립트	149
모달(Modals)	151
드롭다운	158
스크롤스파이(Scrollspy)	160
탭(Tabs)	162
툴팁(Tooltips)	165
팝오버(Popover)	169
알림 메시지(Alert message)	172
버튼	174
체크박스와 라디오버튼	173
콜랩스(Collapse)	176
캐러젤(Carousel)	179
어픽스(Affix)	183

02.
워드프레스 테마 만들기

워드프레스 설치하기	188
워드프레스 내려받기	189
데이터베이스 만들기	190

목 차

워드프레스 설치하기 ··· 191

워드프레스 관리자 화면 ··· 193

워드프레스의 구조 ··· 194

워드프레스의 콘텐츠 ··· 194

워드프레스 설치 폴더의 내용 ··· 198

워드프레스 템플릿 계층구조(Tamplate Hierarchy) ··· 199

템플릿 파일과 템플릿 태그 ··· 200

워드프레스 템플릿 태그의 종류 ··· 202

워드프레스 템플릿 태그 ··· 204

워드프레스 기본 테마 ··· 206

템플릿 파일의 연결 구조 ··· 208

테마 만들기 ··· 212

테마 제작 내용 ··· 212

자식 테마 만들기 ··· 217

부트스트랩 관련 파일 등록하기 ··· 220

레이아웃 만들기 ··· 224

콘텐츠 추가하기 ··· 234

작업 환경 만들기 ··· 239

사이트 레이아웃 정리 ··· 243

사이드바 수정 ··· 245

content.php 파일 수정 ··· 253

XII

글 목록 페이지 레이아웃 변경 및 포스트 썸네일 다루기·············257
싱글 페이지 수정하기·············262
사이드바 있는 페이지 템플릿 만들기·············275
블로그 페이지 제목 만들기·············277

03.
다양한 콘텐츠 만들기

사용자 정의 글 타입(Custom Post Type)·············297
워드프레스 코덱스 페이지의 예제·············297
Custom Post Type UI 플러그인·············301
고급 사용자 정의 필드(Advanced Custom Fields) 플러그인 사용하기·············310
single-portfolio.php 파일 만들기·············314
Attachment 플러그인 사용하기·············319
라이트박스 플러그인 사용하기·············331
이미지 제목과 캡션 추가하기·············334
사이드바 배치하기·············337
포트폴리오 목록 페이지 만들기·············340
콘텐츠 레이아웃 만들기·············347
무한 스크롤 기능 추가하기·············351
브레드크럼과 옵션 프레임워크 사용하기·············353

목 차

갤러리 페이지 만들기 ··· 367
- 갤러리 이미지 만들기 ·· 368
- 템플릿 파일 수정하기 ·· 369
- 갤러리 글 만들기 ·· 371
- 갤러리 페이지 만들기 ·· 374

슬라이더 글 타입 만들기 ··· 378
- single-slider.php 파일 만들기 ·· 379
- 슬라이더 글 만들기 ··· 381

전면 페이지 만들기 ·· 382
- 전면 페이지 헤더 ·· 384
- 스타일 수정 ··· 385
- 포트폴리오 코드 블록 추가 ··· 387
- 갤러리 코드 블록 추가 ··· 389
- 부트스트랩 스크롤 스파이 이용하기 ·· 390

팀원 글 타입 페이지 만들기 ·· 393
- 팀원 페이지 만들기 ··· 393
- page-team.php 파일 만들기 ·· 395
- 관리자 화면에서 페이지 만들기 ·· 401
- 전면 페이지에 코드 블록 삽입하기 ·· 402

회사 소개 페이지 만들기 · 404
- page-about.php 템플릿 만들기 · 404
- 전면 페이지 코드 블록 만들기 · 410
- 웨이포인트와 애니메이션 스타일시트 사용하기 · 412

그리드 블로그 글 타입 · 416
- page-gridblog.php 템플릿 만들기 · 416
- 블로그 글 타입 변경하기 · 418
- 부트스트랩 모달 기능 추가하기 · 419
- 전면 페이지에 코드 블록 추가하기 · 422

게시판 페이지 만들기 · 425
- page-board.php 템플릿 만들기 · 426
- 게시판 싱글 페이지 수정하기 · 427
- 템플릿으로 페이지 만들기 · 428
- 템플릿 추가 수정 · 431
- content.php 템플릿 수정하기 · 433
- content-page.php 파일 수정하기 · 434
- 게시판 추가 설정 · 435
- 게시판 스타일 수정 · 437
- 드롭다운 버튼 문제 해결 방법 · 439
- 영어로 나타나는 문제 해결 방법 · 442

04. 디테일

메뉴바 만들기 ······ 448
- 로고 추가하기 ······ 448
- 메뉴바 수정 ······ 449
- WP-Members 플러그인 사용하기 ······ 452
- WP-Members 관련 페이지 만들기 ······ 456
- 탑메뉴 만들기 ······ 458
- 이용약관 페이지 만들기 ······ 466

컨택트 페이지 만들기 ······ 469
- Contact Form 7 사용하기 ······ 469
- 컨택트 폼 페이지 만들기 ······ 472

구글 맵 사용하기 ······ 473
- 파일 내려받아 설치하기 ······ 473
- 전면 페이지에 코드 블록 만들기 ······ 475

푸터 만들기 479
두 번째 홈페이지 푸터 479
전면 페이지 푸터 483
사용자 정의 필드 만들기 484

콘텐츠 영역을 전체 너비로 사용하기 484
갤러리 템플릿 수정 485
와이드 갤러리 페이지 만들기 486

두 번째 홈페이지 만들기 489
캐러젤 만들기 489
캐러젤 글 만들기 491
home-page.php 템플릿 만들기 492

스타일 정리 497

부트스트랩 기초

1장에서 다루는 내용

01 _ 부트스트랩이란?
02 _ 웹서버 환경 만들기
03 _ 부트스트랩 사용 환경 만들기
04 _ CSS
05 _ 구성요소(Components)
06 _ 자바스크립트

부트스트랩은 CSS의 클래스 선택자에 정의된 스타일시트와 자바스크립트 플러그인의 라이브러리입니다. HTML로 웹페이지의 뼈대를 만들고 스타일시트에서 레이아웃을 만들기 위한 CSS의 속성과 값을 입력하는 대신 부트스트랩에서 미리 정의된 클래스 선택자를 HTML 코드에 삽입만 하면 레이아웃과 각종 요소를 만들 수 있습니다. 부트스트랩의 스타일시트는 약 5,000여 줄로 만들어져 있으며, 웹페이지를 만드는 데 필요한 거의 모든 요소를 정의해놨기 때문에 손쉽게 웹사이트를 만들 수 있는 프레임워크로 큰 인기를 얻고 있습니다. 웹사이트를 너무 쉽게 만들 수 있다는 점에서 진정한 웹디자인이 아니라는 우려의 목소리가 나올 정도입니다. 1장에서 살펴볼 내용을 간단히 알아보면 다음과 같습니다.

부트스트랩이란?

CSS로 디자인하면서 이미 만들어 놓은 스타일시트에서 선택자를 재활용하면 코드를 중복해서 작성하지 않아도 되는 것이 클래스 선택자의 이점입니다. 부트스트랩 스타일시트는 이러한 클래스 선택자의 라이브러리로 이 장에서는 부트스트랩이 발생한 배경과 특징 등 기초과정을 진행하면서 필요한 지식을 알아봅니다.

웹서버 환경 만들기

부트스트랩을 연습하면서 반드시 웹서버 환경에서 테스트 할 필요는 없지만 일부 기능이 서버 환경에서만 작동되고 2장부터는 워드프레스를 이용해 테마를 만드는 방법을 진행할 것이므로 내 컴퓨터에서 서버 환경은 필수입니다.

부트스트랩 사용 환경 만들기

부트스트랩의 기능을 알아보기 위해서 파일을 내려받아 설치하고, 내 컴퓨터의 서버 환경에 설치하는 방법을 알아봅니다.

CSS

HTML의 각종 태그를 사용해 요소를 만듭니다. HTML 태그에 선택자만 삽입하면 미리 디자인된 글자 형태, 폼, 테이블, 버튼 및 아이콘을 만들 수 있습니다. 부트스트랩에서 미리 정해 둔 선택자를 삽입해야 하며 이러한 선택자를 알아봅니다.

구성요소(Components)

기본 CSS만으로 풍부한 웹페이지를 만들기에는 부족합니다. 구성요소에서는 내비게이션바, 버튼 그룹을 이용한 도구 모음을 만들 수 있고 탭 메뉴, 페이지네이션, 썸네일, 프로그레스 바 등 웹페이지를 만드는 데 필요한 각종 기능이 추가돼 있습니다.

자바스크립트

자바스크립트는 웹페이지에서 반드시 필요한 도구입니다. 자바스크립트를 전혀 몰라도 부트스트랩에서 제공하는 플러그인으로 애니메이션 기능을 추가할 수 있습니다. 이미 기본 CSS나 구성요소 부분에는 이러한 자바스크립트가 포함돼 있으며 별도의 스크립트를 작성하지 않아도 되지만, 추가적인 기능을 위해서 간단한 옵션을 설정합니다.

부트스트랩이란?

01 스타일시트의 재활용

스타일시트로 웹디자인을 하다보면 수많은 선택자에 CSS 속성과 값을 선언하게 됩니다. 스타일시트를 다뤄봤다면 아이디 선택자보다는 클래스 선택자를 사용하는 방법이 훨씬 편리하다는 것을 알 것입니다. 클래스 선택자는 한번 선언해 놓으면 여러 곳에서 재사용 할 수 있기 때문입니다. 스타일시트에 클래스 선택자를 만들고 버튼을 만들기 위한 속성과 값을 설정해 놓으면, 버튼이 필요한 곳에서 이 선택자를 사용하면 됩니다. 선택자를 이용해 만든 버튼에 색을 변경하고 싶으면 다른 선택자를 추가해 배경 색상만 변경해주면 되겠죠.

예제를 통해 살펴보겠습니다. 다음과 같이 저장 버튼을 위한 클래스 선택자를 만들고 버튼을 위한 속성과 값을 선언합니다.

```
2  <button class="save">저장하기</button>
3  .save {
4      background: #ddd;
5      padding: 5px 10px;
6      border-radius: 5px;
7      border: 1px solid #999;
8      color: #333;
9      text-shadow:1px 1px 1px #fff;
10 }
```

위에서 설정한 대로 웹페이지에 버튼 하나가 생성됩니다. 그런데 .save라는 이름의 선택자는 특수한 경우, 즉 저장할 버튼에만 사용될 선택자라고 예상됩니다. 이 선택자의 이름을 일반적인 용어를 사용해서 .button이라고 지어주면 단지 저장하기 버튼에만 사용하는 선택자가 아니라 버튼을 만들고자 할 때 어떤 곳에서도 재활용 할 수 있는 선택자가 될 것입니다.

```
12  <button class="button">저장하기</button>
13  .button {
14      background: #ddd;
15      padding: 5px 10px;
16      border-radius: 5px;
17      border: 1px solid #999;
18      color: #333;
19      text-shadow:1px 1px 1px #fff;
20  }
```

이번에는 앞에서 만든 버튼과 같은 모양의 버튼을 파란색으로 만들어 보겠습니다.

```
22  <button class="button-blue">저장하기</button>
23  .button-blue {
24      background: #08c;
25      padding: 5px 10px;
26      border-radius: 5px;
27      border: 1px solid #999;
28      color: #fff;
29      text-shadow:1px 1px 1px #333;
30  }
```

그림 1-1 색상 버튼

.button과 .button-blue의 속성을 비교해 보면 공통된 부분이 있습니다 . button-blue에는 .button 선택자에 이미 있는 속성이 있으니 다음과 같이 수정하고 파란 버튼을 만들 때 두 개의 선택자를 사용하면 더 적은 양의 코드로 파란 버튼을 만들 수 있습니다.

```
33  <button class="button button-blue">저장하기</button>
34  .button-blue {
35    background: #08c;
36    border: 1px solid #999;
37    color: #fff;
38    text-shadow:1px 1px 1px #333;
39  }
```

이와 같은 원리로 녹색 버튼을 만들고자 하면 이미 만들어놓은 두 개의 선택자에 새로운 선택자를 추가하고 배경 색상만 변경하면 됩니다.

```
41  <button class="button button-blue button-green">저장하기</button>
42  .button-green {
43    background: #51a351;
44  }
```

그림 1-2 녹색 버튼 추가

간단한 예를 들었지만, 복잡한 형태의 그래디언트 효과나 박스 그림자 효과 등 여러 가지 효과가 추가된다면 이러한 방식의 스타일시트 재활용이 아주 편리해질 것입니다.

트위터 부트스트랩의 스타일시트는 이렇게 미리 선언한 속성과 값을 재활용하기 쉽게 만들어놓은 스타일시트 라이브러리입니다. 위와 같은 버튼뿐만 아니라 폼(form)에 사용되는 각종 태그, 아이콘, 드롭다운 메뉴 등 웹페이지에 사용되는 모든 요소의 스타일시트를 미리 만들고 HTML 페이지의 태그에 선택자만 삽입하면 모든 디자인이 자동으로 만들어지게 한 것입니다.

부트스트랩은 이처럼 간단하게 선택자만 삽입해도 멋진 웹페이지를 만들 수 있지만, 기능을 확장하기 위해서 자바스크립트를 사용하고 있습니다. 확장할 수 있는 기능에는 팝업창, 드롭다운 메뉴, 툴팁, 이미지 슬라이더 등 웹페이지에서 주로 사용하는 기능이 포함돼 있으며, 부트스트랩 버전이 높아지면서 계속 기능이 추가되고 있습니다.

02 부트스트랩이 나타난 배경

하나의 프로젝트는 한사람에 의해 만들어지는 것이 아니라 여러 사람의 공동 작업으로 이뤄집니다. 하지만 개발자의 취향에 따라 도구도 다르고 자신만의 라이브러리를 사용하기도 해서 서로 다른 인터페이스를 사용하기 때문에 디자인도 달라지고 관리하기도 어렵습니다. 트위터의 개발자인 마크 오토(Mark Otto)와 제이콥 쏜튼(Jacob Thornton)은 이러한 다른 인터페이스에서 오는 관리상의 어려운 점을 개선하려고 정형화된 인터페이스가 있는 툴을 만들었습니다. 처음에는 정식으로 만든 것이 아니라, 주말과 가외 시간을 이용해서 1년 동안 작업한 뒤 다른 개발자에게 선보였는데, 반응이 좋아 많은 개발자가 사용하기 시작하면서 단순한 툴이 아닌 프레임워크로 발전했습니다.

2011년 8월에 트위터는 부트스트랩을 오픈소스로 공개했습니다. 그 반응은 폭발적이어서 오픈소스 웹하드 서비스인 깃허브(Github)에서 최고의 인기를 얻고 있으며 부트스트랩과 관련된 프로젝트는 현재 수백개에 이르고 있습니다.

http://www.bootstraphero.com/the-big-badass-list-of-twitter-bootstrap-resources

위 링크(소스 코드에 이 책의 모든 링크 포함)로 가면 부트스트랩과 관련된 프로젝트를 볼 수 있고, 현재 3백여 개의 프로젝트가 부트스트랩과 관련돼 있습니다. 위 사이트 외에 다른 프로젝트도 많이 있으며 새롭게 발견되는 대로 추가되고 있습니다. 왜 이런 프로젝트들이 부트스트랩과 관련을 맺으려고 할까요? 그만큼 부트스트랩이 획기적인 프레임워크임을 증명하는 것입니다.

03 부트스트랩의 특징

웹페이지를 쉽게 만들 수 있다

부트스트랩의 홈페이지에서도 언급하고 있듯이 부트스트랩을 다루려면 HTML과 CSS에 대한 지식이 있어야 합니다. 그렇다고 깊은 지식이 필요한 것은 아니며 HTML 태그의 사용법, 역할을 알고 있으면 되고 CSS는 혼자서 레이아웃을 만들 수 있는 정도면 됩니다. 웹페이지는 HTML 태그로 뼈대가 만들어지며 태그에 CSS 선택자를 추가하고 이 선택자에 대해 스타일시트에서 속성과 값을 선언해 레이아웃을 만듭니다. 그런데 선택자는 이미 부트스트랩 스타일시트에서 만들어 놓았으니 태그에 선택자만 삽입하면 되는 것이죠. 다만 어떤 선택자를 어느 곳에 삽입해야 하는지 알아야 합니다.

HTML 코드의 재활용

부트스트랩은 이미 만들어진 스타일시트를 재활용하는 것이므로 일정한 형태의 HTML 코드가 전제 조건이 돼야합니다. 즉 정해진 태그에 정해진 선택자를 사용해야 정해진 디자인이 나오므로 어느 한 곳이라도 이러한 요소가 빠지면 정해진 디자인이 나오지 않게 됩니다. 그래서 HTML 페이지를 만들 때는 일정한 코드를 사용해야 하므로 이미 만들어진 부트스트랩의 코드 형식을 그대로 복사해서 사용하고 일부만 수정하면 됩니다. 예를 들어 다음과 같은 메뉴바를 만들려면 아래와 같이 복잡한 구조의 코드를 사용해야 하는데 이를 다 외어서 입력해야 할까요? 아닙니다. 부트스트랩의 코드를 그대로 복사해서 입력하고 원하는 메뉴만 추가하거나 수정하면 되는 것입니다.

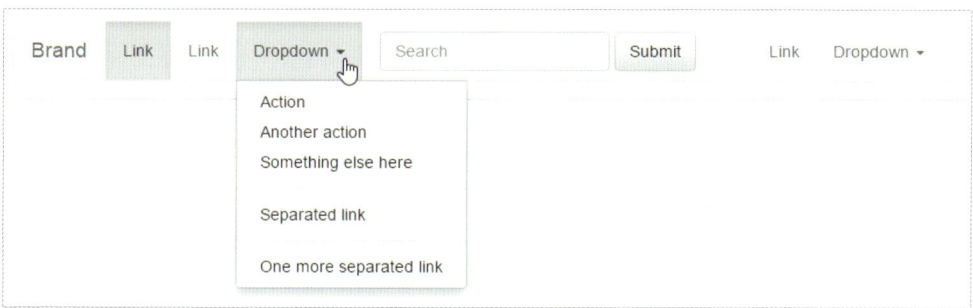

그림 1-3 부트스트랩 냅바

```
52  <nav class="navbar navbar-default">
53    <div class="container-fluid">
54      <!-- Brand and toggle get grouped for better mobile display -->
55      <div class="navbar-header">
56        <button type="button" class="navbar-toggle collapsed" data-toggle="collapse" data-target="#bs-example-navbar-collapse-1">
57          <span class="sr-only">Toggle navigation</span>
58          <span class="icon-bar"></span>
59          <span class="icon-bar"></span>
```

```html
60        <span class="icon-bar"></span>
61      </button>
62      <a class="navbar-brand" href="#">Brand</a>
63    </div>
64
65    <!-- Collect the nav links, forms, and other content for toggling -->
66    <div class="collapse navbar-collapse" id="bs-example-navbar-collapse-1">
67      <ul class="nav navbar-nav">
68        <li class="active"><a href="#">Link <span class="sr-only">(current)</span></a></li>
69        <li><a href="#">Link</a></li>
70        <li class="dropdown">
71          <a href="#" class="dropdown-toggle" data-toggle="dropdown" role="button" aria-expanded="false">Dropdown <span class="caret"></span></a>
72          <ul class="dropdown-menu" role="menu">
73            <li><a href="#">Action</a></li>
74            <li><a href="#">Another action</a></li>
75            <li><a href="#">Something else here</a></li>
76            <li class="divider"></li>
77            <li><a href="#">Separated link</a></li>
78            <li class="divider"></li>
79            <li><a href="#">One more separated link</a></li>
80          </ul>
81        </li>
82      </ul>
83      <form class="navbar-form navbar-left" role="search">
84        <div class="form-group">
85          <input type="text" class="form-control" placeholder="Search">
86        </div>
87        <button type="submit" class="btn btn-default">Submit</button>
88      </form>
89      <ul class="nav navbar-nav navbar-right">
90        <li><a href="#">Link</a></li>
91        <li class="dropdown">
92          <a href="#" class="dropdown-toggle" data-toggle="dropdown" role="button" aria-expanded="false">Dropdown <span class="caret"></span></a>
93          <ul class="dropdown-menu" role="menu">
94            <li><a href="#">Action</a></li>
95            <li><a href="#">Another action</a></li>
96            <li><a href="#">Something else here</a></li>
```

```
 98            <li><a href="#">Separated link</a></li>
 99          </ul>
100        </li>
101      </ul>
102    </div><!-- /.navbar-collapse -->
103  </div><!-- /.container-fluid -->
104 </nav>
```

모바일 겸용이 아닌 모바일 전용으로 진화

부트스트랩이 처음 나왔을 때는 모바일 기기에 대한 지원이 없었지만, 2.0 버전부터 모바일 지원을 위한 별도의 스타일시트를 추가해 반응형 디자인을 할 수 있게 됐고, 3.0 버전부터는 모바일을 우선으로 지원하는 형태로 바뀌었습니다. 그래서 모바일용 스타일시트가 별도로 있는 것이 아니라 하나의 스타일시트로 통합됐습니다. 그러면서 이전에는 비표준 웹브라우저인 IE7을 지원했지만 3.0부터는 제외됐습니다.

많은 자바스크립트 플러그인의 지원

부트스트랩은 기본적으로 13개의 자바스크립트 플러그인을 사용하고 있지만 위에서 알아본 수백개에 이르는 부트스트랩 관련 프로젝트는 대부분이 자바스크립트를 사용하고 있습니다. 그러니 이러한 프로젝트의 플러그인을 사용하면 원하는 기능은 모두 추가할 수 있습니다. 부트스트랩으로 디자인하면서 필요한 자바스크립트 플러그인은 검색하면 대부분 찾을 수 있으며 부트스트랩을 위한 플러그인이 아니라도 어떤 플러그인이든 추가해서 사용할 수 있습니다. 2장의 워드프레스 테마 만들기에서는 이러한 다양한 플러그인을 사용해서 부트스트랩의 기능을 확대할 것입니다.

정형화된 디자인에서 탈피

부트스트랩으로 디자인한 웹사이트는 한눈에 알아볼 수 있는 것 또한 부트스트랩의 특징입니다. 버튼 색상이나 레이아웃 구조를 보면 알 수 있죠. 하지만 사용자 정의 스타일시트를 이용해서 기존의 디자인 색상이나 레이아웃을 얼마든지 변경할 수 있으며 이를 위한 프로젝트도 많이 나오고 있습니다. 예를 들면 부트스트랩의 기본 색상은 몇가지로 정해져 있고, 버튼에도 사용되고 있습니다. 하지만 다음 사이트와 같이 이들 색상을 원하는 색으로 변경해서 사용함으로써 부트스트랩의 틀에서 벗어날 수 있습니다.

http://charliepark.org/bootstrap_buttons/

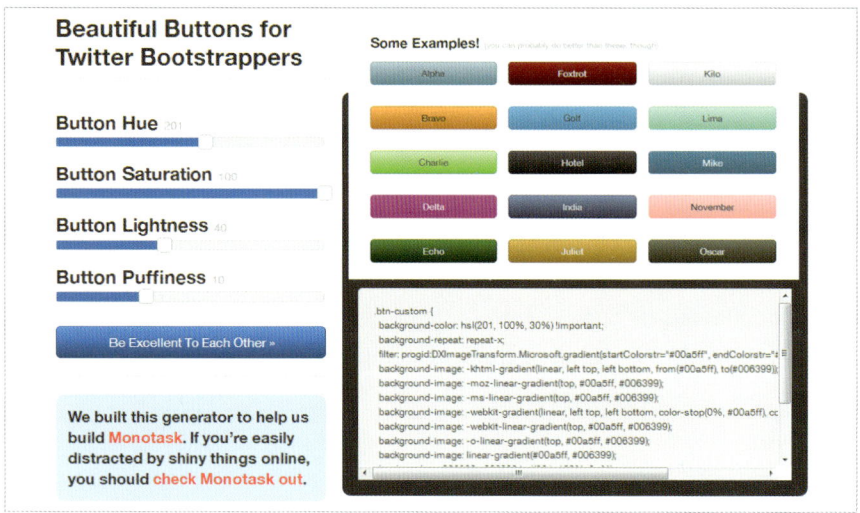

그림 1-4 다양한 버튼 색상

또한, 부트스트랩 테마 형식으로 디자인을 제작해서 판매하고 있는 사이트도 있으며 일부 테마는 무료로 개방되고 있습니다. 다음 사이트에서 내놓은 테마는 윈도우8 형태의 디자인을 따라서 만든 것이더군요.

http://aozora.github.com/bootmetro/

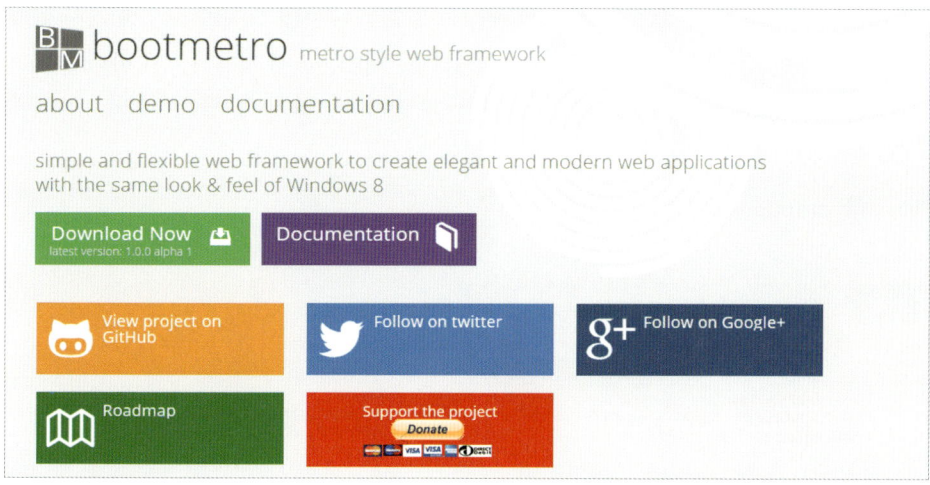

그림 1-5 부트 메트로

04 텍스트 편집기

부트스트랩을 사용하기 전에 이 책에서 사용할 텍스트 편집기를 소개하겠습니다. 서브라임 텍스트는 유료이지만 무료로 정식 버전을 사용할 수 있습니다. 다만 무료로 사용할 때에는 가끔 구매를 위한 팝업창이 나오기도 합니다. 이 편집기는 가볍고 사용하기도 편리한데 개발자들이 선호하다보니 많은 플러그인이 개발돼 있습니다. 개발자들이 기본적으로 사용하고 있는 플러그인 중 하나인 젠코딩(Zen coding)은 이름이 Emmet으로 변경됐으며, 이 플러그인을 설치하면 빠르게 코드를 작성할 수 있습니다.

http://www.sublimetext.com/3

05 웹브라우저

국내에서는 웹브라우저로 인터넷 익스플로러를 많이 사용하지만 웹디자인할 때 필수인 개발자 도구는 사용하기 편리해야 합니다. 저는 이러한 개발자 도구의 필요성 때문에 처음에는 파이어폭스를 사용했지만 요즘은 구글 크롬을 사용하고 있습니다. 어느 브라우저를 사용하든 자신에게 맞는 웹브라우저를 사용하는 것이 좋습니다. 개발자 도구는 요소 검사를 이용해 스타일시트 속성을 알아내고 HTML 코드의 구성을 알고자 하는데 있지만 코드를 복사할 때도 편리하게 사용할 수 있습니다. 부트스트랩의 코드를 재활용해서 사용하고자 한다면 이러한 방법을 잘 활용하는 것도 좋습니다.

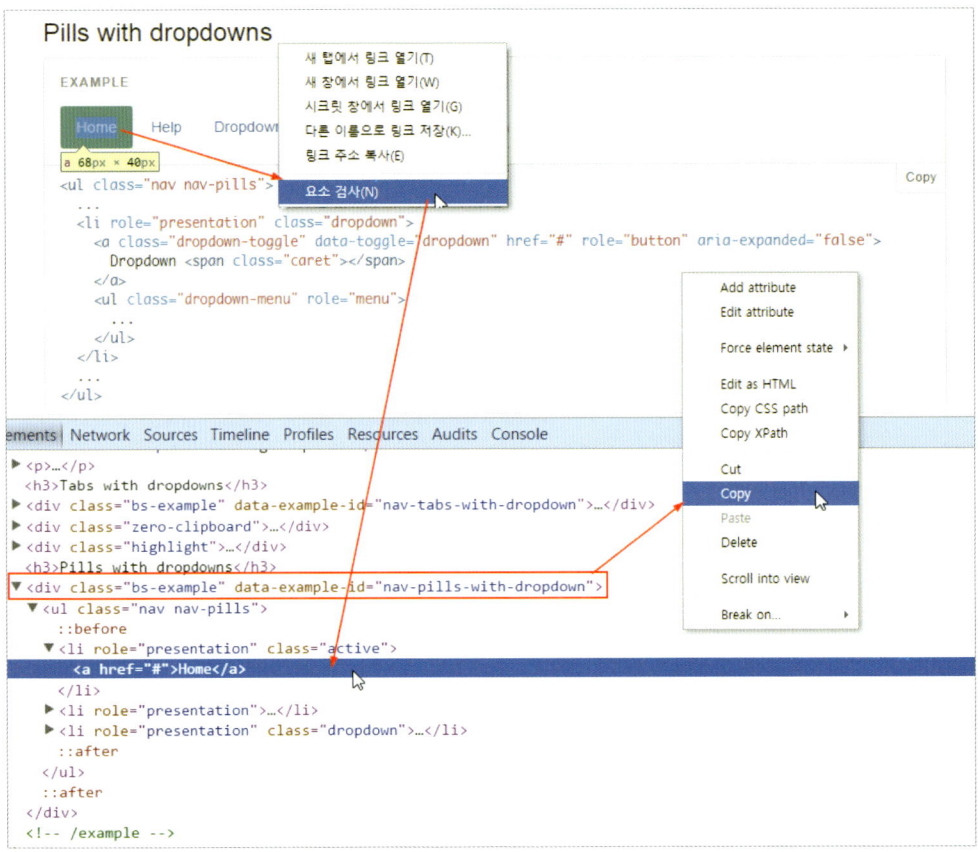

그림 1-6 개발자 도구를 이용한 코드 복사

예를들어 버튼은 선택자만 입력하면 바로 원하는 버튼을 만들 수 있지만 일부 코드는 예제에서 생략돼 있고 내용도 많습니다. 요소를 마우스 오른쪽 버튼으로 클릭한 뒤 요소 검사를 하면 하단에 개발자 도구가 나타나고 왼쪽 영역에 HTML 코드가 있습니다. 하이라이트된 부분을 거슬러 올라가 최상위 요소를 선택하고 마우스 오른쪽 버튼을 클릭해서 코드를 복사한 후 편집기에 붙여넣으면 해당 요소를 만들 수 있는 기본 코드를 쉽게 완성할 수 있습니다.

웹서버 환경 만들기 02

부트스트랩을 연습하면서 반드시 웹서버 환경에서 테스트 할 필요는 없지만, 일부 기능은 서버 환경에서만 작동하고 2장부터는 워드프레스를 이용해 테마 만드는 방법을 진행할 것이므로 서버 환경을 만들어 보겠습니다.

웹서버 프로그램은 WAMP, MAMP, XAMPP, 오토셋 등 여러 가지가 있습니다. 이 책에서는 사용자 비중이 가장 높은 윈도 환경에 설치할 수 있는 오토셋9을 설치하는 방법을 알아보겠습니다. 웹브라우저에서 다음 URL로 이동하면 오토셋을 내려받을 수 있는 사이트로 이동합니다. 맥 사용자는 제 블로그 글을 참고하세요(http://martian36.tistory.com/1257).

http://autoset.net/xe/download_autoset_9_0_0

그림 1-7 오토셋 파일 내려받기

시스템에 따라 64비트용과 32비트용이 있으니 자신의 컴퓨터에 맞는 프로그램을 내려받습니다. 서버가 작동하지 않을 경우 "네이버 개발자 센터에서 다운로드" 링크를 클릭해서 내려받습니다. 네이버 개발자 센터에는 5개의 파일로 나눠져 있으며 모두 내려받아서 압축을 해제하면 1개의 파일이 됩니다. 지원 운영체제에 나오듯이 윈도 Vista 버전 이상에서만 사용할 수 있으니 XP 버전의 운영체제는 낮은 버전의 오토셋을 내려받습니다.

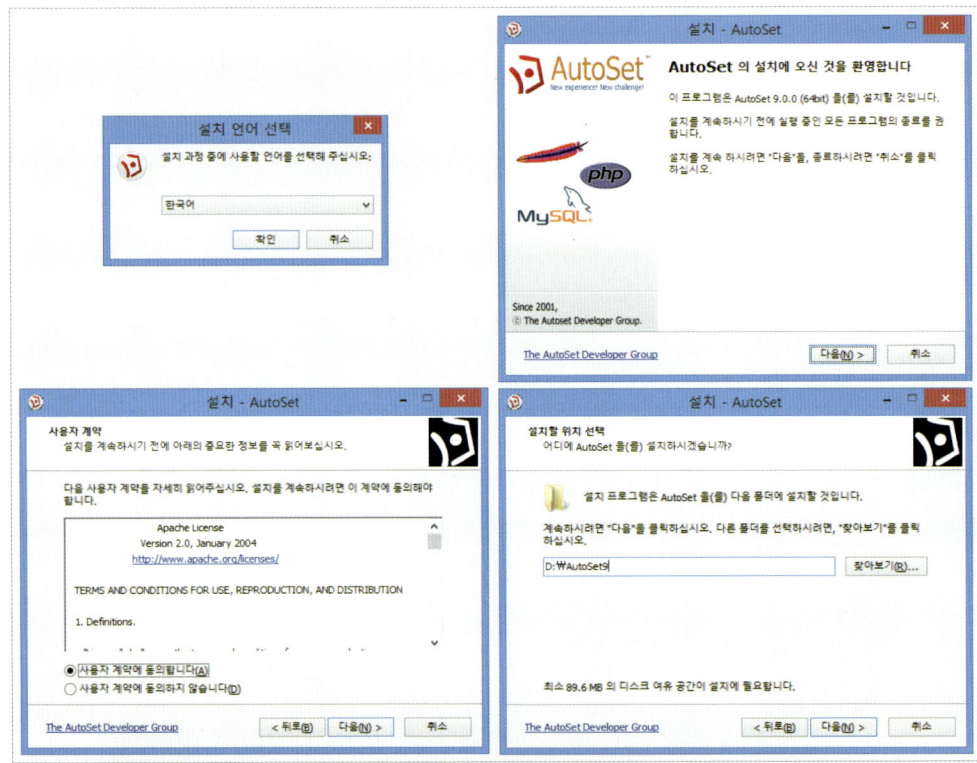

그림 1-8 오토셋 설치하기 1

내려받은 AutoSet900_x64.exe 파일을 클릭하면 위와 같은 과정을 거쳐서 설치됩니다. 설치하기 전에 다른 AMP 프로그램을 사용 중이라면 모두 중지하고 실행합니다. 한국어를 선택하고 마지막 화면에서 설치할 경로를 변경할 수 있습니다.

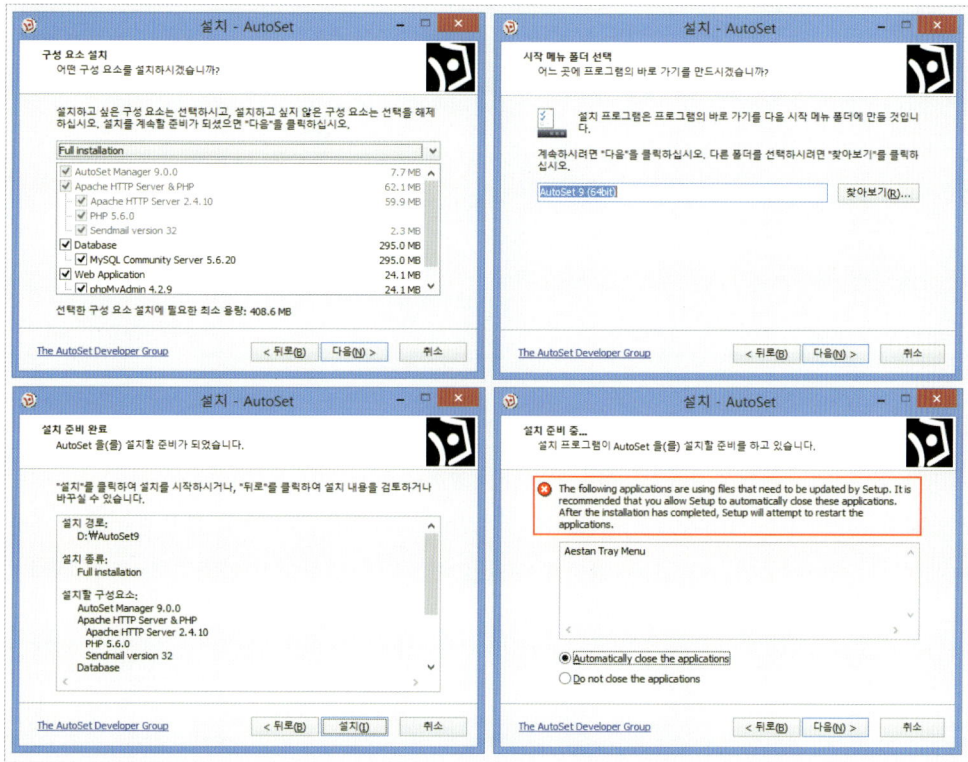

그림 1-9 오토셋 설치하기 2

마지막 창에서처럼 경고 메시지가 나오면 Automatically dose the applications에 체크하고 다음 버튼을 클릭합니다.

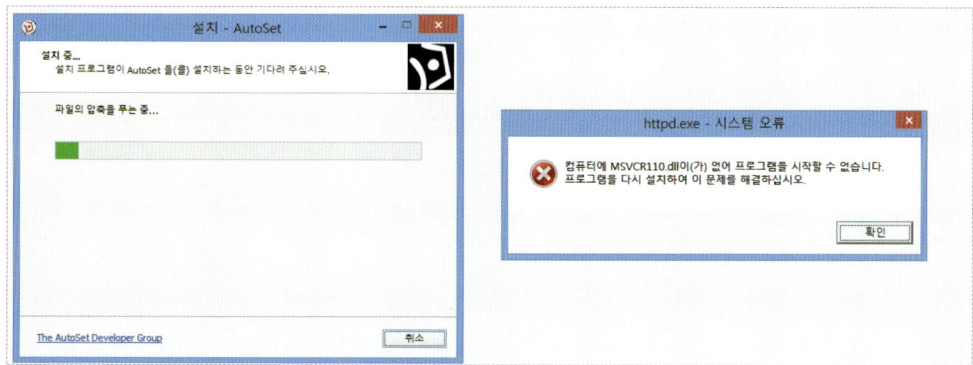

02. 웹서버 환경 만들기   33

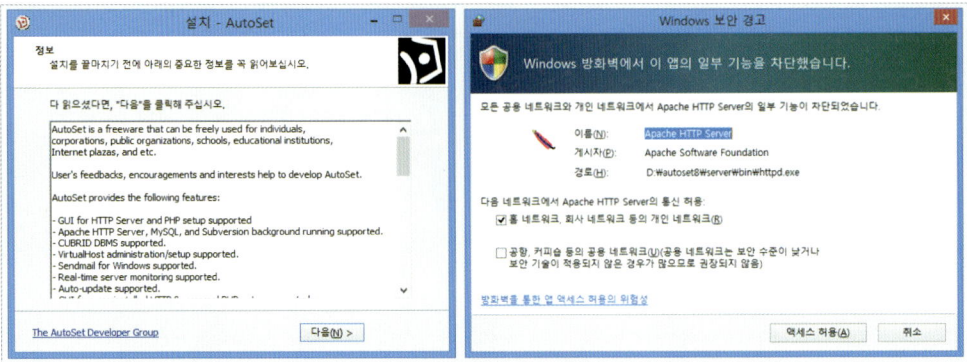

그림 1-10 오토셋 설치하기 3

설치가 진행되고 제 경우에는 WAMP 서버가 작동하는 중에 설치했더니 오류 메시지가 나타났습니다. 이럴 경우 제어판에서 지금까지 설치한 프로그램을 제거하고 설치 폴더도 제거한 다음 다시 설치해야 합니다. 최종 화면에서 완료 버튼을 클릭하면 방화벽 차단 관련 메시지가 나오기도 하는데 액세스 허용을 클릭합니다.

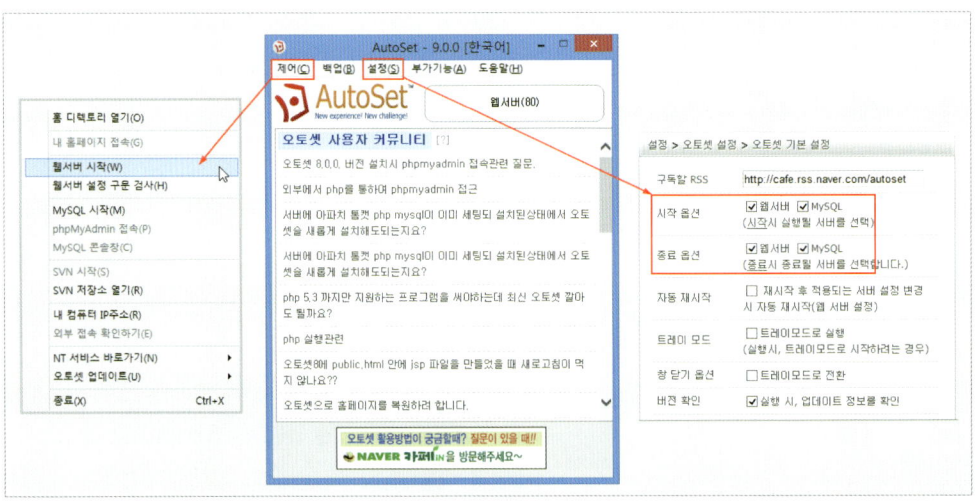

그림 1-11 오토셋 실행 창

오토셋을 처음 실행하면 웹서버(80)만 실행됩니다. 실행이 안되면 제어 메뉴에서 '웹서버 시작'을 클릭합니다. 그림 1-11의 오른쪽에 있는 그림은 설정 → 오토셋 설정 → 오토셋 기본 정보를 클릭했을 때 나오는 창입니다. 여기서 시작 옵션과 종료 옵션에 체크하고 아래로 스크롤해서 변경사항 적용 버튼을 클릭하면 오토셋을 종료하거나 시작할 때 이들 프로그램이 자동으로 시작되고 종료됩니다.

위 프로그램을 닫기 위해 오른쪽 위에 있는 X 아이콘을 클릭하면 프로그램이 종료되므로 세 번째 아이콘인 화면 최소화 아이콘을 클릭해 닫아야 합니다. 다시 열려면 시스템 트레이의 '숨겨진 아이콘 표시'를 클릭하고 오토셋 아이콘을 마우스 오른쪽 버튼으로 클릭해서 열면 됩니다.

오토셋에 관한 프로그램 오류는 위 오토셋 창 하단의 배너을 클릭하면 오토셋 카페로 이동하므로 해당 사이트에서 검색해 찾거나 문의하면 됩니다.

03 부트스트랩 사용 환경 만들기

01 부트스트랩 파일 내려받기

http://getbootstrap.com/

위 링크로 이동하면 트위터 부트스트랩 홈페이지가 나타납니다. 부트스트랩 파일을 내려받는 방법은 여러 가지가 있습니다.

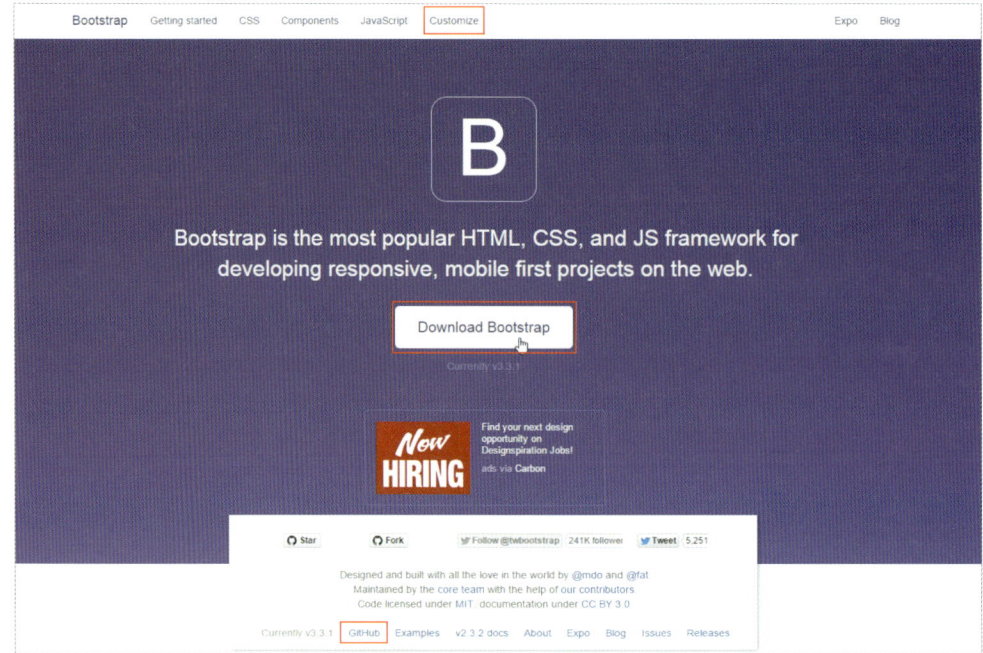

그림 1-12 부트스트랩 홈페이지

기본적인 파일만 내려받으려면 중앙의 "Download Bootstrap" 버튼을 클릭합니다. 부트스트랩과 관련된 전체 파일을 내려받으려면 페이지 아래에 있는 "GitHub" 링크를 클릭해서 깃허브 페이지로 이동한 후, zip 파일을 내려받으면 됩니다. 마지막 방법은 메뉴 상단의 Customize 링크를 클릭해서 원하지 않는 부분을 제거하고 내려받는 방법입니다.

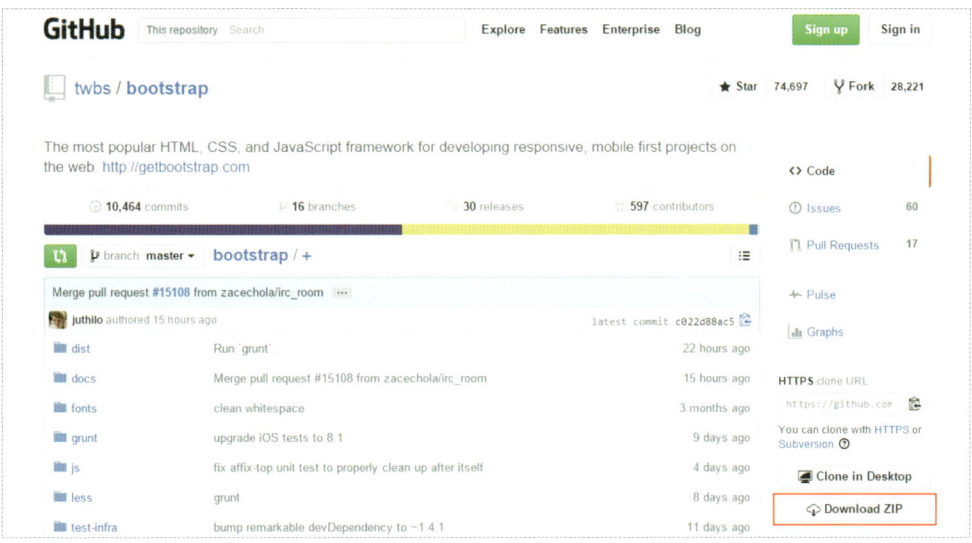

그림 1-13 부트스트랩 깃허브 페이지

깃허브의 zip 파일은 부트스트랩과 관련된 파일과 모든 설명 문서를 포함하고 있지만 문서를 내 컴퓨터에서 보려면 깃허브에서 사용하는 블로그 프로그램인 Jekyll이 내 컴퓨터에 설치돼 있어야 하고 빌드 과정을 거쳐야 합니다. 다만 일부 예제 파일은 그대로 사용할 수 있으므로 이 파일을 내려받겠습니다.

그림 1-14 깃허브에서 내려받은 파일의 구조

깃허브에서 내려받은 zip 파일의 압축을 풀고 docs 폴더에 들어가면 여러 가지 파일과 폴더가 있습니다. 이들은 Jekyll 프로그램에 의해 컴파일 되기 전의 상태이므로 파일을 그대로 열면 제대로 보이지 않습니다. 다만 examples 폴더에 있는 파일은 일반적인 html 파일이므로 클릭하면 기본 웹브라우저에 제대로 열립니다. 따라서 이 파일 중 하나를 사용하겠습니다.

우선 dist 폴더로 들어가서 부트스트랩 관련 파일이 있는 3가지 폴더를 복사한 뒤 오토셋이 설치된 Autoset9/public_html 폴더에 bootstrap 폴더를 생성해 붙여넣습니다. examples/jumbotron 폴더에서 index.html 파일을 복사해서 bootstrap 폴더에 붙여넣고 jumbotron.css 파일은 bootstrap/css 폴더에 붙여넣습니다. examples 폴더에는 여러 개의 폴더에 별도의 CSS 파일이 있는데 여기에는 각 index.html 파일의 스타일을 위해 개별적으로 필요한 코드가 들어있습니다. 따라서 이 파일을 사용해야 제대로 나타납니다.

그림 1-15 IE용 자바스크립트

다음으로 assets/js 폴더에서 3가지 파일을 복사해서 bootstrap/js 폴더에 붙여넣습니다. 이들은 인터넷 익스플로러(이하 IE)를 위한 자바스크립트입니다.

이들 파일에 대해 설명하자면 두 번째 파일은 IE 10과 윈도 폰의 버그를 수정하기 위한 파일로, 윈도 8 버전은 IE 10을 메트로 모드와 클래식 모드로 사용할 수 있는데 메트로 모드로 사용하면서 IE를 스냅 뷰로 볼 때 반응형으로 되지 않는 버그를 해결하기 위한 파일입니다.

첫 번째와 세 번째 파일은 IE를 에뮬레이션 모드로 사용할 경우 경고 메시지를 출력하기 위한 파일입니다. 즉 IE 10에서 F12 키를 누르면 하단에 개발자 도구가 나타나는데 메뉴에서 브라우저 모드와 문서 모드를 IE의 다른 버전으로 선택하고 사이트를 볼 경우 경고 메시지가 출력됩니다. 이 파일을 편집기로 열어보면 상단에 부트스트랩 문서를 위한 파일이니 사용하지 않아도 된다고 합니다.

웹서버가 실행된 상태에서 파일을 열려면 브라우저 주소창에 localhost/bootstrap을 입력하고 엔터키를 누릅니다. 이렇게 하면 오토셋이 설치된 폴더의 index.html 파일이 열립니다.

```html
1   <!DOCTYPE html>
2   <html lang="en">
3     <head>
4       <meta charset="utf-8">
5       <meta http-equiv="X-UA-Compatible" content="IE=edge">
6       <meta name="viewport" content="width=device-width, initial-scale=1">
7       <meta name="description" content="">
8       <meta name="author" content="">
9       <link rel="icon" href="../../favicon.ico">
10  
11      <title>부트스트랩 연습</title>
12  
13      <!-- Bootstrap core CSS -->
14      <link href="css/bootstrap.min.css" rel="stylesheet">
15  
16      <!-- Custom styles for this template -->
17      <link href="css/jumbotron.css" rel="stylesheet">
18  
19      <!-- Just for debugging purposes. Don't actually copy these 2 lines! -->
20      <!--[if lt IE 9]><script src="js/ie8-responsive-file-warning.js"></script><![endif]-->
21      <script src="js/ie-emulation-modes-warning.js"></script>
22  
23      <!-- HTML5 shim and Respond.js for IE8 support of HTML5 elements and media queries -->
24      <!--[if lt IE 9]>
25        <script src="https://oss.maxcdn.com/html5shiv/3.7.2/html5shiv.min.js"></script>
26        <script src="https://oss.maxcdn.com/respond/1.4.2/respond.min.js"></script>
27      <![endif]-->
28    </head>
```

그림 1-16 head 태그의 코드

bootstrap 폴더에 있는 index.html 파일을 편집기로 열고 경로를 수정하겠습니다. link와 script 등의 태그가 있는 곳에서 ../../dist/와 ../../assets/를 제거하고 그림 1-16과 같이 작성합니다. jumbotron.css에는 부트스트랩을 테스트하면서 필요할 경우 사용자 정의 스타일을 정의해 사용할 수 있습니다. 이어서 head 태그에 있는 몇 가지 태그와 파일에 대해 설명하겠습니다.

```
2 <html lang="en">
```

웹 페이지의 언어를 설정합니다. 특히 웹 접근성 측면에서 스크린 리더가 콘텐츠를 어떤 언어로 읽을지 결정해야 합니다. 콘텐츠가 한글이라면 en 대신 ko를 입력합니다.

```
5 <meta http-equiv="X-UA-Compatible" content="IE=edge">
```

5번째 줄에 있는 이 코드는 IE로 접속할 때 IE의 가장 최신 버전으로 접속하게 하는 기능을 합니다. 이 코드가 없으면 가장 최신 버전이 사용자 컴퓨터에 설치돼 있어도 이전 버전의 모드로 열리며 IE 화면에서 F12 키를 누르고 브라우저를 최신 버전으로 선택해야 하는 불편함이 있습니다.

```
6  <meta name="viewport" content="width=device-width, initial-scale=1">
```

width=device-width는 콘텐츠의 너비를 접속하는 기기의 스크린 사이즈에 맞추라는 의미이고 initial-scale=1.0는 줌(Zoom) 사이즈를 1:1로 맞추라는 의미입니다. 뷰포트는 반응형 디자인에서는 필수 요소입니다.

```
24  <!--[if lt IE 9]>
25  <script src="https://oss.maxcdn.com/html5shiv/3.7.2/html5shiv.min.js"></script>
26  <script src="https://oss.maxcdn.com/respond/1.4.2/respond.min.js"></script>
27  <![endif]-->
```

위 코드는 IE8 이하 버전에서 HTML5의 시멘틱 태그(header, article 등)를 블록 요소로 인식시키고 반응형으로 만들기 위한 핵(Hack)입니다. respond.js는 index.html 파일을 클릭해서 연 상태(file:///C:/index.html 상태)에서는 반응형이나 레이아웃이 제대로 만들어지지 않습니다.

```
94       <!-- Bootstrap core JavaScript
95       ================================================== -->
96       <!-- Placed at the end of the document so the pages load faster -->
97       <script src="https://ajax.googleapis.com/ajax/libs/jquery/1.11.1/jquery.min.js"></script>
98       <script src="js/bootstrap.min.js"></script>
99       <!-- IE10 viewport hack for Surface/desktop Windows 8 bug -->
100      <script src="js/ie10-viewport-bug-workaround.js"></script>
101    </body>
102  </html>
103
```

그림 1-17 index.html 하단의 자바스크립트

하단에서도 그림 1-17과 같이 경로를 수정합니다. 여기까지 경로를 수정하고 웹브라우저 주소 창에서 localhost/bootstrap를 입력해 이동하면 이제 제대로 된 레이아웃을 볼 수 있습니다. index.html 파일을 복사해서 template.html로 만들어놓고 다른 페이지를 만들 때마다 이 템플릿 파일의 이름을 수정해 사용하면 됩니다. 각종 코드를 입력하다 보면 내용이 아주 많아져서 스크롤해야 하는 불편함이 있으니 이 파일을 복사해서 index2.html을 만들고 코드가 길어질 때마다 새로 시작합니다. 이 경우 index2.html 파일을 열려면 웹브라우저 주소 창에 localhost/bootstrap/index2.html이라고 입력해야 합니다.

그러면 index.html 파일을 기준으로 부트스트랩의 여러 기능을 알아보겠습니다.

CSS 04

01 그리드 시스템

부트스트랩은 12열(Column)의 그리드 시스템을 사용합니다. 열의 너비는 스타일시트에 퍼센트로 이미 정해져 있어서 HTML 파일에 태그와 스타일시트 선택자만 삽입하면 부트스트랩의 그리드 시스템에 의해 레이아웃이 자동으로 만들어집니다. 그리드의 사이즈는 입력한 클래스 선택자에 따라 달라집니다.

표 1-1 그리드 선택자

화면 너비	768px 미만	768px 이상	992px 이상	1200px 이상
그리드 배열	항상 가로 배열	가로 배열에서 위 수치에 이르면 세로 배열로 전환		
.container 너비	없음(항상 화면 전체 너비 사용)	750px	970px	1170px
클래스 선택자 접두어	.col-xs- (xs: extra small)	.col-sm- (sm: small)	.col-md- (md: medium)	.col-lg- (lg: large)
거터(그리드 사이 여백) 크기	30px, 그리드 좌우측 15px 패딩			

위 표를 보면 알 수 있듯이 .col-xs- 선택자를 사용하면 그리드는 화면의 너비에 상관 없이 항상 가로로 배열됩니다. 브라우저의 화면을 작은 크기로 줄여도 가로로 유지되며 또한 그리

드와 그리드 사이의 간격인 거터도 30픽셀로 유지됩니다. .col-sm- 선택자를 사용했을 때 768픽셀 이상의 화면에서는 그리드가 가로로 배열되지만 767px 이하로 내려가면 세로로 배열됩니다.

이러한 선택자는 두 가지 이상을 동시에 사용할 수도 있습니다. 여러 가지 기기에서 그리드를 효율적으로 배치하기 위해서입니다. 그러면 실제로 레이아웃을 만들면서 알아보겠습니다.

```
65
66    <div class="container">
67      <!-- Example row of columns -->
68      <div class="row">
69        <div class="col-md-4">
70          <h2>Heading</h2>
71          <p>Donec id elit non mi porta gravida at eget metus. Fusce dapibus, tellus ac cursus
                fermentum massa justo sit amet risus. Etiam porta sem malesuada magna mollis euismod.
72          <p><a class="btn btn-default" href="#" role="button">View details &raquo;</a></p>
73        </div>
74        <div class="col-md-4">
75          <h2>Heading</h2>
76          <p>Donec id elit non mi porta gravida at eget metus. Fusce dapibus, tellus ac cursus
                fermentum massa justo sit amet risus. Etiam porta sem malesuada magna mollis euismod.
77          <p><a class="btn btn-default" href="#" role="button">View details &raquo;</a></p>
78        </div>
79        <div class="col-md-4">
80          <h2>Heading</h2>
81          <p>Donec sed odio dui. Cras justo odio, dapibus ac facilisis in, egestas eget quam.
                semper. Fusce dapibus, tellus ac cursus commodo, tortor mauris condimentum nibh, ut
82          <p><a class="btn btn-default" href="#" role="button">View details &raquo;</a></p>
83        </div>
84      </div>
85
86      <hr>
87
```

그림 1-18 그리드를 만들기 위한 클래스 구조

부트스트랩으로 그리드를 만들려면 항상 따라야 하는 규칙이 있습니다. 가장 상위에 .container 선택자를 사용한 태그가 있어야 하고 바로 하위의 자식 태그에는 .row 선택자가, 그 다음 하위 태그에는 그리드를 만들기 위한 선택자를 사용해야 합니다. 이러한 규칙을 지키지 않으면 요소가 레이아웃에서 벗어나게 됩니다. 여기서는 div 태그를 사용했지만 블록 요소를 만드는 어떤 태그라도 사용할 수 있습니다. 즉 위 예제에서 .container 클래스가 있는 요소가 푸터라면 의미 요소인 footer 태그를 사용하면 됩니다.

12열을 사용하므로 그리드 선택자에서 사용한 숫자의 합이 12가 되면 되고, 합한 숫자가 12보다 크면 마지막 그리드가 하단으로 내려가서 배치됩니다. 이를 이용하면 핀터레스트 사이트처럼 여러 개의 그리드가 순서대로 나열되는 레이아웃을 만들 수 있습니다.

```
66    <div class="container">
67      <!-- Example row of columns -->
68      <div class="row">
69        <div class="col-md-4">
70          <h2>Heading</h2>
71          <p>Donec id elit non mi porta gravida at eget metus. Fusce dapibus, tellus ac cursus commodo, tortor mauri
             fermentum massa justo sit amet risus. Etiam porta sem malesuada magna mollis euismod. Donec sed odio dui.
72          <p><a class="btn btn-default" href="#" role="button">View details &raquo;</a></p>
73        </div>
74        <div class="col-md-4">
75          <h2>Heading</h2>
76          <p>Donec id elit non mi porta gravida at eget metus. Fusce dapibus, tellus ac cursus commodo, tortor mauri
             fermentum massa justo sit amet risus. Etiam porta sem malesuada magna mollis euismod. Donec sed odio dui.
77          <p><a class="btn btn-default" href="#" role="button">View details &raquo;</a></p>
78        </div>
79        <div class="col-md-4">
80          <h2>Heading</h2>
81          <p>Donec sed odio dui. Cras justo odio, dapibus ac facilisis in, egestas eget quam. Vestibulum id ligula p
             semper. Fusce dapibus, tellus ac cursus commodo, tortor mauris condimentum nibh, ut fermentum massa justo
82          <p><a class="btn btn-default" href="#" role="button">View details &raquo;</a></p>
83        </div>
84      </div>
85      <div class="row">
86        <div class="col-md-4 col-lg-4 col-sm-4">
87          <h2>Heading</h2>
88          <p>Donec id elit non mi porta gravida at eget metus. Fusce dapibus, tellus ac cursus commodo, tortor mauri
             fermentum massa justo sit amet risus. Etiam porta sem malesuada magna mollis euismod. Donec sed odio dui.
89          <p><a class="btn btn-default" href="#" role="button">View details &raquo;</a></p>
90        </div>
91        <div class="col-md-4 col-lg-4 col-sm-4">
92          <h2>Heading</h2>
93          <p>Donec id elit non mi porta gravida at eget metus. Fusce dapibus, tellus ac cursus commodo, tortor mauri
             fermentum massa justo sit amet risus. Etiam porta sem malesuada magna mollis euismod. Donec sed odio dui.
94          <p><a class="btn btn-default" href="#" role="button">View details &raquo;</a></p>
95        </div>
96        <div class="col-md-4 col-lg-4 col-sm-4">
97          <h2>Heading</h2>
98          <p>Donec sed odio dui. Cras justo odio, dapibus ac facilisis in, egestas eget quam. Vestibulum id ligula p
             semper. Fusce dapibus, tellus ac cursus commodo, tortor mauris condimentum nibh, ut fermentum massa justo
99          <p><a class="btn btn-default" href="#" role="button">View details &raquo;</a></p>
100       </div>
101     </div>
102
```

그림 1-19 동시에 여러 개의 그리드 선택자 사용

하나의 그리드 선택자만 사용한 레이아웃과 여러 개의 그리드 선택자를 사용한 레이아웃을 비교하기 위해서 .row 부분을 복사해 바로 아래에 붙여넣고 그림 1-19와 같이 col-lg-4 col-sm-4를 추가합니다. 저장한 후 브라우저에서 확인해 보겠습니다.

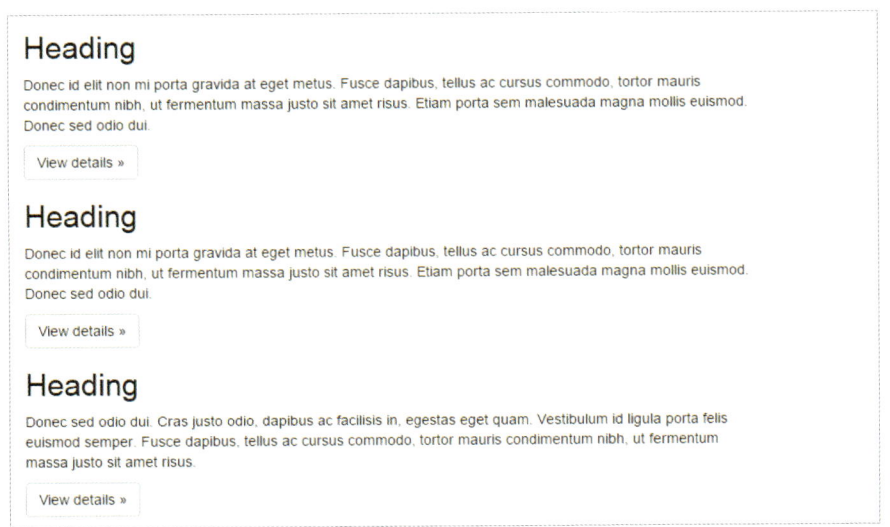

그림 1-20 너비가 좁은(768px 이상, 1200px 미만) 화면에서의 그리드 배열

웹브라우저의 너비를 줄여서 992px 이하가 되면 첫 번째 .row는 좌우 배열에서 상하 배열로 전환되지만 두 번째 .row는 좌우 배열이 그대로 유지됩니다. 너비를 더 줄여서 767px 이하가 되면 두 번째 .row도 상하 배열로 전환됩니다. 이 .row의 그리드 선택자로 .col-xs-4가 추가돼 있다면 767px 이하에서도 그대로 좌우 배열이 유지될 것입니다. 이처럼 어떤 그리드를 작은 크기의 화면에서도 좌우로 배열되게 하려면 원하는 선택자를 추가하면 됩니다.

만일 .col-xs-4 하나만 사용한다면 모든 크기의 화면에서 좌우로 배열될 것입니다. 따라서 어떤 크기를 기준으로 좌우로 배열된 것을 상하로 배열하고 싶다면 원하는 선택자 하나만 사용해도 됩니다.

```
85    <div class="row">
86        <div class="col-md-4 col-lg-4 col-sm-4 col-xs-6">
87            <h2>Heading</h2>
88            <p>Donec id elit non mi porta gravida at eget metus. Fusce dapibus, tellus ac cursu
              fermentum massa justo sit amet risus. Etiam porta sem malesuada magna mollis euismo
89            <p><a class="btn btn-default" href="#" role="button">View details &raquo;</a></p>
90        </div>
91        <div class="col-md-4 col-lg-4 col-sm-4 col-xs-6">
92            <h2>Heading</h2>
93            <p>Donec id elit non mi porta gravida at eget metus. Fusce dapibus, tellus ac cursu
              fermentum massa justo sit amet risus. Etiam porta sem malesuada magna mollis euismo
94            <p><a class="btn btn-default" href="#" role="button">View details &raquo;</a></p>
95        </div>
96        <div class="col-md-4 col-lg-4 col-sm-4 col-xs-6">
97            <h2>Heading</h2>
98            <p>Donec sed odio dui. Cras justo odio, dapibus ac facilisis in, egestas eget quam.
              semper. Fusce dapibus, tellus ac cursus commodo, tortor mauris condimentum nibh, u
99            <p><a class="btn btn-default" href="#" role="button">View details &raquo;</a></p>
100       </div>
101   </div>
102
```

그림 1-21 좁은 너비에서 효율적인 그리드 선택자 배치

스마트폰 크기에서는 모든 그리드가 좌우로 배열되면 폭이 너무 좁습니다. 그래서 그림 1-21과 같이 그리드 숫자의 합이 12가 넘게 하면 마지막 그리드는 아래로 내려오므로 폭을 넓게 사용할 수 있습니다. 다른 크기의 너비에서는 모두 좌우로 배열됩니다.

칼럼 리셋(Column reset)

```
114  <h1>칼럼 리셋</h1>
115  <div class="row">
116    <div class="col-xs-6 col-sm-3">
117      <h2>Heading</h2>
118      <p>Donec id elit non mi porta gravida at eget metus. Fusce dapibus, tellus ac cursus
         fermentum massa justo sit amet risus. Etiam porta sem malesuada magna mollis euismod.
119      <p><a class="btn btn-default" href="#" role="button">View details &raquo;</a></p>
120    </div>
121    <div class="col-xs-6 col-sm-3">
122      <h2>Heading</h2>
123      <p>Donec id elit non mi porta gravida at eget metus. </p>
124      <p><a class="btn btn-default" href="#" role="button">View details &raquo;</a></p>
125    </div>
126    <div class="clearfix visible-xs-block"></div>
127    <div class="col-xs-6 col-sm-3">
128      <h2>Heading</h2>
129      <p>Donec sed odio dui. Cras justo odio, dapibus ac facilisis in, egestas eget quam. Ve
         Fusce dapibus, tellus ac cursus commodo, tortor mauris condimentum nibh, ut fermentum
130      <p><a class="btn btn-default" href="#" role="button">View details &raquo;</a></p>
131    </div>
132    <div class="col-xs-6 col-sm-3">
133      <h2>Heading</h2>
134      <p>Donec sed odio dui. Cras justo odio, dapibus ac facilisis in, egestas eget quam. Ve
         Fusce dapibus, tellus ac cursus commodo, tortor mauris condimentum nibh, ut fermentum
135      <p><a class="btn btn-default" href="#" role="button">View details &raquo;</a></p>
136    </div>
137  </div>
```

그림 1-22 칼럼 리셋

그림 1-22에서는 모든 칼럼이 .col-xs-6과 .col-sm-3 그리드 선택자를 사용하고 있습니다. 따라서 768px 이상의 너비에서는 모두 좌우로 배열됩니다. .col-xs-6 선택자 때문에 768px 미만의 너비에서는 2행 2열의 그리드가 배열돼야 하지만 두 번째 그리드의 콘텐츠가 적기 때문에 그림 1-23과 같이 세 번째 그리드가 두 번째 그리드의 아래에 배치됩니다. 이를 해결하기 위해 두 번째 그리드 바로 아래에 .clearfix .visible-xs-block 선택자가 있는 div 태그를 배치합니다.

.clearfix 선택자는 플로트 되고 있는 요소에 clear:both; 속성을 추가하는 역할을 하며, .visual-xs-block은 반응형 선택자 편에서 살펴보겠지만 768px 미만의 사이즈에서 이 선택자가 있는 요소에 display: block; 속성을 추가하는 역할을 하므로 이 요소를 기준으로 플로트 되고 있는 요소를 상하로 분리합니다.

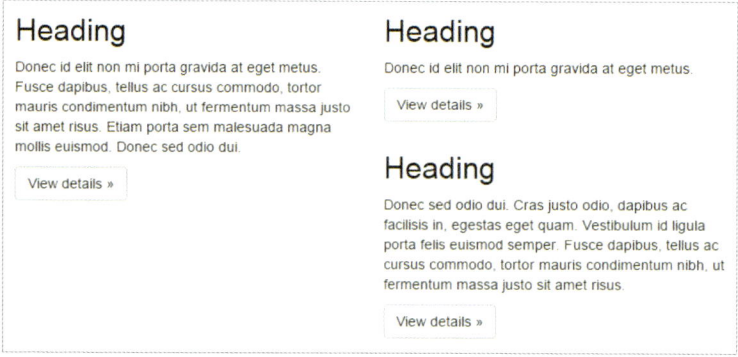

그림 1-23 칼럼 리셋을 사용하지 않은 경우

칼럼 순서 변경(Column Ordering)

```
66    <div class="container">
67      <!-- Example row of columns -->
68      <div class="row">
69        <div class="col-md-8 col-lg-8 col-sm-8">
70          <h2>Heading</h2>
71          <p>Donec id elit non mi porta gravida at eget metus. Fusce dapibus, tellus ac curs
              fermentum massa justo sit amet risus. Etiam porta sem malesuada magna mollis euism
72          <p><a class="btn btn-default" href="#" role="button">View details &raquo;</a></p>
73        </div>
74        <div class="col-md-4 col-lg-4 col-sm-4">
75          <h2>Heading</h2>
76          <p>Donec sed odio dui. Cras justo odio, dapibus ac facilisis in, egestas eget quam
              Fusce dapibus, tellus ac cursus commodo, tortor mauris condimentum nibh, ut fermer
77          <p><a class="btn btn-default" href="#" role="button">View details &raquo;</a></p>
78        </div>
79      </div>
80
```

그림 1-24 두 개의 칼럼 레이아웃

이번에는 두 개의 그리드만 남기고 하나의 그리드는 숫자 8을 입력했습니다. 콘텐츠 영역과 사이드바가 있는 전통적인 페이지 레이아웃이 됩니다.

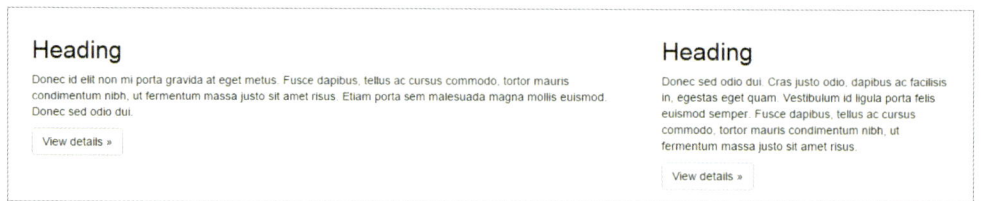

그림 1-25 오른쪽에 사이드바가 있는 레이아웃

두 개의 div에서 그리드 선택자의 숫자를 서로 바꾸면 사이드바가 왼쪽에 있는 레이아웃이 될 것입니다. 하지만 그리드 선택자는 그대로 두고 별도의 선택자를 추가해 위치를 서로 바꿀 수 있습니다.

```
117   <div class="container">
118     <!-- Example row of columns -->
119     <div class="row">
120       <div class="col-md-8 col-lg-8 col-sm-8 col-md-push-4">
121         <h2>Heading</h2>
122         <p>Donec id elit non mi porta gravida at eget metus. Fusce dapibus, tellus ac cursus co
            fermentum massa justo sit amet risus. Etiam porta sem malesuada magna mollis euismod. D
123         <p><a class="btn btn-default" href="#" role="button">View details &raquo;</a></p>
124       </div>
125       <div class="col-md-4 col-lg-4 col-sm-4 col-md-pull-8">
126         <h2>Heading</h2>
127         <p>Donec sed odio dui. Cras justo odio, dapibus ac facilisis in, egestas eget quam. Ves
            semper. Fusce dapibus, tellus ac cursus commodo, tortor mauris condimentum nibh, ut fer
128         <p><a class="btn btn-default" href="#" role="button">View details &raquo;</a></p>
129       </div>
130     </div>
131   </div>
```

그림 1-26 그리드를 밀고 당기는 선택자

각 요소에 .col-md-push-4와 .col-md-pull-8 선택자를 추가했습니다. push와 pull은 왼쪽을 기준으로 하므로 push는 왼쪽에서 오른쪽으로 미는 것이고 pull은 오른쪽에서 왼쪽으로 끄는 것입니다. 해당 숫자만큼 이동하므로 위치가 서로 바뀝니다. md 크기의 선택자만 입력했으므로 위의 경우 992px 이상, 1200px 미만의 화면 너비에서만 작동하고 다른 크기에서는 원위치로 돌아갑니다.

칼럼 네스팅(Column Nesting)

```
66    <div class="container">
67      <!-- Example row of columns -->
68      <div class="row">
69        <div class="col-md-8 col-lg-8 col-sm-8">
70          <div class="row">
71            <div class="col-md-8 col-lg-8 col-sm-8">
72              <h2>Heading</h2>
73              <p>Donec id elit non mi porta gravida at eget metus. Fusce dapibus, tellus ac c
                ut fermentum massa justo sit amet risus. Etiam porta sem malesuada magna mollis
74              <p><a class="btn btn-default" href="#" role="button">View details &raquo;</a></
75            </div>
76            <div class="col-md-4 col-lg-4 col-sm-4">
77              <h2>Heading</h2>
78              <p>Donec sed odio dui. Cras justo odio, dapibus ac facilisis in, egestas eget q
                semper. Fusce dapibus, tellus ac cursus commodo, tortor mauris condimentum nibh
79              <p><a class="btn btn-default" href="#" role="button">View details &raquo;</a></
80            </div>
81          </div>
82        </div>
83        <div class="col-md-4 col-lg-4 col-sm-4">
84          <h2>Heading</h2>
85          <p>Donec sed odio dui. Cras justo odio, dapibus ac facilisis in, egestas eget quam.
            semper. Fusce dapibus, tellus ac cursus commodo, tortor mauris condimentum nibh, ut
86          <p><a class="btn btn-default" href="#" role="button">View details &raquo;</a></p>
87        </div>
88      </div>
89
```

그림 1-27 그리드 내부의 그리드

이번에는 .row 부분을 복사해서 첫 번째 그리드의 콘텐츠를 지우고 붙여넣었습니다. 이처럼 그리드 내부에 레이아웃을 추가로 만들려면 .row가 있는 태그도 추가해야 합니다. 여기서 의문되는 것이 있을 수 있습니다. 부모 그리드의 숫자가 8인데 자식 그리드의 숫자의 합이 12가 되고 있는 것이죠. 어떻게 생각하면 8보다 12가 크니까 레이아웃을 벗어날 것으로 생각하기 쉽습니다. 하지만 그리드의 너비는 항상 부모를 기준으로 퍼센트로 계산됩니다.

즉 부모 그리드 col-md-8의 너비는 .container 영역의 3분의 2를 사용하므로 66.666666%가 되며 자식 그리드의 .row는 이 너비의 100%를 사용하고 다시 이 내부의 .col-md-8은 이 영역의 66.66666%를 사용하게 됩니다. 이러한 그리드의 너비는 부트스트랩 스타일시트에 정의돼 있습니다.

칼럼 오프셋(Column Offset)

그리드를 일정 크기만큼 간격을 둘 수 있는 기능입니다.

```html
<div class="container">
  <!-- Example row of columns -->
  <div class="row">
    <div class="col-md-4 col-md-offset-4">
      <h2>Heading</h2>
      <p>Donec sed odio dui. Cras justo odio, dapibus ac facilisis in, egestas eget quam. semper. Fusce dapibus, tellus ac cursus commodo, tortor mauris condimentum nibh, ut
      <p><a class="btn btn-default" href="#" role="button">View details &raquo;</a></p>
    </div>
  </div>
```

그림 1-28 칼럼 오프셋을 이용한 배치

하나의 .row에 하나의 그리드만 있습니다. 해당 그리드의 크기만큼 오프셋 선택자를 추가하면 왼쪽으로부터 떨어져서 배치됩니다. 어떤 요소를 중앙 정렬하거나 오른쪽 정렬할 때 유용합니다. . col-md-offset-8을 입력하면 오른쪽에 배치됩니다. .col-md-6 .col-md-offset-3 선택자를 사용하면 6 크기만큼의 그리드가 오른쪽으로 3 크기만큼 떨어져 중앙에 배치됩니다.

유동폭 레이아웃

```html
<div class="jumbotron">
  <div class="container-fluid">
    <h1>안녕하세요!</h1>
    <p>This is a template for a simple marketing or informational website. It includes a lar supporting pieces of content. Use it as a starting point to create something more unique
    <p><a class="btn btn-primary btn-lg" href="#" role="button">Learn more &raquo;</a></p>
  </div>
</div>
```

그림 1-29 유동폭 레이아웃 선택자

.container 선택자에 -fluid만 추가하면 전체폭 레이아웃으로 변경됩니다. 부트스트랩 2.0 버전에서는 .row 선택자도 .row-fluid로 변경해야 했지만 3.0에서는 .container-fluid만 변경하면 됩니다. .container-fluid는 너비가 정해지지 않아서 부모 요소의 너비에 따라 좌우되며 주로 전체폭 레이아웃을 만들 때 사용합니다.

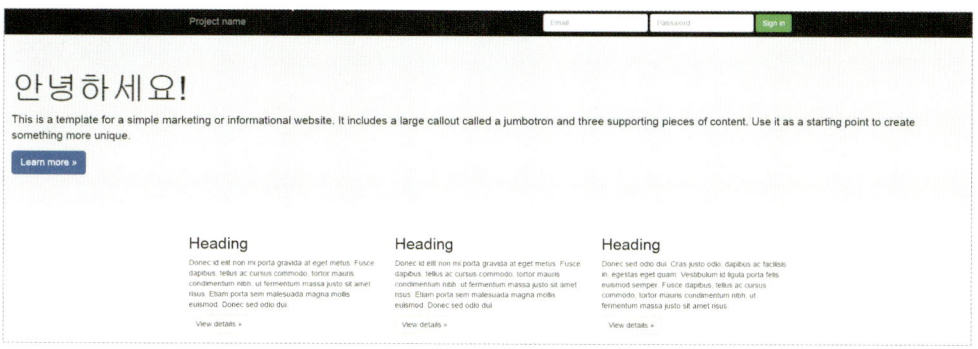

그림 1-30 전체폭을 사용하는 .container-fluid

02 글자(Typography)

헤딩(Heading)

부트스트랩은 h1~h6 태그에 대해서 폰트 크기를 정해놓았습니다. h1~h6 태그만 사용해도 되지만 이 태그의 스타일을 그대로 사용한 .h1~.h6 선택자를 사용해도 됩니다. .h1~.h6 선택자를 사용하면 어떤 태그라도 선택자에 해당하는 크기로 변경됩니다.

헤딩 태그를 올바르게 사용하는 것은 웹 접근성 측면에서 중요합니다. 헤딩 태그를 순서대로 사용하면 스크린 리더가 콘텐츠 목차를 올바르게 만들 수 있습니다. 단순히 글자 크기를 조절하기 위해 h1 태그 다음에 h3 태그를 사용한다든가 상위에 어떠한 헤딩 태그도 없는데 하위의 헤딩 태그를 사용하는 방법은 바람직하지 않습니다. 따라서 이럴 때 .h1~.h6 선택자를 사용해 글자 크기를 조절할 수 있습니다. 예를 들어 〈h2 class="h1"〉과 같이 하면 h2 태그를 사용하면서 h1 태그의 글자 스타일을 그대로 사용할 수 있습니다.

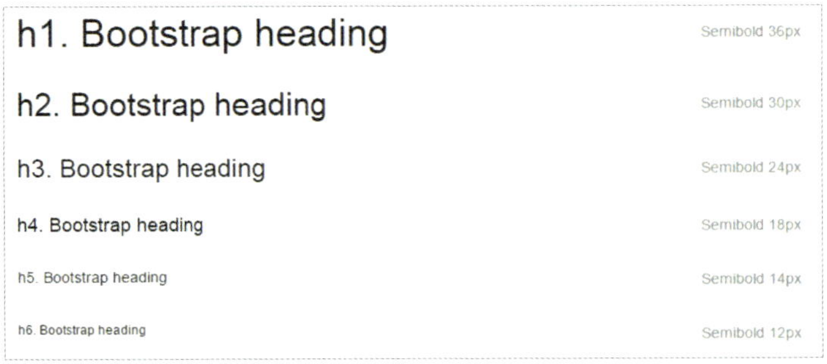

그림 1-31 헤딩 태그

부제(Secondary Text)

헤딩 태그 내부에 small 태그를 사용해 글자를 입력하면 헤딩 글자보다 작고 밝은 색의 부제를 만들 수 있습니다.

```
148  <h1>안녕하세요<small>부트스트랩 기초 연습입니다.</small></h1>
```

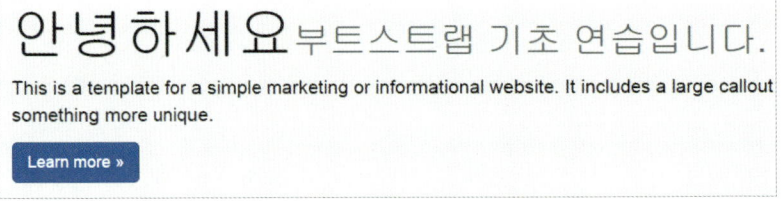

그림 1-32 small 태그

기본 글자 크기

body 태그의 기본 글자 크기는 14px이며, line-height는 1.428입니다. 단위가 없으므로 배율을 의미합니다. 글자 크기를 키워서 강조하고 싶을 때에는 .lead 선택자를 사용합니다.

```
152  <p class="lead">Donec id elit non mi porta gravida at eget metus. Fusce dapibus,
     tellus ac cursus commodo, tortor mauris condimentum nibh, ut fermentum massa justo sit
     amet risus. Etiam porta sem malesuada magna mollis euismod. Donec sed odio dui. </p>
```

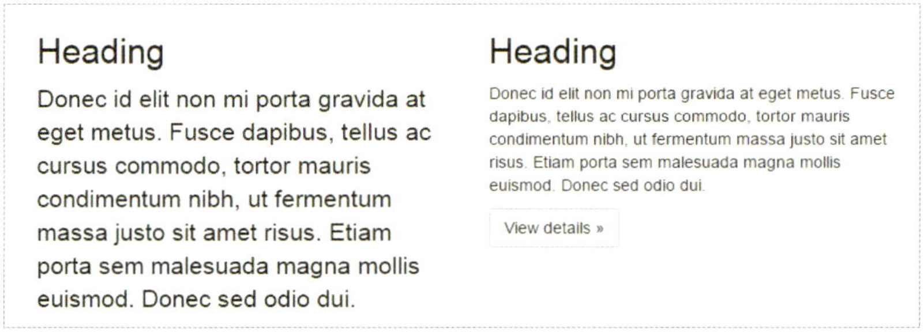

그림 1-33 .lead 선택자

각종 인라인 요소 글자 태그

⟨mark⟩ - 형광펜으로 칠한 것처럼 글자를 강조할 수 있는 태그로 이러한 펜을 marker라고 하죠. 기본적으로 노란색 형광펜을 칠한 것처럼 나오지만 부트스트랩에서는 조금 더 연한 노란색으로 나타납니다.

⟨del⟩ - 글자를 그대로 남기면서 삭제를 표시하는 기능을 합니다. 주로 뭐가 어떻게 수정됐는지 보여주는 데 사용합니다. 부트스트랩과 관련해 특이 사항은 없습니다.

⟨s⟩ - Strikethrough(취소선)의 약자로 더 이상 정확하지 않거나 적절하지 않다는 의미가 있는 태그입니다. 부트스트랩과 관련해 특이 사항은 없으며 del 태그과 동일하게 나타납니다. HTML5에서는 동일하게 표시되더라도 입력한 태그에 따라서 의미를 다르게 해석하는 시맨틱(Semantic) 기능이 있습니다.

⟨ins⟩ - 기존 문서에 글자가 추가(Inserted)됐다는 의미를 부여하는 태그입니다. 글자에 밑줄이 만들어집니다. 부트스트랩과 관련해 특이 사항은 없습니다.

⟨u⟩ - 위 ins 태그와 마찬가지로 밑줄(Underlined)이 그어지지만 의미가 다릅니다. 즉 다른 글자와 비교해서 스타일이 다르다는 표시를 하는 데 사용합니다. 예를들면 스펠링에 오류가 있을 때 사용합니다.

⟨small⟩ - 단순히 작은 글자로 표시하기 위해 사용합니다. 부트스트랩에서는 폰트 사이즈가 85%로 줄어듭니다.

⟨strong⟩ - 글자를 굵게 만듭니다. 같은 기능을 하는 ⟨b⟩ 태그는 HTML5 웹표준에서는 사용하지 않도록 권장하며 다른 적절한 태그가 없을 때만 한정적으로 사용할 수 있습니다.

⟨em⟩ - 글자를 이탤릭체로 만듭니다. 마찬가지로 같은 이탤릭체를 만드는 ⟨i⟩ 태그는 목소리나 기분을 묘사하기 위해 사용됩니다. em은 Emphasis의 약자입니다.

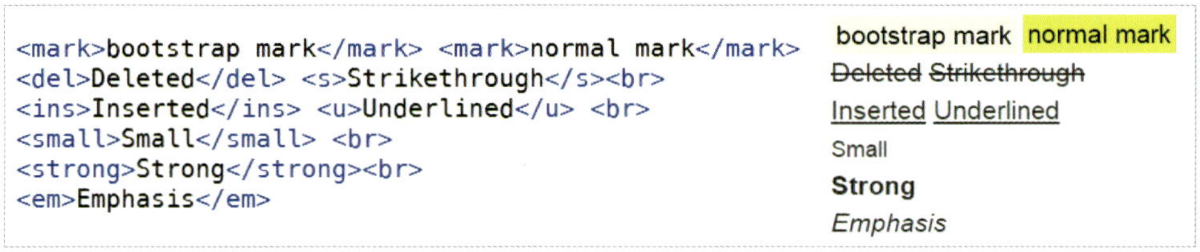

그림 1-34 각종 글자 태그

정렬 클래스(Alignment classes)

글자를 정렬하는 선택자입니다.

```
156 <p class="text-left">Left aligned text.</p>
157 <p class="text-center">Center aligned text.</p>
158 <p class="text-right">Right aligned text.</p>
159 <p class="text-justify">Donec sed odio dui. Cras justo odio, dapibus ac facilisis
    in, egestas eget quam. Vestibulum id ligula porta felis euismod semper. Fusce dapibus,
    tellus ac cursus commodo, tortor mauris condimentum nibh, ut fermentum massa justo sit
    amet risus.Donec sed odio dui. Cras justo odio, dapibus ac facilisis in, egestas eget
    quam. Vestibulum id ligula porta felis euismod semper. Fusce dapibus, tellus ac cursus
    commodo, tortor mauris condimentum nibh, ut fermentum massa justo sit amet risus.</p>
160 <p class="text-nowrap">Donec sed odio dui. Cras justo odio, dapibus ac facilisis
    in, egestas eget quam. Vestibulum id ligula porta felis euismod semper. Fusce dapibus,
    tellus ac cursus commodo, tortor mauris condimentum nibh, ut fermentum massa justo sit
    amet risus.</p>
```

.text-left는 글자를 왼쪽으로, .text-center는 가운데, .text-right는 오른쪽으로 정렬합니다. .text-justify는 긴 문장의 좌우 끝을 정렬합니다. 특히 오른쪽 끝에 톱니 현상이 나타나지 않도록 합니다. .text-nowrap은 p 태그 내부의 문장을 한줄로 만들며 레이아웃의 범위를 벗어나게 합니다.

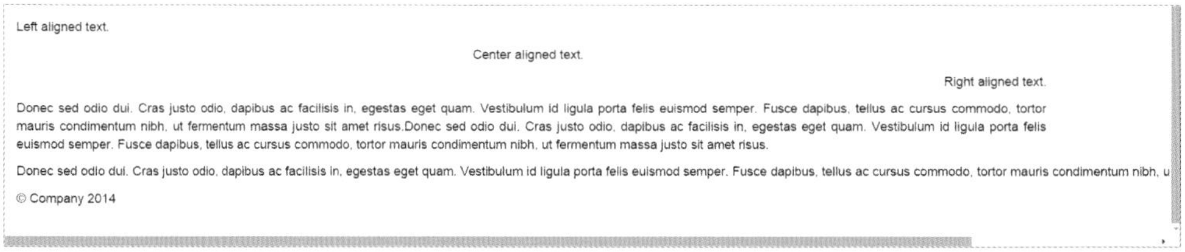

그림 1-35 각종 정렬 클래스

가장 마지막 문단에 추가한 .text-nowrap 선택자 때문에 하단에 스크롤바가 생겼습니다.

트랜스폼 클래스(Transformation classes)

영문 글자를 대문자 또는 소문자로 바꾸는 기능을 합니다.

```
167 <p class="text-lowercase">Lowercased text.</p>
168 <p class="text-uppercase">Uppercased text.</p>
169 <p class="text-capitalize">Capitalized text.</p>
```

.text-lowercase는 대문자가 있더라도 소문자로 만들고, .text-uppercase는 모두 대문자로 만들며, .text-capitalize는 단어의 첫 글자만 대문자로 만듭니다.

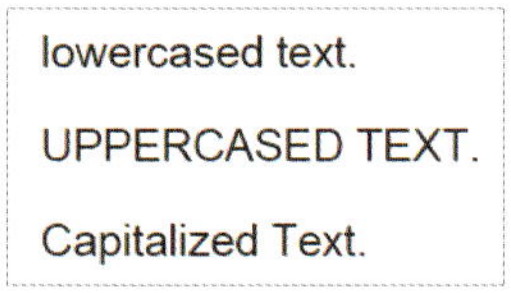

lowercased text.
UPPERCASED TEXT.
Capitalized Text.

그림 1-36 트랜스폼 클래스

약어(Abbreviations)

abbr 태그를 사용하면 약자를 본래 글자로 표시하는 기능을 하며 부트스트랩에 의해 물음표 표시가 나오기도 합니다.

```
175 <abbr title="attribute">attr</abbr>
176 <abbr title="HyperText Markup Language" class="initialism">html</abbr>
```

.initialism 선택자를 추가하면 글자를 90%로 작게하고 대문자로 만듭니다.

그림 1-37 약어

그림 1-37의 가운데에 있는 그림은 기본적으로 나오는 약어 기능이고, 왼쪽은 부트스트랩에 의해 글자가 가려지지 않게 오른쪽 아래에 나오면서 커서에 물음표가 추가된 모습입니다.

인용(blockquote)

인용할 때 사용하는 태그인 blockquote를 사용합니다. 이 태그 아래에는 모든 HTML 태그를 사용할 수 있지만 주로 p 태그를 사용합니다. 인용의 출처를 표시하기 위해 〈footer〉 태그와 <cite> 태그를 사용하면 글자를 흐리고 작게 할 수 있습니다. 요소를 오른쪽으로 정렬하고자 할 때에는 .blockquote-reverse 선택자를 사용합니다.

```
183 <blockquote>
184   <p>Lorem ipsum dolor sit amet, consectetur adipiscing elit. Integer posuere erat a ante.</p>
185 </blockquote>
186
187 <blockquote>
188   <p>Lorem ipsum dolor sit amet, consectetur adipiscing elit. Integer posuere erat a ante.</p>
189   <footer>Someone famous in <cite title="Source Title">Source Title</cite></footer>
190 </blockquote>
191
192 <blockquote class="blockquote-reverse">
193   <p>Lorem ipsum dolor sit amet, consectetur adipiscing elit. Integer posuere erat a ante.</p>
194   <footer>Someone famous in <cite title="Source Title">Source Title</cite></footer>
195 </blockquote>
```

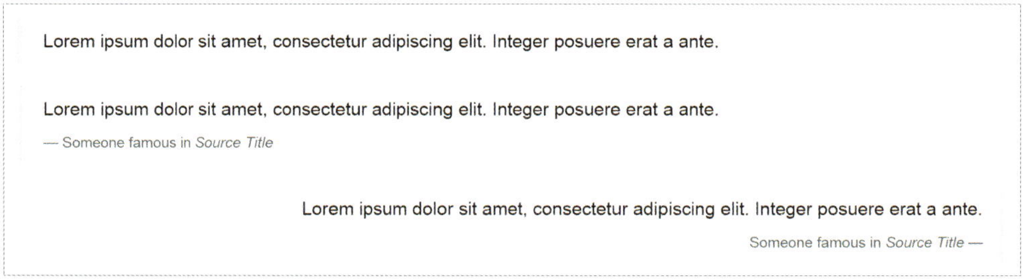

그림 1-38 인용

목록(List)

ol, ul 태그

목록은 메뉴나 글 목록 등 유사한 콘텐츠를 나열하는데 사용합니다. 순서 없는 목록은 li, 순서 있는 목록은 ol 태그를 사용하며 기본적으로 불릿 기호나 숫자가 각 목록 앞에 나타납니다. 부트스트랩 선택자인 .list-unstyled를 사용하면 불릿 기호나 숫자가 나타나지 않습니다.

```
200 <ul class="list-unstyled">
201   <li>Lorem ipsum dolor sit amet</li>
202   <li>Nulla volutpat aliquam velit
203     <ul class="list-unstyled">
204       <li>Phasellus iaculis neque</li>
205       <li>Ac tristique libero volutpat at</li>
206     </ul>
207   </li>
208   <li>Faucibus porta lacus fringilla vel</li>
209 </ul>
```

불릿 기호를 제거하려면 모든 ul 태그에 .list-unstyled 선택자를 사용해야 하고 나중에 나오겠지만 메뉴 목록을 만드는 데 사용하는 .nav 선택자는 기본적으로 불릿이 제거되도록 설정돼 있으니 별도로 선택자를 추가하지 않아도 됩니다.

```
212 <ul class="list-inline">
213   <li>Lorem ipsum dolor sit amet</li>
214   <li>Nulla volutpat aliquam velit
215   <li>Faucibus porta lacus fringilla vel</li>
216 </ul>
```

.list-inline 선택자를 사용하면 목록이 좌우로 배열됩니다.

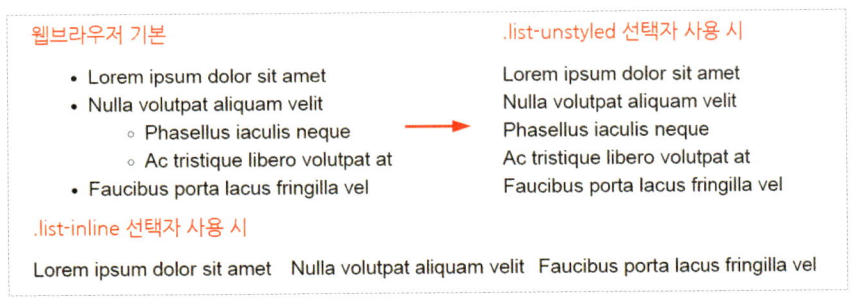

그림 1-39 .list- 선택자

목록 태그를 사용하면 기본적으로 목록이 들여쓰기 돼 있으나 부트스트랩 선택자를 사용하면 하위 목록을 포함해 들여쓰기가 모두 제거됩니다. 들여쓰기가 제거되는 것이 기본 설정이며 일정한 선택자의 배열이 있는 경우, 예를들어 .nav > li > a와 같을 때에는 들여쓰기가 적용돼 나타납니다.

```
220 <ul class="nav">
221     <li><a href="">Phasellus iaculis neque</a></li>
222     <li>Ac tristique libero volutpat at</li>
223 </ul>
```

dl, dt, dd 태그

dl 태그는 Definition list, 즉 설명 정의 목록을 만들 때 사용하며 목록의 용어(Definition Term)는 dt 태그, 용어의 설명(Definition Description)은 dd 태그를 사용합니다. 아래와 같이 .dl-horizontal 선택자를 사용하면 그림 1-40처럼 좌우로 배열돼 나타납니다. 하지만 화면이 좁을 때에는 .dl-horizontal 선택자를 사용하더라도 상하로 나타납니다.

```
227 <dl class="dl-horizontal">
228     <dt>Description lists</dt>
229     <dd>A description list is perfect for defining terms.</dd>
230     <dt>Euismod</dt>
231     <dd>Vestibulum id ligula porta felis euismod semper eget lacinia odio sem nec elit.</dd>
232     <dd>Donec id elit non mi porta gravida at eget metus.</dd>
233     <dt>Malesuada porta id elit non mi porta</dt>
234     <dd>Etiam porta sem malesuada magna mollis euismod.</dd>
235 </dl>
```

Description lists	A description list is perfect for defining terms.
Euismod	Vestibulum id ligula porta felis euismod semper eget lacinia odio sem nec elit. Donec id elit non mi porta gravida at eget metus.
Malesuada porta id el…	Etiam porta sem malesuada magna mollis euismod.

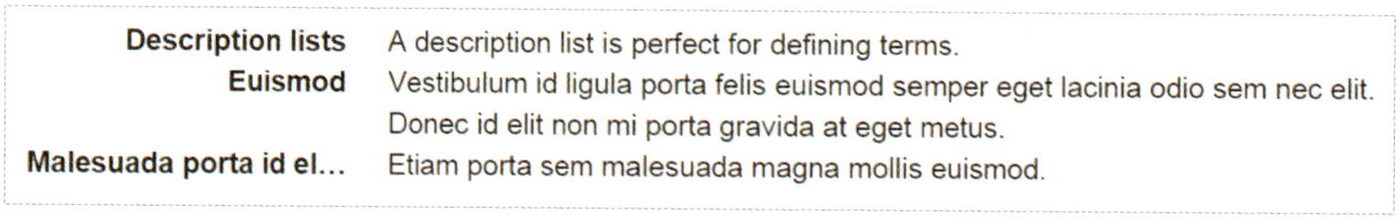

그림 1-40 dl, dt, dd 태그

세 번째 dt처럼 글자가 길면 생략(truncate)됩니다.

코드(Code)

<code> – 코드를 표시할 때는 태그로 인식하지 못하도록 아래와 같이 <code>태그를 사용하되 각진 괄호는 왼쪽 괄호를 나타내는 html 코드인 < 를 사용하고 오른쪽 괄호는 >를 사용합니다.

For example, <code><section></code> should be wrapped as inline.

위와 같이 입력하면 그림 1-41처럼 코드에 해당하는 글자는 코딩 폰트로 나타납니다.

```
For example, <section> should be wrapped as inline.
```

그림 1-41 code 태그

⟨kbd⟩ - 키보드로 입력한다는 것을 알려주기 위해 사용합니다.

```
238 <p>To switch directories, type <kbd>cd</kbd> followed by the name of the
directory.</p>
239 <p>To edit settings, press <kbd><kbd>ctrl</kbd> + <kbd>,</kbd></kbd></p>
```

```
To switch directories, type cd followed by the name of the directory.
To edit settings, press ctrl + ,
```

그림 1-42 kbd 태그

⟨pre⟩ - 여러 줄의 코드는 ⟨pre⟩ 태그를 사용합니다.

```
241 <pre>
242 &lt;blockquote&gt;
243    &lt;p&gt;Lorem ipsum dolor sit amet, consectetur adipiscing elit. Integer posuere
erat a ante.&lt;/p&gt;
244    &lt;small&gt;Someone famous &lt;cite title="Source Title"&gt;Source Title&lt;/
cite&gt;&lt;/small&gt;
245 &lt;/blockquote&gt;
246 </pre>
```

위와 같이 입력하면 그림 1-43처럼 배경 색과 테두리가 만들어집니다.

```
<blockquote>
  <p>Lorem ipsum dolor sit amet, consectetur adipiscing elit. Integ
er posuere erat a ante.</p>
  <small>Someone famous <cite title="Source Title">Source Title</ci
te></small>
</blockquote>
```

그림 1-43 pre 태그

코드가 많을 경우 .pre-scrollable 클래스를 추가하면 max-height가 340px로 제한되면서 수직 스크롤바가 나타납니다.

```
<pre class="pre-scrollable">
```

```
<blockquote>
  <p>Lorem ipsum dolor sit amet, consectetur adipiscing elit. Integer posuere erat a ante.</p>
  <small>Someone famous <cite title="Source Title">Source Title</cite></small>
</blockquote>
<blockquote>
  <p>Lorem ipsum dolor sit amet, consectetur adipiscing elit. Integer posuere erat a ante.</p>
  <small>Someone famous <cite title="Source Title">Source Title</cite></small>
</blockquote>
<blockquote>
  <p>Lorem ipsum dolor sit amet, consectetur adipiscing elit. Integer posuere erat a ante.</p>
  <small>Someone famous <cite title="Source Title">Source Title</cite></small>
</blockquote>
<blockquote>
  <p>Lorem ipsum dolor sit amet, consectetur adipiscing elit. Integer posuere erat a ante.</p>
  <small>Someone famous <cite title="Source Title">Source Title</cite></small>
</blockquote>
<blockquote>
  <p>Lorem ipsum dolor sit amet, consectetur adipiscing elit. Integer posuere erat a ante.</p>
```

그림 1-44 .pre-scrollable 클래스 사용 시 수직 스크롤바

<var> – 코드의 변수(variable)를 표시하기 위해 사용하며 이탤릭체로 전환됩니다.

```
<var>y</var> = <var>m</var><var>x</var> + <var>b</var>
```

y = *mx* + *b*

그림 1-45 var 태그 사용 시 이탤릭체로 전한

<samp> – 프로그램 실행 결과를 출력했음을 표시하는 데 사용하며 코딩 폰트로 나타납니다.

```
<samp>This text is meant to be treated as sample output from a computer program.</samp>
```

```
This text is meant to be treated as sample output from a computer program.
```

그림 1-46 samp 태그

03 테이블(table)

각종 .table- 클래스

표 형태의 데이터를 표시하는 데 사용하며 .table 선택자를 사용하면 각 행의 아래에 테두리가 있는 테이블이 만들어집니다.

```html
263 <table class="table">
264   <thead>
265     <tr>
266       <th>#</th>
267       <th>First Name</th>
268       <th>Last Name</th>
269       <th>Username</th>
270     </tr>
271   </thead>
272   <tbody>
273     <tr>
274       <td>1</td>
275       <td>Mark</td>
276       <td>Otto</td>
277       <td>@mdo</td>
278     </tr>
279     <tr>
280       <td>2</td>
281       <td>Jacob</td>
282       <td>Thornton</td>
283       <td>@fat</td>
284     </tr>
285     <tr>
286       <td>3</td>
287       <td>Larry</td>
288       <td>the Bird</td>
289       <td>@twitter</td>
290     </tr>
291   </tbody>
292 </table>
```

#	First Name	Last Name	Username
1	Mark	Otto	@mdo
2	Jacob	Thornton	@fat
3	Larry	the Bird	@twitter

그림 1-47 .table 태그

.table-stripe를 추가하면 한 줄 건너 배경색이 달라지는 스트라이프 형태의 테이블이 됩니다.

```
295 <table class="table table-striped">
```

#	First Name	Last Name	Username
1	Mark	Otto	@mdo
2	Jacob	Thornton	@fat
3	Larry	the Bird	@twitter

그림 1-48 .table-striped

.table-bordered를 추가하면 모든 셀에 테두리가 만들어집니다.

```
298 <table class="table table-bordered">
```

#	First Name	Last Name	Username
1	Mark	Otto	@mdo
2	Jacob	Thornton	@fat
3	Larry	the Bird	@twitter

그림 1-49 .table-bordered

.table-hover를 추가하면 테이블에 마우스를 올렸을 때 마우스 커서가 있는 행이 다른 색으로 변합니다.

```
301 <table class="table table-hover">
```

#	First Name	Last Name	Username
1	Mark	Otto	@mdo
2	Jacob	Thornton	@fat
3	Larry	the Bird	@twitter

그림 1-50 .table-hover

.table-condensed를 추가하면 셀 패딩이 반으로 감소돼 작은 크기의 테이블이 됩니다.

```
304 <table class="table table-condensed">
```

#	First Name	Last Name	Username
1	Mark	Otto	@mdo
2	Jacob	Thornton	@fat
3	Larry	the Bird	@twitter

그림 1-51 .table-condensed

문맥 클래스(Contextual classes)

부트스트랩은 몇 가지 색상이 있는 클래스를 정의해서 부트스트랩에서 전체적으로 사용하고 있습니다. 이를 테이블 태그에 사용하면 행이 해당 색상으로 나타나게 됩니다.

```
309 <tr class="active">...</tr>
310 <tr class="success">...</tr>
311 <tr class="info">...</tr>
312 <tr class="warning">...</tr>
313 <tr class="danger">...</tr>
```

클래스	설명
.active	특정 행이나 셀에 마우스 오버 색상 적용
.success	성공 또는 긍정적인 작업 표시
.info	중립적인 정보 변경이나 작업 표시
.warning	주의를 필요로 하는 경고를 표시
.danger	위험 또는 잠재적으로 부정적인 작업 표시

그림 1-52 부트스트랩의 색상 클래스

반응형 테이블

반응형 디자인에서 가장 처리하기 어려운 것이 테이블입니다. 이를 해결하기 위해 부트스트랩은 화면 폭이 좁을 때(768px 이하) 하단에 스크롤바가 나타나며 수평으로 스크롤 해서 테이블을 볼 수 있게 했습니다. 테이블 태그 외곽에 div태그를 사용하고 .table-responsive 선택자를 추가하면 됩니다.

```
<div class="table-responsive">
  <table class="table">
    생략
  </table>
</div>
```

#	Table heading	Table heading	Table heading	Table heading	Table hea
1	Table cell	Table cell	Table cell	Table cell	Table cell
2	Table cell	Table cell	Table cell	Table cell	Table cell
3	Table cell	Table cell	Table cell	Table cell	Table cell

그림 1-53 반응형 디자인의 테이블

04 폼(Forms)

기본 형태

폼의 기본 형태는 폼 요소가 상하로 나열되며 각 폼 요소를 div 태그로 감싸주고 .form-group 선택자를 사용합니다. .form-control 선택자는 입력상자의 스타일을 만들고 너비를 100%로 만들어주므로 input이나 textarea에는 반드시 사용하며, 같은 input 태그라도 type이 file일 때에는 필요하지 않습니다.

```
<form role="form">
  <div class="form-group">
    <label for="Email1">Email address</label>
    <input type="email" class="form-control" id="Email1" placeholder="Enter email">
```

```
332    </div>
333    <div class="form-group">
334      <label for="Password1">Password</label>
335      <input type="password" class="form-control" id="Password1"
placeholder="Password">
336    </div>
337    <div class="form-group">
338      <label for="File">File input</label>
339      <input type="file" id="File">
340    </div>
341 </form>
```

Email address

Enter email

Password

Password

File input

파일 선택 선택된 파일 없음

그림 1-54 폼 요소의 기본 스타일

인라인 폼(Inline Form)

가로로 배열된 형태로 form 태그에 .form-inline 선택자를 사용합니다.

```
345 <form class="form-inline" role="form">
346   <div class="form-group">
347     <label for="Email1">Email address</label>
348     <input type="email" class="form-control" id="Email1" placeholder="Enter email">
349   </div>
350   <div class="form-group">
351     <label for="Password1">Password</label>
352     <input type="password" class="form-control" id="Password1"
placeholder="Password">
353   </div>
354   <div class="form-group">
355     <label for="File">File input</label>
```

```
356    <input type="file" id="File">
357   </div>
358 </form>
```

그림 1-55 폼 요소의 좌우 배열

그림 1-55에서 세 번째에 있는 File input 레이블과 파일 선택 버튼이 세로로 돼 있는 것은 input 요소에 display: inline-block;을 설정해야만 레이블과 버튼이 가로로 정렬됩니다.

그림을 보면 레이블이 있고 입력 상자 안에도 플레이스 홀더가 있어서 중복됩니다. 이럴 경우 레이블을 제거해 레이블이 나타나지 않게 할 수 있지만, 레이블이 없으면 스크린 리더를 사용하는 사용자는 어떤 내용인지 알 수가 없게 되므로 웹 접근성에 위배됩니다. 이럴 때에는 lable 태그에 .sr-only 선택자를 사용합니다(sr: Screen Reader). .sr-only 선택자를 사용하면 평상시에는 나타나지 않지만 스크린 리더가 읽을 수 있는 상태가 됩니다.

```
362 <form class="form-inline" role="form">
363   <div class="form-group">
364     <label class="sr-only" for="Email1">Email address</label>
365     <input type="email" class="form-control" id="Email1" placeholder="Enter email">
366   </div>
367   <div class="form-group">
368     <label class="sr-only" for="Password1">Password</label>
369     <input type="password" class="form-control" id="Password1" placeholder="Password">
370   </div>
371   <div class="form-group">
372     <label class="sr-only" for="File">File input</label>
373     <input type="file" id="File">
374   </div>
375 </form>
```

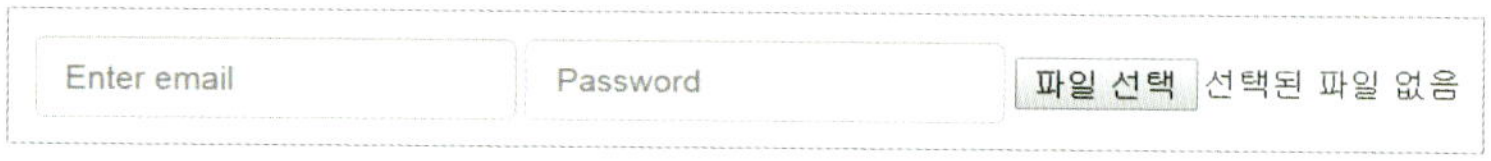

그림 1-56 스크린 리더를 위한 .sr-only 선택자

스크린 리더란 시력에 장애가 있는 사람을 위해 글자를 읽어주는 기계를 말합니다.

수평 폼(Horizontal Form)

레이블과 폼 요소가 가로로 배열된 형태로 form 태그에 .form-horizontal 선택자를 사용하고 label과 input 태그를 분리하기 위해서 그리드 선택자를 사용합니다. input 태그는 div 태그로 감싸고 이 div 태그와 label 태그에 그리드 선택자를 추가합니다.

```
380 <form class="form-horizontal" role="form">
381   <div class="form-group">
382     <label for="Email3" class="col-sm-2 control-label">Email</label>
383     <div class="col-sm-10">
384       <input type="email" class="form-control" id="Email3" placeholder="Email">
385     </div>
386   </div>
387   <div class="form-group">
388     <label for="Password3" class="col-sm-2 control-label">Password</label>
389     <div class="col-sm-10">
390       <input type="password" class="form-control" id="Password3" placeholder="Password">
391     </div>
392   </div>
393   <div class="form-group">
394     <div class="col-sm-offset-2 col-sm-10">
395       <div class="checkbox">
396         <label>
397           <input type="checkbox"> Remember me
398         </label>
399       </div>
400     </div>
401   </div>
402   <div class="form-group">
403     <div class="col-sm-offset-2 col-sm-10">
404       <button type="submit" class="btn btn-default">Sign in</button>
405     </div>
406   </div>
407 </form>
```

체크 박스와 버튼은 그리드 오프셋 선택자를 사용해서 input 요소에 맞춰 세로로 정렬되도록 했습니다.

그림 1-57 폼 요소의 수평 배열

input 태그

input 태그에는 HTML5의 모든 type을 지원합니다. 즉 input 태그의 type으로 text, password, datetime, datetime-local, date, month, time, week, number, email, url, search, tel, color가 올 수 있습니다.

```
412  <form class="form-inline" role="form">
413    <input type="text" class="form-control" placeholder="Text input">
414    <input type="password" class="form-control" placeholder="password input">
415    <input type="datetime" class="form-control" placeholder="datetime input">
416    <input type="datetime-local" class="form-control" placeholder="datetime-local input">
417    <input type="date" class="form-control" placeholder="date input">
418    <input type="month" class="form-control" placeholder="month input">
419    <input type="time" class="form-control" placeholder="time input">
420    <input type="week" class="form-control" placeholder="week input">
421    <input type="number" class="form-control" placeholder="number input">
422    <input type="url" class="form-control" placeholder="url input">
423    <input type="search" class="form-control" placeholder="search input">
424    <input type="tel" class="form-control" placeholder="tel input">
425    <input type="color" class="form-control" placeholder="color input">
426  </form>
```

그림 1-58 각종 input type

textarea 태그

댓글과 같이 많은 양의 텍스트를 입력할 수 있는 입력상자로 행의 높이는 rows 속성으로 설정할 수도 있고, 스타일시트에서 height 속성을 이용해 설정할 수도 있습니다. 너비는 항상 100%입니다.

```
430  <textarea class="form-control" rows="5"></textarea>
```

그림 1-59 textarea 태그

체크박스와 라디오버튼

체크박스는 목록에서 하나 이상의 옵션을 선택할 때 사용하고 라디오버튼은 여러 개의 항목 중에서 하나만 선택할 수 있는 html 폼 요소입니다. 체크박스는 input 태그를 label 태그로 감싸고 외부에 .checkbox 선택자가 있는 div 태그로 다시 감싸줍니다. 라디오버튼은 div 태그에 .radio 선택자를 사용합니다. 선택자로 .disabled를 사용해 선택할 수 없게 할 수도 있습니다.

```
434  <div class="checkbox">
435    <label>
436      <input type="checkbox" value="">
437      Option one is this and that&mdash;be sure to include why it's great
438    </label>
439  </div>
440  <div class="checkbox disabled">
441    <label>
442      <input type="checkbox" value="" disabled>
443      Option two is disabled
444    </label>
445  </div>
446
447  <div class="radio">
448    <label>
```

```
449     <input type="radio" name="optionsRadios" id="optionsRadios1" value="option1" checked>
450       Option one is this and that&mdash;be sure to include why it's great
451     </label>
452 </div>
453 <div class="radio">
454   <label>
455     <input type="radio" name="optionsRadios" id="optionsRadios2" value="option2">
456       Option two can be something else and selecting it will deselect option one
457     </label>
458 </div>
459 <div class="radio disabled">
460   <label>
461     <input type="radio" name="optionsRadios" id="optionsRadios3" value="option3" disabled>
462       Option three is disabled
463     </label>
464 </div>
```

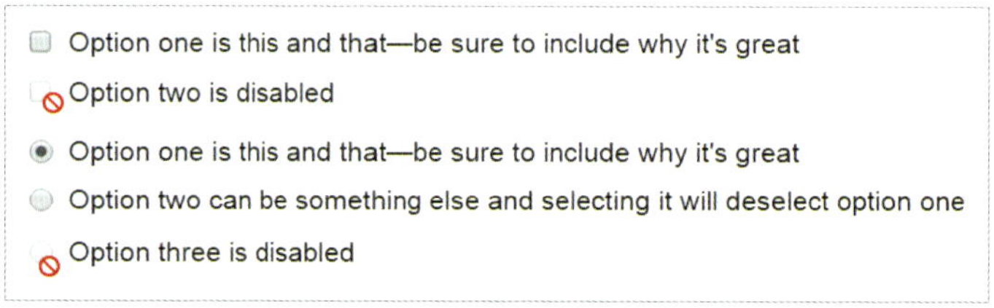

그림 1-60 체크박스와 라디오버튼 및 .disabled 선택자

인라인 형식의 체크박스에는 각 레이블에 .checkbox-inline 또는 .radio-inline 선택자를 삽입합니다.

```
467 <label class="checkbox-inline">
468   <input type="checkbox" id="inlineCheckbox1" value="option1"> 1
469 </label>
470 <label class="checkbox-inline">
471   <input type="checkbox" id="inlineCheckbox2" value="option2"> 2
472 </label>
473 <label class="checkbox-inline">
474   <input type="checkbox" id="inlineCheckbox3" value="option3"> 3
475 </label>
476
```

```
477 <label class="radio-inline">
478     <input type="radio" name="inlineRadioOptions" id="inlineRadio1" value="option1"> 1
479 </label>
480 <label class="radio-inline">
481     <input type="radio" name="inlineRadioOptions" id="inlineRadio2" value="option2"> 2
482 </label>
483 <label class="radio-inline">
484     <input type="radio" name="inlineRadioOptions" id="inlineRadio3" value="option3"> 3
485 </label>
```

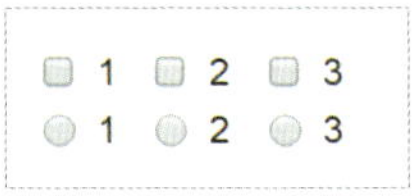

그림 1-61 인라인 체크박스와 라디오버튼

레이블 텍스트가 없는 체크박스와 라디오버튼

체크박스와 라디오버튼에 레이블 텍스트를 사용하지 않고 싶을 때도 있는데, 이럴 때에는 앞에서 언급한 웹 접근성에 위배되므로 HTML5의 aria- 속성을 이용합니다. 이전의 input 태그와 달리 체크박스와 라디오버튼의 input은 label 태그가 감싸고 있으므로 .sr-only 선택자를 사용하면 전체가 안보이게 됩니다. 이를 해결하기 위해서는 아래와 같이 코드를 만드는데 현재의 부트스트랩에서는 인라인 방식으로는 지원하지 않고 블록 형태의 체크박스와 라디오버튼만 가능합니다.

```
490 <div class="checkbox">
491     <label>
492         <input type="checkbox" id="blankCheckbox" value="option1" aria-label="checkbox1">
493     </label>
494 </div>
495 <div class="radio">
496     <label>
497         <input type="radio" name="blankRadio" id="blankRadio1" value="option1" aria-label="radio1">
498     </label>
499 </div>
```

따라서 input 태그에 aria-label 속성을 추가하고 레이블을 aria-label 속성의 값으로 입력합니다. aria는 WAI-ARIA의 줄임말로 이는 Web Accessibility Initiative - Accessible Rich Internet Applications의 약자입니다. W3C에서는 장애가 있는 사람의 웹 접근성을 높이고자 웹 표준을 정의하고 있으며 웹 접근성뿐만 아니라 전반적인 기술을 다루는 분야를 보조 공학(Assistive Technology)이라 합니다.

선택(select) 상자

여러 가지 항목 중에서 하나 이상의 항목을 선택할 수 있는 요소로 다중 선택이 가능하게 하려면 multiple 속성을 추가합니다. .form-control 선택자를 사용해야 제대로 된 스타일로 나타납니다.

```
504  <select class="form-control">
505    <option>1</option>
506    <option>2</option>
507    <option>3</option>
508    <option>4</option>
509    <option>5</option>
510  </select>
511
512  <select multiple class="form-control">
513    <option>1</option>
514    <option>2</option>
515    <option>3</option>
516    <option>4</option>
517    <option>5</option>
518  </select>
```

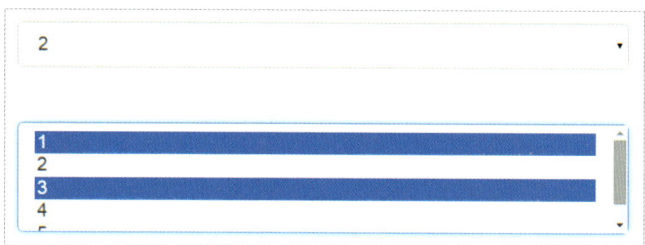

그림 1-62 선택 상자

정적인 컨트롤(Static control)

폼 입력 상자가 아닌 단순한 텍스트를 표시하고자 할 때 사용합니다. 예를 들어 로그인된 사용자의 아이디나 이메일을 표시해 별도의 입력 절차를 거치지 않게 하는 데 사용합니다. 정적인 컨트롤에는 p 태그와 .form-control-static 선택자를 사용합니다.

```html
523 <form class="form-horizontal" role="form">
524   <div class="form-group">
525     <label class="col-sm-2 control-label">Email</label>
526     <div class="col-sm-10">
527       <p class="form-control-static">email@example.com</p>
528     </div>
529   </div>
530   <div class="form-group">
531     <label for="inputPassword" class="col-sm-2 control-label">Password</label>
532     <div class="col-sm-10">
533       <input type="password" class="form-control" id="inputPassword" placeholder="Password">
534     </div>
535   </div>
536 </form>
```

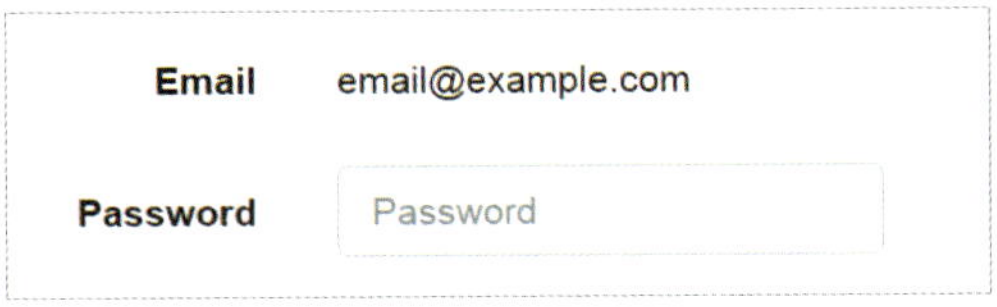

그림 1-63 정적인 컨트롤

비활성 상태(Disabled state)

특정 폼을 비활성화 할 때 사용하며 disabled 속성을 사용합니다.

```html
540 <input class="form-control" id="disabledInput" type="text" placeholder="Disabled input here..." disabled>
```

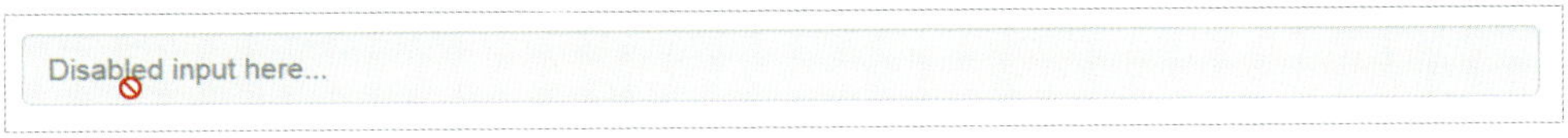

그림 1-64 비활성 상태

비활성 필드셋(Disabled fieldsets)

필드셋 내부의 모든 폼을 비활성화 시킬 수 있습니다. fieldset 태그에 disabled 속성을 추가합니다.

```
545  <form role="form">
546    <fieldset disabled>
547      <div class="form-group">
548        <label for="disabledTextInput">Disabled input</label>
549        <input type="text" id="disabledTextInput" class="form-control" placeholder="Disabled input">
550      </div>
551      <div class="form-group">
552        <label for="disabledSelect">Disabled select menu</label>
553        <select id="disabledSelect" class="form-control">
554          <option>Disabled select</option>
555        </select>
556      </div>
557      <div class="checkbox">
558        <label>
559          <input type="checkbox"> Can't check this
560        </label>
561      </div>
562      <button type="submit" class="btn btn-primary">Submit</button>
563    </fieldset>
564  </form>
```

그림 1-65 비활성 필드셋

읽기 전용 상태(Readonly state)

폼 요소에 대해서 데이터를 읽어오는 것은 가능하지만 입력은 할 수 없게 만듭니다. 이전의 비활성 상태와 비슷한 것 같지만, 비활성 상태는 입력돼 있는 내용을 저장할 수 없습니다. 읽기 전용 상태는 입력된 내용을 수정할 수는 없지만 저장할 수는 있습니다. 일정한 데이터를 고정해서 입력해야 할 때 사용합니다.

```
569 <input class="form-control" type="text" placeholder="Readonly input here…" readonly>
```

readonly 속성을 사용하며 입력 값은 placeholder에 추가합니다.

그림 1-66 읽기 전용 상태

크롬에서는 읽기 전용 상태의 요소를 클릭하면 포커스가 생기면서 테두리가 만들어지지만 비활성 상태의 요소는 포커스조차 생기지 않습니다. 웹브라우저마다 보이는 형태는 조금씩 다릅니다. IE에서는 읽기 전용 상태의 요소를 클릭하면 읽기 전용 글자가 제거되면서 입력할 수 있는 포커스 상태가 되지만, 실제로 입력하면 아무것도 나타나지 않습니다.

폼 유효성 상태(Validation states)

예정된 값이 입력되지 않았을 때 다양한 형태로 에러 메시지를 내보내는 데 사용합니다. 에러(.has-error), 경고(.has-warning), 성공(.has-success)의 3가지 상태를 만들 수 있으며, 각 상태에 따라 색상도 다릅니다. 레이블 텍스트와 메시지도 각 색상에 맞게 나타나도록 label 태그에는 .control-label 선택자를, 메시지에는 .help-block 선택자를 사용합니다. 프로그래밍 방식으로 예정된 값이나 형식이 아닌 경우 클래스 선택자가 활성화 되게 해야 합니다.

```html
576  <div class="form-group has-success">
577    <label class="control-label" for="inputSuccess1">Input with success</label>
578    <input type="text" class="form-control" id="inputSuccess1">
579    <span class="help-block">A block of help text that breaks onto a new line and may extend beyond one line.</span>
580  </div>
581  <div class="form-group has-warning">
582    <label class="control-label" for="inputWarning1">Input with warning</label>
583    <input type="text" class="form-control" id="inputWarning1">
584    <span class="help-block">A block of help text that breaks onto a new line and may extend beyond one line.</span>
585  </div>
586  <div class="form-group has-error">
587    <label class="control-label" for="inputError1">Input with error</label>
588    <input type="text" class="form-control" id="inputError1">
589    <span class="help-block">A block of help text that breaks onto a new line and may extend beyond one line.</span>
590  </div>
```

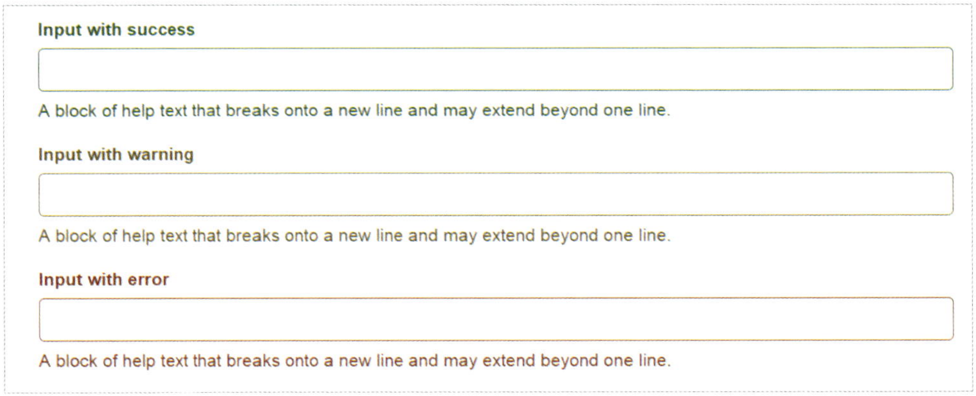

그림 1-67 폼 유효성 상태

웹 접근성 측면에서는 위와 같은 시각적 효과가 무시되므로 aria-describedby 속성을 사용할 수 있으며 예제는 뒤에서 설명합니다. 또한, 에러는 aria-invalid 속성을 true로 설정해 (aria-invalid="true") 알릴 수도 있습니다.

선택적 아이콘 사용(With optional icons)

유효성 검증을 시각적으로 나타내기 위해서 아이콘을 추가할 수 있습니다. div 태그에 .has-feedback 선택자를 사용하고 부트스트랩 아이콘을 추가했습니다. 아이콘 코드에는 .form-control-feedback 선택자를 추가해서 색상이 변경되게 했으며 폼에 사용되는 .form-control 선택자가 있어야 제대로 표시됩니다. 아이콘 사용법은 뒤에서 살펴보겠습니다.

```html
596 <div class="form-group has-success has-feedback">
597   <label class="control-label" for="inputSuccess2">Input with success</label>
598   <input type="text" class="form-control" id="inputSuccess2" aria-describedby="inputSuccess2Status">
599   <span class="glyphicon glyphicon-ok form-control-feedback" aria-hidden="true"></span>
600   <span id="inputSuccess2Status" class="sr-only">(success)</span>
601 </div>
602 <div class="form-group has-warning has-feedback">
603   <label class="control-label" for="inputWarning2">Input with warning</label>
604   <input type="text" class="form-control" id="inputWarning2" aria-describedby="inputWarning2Status">
605   <span class="glyphicon glyphicon-warning-sign form-control-feedback" aria-hidden="true"></span>
606   <span id="inputWarning2Status" class="sr-only">(warning)</span>
607 </div>
608 <div class="form-group has-error has-feedback">
609   <label class="control-label" for="inputError2">Input with error</label>
610   <input type="text" class="form-control" id="inputError2" aria-describedby="inputError2Status">
611   <span class="glyphicon glyphicon-remove form-control-feedback" aria-hidden="true"></span>
612   <span id="inputError2Status" class="sr-only">(error)</span>
613 </div>
```

웹 접근성 측면에서 aria-describedby 속성을 추가했으며 값으로는 적당한 글자를 입력하면 됩니다.

그림 1-68 폼 유효성 검사의 아이콘 사용

수평으로 배열할 수도 있습니다.

```
618 <form class="form-horizontal" role="form">
619   <div class="form-group has-success has-feedback">
620     <label class="control-label col-sm-3" for="inputSuccess3">Input with success</label>
621     <div class="col-sm-9">
622       <input type="text" class="form-control" id="inputSuccess3" aria-describedby="inputSuccess3Status">
623       <span class="glyphicon glyphicon-ok form-control-feedback" aria-hidden="true"></span>
624       <span id="inputSuccess3Status" class="sr-only">(success)</span>
625     </div>
626   </div>
627 </form>
```

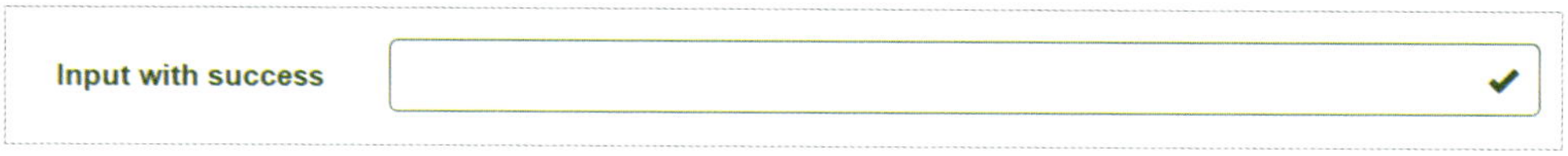

그림 1-69 수평 배열

인라인 방식

```
630 <form class="form-inline" role="form">
631   <div class="form-group has-success has-feedback">
632     <label class="control-label" for="inputSuccess4">Input with success</label>
```

```
633    <input type="text" class="form-control" id="inputSuccess4" aria-
describedby="inputSuccess4Status">
634    <span class="glyphicon glyphicon-ok form-control-feedback" aria-
hidden="true"></span>
635    <span id="inputSuccess4Status" class="sr-only">(success)</span>
636  </div>
637 </form>
```

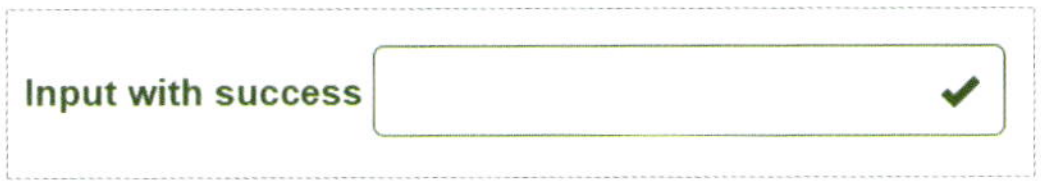

그림 1-70 인라인 방식

레이블 없는 상태

```
640 <div class="form-group has-success has-feedback">
641   <label class="control-label sr-only" for="inputSuccess5">Hidden label</label>
642   <input type="text" class="form-control" id="inputSuccess5" aria-
describedby="inputSuccess5Status">
643   <span class="glyphicon glyphicon-ok form-control-feedback" aria-hidden="true"></
span>
644   <span id="inputSuccess5Status" class="sr-only">(success)</span>
645 </div>
```

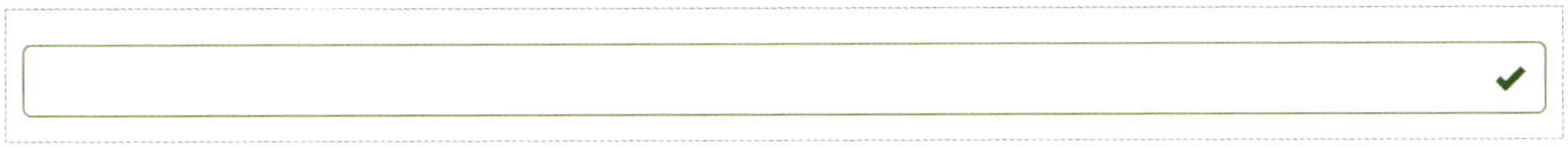

그림 1-71 레이블 없는 상태

폼 크기 조절(Control sizing)

폼의 높이는 .input-lg 또는 .input-sm 선택자를 .form-control 선택자와 함께 입력합니다. 추가로 두 가지 선택자가 있으므로 기본 사이즈를 포함해 총 3가지 높이를 만들 수 있습니다. 너비는 각 폼 요소를 div 태그로 감싸고 그리드 선택자를 추가해줍니다.

```
650 <form role="form">
651   <div class="col-lg-4">
652     <input class="form-control input-lg" type="text" placeholder=".input-lg">
653   </div>
654   <div class="col-lg-4">
655     <input type="text" class="form-control" placeholder="Default input">
656   </div>
657   <div class="col-lg-4">
658     <input class="form-control input-sm" type="text" placeholder=".input-sm">
659   </div>
660 </form>
```

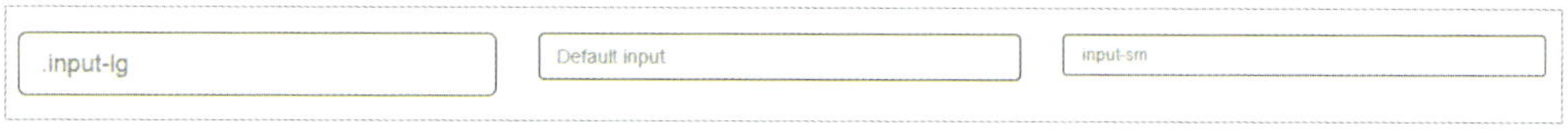

그림 1-72 폼 크기 조절

앞서 그리드 선택자를 사용하려면 항상 .row 선택자 안에서 사용해야 한다고 했습니다. 하지만 위 예제에서는 .row 선택자가 없다는 의문이 생길 수 있습니다. 이는 form 태그에 .row의 기능을 하기 위한 스타일이 설정돼 있어서 그런 것입니다. 따라서 form 태그 안에서는 .row 선택자를 사용하지 않아도 됩니다.

```
663 margin-right: -15px;
664 margin-left: -15px;
665 -webkit-box-sizing: border-box;
666 -moz-box-sizing: border-box;
667 box-sizing: border-box;
```

.row에 설정된 스타일시트는 위와 같습니다. 이와 같은 스타일시트가 form 태그에도 설정돼 있는 것입니다.

수평 폼 그룹 크기 조절

레이블이 왼쪽에 있고, 폼 요소가 오른쪽에 배열된 수평 폼의 크기를 변경하려면 .form-group 선택자가 있는 태그에 .form-group-lg 또는 .form-group-sm 선택자를 추가로 사용합니다. 마찬가지로 .form-group 선택자에는 .row의 스타일이 설정돼 있습니다.

```
672  <form class="form-horizontal" role="form">
673    <div class="form-group form-group-lg">
674      <label class="col-sm-2 control-label" for="formGroupInputLarge">Large label</label>
675      <div class="col-sm-10">
676        <input class="form-control" type="text" id="formGroupInputLarge" placeholder="Large input">
677      </div>
678    </div>
679    <div class="form-group form-group-sm">
680      <label class="col-sm-2 control-label" for="formGroupInputSmall">Small label</label>
681      <div class="col-sm-10">
682        <input class="form-control" type="text" id="formGroupInputSmall" placeholder="Small input">
683      </div>
684    </div>
685  </form>
```

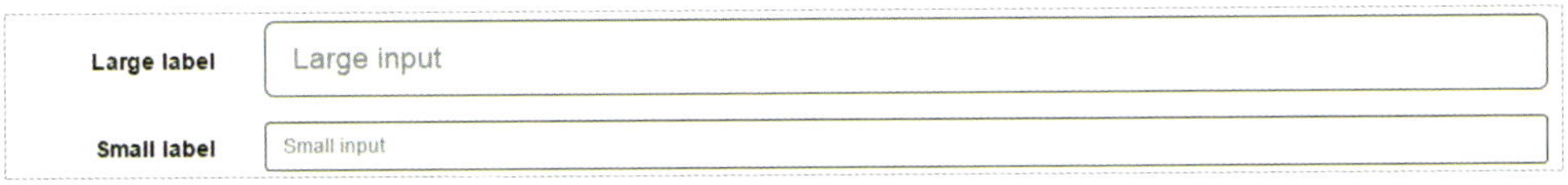

그림 1-73 수평 폼 그룹 크기 조절

도움말 텍스트(Help text)

도움말 텍스트는 폼 요소의 역할을 설명하는 데 사용합니다. span 태그에 .help-block 선택자를 추가하면 도움말 텍스트를 만들 수 있습니다. 도움말 텍스트는 웹 접근성 측면에서 중요하므로 해당 폼 요소에 포커스 됐을 때 스크린 리더에 도움말이 노출될 수 있게 aria-describedby 속성을 추가합니다. aria-describedby 속성의 값으로는 도움말의 id를 입력합니다.

```
690  <form role="form">
691    <label for="inputHelpBlock">Input with help text</label>
692    <input type="text" id="inputHelpBlock" class="form-control" aria-describedby="helpBlock">
693    <span id="helpBlock" class="help-block">A block of help text that breaks onto a new line and may extend beyond one line.</span>
694  </form>
```

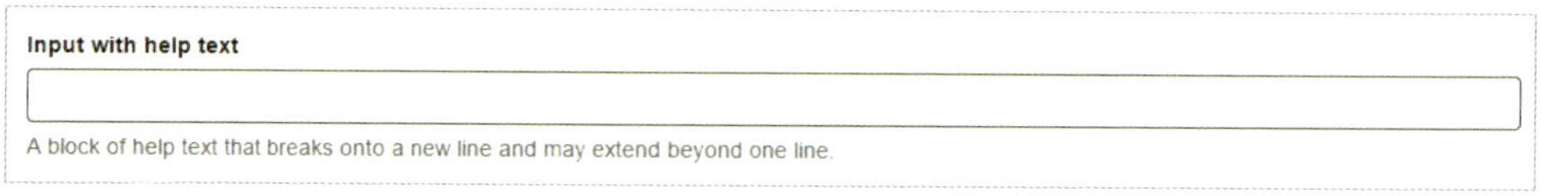

그림 1-74 도움말 텍스트

05 버튼(Buttons)

부트스트랩에서는 클래스 선택자만 추가하는 방법으로 어느 곳에서나 버튼이 나타나게 할 수 있습니다. 하다 못해 일반 div 태그에 버튼 클래스 선택자를 추가하더라도 해당 버튼의 스타일대로 버튼이 나타납니다. 하지만 주로 a, button 또는 input 태그를 사용해 버튼을 만듭니다. 버튼을 만들려면 버튼을 만들기 위한 선택자인 .btn과 색상을 지정하기 위한 선택자까지 두 가지 선택자를 함께 사용해야 합니다.

각 버튼의 색상에 따른 사용법이 제시돼 있지만 무시해도 됩니다. 사실 웹 디자인 시 다른 사이트와 구별하려면 부트스트랩에서 지정한 색상을 그대로 사용할 수는 없습니다. 주로 로고에 사용된 색상을 기준으로 여러 가지 버튼 색상을 만들어 사용하면 됩니다.

```
700 <!-- 기본 버튼 -->
701 <button type="button" class="btn btn-default">Default</button>
702
703 <!-- 시각적으로 두드러진 색상이며 주요 작업 실행시 사용-->
704 <button type="button" class="btn btn-primary">Primary</button>
705
706 <!-- 성공적인 또는 긍정적인 작업에 사용-->
707 <button type="button" class="btn btn-success">Success</button>
708
709 <!-- 정보 제공 목적의 작업에 사용-->
710 <button type="button" class="btn btn-info">Info</button>
711
712 <!-- 이 버튼으로 인한 작업이 주의를 필요로 할 때 사용-->
713 <button type="button" class="btn btn-warning">Warning</button>
714
715 <!-- 위험하고 잠재적으로 부정적인 작업에 사용-->
716 <button type="button" class="btn btn-danger">Danger</button>
717
718 <!-- 버튼이 아닌 링크 형태지만 버튼의 기능을 유지함 -->
719 <button type="button" class="btn btn-link">Link</button>
```

그림 1-75 버튼의 색상

그림 1-75의 마지막에 있는 링크는 버튼과 역할이 같지만, 모양은 링크로 돼 있습니다. 웹 접근성 측면에서 버튼 색상에 따른 의미는 없으므로 버튼 글자를 의미있는 내용으로 한다거나 span 태그에 .sr-only 선택자를 추가해 의미 있는 텍스트를 입력해 주는 방법이 좋습니다.

그림 1-76 아이콘과 함께 사용한 버튼

뒤에서 살펴볼 아이콘을 이용하면 시각적 효과를 더할 수 있습니다.

버튼의 크기 조절

버튼의 크기를 변경하려면 기본적인 버튼 클래스에 .btn-lg, .btn-sm, .btn-xs 선택자를 추가합니다. 따라서 총 4가지 크기의 버튼을 만들 수 있습니다.

```
727  <p>
728    <button type="button" class="btn btn-primary btn-lg">Large button</button>
729    <button type="button" class="btn btn-default btn-lg">Large button</button>
730  </p>
731  <p>
732    <button type="button" class="btn btn-primary">Default button</button>
733    <button type="button" class="btn btn-default">Default button</button>
734  </p>
735  <p>
736    <button type="button" class="btn btn-primary btn-sm">Small button</button>
737    <button type="button" class="btn btn-default btn-sm">Small button</button>
738  </p>
739  <p>
740    <button type="button" class="btn btn-primary btn-xs">Extra small button</button>
741    <button type="button" class="btn btn-default btn-xs">Extra small button</button>
742  </p>
```

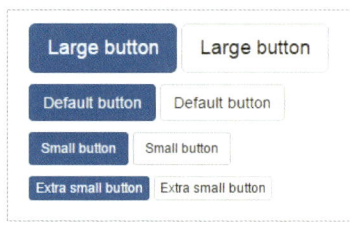

그림 1-77 버튼의 크기

블록 버튼(Block level button)

부모 요소 너비의 전체(100%)를 사용하는 버튼을 만들 때 사용합니다. 큰 버튼이므로 .btn-lg 선택자 외에 블록 형태로 만들기 위한 .btn-block 선택자를 추가로 사용합니다.

```
747 <button type="button" class="btn btn-primary btn-lg btn-block">Block level button</button>
748 <button type="button" class="btn btn-default btn-lg btn-block">Block level button</button>
```

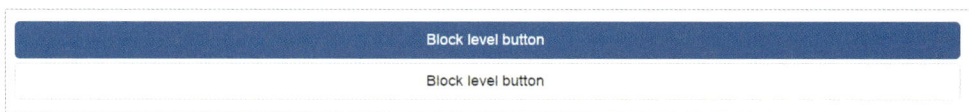

그림 1-78 블록 버튼

버튼의 활성 상태(Active state)

활성 상태란 버튼을 클릭했을 때의 상태를 말하며 버튼으로 사용된 button이나 a 태그에 .active 선택자를 추가하면 됩니다. 버튼이 눌러진 상태를 표시하기 위해 사용합니다. 배경 색상이 좀 더 어둡고 box-shadow가 추가됩니다.

```
753 <button type="button" class="btn btn-primary btn-lg active">Primary button</button>
754 <button type="button" class="btn btn-default btn-lg active">Button</button>
755
756 <a href="#" class="btn btn-primary btn-lg active" role="button">Primary link</a>
757 <a href="#" class="btn btn-default btn-lg active" role="button">Link</a>
```

a 태그를 이용해 버튼을 만들 때에는 이 요소가 버튼의 역할을 한다는 표시를 하기 위해 role 속성으로 button을 추가(role="button")합니다. 이 또한 웹 접근성을 고려한 것입니다. 일반적으로 a 태그는 다른 곳으로 이동하기 위한 하이퍼링크의 역할만 하는데, 이것이 어떤 작업을 위한 버튼이라는 사실을 표시하기 위해 필요합니다.

그림 1-79 버튼의 활성 상태

버튼의 비활성 상태(Disabled state)

버튼을 클릭할 수 없다는 표시를 하는 데 사용합니다. button 태그를 사용했다면 disabled 속성을 추가(disabled="disabled")해 비활성 상태로 만들고, a 태그를 사용했다면 .disabled 선택자를 추가해 비활성 상태로 만듭니다.

```
763 <button type="button" class="btn btn-lg btn-primary" disabled="disabled">Primary button</button>
764 <button type="button" class="btn btn-default btn-lg" disabled="disabled">Button</button>
765
766 <a href="#" class="btn btn-primary btn-lg disabled" role="button">Primary link</a>
767 <a href="#" class="btn btn-default btn-lg disabled" role="button">Link</a>
```

그림 1-80 버튼의 비활성 상태

IE9에서는 버튼의 텍스트에 그림자 효과가 나타나는 버그가 있는데 수정할 수 없다고 합니다. 버튼을 비활성화시키기 위해 'pointer-events: none'이라는 CSS 속성을 사용하는데 아직 표준이 아니라서 웹브라우저에 따라서 지원되지 않을 수도 있으며 지원된다 하더라도 웹 접근성 측면에서 스크린 리더나 키보드의 탭 키를 이용하면 활성화 될 수도 있으므로 자바스크립트를 이용해 보조적인 수단을 취해야 합니다.

06 이미지(Images)

이미지는 반응형으로 만들려면 .img-responsive 선택자를 사용합니다. 이미지의 형태는 .img-rounded 선택자를 사용하면 이미지의 모서리가 둥글게 처리되고, .img-thumbnail 선택자를 사용하면 테두리가 만들어지며, .img-circle 선택자를 사용하면 둥근 이미지가 됩니다. 둥근 정도는 원본 이미지의 가로세로 비율에 따라서 다릅니다.

```
773 <div class="row">
774   <div class="col-md-3">
775     <img src="images/image1.jpg" alt="..." class="img-responsive img-rounded">
776   </div>
777   <div class="col-md-3">
778     <img src="images/image2.jpg" alt="..." class="img-responsive img-thumbnail">
779   </div>
780   <div class="col-md-3">
781     <img src="images/image3.jpg" alt="..." class="img-responsive img-circle">
782   </div>
783   <div class="col-md-3">
784     <img src="images/image4.jpg" alt="..." class="img-responsive img-circle">
785   </div>
786 </div>
```

그림 1-81 여러 가지 이미지 선택자

07 도움 클래스(Helper classes)

콘텍스트 색상(Contextual colors)

글자의 색상을 이용해 의미를 전달하는 데 사용합니다. 색상은 버튼의 색상과 같습니다. 다만 .text-muted는 기본 글자 색상(#333)보다 옅은 색입니다(#777). 원하는 색상의 클래스를 적용했는데도 글자 색이 변하지 않을 때가 있는데, 이미 다른 선택자에 의해 다른 색이 적용돼 있어서 그렇습니다. 이럴 때는 해당 텍스트에 〈span〉 태그를 추가하고 색상 선택자를 적용하면 됩니다.

```
792 <p class="text-muted">Fusce dapibus, tellus ac cursus commodo, tortor mauris nibh.</p>
793 <p class="text-primary">Nullam id dolor id nibh ultricies vehicula ut id elit.</p>
794 <p class="text-success">Duis mollis, est non commodo luctus, nisi erat ligula.</p>
795 <p class="text-info">Maecenas sed diam eget risus varius blandit sit amet non magna.</p>
796 <p class="text-warning">Etiam porta sem malesuada magna mollis euismod.</p>
797 <p class="text-danger">Donec ullamcorper nulla non metus auctor fringilla.</p>
```

Fusce dapibus, tellus ac cursus commodo, tortor mauris nibh.
Nullam id dolor id nibh ultricies vehicula ut id elit.
Duis mollis, est non commodo luctus, nisi erat porttitor ligula.
Maecenas sed diam eget risus varius blandit sit amet non magna.
Etiam porta sem malesuada magna mollis euismod.
Donec ullamcorper nulla non metus auctor fringilla.

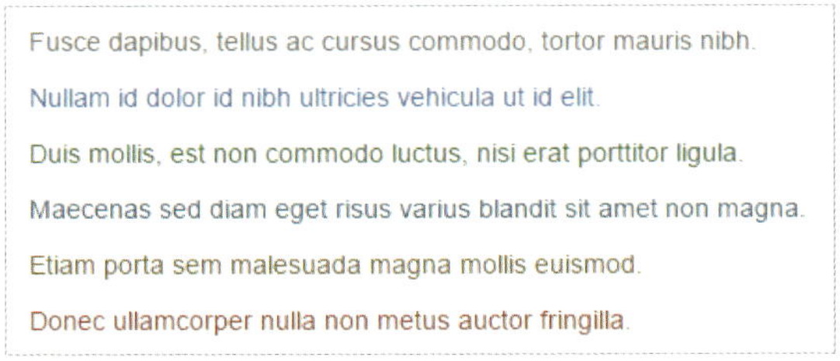

그림 1-82 글자 색상 선택자

웹 접근성 측면에서 색상은 의미가 전달되지 않으므로 .sr-only 선택자를 사용해 별도의 글자를 삽입하는 방법이 좋습니다.

콘텍스트 배경(Contextual backgrounds)

배경색을 이용해 의미를 전달하고자 할 때 사용합니다. 적절한 스타일을 위해 p 태그에 패딩을 추가로 설정해야 합니다.

```
804 <p class="bg-primary">Nullam id dolor id nibh ultricies vehicula ut id elit.</p>
805 <p class="bg-success">Duis mollis, est non commodo luctus, nisi erat porttitor
ligula.</p>
806 <p class="bg-info">Maecenas sed diam eget risus varius blandit sit amet non
magna.</p>
807 <p class="bg-warning">Etiam porta sem malesuada magna mollis euismod.</p>
808 <p class="bg-danger">Donec ullamcorper nulla non metus auctor fringilla.</p>
```

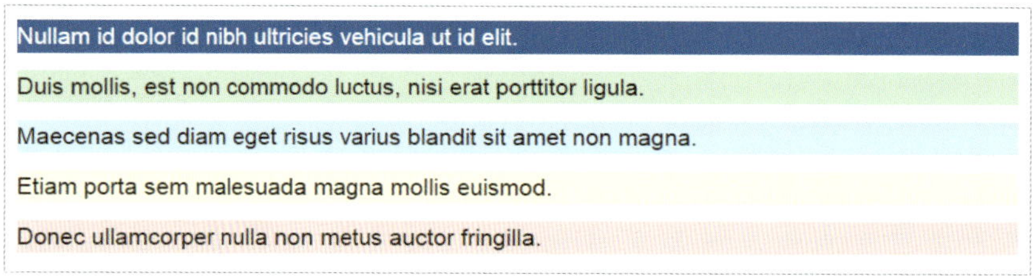

그림 1-83 배경 선택자

콘텍스트 색상과 마찬가지로 원하는 색상의 클래스를 적용했는데도 배경 색이 변하지 않을 때가 있는데 해당 요소에 <div> 태그를 추가하고 색상 선택자를 적용하면 됩니다.

닫기 아이콘(Close icon)

모달이나 경고 메시지 박스를 닫을 때 사용하는 아이콘입니다.

```
814 <button type="button" class="close"><span aria-hidden="true">&times;</span><span
class="sr-only">Close</span></button>
```

캐럿(Carets)

드롭다운 메뉴에서 하위 메뉴가 있을 때 표시되게 합니다. 캐럿은 키보드에서 숫자 6과 같이 있는 기호를 의미합니다.

```
818 <span class="caret"></span>
```

그림 1-84 닫기 아이콘과 캐럿

빠른 플로트(Quick float)와 클리어픽스(Clearfix)

선택자의 삽입만으로 플로트가 가능해서 이런 이름이 붙여졌습니다. 왼쪽 플로트는 .pull-left, 오른쪽은 .pull-right 선택자를 사용합니다. 플로트 되고 있는 요소는 아래의 요소와 겹쳐지므로 .clearfix 선택자를 사용해야 합니다.

```
824 <div class="pull-left">Nullam id dolor</div>
825 <div class="pull-right">Duis mollis</div>
826 <div class="clearfix"></div>
827 <p class="bg-primary">Nullam id dolor id nibh ultricies vehicula ut id elit.</p>
```

그림 1-85 빠른 플로트와 클리어픽스

내비게이션 바에서는 별도의 선택자(.navbar-left .navbar-right)를 사용합니다.

센터 콘텐츠 블록(Center content blocks)

너비가 정해진 요소를 중앙으로 배치할 때 사용합니다. 부트스트랩에는 대부분 요소가 100%의 너비를 사용하고, 그리드는 100%가 아니지만 float 속성이 left로 설정(float:left)돼 있기 때문에 이 선택자를 사용해도 중앙에 배치되지 않습니다. 따라서 별도의 스타일시트에서 너비를 지정한 요소에만 사용할 수 있습니다.

```
833 <p class="bg-primary center-block" style="width: 300px;padding:15px;">Nullam id dolor id nibh ultricies vehicula ut id elit.</p>
```

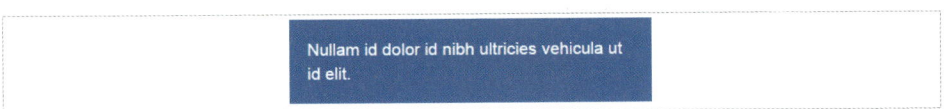

그림 1-86 센터 콘텐츠 블록

콘텐츠 보이기와 감추기

콘텐츠를 보이게 하거나 감추게 하려면 .hidden 또는 .show 선택자를 사용합니다. 이 두 선택자는 주로 제이쿼리에 사용되며 링크나 버튼을 클릭했을 때 이들 선택자가 삽입되게 합니다. 이들 선택자는 다른 속성과 충돌을 방지하기 위해 !important 값이 포함돼 있어서 강제로 적용됩니다.

콘텐츠를 보이지 않게 하는 또 하나의 선택자인 .invisible은 콘텐츠가 보이지 않지만 해당 요소가 있던 공간은 그대로 남아있습니다. 이 선택자에는 visibility: hidden;이 사용되고 있기 때문입니다.

```
839 <div class="show">...</div>
840 <div class="hidden">...</div>
841 <div class="invisible">...</div>
```

스크린 리더, 키보드 내비게이션 콘텐츠

일반 상태에서는 보이지 않지만 스크린 리더 사용자에게만 노출되게 하려면 .sr-only 선택자를 사용하며 이 선택자는 앞에서 살펴봤습니다. 키보드를 사용해서 포커스 되게 하려면 .sr-only와 .sr-only-focusable 선택자를 동시에 사용합니다. 키보드만을 이용해서 웹사이트를 내비게이션 할 때 메뉴가 많으면 모든 메뉴를 거칠 때까지 탭 키를 눌러야 콘텐츠 영역에 들어갈 수 있습니다. 메뉴를 거치지 않고 바로 콘텐츠 영역으로 갈 수 있게 하려면 이들 선택자를 사용해서 다음과 같이 body 태그 바로 아래에 삽입합니다.

```
845 <body>
846 <a class="sr-only sr-only-focusable" href="#content">Skip to main content</a>
```

처음 사이트에 들어와서 탭 키를 누르면 위 문구가 사이트 좌측 상단에 나타납니다. 글자에 포커스가 돼 있고, 엔터키를 누르면 href의 content 아이디가 있는 영역으로 바로 이동합니다.

```
848 <div id="content">
```

이동시키고자 하는 곳에 위와 같이 요소의 아이디를 입력하면 됩니다.

그림 1-87 콘텐츠로 바로 이동

이미지 대체(Image replacement)

요즘은 웹사이트 제작 시 이미지를 거의 사용하지 않습니다. 아이콘도 모두 폰트 아이콘으로 대체되고 있죠. 그런데 이미지를 반드시 사용해야 하는 곳이 바로 로고입니다. 사이트를 대표하는 것이므로 로고는 무엇으로도 대체할 수 없습니다. 대부분 사이트에서 로고가 위치한 곳에 사이트 제목도 추가하게 되는데, 이 제목을 보이지 않게 하려고 예전에는 text-indent:-9999px;와 같이 설정하곤 했습니다. 그런데 이 방법은 글자를 오른쪽에서 왼쪽으로 쓰는 아랍권 국가에서는 하단에 수평 스크롤 바가 생성되기 때문에 적절하지 않은 방식입니다. 이를 위해 사용할 수 있는 선택자가 .text-hide입니다.

```
854 <h1 class="text-hide">Custom heading</h1>
```

h1 태그에 대해서 CSS로 배경 이미지로 로고를 설정하면 글자는 보이지 않고 로고만 나타납니다. 사이트 이름이 투명 처리돼서 보이지는 않지만 검색 엔진은 글자를 알아보므로 검색 엔진 최적화에 필요합니다.

08 반응형 선택자(Responsive utilities)

반응형 선택자는 특정 기기를 대상으로 노출을 제한하는 데 사용합니다. 데스크톱과 모바일 웹 사이트를 하나로 제작할 때, 데스크톱 웹사이트에 있는 모든 콘텐츠를 모바일 접속자에게 보여주는 것은 무리입니다. 모바일 환경에서 데스크톱 웹사이트에 있는 모든 콘텐츠를 로딩하려면 시간도 오래 걸리므로 배터리 소모도 많습니다. 따라서 모바일에서 보여줄 필요가 없는 요소는 반응형 선택자를 삽입해주면 됩니다. 선택자는 하나 이상 동시에 사용할 수도 있습니다.

표 1-2 반응형 선택자

	스마트폰(768px 미만)	태블릿(768px 이상)	데스크톱(992px 이상)	대형 화면(1200px 이상)
.visible-xs-*	보임	안보임	안보임	안보임
.visible-sm-*	안보임	보임	안보임	안보임
.visible-md-*	안보임	안보임	보임	안보임
.visible-lg-*	안보임	안보임	안보임	보임
.hidden-xs	안보임	보임	보임	보임
.hidden-sm	보임	안보임	보임	보임
.hidden-md	보임	보임	안보임	보임
.hidden-lg	보임	보임	안보임	안보임

별표가 있는 .visible-*-* 선택자는 다시 세 가지 선택자를 만들 수 있습니다. 따라서 xs 사이즈인 경우 .visible-xs-block, .visible-xs-inline, .visible-xs-inline-block 세 가지가 됩니다.

표 1-3 visible 선택자

클래스	CSS display 속성 값
.visible-*-block	display: block;
.visible-*-inline	display: inline;
.visible-*-inline-block	display: inline-block;

블록 요소와 인라인 요소에 대해 설명드리자면 인라인 요소는 좌우 마진과 패딩은 허용하지만 상하 마진과 패딩은 무시하며 높이와 너비도 무시됩니다. 따라서 인라인 요소에 대해 이들 속성 값을 설정해도 적용되지 않습니다. 대신 다른 요소를 좌우로 배열 할 수 있습니다.

블록 요소는 상하 좌우 패딩과 마진, 너비, 높이를 적용할 수 있지만 좌우에 다른 요소를 배치할 수 없습니다. 블록 요소의 성격을 가지면서 요소를 좌우로 배열할 수 있도록 하는 것이 display: inline-block;입니다. 상황에 따라서 위 선택자를 적절하게 사용하면 됩니다.

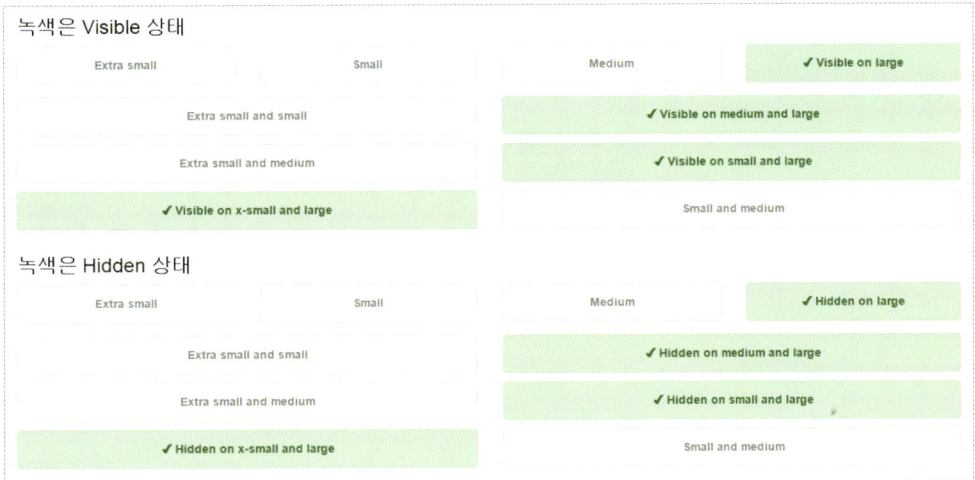

그림 1-88 반응형 선택자

부트스트랩 문서에는 반응형 선택자의 사용 예가 포함돼 있는데 화면의 너비를 변경하다 보면 콘텐츠 위치가 아래 위로 이동하면서 분간하기 어렵습니다. 같은 내용을 별도의 파일로 만들었으니 첨부 파일에서 responsive-utility.html 파일을 열면 위처럼 나타납니다. 화면 폭을 변경해가면서 모양이 어떻게 바뀌는지 확인해보세요.

구성요소(Components) 05

01 아이콘(Glyphicons)

부트스트랩은 3.0 버전부터 폰트 아이콘을 사용합니다. 이전의 그래픽 아이콘인 Glyphicons를 폰트로 변환해서 사용하고 있습니다. 폰트 아이콘은 폰트의 성질을 그대로 갖고 있으므로 색상은 물론 font-size 속성을 이용해 크기도 변경할 수 있습니다.

```
858 <span class="glyphicon glyphicon-search" aria-hidden="true"></span>
```

기본 사용법은 span 태그를 사용하고 span 태그에는 내용이 없으며 자식 요소도 포함할 수 없습니다. 선택자는 아이콘 기본 선택자와 아이콘별 선택자로 구성됩니다.

웹 접근성 측면에서 폰트 아이콘은 폰트의 역할을 하므로 폰트에 해당하는 유니코드를 스크린 리더가 읽으려고 합니다. 이를 방지하기 위해 aria-hidden="true"를 사용합니다. 폰트 아이콘은 대부분 장식용으로 사용하는데 스크린 리더 사용자에게 특별히 어떤 의미를 부여하고자 할 때는 .sr-only 선택자가 있는 요소에 의미를 추가하면 됩니다. 또한 버튼과 같은 곳에 텍스트 없이 아이콘만 사용하면 의미가 전달되지 않으므로 aria-label 속성을 사용합니다(예: aria-label="submit form").

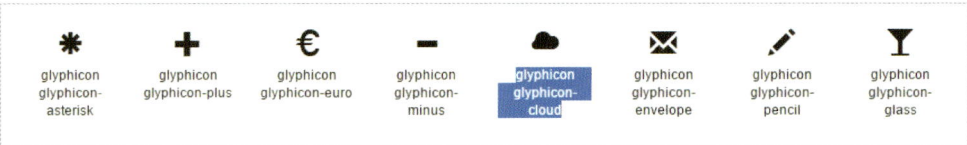

그림 1-89 폰트 아이콘

선택자는 부트스트랩 문서 사이트의 Components 메뉴 상단에서 원하는 아이콘의 선택자를 복사해서 붙여넣고 사용합니다. 아이콘 다음에 글자가 있는 경우 간격을 위해 하나의 공백을 둡니다.

부트스트랩 아이콘은 총 200개인데 폰트 어썸(Font Awesome)을 사용하면 현재 479개를 추가로 사용할 수 있습니다. 폰트 어썸의 가장 쉬운 설치 방법은 CDN의 스타일시트를 링크시켜주는 방법입니다.

```
864 <link href="//maxcdn.bootstrapcdn.com/font-awesome/4.2.0/css/font-awesome.min.css" rel="stylesheet">
```

직접 설치하고자 하면 다음 링크에서 Download 버튼을 클릭해 파일을 내려받습니다.

http://fortawesome.github.io/Font-Awesome/

그림 1-90 폰트 어썸 파일 사용 시

압축을 해제하고 css 폴더와 fonts 폴더를 적당한 폴더로 옮깁니다. 이 두 폴더는 같은 레벨에 있어야 폰트 스타일시트가 폰트를 인식합니다. 위와 같이 폴더를 만들었다면 아래와 같이 경로를 만들어야 합니다.

```
869 <link href="fontawesome/css/font-awesome.min.css" rel="stylesheet">
```

기본적인 사용법은 다음과 같이 i 태그를 사용해서 기본 선택자와 폰트별 선택자를 추가합니다.

```
871  <i class="fa fa-angellist"></i>
```

폰트 코드는 폰트 어썸 사이트의 상단에서 아이콘 메뉴를 선택하면 아이콘 목록이 나옵니다.

http://fortawesome.github.io/Font-Awesome/icons/

그림 1-91 폰트 어썸

원하는 아이콘을 클릭하면 다음 페이지에 코드가 나오며 복사해 사용합니다. 또는 치트시트 화면으로 가서 유니코드를 복사해 사용할 수도 있습니다.

http://fortawesome.github.io/Font-Awesome/cheatsheet/

그림 1-92 폰트 어썸의 유니코드

유니코드를 사용할 경우 폰트 이름을 스타일시트에 설정해줘야 합니다.

```
880  <span style="font-family: FontAwesome;font-size: 40px;">&#xf015;</span>
```

부트스트랩 아이콘의 사용 예

버튼은 텍스트 없이 사용하면 aria-label 속성을 이용해 의미를 부여합니다. 버튼의 크기(.btn-lg)에 따라서 폰트의 크기도 변경됩니다.

```
883  <button type="button" class="btn btn-default" aria-label="Left Align">
884    <span class="glyphicon glyphicon-align-left" aria-hidden="true"></span>
885  </button>
886
887  <button type="button" class="btn btn-default btn-lg">
888    <span class="glyphicon glyphicon-star" aria-hidden="true"></span> Star
889  </button>
```

02 드롭다운

여러 개의 링크 아이템을 드롭다운 형태로 만들며 자바스트립트에 의해 동작하므로 부트스트랩 자바스크립트를 반드시 포함시켜야 합니다. .dropdown-menu 선택자로 드롭다운 메뉴를 만들고 이 메뉴를 나타나게 하려면 클릭할 수 있는 링크(〈a〉 태그)나 버튼(〈button〉 태그)이 있어야 합니다. 또한 이 태그에 .dropdown-toggle 선택자를 추가해야 합니다. 이들을 감싸는 부모 요소에는 .dropdown 선택자를 사용하고, 다른 선택자를 사용하는 경우 포지션이 position: relative;로 돼 있어야 합니다.

위 선택자들은 스타일을 위한 것이고 자바스크립트가 작동하게 하려면 클릭할 수 있는 요소에 data-toggle="dropdown" 속성을 추가해야 합니다. 클릭 대상인 button을 클릭하면 .dropdown 클래스가 있는 요소에 .open 클래스가 추가되면서 하위 메뉴가 열립니다.

```
895  <div class="dropdown">
896    <button class="btn btn-default dropdown-toggle" type="button" id="dropdownMenu1" aria-haspopup="true" data-toggle="dropdown" aria-expanded="true">
897      Dropdown
898      <span class="caret"></span>
899    </button>
900    <ul class="dropdown-menu" role="menu" aria-labelledby="dropdownMenu1">
901      <li role="presentation"><a role="menuitem" tabindex="-1" href="#">Action</a></li>
```

```
902    <li role="presentation"><a role="menuitem" tabindex="-1" href="#">Another
action</a></li>
903    <li role="presentation"><a role="menuitem" tabindex="-1" href="#">Something
else here</a></li>
904    <li role="presentation"><a role="menuitem" tabindex="-1" href="#">Separated
link</a></li>
905    </ul>
906 </div>
```

웹 접근성 측면에서 button 태그에 id를 설정하고 이 요소와 ul 태그를 연결하기 위해 ul 태그에는 aria-labelledby 속성을 추가합니다. aria-labelledby 속성의 값을 button 태그의 id로 설정해야 스크린 리더가 읽을 수 있습니다.

aria-haspopup은 부트스트랩 문서의 드롭다운 부분에는 없지만 자바스크립트 부분에서는 추가돼 있습니다. 이 속성이 있는 요소가 팝업 메뉴 또는 하위 메뉴가 있는지 구별합니다.

aria-expanded 속성은 드롭다운 메뉴인 ul이 열렸는지 닫혔는지 스크린 리더에 알려줍니다. true는 열린 상태이고 false는 닫힌 상태인데 위처럼 true로 입력해도 사이트에서는 false로 나타나며 드롭다운이 열리면 다시 true로 변경됩니다. 이 또한 스크린 리더가 인식합니다.

role 속성과 관련해서는 우선 위와 같이 ul 태그 내부에 하위 ul이 없을 경우 ul 태그에는 role="menu"를, li 태그에는 role="presentation"을, a 태그에는 role="menuitem"을 사용합니다. button 태그는 버튼의 역할을 하고 있으므로 role 속성이 필요 없지만 같은 기능을 하는 a 태그를 사용했을 때는 role="button"을 추가합니다.

위 드롭다운을 메뉴 바에 사용할 경우 상위 ul 태그에는 role="menubar"를 사용하고 전체 내비게이션 바를 감싸는 nav 태그에는 role="navigation"을 추가합니다. 이에 대한 설명은 나중에 내비게이션 바에서 나옵니다.

각 a 태그에는 tabindex="-1"을 사용했습니다. tabindex 속성은 탭 키를 눌렀을 때의 순서를 정할 수 있습니다. 1부터 시작하며 이 순서에 의해 탭을 눌렀을 때 메뉴 링크가 선택됩니다. 여러 개의 드롭다운이 있을 경우 -1로 입력하면 탭 키를 눌렀을 때 메뉴 아이템으로 이동하지 않고 다음 드롭다운으로 이동합니다. 원하는 드롭다운에서 메뉴아이템을 보고자 한다면 아래 방향 키를 누르면 드롭다운이 펼쳐집니다.

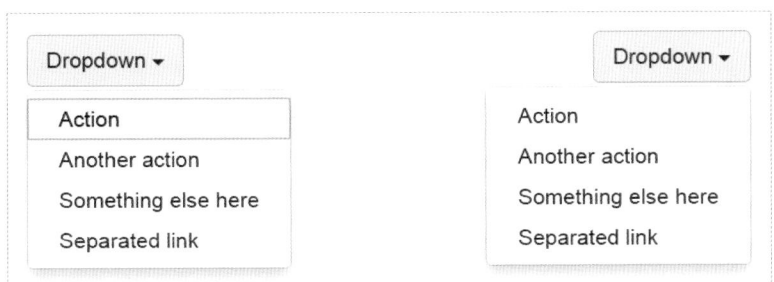

그림 1-93 기본 드롭다운과 오른쪽 드롭다운

왼쪽 그림은 기본 드롭다운이며 기본적으로 드롭다운의 왼쪽 끝을 기준으로 정렬됩니다. 오른쪽 그림은 드롭다운을 오른쪽으로 배치했을 때(float:right;) 드롭다운 메뉴를 오른쪽 끝을 기준으로 펼쳐지게 한 것이며 다음과 같이 선택자를 추가합니다.

```
910  <div class="dropdown pull-right">
911    <button class="btn btn-default dropdown-toggle" type="button" id="dropdownMenu1" data-toggle="dropdown" aria-expanded="true">
912      Dropdown
913      <span class="caret"></span>
914    </button>
915    <ul class="dropdown-menu dropdown-menu-right" role="menu" aria-labelledby="dropdownMenu1">
916      <li role="presentation"><a role="menuitem" tabindex="-1" href="#">Action</a></li>
917      <li role="presentation"><a role="menuitem" tabindex="-1" href="#">Another action</a></li>
918      <li role="presentation"><a role="menuitem" tabindex="-1" href="#">Something else here</a></li>
919      <li role="presentation"><a role="menuitem" tabindex="-1" href="#">Separated link</a></li>
920    </ul>
921  </div>
```

드롭다운을 오른쪽으로 float 시키기 위해서 .dropdown 선택자가 있는 곳에 .pull-right 선택자를 추가했으며, ul의 .dropdown-menu 선택자가 있는 곳에 .dropdown-menu-right 선택자를 추가했습니다. 기본적으로 모든 메뉴가 오른쪽으로 정렬되게 했을 때 특정 드롭다운을 왼쪽으로 배치하려면 .dropdown-menu-left를 사용합니다.

드롭다운 메뉴 헤더와 디바이더, 아이템 비활성화

여러 종류의 메뉴가 있을 때 분류를 위해 종류별로 메뉴 헤더를 만들 수 있고 분리를 표시하는 디바이더를 추가할 수 있습니다. 링크가 없는 li 태그에 헤더의 경우 헤더 글자를 입력하고 .dropdown-header 선택자를 추가하며, 디바이더는 글자를 입력하지 않고 .divider 선택자를 사용합니다. 비활성화는 .disabled 선택자를 사용합니다.

```
926  <div class="dropdown">
927    <button class="btn btn-default dropdown-toggle" type="button" id="dropdownMenu1" data-toggle="dropdown" aria-expanded="true">
928      Dropdown
929      <span class="caret"></span>
930    </button>
931    <ul class="dropdown-menu" role="menu" aria-labelledby="dropdownMenu1">
932      <li role="presentation" class="dropdown-header">Dropdown header 1</li>
933      <li role="presentation"><a role="menuitem" tabindex="-1" href="#">Action</a></li>
934      <li role="presentation"><a role="menuitem" tabindex="-1" href="#">Another action</a></li>
935      <li role="presentation" class="divider"></li>
936      <li role="presentation" class="dropdown-header">Dropdown header 2</li>
937      <li role="presentation"><a role="menuitem" tabindex="-1" href="#">Something else here</a></li>
938      <li role="presentation" class="disabled"><a role="menuitem" tabindex="-1" href="#">Disabled link</a></li>
939    </ul>
940  </div>
```

그림 1-94 드롭다운 메뉴 헤더와 디바이더, 아이템 비활성화

03 버튼 그룹

여러 개의 버튼을 모아 다양한 형태의 버튼 그룹을 만들 수 있습니다.

기본 형태

여러 개의 버튼을 감싸는 div 태그에 .btn-group 선택자를 사용합니다.

- 웹 접근성 측면에서 role="group" 속성을 추가하고 이 버튼 그룹에 관한 레이블이 없으므로 무엇에 관한 것인지 알리기 위해 aria-label 속성을 사용했습니다. 값으로는 도구모음에서 정렬을 위한 것이라면 align 등 적당한 내용을 입력합니다.
- aria-label 속성과 같은 역할을 하는 aria-labelledby 속성이 있는데 이 속성은 레이블이 있을 때에만 사용합니다. 아래에서는 레이블이 없으므로 aria-label 속성을 사용했습니다. 아래의 경우 button 태그에는 Left와 같은 레이블이 있으므로 이곳에 aria 속성을 사용한다면 aria-labelledby="left"가 될 것입니다.

```
944  <div class="btn-group" role="group" aria-label="...">
945    <button type="button" class="btn btn-default">Left</button>
946    <button type="button" class="btn btn-default">Middle</button>
947    <button type="button" class="btn btn-default">Right</button>
948  </div>
```

그림 1-95 기본 버튼 그룹

참고로 부트스트랩 문서 사이트의 버튼은 bootstrap-theme.min.css이라는 부트스트랩 테마 파일을 사용하므로 버튼에 그레이디언트 효과가 나옵니다. 위 그림으로 나오는 것이 부트스트랩의 기본 버튼 모양입니다.

버튼 툴바

여러 개의 버튼 그룹을 다시 그룹화 합니다. 가장 바깥에 있는 div 태그에 .btn-toolbar 선택자를 사용하고 role="toolbar" 속성을 추가합니다.

```html
953  <div class="btn-toolbar" role="toolbar" aria-label="Toolbar with button groups">
954    <div class="btn-group" role="group" aria-label="First group">
955      <button type="button" class="btn btn-default">1</button>
956      <button type="button" class="btn btn-default">2</button>
957      <button type="button" class="btn btn-default">3</button>
958      <button type="button" class="btn btn-default">4</button>
959    </div>
960    <div class="btn-group" role="group" aria-label="Second group">
961      <button type="button" class="btn btn-default">5</button>
962      <button type="button" class="btn btn-default">6</button>
963      <button type="button" class="btn btn-default">7</button>
964    </div>
965    <div class="btn-group" role="group" aria-label="Third group">
966      <button type="button" class="btn btn-default">8</button>
967    </div>
968  </div>
```

그림 1-96 버튼 툴바

번호로 돼 있어서 페이징으로 생각하기 쉽지만 실제로는 도구 아이콘을 추가해 사용합니다.

버튼 그룹의 크기 조절

.btn-group-lg, .btn-group-sm, .btn-group-xs 3 종류의 선택자로 크기를 조절합니다. 따라서 기본을 포함해 총 4가지의 크기가 있습니다.

```html
974  <div class="btn-group btn-group-lg" role="group" aria-label="Large button group">
975    <button type="button" class="btn btn-default">Left</button>
976    <button type="button" class="btn btn-default">Middle</button>
977    <button type="button" class="btn btn-default">Right</button>
978  </div>
979  <br>
980  <div class="btn-group" role="group" aria-label="Default button group">
981    <button type="button" class="btn btn-default">Left</button>
982    <button type="button" class="btn btn-default">Middle</button>
983    <button type="button" class="btn btn-default">Right</button>
```

```
 984 </div>
 985 <br>
 986 <div class="btn-group btn-group-sm" role="group" aria-label="Small button group">
 987   <button type="button" class="btn btn-default">Left</button>
 988   <button type="button" class="btn btn-default">Middle</button>
 989   <button type="button" class="btn btn-default">Right</button>
 990 </div>
 991 <br>
 992 <div class="btn-group btn-group-xs" role="group" aria-label="Extra-small button group">
 993   <button type="button" class="btn btn-default">Left</button>
 994   <button type="button" class="btn btn-default">Middle</button>
 995   <button type="button" class="btn btn-default">Right</button>
 996 </div>
```

그림 1-97 여러 가지 버튼 그룹 크기

네스팅(Nesting)

버튼 그룹에 드롭다운을 추가할 수 있습니다. 다른 버튼과 형제 관계에 있는 드롭다운이며 .dropdown 선택자 대신 .btn-group 선택자를 사용합니다. 나머지는 드롭다운의 선택자와 같습니다.

```
1000 <div class="btn-group" role="group" aria-label="...">
1001   <button type="button" class="btn btn-default">1</button>
1002   <button type="button" class="btn btn-default">2</button>
1003   <div class="btn-group" role="group">
1004     <button type="button" class="btn btn-default dropdown-toggle" data-toggle="dropdown" aria-expanded="false">Dropdown
1005       <span class="caret"></span>
1006     </button>
```

```
1007    <ul class="dropdown-menu" role="menu">
1008        <li><a href="#">Dropdown link</a></li>
1009        <li><a href="#">Dropdown link</a></li>
1010    </ul>
1011  </div>
1012 </div>
```

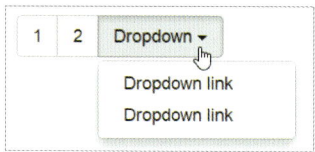

그림 1-98 버튼 그룹의 드롭다운

세로형 버튼 그룹(Vertical button group)

버튼 그룹을 세로 형태로 만들 수 있습니다. .btn-group 선택자 대신에 .btn-group-vertical 선택자를 사용합니다.

```
1017 <div class="btn-group-vertical" role="group" aria-label="Vertical button group">
1018    <button type="button" class="btn btn-default">Button</button>
1019    <button type="button" class="btn btn-default">Button</button>
1020    <div class="btn-group" role="group">
1021       <button id="btnGroupVerticalDrop1" type="button" class="btn btn-default dropdown-toggle" data-toggle="dropdown" aria-expanded="false">
1022          Dropdown
1023          <span class="caret"></span>
1024       </button>
1025       <ul class="dropdown-menu" role="menu" aria-labelledby="btnGroupVerticalDrop1">
1026          <li><a href="#">Dropdown link</a></li>
1027          <li><a href="#">Dropdown link</a></li>
1028       </ul>
1029    </div>
1030    ...
1031 </div>
```

그림 1-99 세로형 버튼 그룹

오른쪽 그림과 같이 버튼 그룹이 서로 분리된 버튼 툴바는 선택자의 삽입만으로 세로 형태로 만들 수는 없으며 다음과 같이 별도의 스타일링이 필요합니다.

```
1034 <div class="btn-group-vertical" role="group" aria-label="...">
1035     생략
1036 </div>
1037 <div class="clearfix" style="height: 10px;"></div>
1038 <div class="btn-group-vertical" role="group" aria-label="...">
1039     생략
1040 </div>
```

두 개의 세로형 버튼 그룹을 만들고 사이에 .clearfix 선택자를 추가한 div 태그로 분리하고 높이를 설정합니다.

전체 폭 버튼 그룹(Justified button groups)

버튼 그룹을 전체 너비로 늘리고자 할 때 사용합니다. .btn-group 선택자가 있는 곳에 .btn-group-justified 선택자를 추가하며 a 태그와 button 태그 둘 다 사용됩니다. 네스팅 버튼 그룹도 만들 수 있습니다.

a 태그일 때

```
1046 <div class="btn-group btn-group-justified" role="group" aria-label="Justified button group with nested dropdown">
1047   <a href="#" class="btn btn-default" role="button">Left</a>
1048   <a href="#" class="btn btn-default" role="button">Middle</a>
1049   <div class="btn-group" role="group">
1050     <a href="#" class="btn btn-default dropdown-toggle" data-toggle="dropdown" role="button" aria-expanded="false">
1051       Dropdown <span class="caret"></span>
1052     </a>
1053     <ul class="dropdown-menu" role="menu">
1054       <li><a href="#">Action</a></li>
1055       <li><a href="#">Another action</a></li>
1056       <li><a href="#">Something else here</a></li>
1057       <li class="divider"></li>
1058       <li><a href="#">Separated link</a></li>
1059     </ul>
1060   </div>
1061 </div>
```

button 태그일 때

일반적인 버튼 그룹과 달리 각 버튼을 .btn-group 선택자를 사용한 div 태그로 감싸줍니다.

```
1064 <div class="btn-group btn-group-justified" role="group" aria-label="Justified button group">
1065   <div class="btn-group" role="group">
1066     <button type="button" class="btn btn-default">Left</button>
1067   </div>
1068   <div class="btn-group" role="group">
1069     <button type="button" class="btn btn-default">Middle</button>
1070   </div>
1071   <div class="btn-group" role="group">
1072     <button type="button" class="btn btn-default">Right</button>
1073   </div>
1074 </div>
```

그림 1-100 전체 폭 버튼 그룹

위 스타일을 만들기 위해서 display: table-cell; 속성을 사용하므로 버튼 사이에 테두리가 이중으로 돼 있습니다. 일반적으로 이러한 이중 테두리를 제거하려면 오른쪽에 있는 요소에 margin-left: -1px;을 설정하면 되지만 display: table-cell; 속성에서는 작동되지 않습니다. 따라서 해당 요소에 별도로 스타일을 설정해 수정해야 합니다. 위의 경우 다음과 같이 설정하면 됩니다. 테두리에 1px의 빈공간이 발생하지만 크게 눈에 띄지는 않습니다.

```
.btn-group-justified .btn.btn-default { border-right-color: transparent; }
.btn-group-justified .btn-group:last-child .btn.btn-default { border-right-color: #ccc; }
```

last-child 선택자는 IE 8에서는 작동하지 않습니다.

버튼 드롭다운

이전의 드롭다운과 같은 형태이지만 .dropdown 선택자 대신에 .btn-group 선택자가 사용됐습니다.

```
1079 <div class="btn-group">
1080   <button type="button" class="btn btn-default dropdown-toggle" data-toggle="dropdown" aria-expanded="false">
1081     Action <span class="caret"></span>
1082   </button>
1083   <ul class="dropdown-menu" role="menu">
1084     <li><a href="#">Action</a></li>
1085     <li><a href="#">Another action</a></li>
1086     <li><a href="#">Something else here</a></li>
1087     <li class="divider"></li>
1088     <li><a href="#">Separated link</a></li>
1089   </ul>
1090 </div>
```

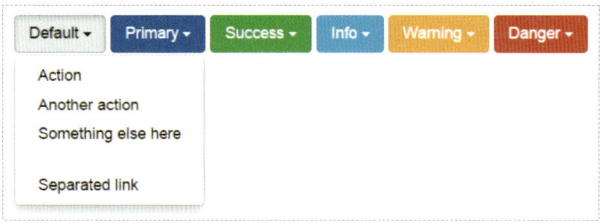

그림 1-101 버튼 드롭다운

분리된 버튼 드롭다운(Split button dropdowns)

버튼과 캐럿을 분리하고 버튼은 기본 작업을 수행하면서 다른 작업을 선택할 수 있게 할 수 있습니다. 두 개의 button 태그를 사용하며 첫 번째 버튼은 기본작업에 사용되고 두 번째 버튼은 드롭다운을 만듭니다.

```html
1095 <div class="btn-group">
1096   <button type="button" class="btn btn-danger">Action</button>
1097   <button type="button" class="btn btn-danger dropdown-toggle" data-toggle="dropdown" aria-expanded="false">
1098     <span class="caret"></span>
1099     <span class="sr-only">Toggle Dropdown</span>
1100   </button>
1101   <ul class="dropdown-menu" role="menu">
1102     <li><a href="#">Action</a></li>
1103     <li><a href="#">Another action</a></li>
1104     <li><a href="#">Something else here</a></li>
1105     <li class="divider"></li>
1106     <li><a href="#">Separated link</a></li>
1107   </ul>
1108 </div>
```

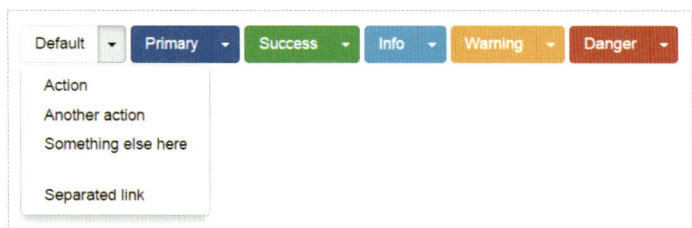

그림 1-102 분리된 버튼과 드롭다운

드롭다운을 표시하는 캐럿이 있으면 이곳을 우선 클릭하려고 하므로 첫 번째 버튼에는 작업을 추가하지 않을 수도 있습니다.

버튼 드롭다운의 크기 조절

.btn-lg, .btn-sm, .btn-xs 3종류의 버튼 크기 선택자를 사용해 크기를 조절합니다. 분리된 버튼 드롭다운의 경우 button 태그 두곳에 같은 선택자를 추가해야 합니다.

```
1114 <div class="btn-group">
1115   <button type="button" class="btn btn-primary btn-lg">Action</button>
1116   <button type="button" class="btn btn-primary btn-lg dropdown-toggle" data-toggle="dropdown" aria-expanded="false">
1117   생략
1118 </div>
1119 <div class="btn-group">
1120   <button type="button" class="btn btn-default">Action</button>
1121   <button type="button" class="btn btn-default dropdown-toggle" data-toggle="dropdown" aria-expanded="false">
1122   생략
1123 </div>
1124 <div class="btn-group">
1125   <button type="button" class="btn btn-danger btn-sm">Action</button>
1126   <button type="button" class="btn btn-danger btn-sm dropdown-toggle" data-toggle="dropdown" aria-expanded="false">
1127   생략
1128 </div>
1129 <div class="btn-group">
1130   <button type="button" class="btn btn-info btn-xs">Action</button>
1131   <button type="button" class="btn btn-info btn-xs dropdown-toggle" data-toggle="dropdown" aria-expanded="false">
1132 </button>
1133 </div>
```

그림 1-103 버튼 드롭다운의 크기

버튼 드롭업(Drop-up)

드롭다운을 아래로 노출시키지 못할 때에는 버튼 드롭업을 사용합니다. 버튼이 푸터에 있거나 드롭다운이 나타날 때 구글 광고를 가리면 안되므로 이럴 때는 드롭업을 사용합니다. .drop-up 선택자를 .btn-group 선택자가 있는 곳에 추가합니다.

```
1138 <div class="btn-group dropup">
1139   <button type="button" class="btn btn-default">Dropup</button>
1140   <button type="button" class="btn btn-default dropdown-toggle" data-toggle="dropdown" aria-expanded="false">
1141     <span class="caret"></span>
1142     <span class="sr-only">Toggle Dropdown</span>
1143   </button>
1144   <ul class="dropdown-menu" role="menu">
1145     생략
1146   </ul>
1147 </div>
```

그림 1-104 버튼 드롭업

04. 입력상자 그룹(Input groups)

CSS 편에서 폼에 대해 다뤘는데 폼의 형태를 다양하게 바꿀 수 있습니다. 폼의 앞이나 뒤, 또는 양쪽에 글자나 버튼을 삽입할 수 있습니다. input 태그에만 해당되며 select 태그는 웹킷(Webkit) 엔진을 사용하는 사파리 브라우저에서 스타일이 제대로 표현되지 않습니다. 또한 textarea의 rows 속성이 어떤 상황에서는 제대로 표현되지 않습니다.

주의할 점은 이전에도 알아봤지만 input 그룹에 그리드 선택자를 사용하지 않도록 합니다. 너비를 그리드 선택자로 조절하고자 할 때에는 input을 감싸는 div 태그에 그리드 선택자를 사용합니다.

기본 형태

input 태그의 앞이나 뒤, 또는 양쪽에 .input-group-addon 선택자가 있는 span 태그를 이용해 글자를 입력하고 전체를 감싸는 div 태그에 .input-group 선택자를 사용합니다.

```
1155 <div class="input-group">
1156   <span class="input-group-addon">@</span>
1157   <input type="text" class="form-control" placeholder="Username">
1158 </div>
1159 <br>
1160 <div class="input-group">
1161   <input type="text" class="form-control">
1162   <span class="input-group-addon">.00</span>
1163 </div>
1164 <br>
1165 <div class="input-group">
1166   <span class="input-group-addon">$</span>
1167   <input type="text" class="form-control">
1168   <span class="input-group-addon">.00</span>
1169 </div>
```

그림 1-105 입력상자 그룹

입력상자 그룹의 크기 조절

.input-group-lg, .input-group-sm 두 가지 선택자를 .input-group 선택자가 있는 곳에 추가합니다. 따라서 기본 크기를 포함해 총 3가지의 크기가 있습니다.

```
1174 <div class="input-group input-group-lg">
1175   <span class="input-group-addon">@</span>
1176   <input type="text" class="form-control" placeholder="Username">
1177 </div>
1178
1179 <div class="input-group">
1180   <span class="input-group-addon">@</span>
1181   <input type="text" class="form-control" placeholder="Username">
1182 </div>
1183
1184 <div class="input-group input-group-sm">
1185   <span class="input-group-addon">@</span>
1186   <input type="text" class="form-control" placeholder="Username">
1187 </div>
```

그림 1-106 입력상자 그룹의 크기

체크박스와 라디오버튼 추가

기본 형태의 글자 부분에 체크박스나 라디오버튼을 추가한 형태입니다. 너비를 조절하기 위해 그리드 선택자가 있는 div 태그를 사용했습니다.

```
1192 <div class="row">
1193   <div class="col-sm-6">
1194     <div class="input-group">
1195       <span class="input-group-addon">
1196         <input type="checkbox">
1197       </span>
1198       <input type="text" class="form-control">
1199     </div><!-- /input-group -->
1200   </div><!-- /.col-sm-6 -->
1201   <div class="col-sm-6">
1202     <div class="input-group">
1203       <span class="input-group-addon">
1204         <input type="radio">
1205       </span>
1206       <input type="text" class="form-control">
1207     </div><!-- /input-group -->
1208   </div><!-- /.col-sm-6 -->
1209 </div><!-- /.row -->
```

그림 1-107 입력상자 그룹에 체크박스와 라디오버튼 추가

버튼 추가

기본 형태의 글자 부분에 버튼을 추가한 형태이지만 span 태그에 사용한 선택자는 .input-group-btn입니다.

```
1214 <div class="row">
1215   <div class="col-lg-6">
1216     <div class="input-group">
1217       <span class="input-group-btn">
1218         <button class="btn btn-default" type="button">Go!</button>
1219       </span>
1220       <input type="text" class="form-control">
1221     </div><!-- /input-group -->
1222   </div><!-- /.col-lg-6 -->
1223   <div class="col-lg-6">
```

```
1224    <div class="input-group">
1225      <input type="text" class="form-control">
1226      <span class="input-group-btn">
1227        <button class="btn btn-default" type="button">Go!</button>
1228      </span>
1229    </div><!-- /input-group -->
1230  </div><!-- /.col-lg-6 -->
1231 </div><!-- /.row -->
```

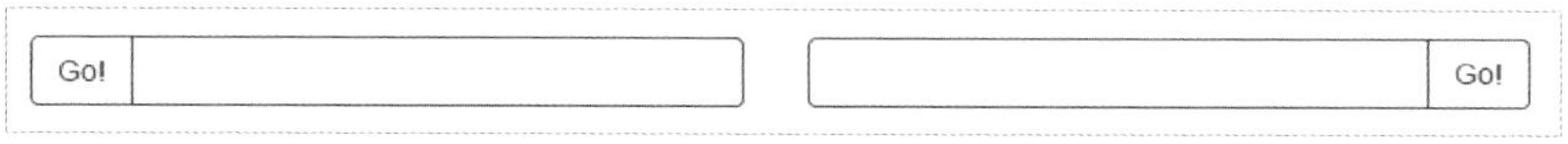

그림 1-108 입력상자 그룹의 버튼 추가

버튼 드롭다운이 있는 입력상자

이전의 버튼 추가 형태에서 span 태그를 div로 바꾸고, 안에 버튼 드롭다운을 추가한 형태입니다. input 태그의 위치에 따라 버튼의 위치도 달라집니다. 버튼을 뒤로 배치하려면 input 태그 부분을 .input-group-btn 선택자가 있는 div 태그 이전에 삽입합니다.

```
1235 <div class="input-group">
1236   <div class="input-group-btn">
1237     <button type="button" class="btn btn-default dropdown-toggle" data-toggle="dropdown" aria-expanded="false">Action <span class="caret"></span></button>
1238     <ul class="dropdown-menu" role="menu">
1239       <li><a href="#">Action</a></li>
1240       <li><a href="#">Another action</a></li>
1241       <li><a href="#">Something else here</a></li>
1242       <li class="divider"></li>
1243       <li><a href="#">Separated link</a></li>
1244     </ul>
1245   </div><!-- /btn-group -->
1246   <input type="text" class="form-control">
1247 </div><!-- /input-group -->
```

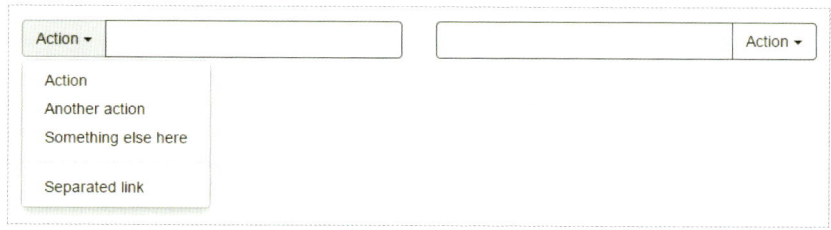

그림 1-109 입력상자 그룹의 드롭다운

분리된 버튼

주 버튼과 캐럿을 분리한 형태로 '분리된 버튼 드롭다운(Split button dropdown)'과 입력상자가 나란히 있는 형태입니다.

```html
1252 <div class="col-lg-6">
1253   <div class="input-group">
1254     <div class="input-group-btn">
1255       <button type="button" class="btn btn-default" tabindex="-1">Action</button>
1256       <button type="button" class="btn btn-default dropdown-toggle" data-toggle="dropdown" aria-expanded="false">
1257         <span class="caret"></span>
1258         <span class="sr-only">Toggle Dropdown</span>
1259       </button>
1260       <ul class="dropdown-menu" role="menu">
1261         <li><a href="#">Action</a></li>
1262         <li><a href="#">Another action</a></li>
1263         <li><a href="#">Something else here</a></li>
1264         <li class="divider"></li>
1265         <li><a href="#">Separated link</a></li>
1266       </ul>
1267     </div>
1268     <input type="text" class="form-control">
1269   </div><!-- /.input-group -->
1270 </div><!-- /.col-lg-6 -->
```

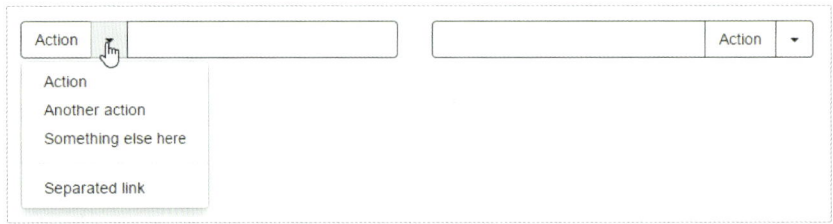

그림 1-110 입력상자 그룹의 분리된 버튼 드롭다운

05 냅(Navs)

부트스트랩의 냅은 탭(tabs)과 필(Pills)이 있습니다. 2.0 버전에서는 리스트라는 구성요소가 있었지만, 리스트 그룹(List group)이라는 별도의 구성요소로 분리됐으며 탭에도 왼쪽 탭, 오른쪽 탭, 아래쪽 탭이 있었는데 모두 제외되고 기본 탭만 남았습니다. 하지만 왼쪽 탭은 쓰임이 많으므로 이를 구현하는 방법도 알아보겠습니다.

탭(Tabs)

탭은 탭 목록과 각 탭과 연결된 콘텐츠 영역으로 나뉩니다. 탭 목록은 ul 태그에서 담당하고 이곳에는 탭의 스타일을 담당하는 .nav, .nav-tabs 선택자가 있습니다. li 태그에는 특정 탭을 활성화 시킬 수 있는 .active 선택자를 추가할 수 있습니다. 사이트를 새로고침 하면 이 선택자가 어디에 있는지에 따라 보여지는 탭이 다릅니다. 현재는 Profile이 있는 li 태그에 .active가 있으므로 이 탭이 활성화 되고 해당 콘텐츠도 보입니다. 또한 탭 목록과 상응하는 콘텐츠 영역에도 .active 선택자가 있어야 합니다.

탭과 콘텐츠의 연결은 탭 목록의 a 태그에 있는 href 속성의 값과 콘텐츠 영역의 id로 결정됩니다. 따라서 href 속성 값이 #home인 Home 탭은 id가 home인 콘텐츠 영역과 연결됩니다.

탭은 자바스크립트로 작동되므로 탭 목록의 각 a 태그에 data-toggle="tab"이 있어야 합니다. 자바스크립트에 의해 사용자 정의 설정을 할 수 있도록 ul 태그에는 id="myTab"으로 설정돼 있습니다. 또한 탭 목록을 클릭했을 때 페이드 인 효과를 설정할 수 있는데, 콘텐츠 영역의 div 태그에 .fade 선택자를 삽입하고 .active 선택자가 있는 곳에 .in이 포함돼야 합니다.

role이나 aria와 같은 웹 접근성 관련 속성은 이전에 알아본 것과 같으며 다만 다른 점이 있다면 a 태그의 id가 콘텐츠 영역의 aria-labelledby와 연결된다는 것입니다. 또한 a 태그의 aria-controls는 콘텐츠 영역의 id와 연결됩니다. 이렇게 서로 연결돼야 스크린 리더가 탭 목록의 콘텐츠를 읽을 수 있습니다.

```
1274  <ul id="myTab" class="nav nav-tabs" role="tablist"> <!-- 탭 목록-->
1275    <li role="presentation" class=""><a href="#home" id="home-tab" role="tab" data-toggle="tab" aria-controls="home" aria-expanded="false">Home</a></li>
1276    <li role="presentation" class="active"><a href="#profile" role="tab" id="profile-tab" data-toggle="tab" aria-controls="profile" aria-expanded="true">Profile</a></li>
1277    <li role="presentation" class="dropdown">
1278      <a href="#" id="myTabDrop1" class="dropdown-toggle" data-toggle="dropdown" aria-controls="myTabDrop1-contents">Dropdown <span class="caret"></span></a>
1279      <ul class="dropdown-menu" role="menu" aria-labelledby="myTabDrop1" id="myTabDrop1-contents">
1280        <li><a href="#dropdown1" tabindex="-1" role="tab" id="dropdown1-tab" data-toggle="tab" aria-controls="dropdown1">@fat</a></li>
1281        <li><a href="#dropdown2" tabindex="-1" role="tab" id="dropdown2-tab" data-toggle="tab" aria-controls="dropdown2">@mdo</a></li>
1282      </ul>
1283    </li>
1284  </ul>
1285  <div id="myTabContent" class="tab-content"> <!--콘텐츠 영역-->
1286    <div role="tabpanel" class="tab-pane fade" id="home" aria-labelledby="home-tab">
1287      <p>Home content</p>
1288    </div>
1289    <div role="tabpanel" class="tab-pane fade active in" id="profile" aria-labelledby="profile-tab">
1290      <p>Profile content</p>
1291    </div>
1292    <div role="tabpanel" class="tab-pane fade" id="dropdown1" aria-labelledby="dropdown1-tab">
1293      <p>@fat content</p>
1294    </div>
1295    <div role="tabpanel" class="tab-pane fade" id="dropdown2" aria-labelledby="dropdown2-tab">
1296      <p>@mdo content</p>
1297    </div>
1298  </div>
```

탭에는 드롭다운도 포함할 수 있으며 드롭다운 메뉴를 클릭하면 해당 콘텐츠가 나타납니다. 탭을 만들 때 주의할 점은 id가 많이 사용되는데, 아이디를 모두 다르게 해야 한다는 것입니다. 웹 표준에 근거한 한 페이지에 같은 아이디를 두 번 이상 사용할 수 없다는 규칙을 지키면 되는 것입니다.

그림 1-111 탭과 드롭다운

탭의 변형

탭 목록을 왼쪽이나 오른쪽으로 배치하려면 별도의 플러그인을 설치해야 합니다.

https://github.com/dbtek/bootstrap-vertical-tabs

위 깃허브 사이트에서 Download Zip 버튼을 클릭해 내려받은 다음 압축을 풀고 bootstrap.vertical-tabs.css 파일을 찾아서 작업 중인 bootstrap 폴더의 css 폴더에 붙여넣습니다. 그 다음 index.html 파일 상단의 head 태그에 다음과 같이 링크로 연결합니다.

```
1306 <link href="css/bootstrap.vertical-tabs.css" rel="stylesheet">
```

.nav .nav-tabs 선택자가 있는 곳에 .tabs-left 선택자를 추가하고 탭 목록 영역과 콘텐츠 영역을 그리드 선택자를 사용해서 div 태그로 감싸주면 탭 목록이 왼쪽에 배치됩니다.

```
1308 <div class="col-sm-3">
1309   <ul id="myTab" class="nav nav-tabs tabs-left" role="tablist">
1310     생략
1311   </ul>
1312 </div>
1313 <div class="col-sm-9">
1314   <div id="myTabContent" class="tab-content">
1315     생략
1316   </div>
1317 </div>
```

탭 목록을 오른쪽으로 배치하려면 .tabs-right 선택자를 사용하고 그리드 선택자가 있는 곳에 칼럼 순서를 변경할 수 있는 선택자를 추가하면 됩니다.

```
1319 <div class="col-sm-3 col-sm-push-9">
1320   <ul id="myTab" class="nav nav-tabs tabs-right" role="tablist">
1321     생략
1322   </ul>
1323 </div>
1324 <div class="col-sm-9 col-sm-pull-3">
1325   <div id="myTabContent" class="tab-content">
1326     생략
1327   </div>
1328 </div>
```

한가지 특이한 레이아웃이 있는데 탭 목록의 글자를 세로로 만들 수 있는 레이아웃입니다. 탭 목록의 글자를 세로로 만들려면 왼쪽 또는 오른쪽 선택자에 .sideways 선택자를 추가합니다.

```
1332 <ul id="myTab" class="nav nav-tabs tabs-left sideways" role="tablist">
```

위 예제의 경우 왼쪽에 탭 목록이 있고 글자가 세로로 기울어져 보이게 됩니다. 이 레이아웃의 장점은 콘텐츠 영역이 넓어진다는 것입니다.

그림 1-112 왼쪽 탭과 오른쪽 탭

필(Pills)

필은 탭의 선택자인 .nav-tabs를 제거하고 .nav-pills로 수정하면 됩니다.

```
1336 <ul id="myTab5" class="nav nav-pills" role="tablist">
```

필은 탭과는 달리 기본적으로 왼쪽 또는 오른쪽 배치를 할 수 있습니다. 그리드 선택자로 칼럼을 만들고 .nav-pills 선택자와 함께 .nav-stacked 선택자를 추가합니다.

```
1340 <div class="col-sm-3">
1341   <ul id="myTab6" class="nav nav-pills nav-stacked" role="tablist">
1342     생략
1343   </ul>
1344 </div>
1345 <div class="col-sm-9">
1346   <div id="myTabContent6" class="tab-content">
1347     생략
1348   </div>
1349 </div>
```

목록을 오른쪽에 배치하려면 칼럼 순서 변경 선택자를 추가합니다.

```
1351 <div class="col-sm-3 col-sm-push-9">
1352   <ul id="myTab6" class="nav nav-pills nav-stacked" role="tablist">
1353     생략
1354   </ul>
1355 </div>
1356 <div class="col-sm-9 col-sm-pull-3">
1357   <div id="myTabContent7" class="tab-content">
1358     생략
1359   </div>
1360 </div>
```

그림 1-113 필의 레이아웃

탭, 필의 전체 정렬(Justified)과 비활성화

전체 너비를 차지하는 전체 정렬은 ul 태그에 .nav-justified 선택자를 추가합니다. 탭이나 필의 비활성화는 탭 목록의 li 태그에 .disabled 선택자를 추가합니다.

```
1365    <ul id="myTab8" class="nav nav-tabs nav-justified" role="tablist">
1366    <ul id="myTab9" class="nav nav-pills nav-justified" role="tablist">
1367    <li role="presentation" class="disabled">
```

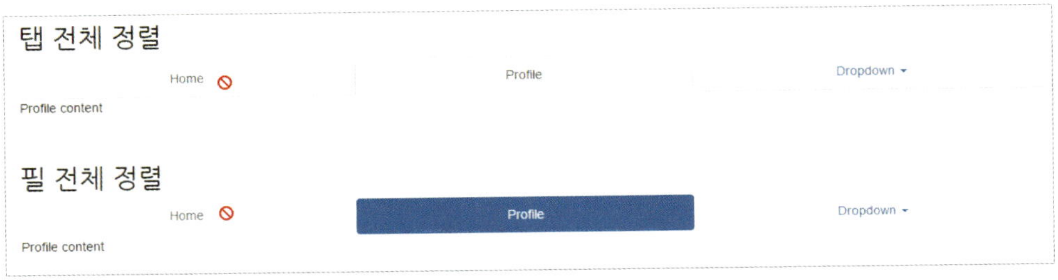

그림 1-114 탭, 필의 전체 정렬

06 냅바(Navbars)

내비게이션 바는 주 메뉴에 사용되며 부트스트랩 문서에는 아주 긴 코드로 돼 있습니다. 코드 내용을 보면 반응형 메뉴를 위해 크게 두 부분으로 나눠집니다. 상단의 .navbar-header 선택자가 있는 부분이 화면 너비가 768px 미만일 때 모든 메뉴가 함몰되게 하는 헤더 영역이고 .navbar-collapse 선택자가 있는 부분은 모든 메뉴나 검색 폼이 있는 메뉴 영역입니다. 긴 내용의 코드이므로 분리해서 알아보겠습니다.

```
1372    <nav class="navbar navbar-default" role="navigation">
1373        <div class="container-fluid">
1374            <!-- Brand and toggle get grouped for better mobile display -->
1375            <div class="navbar-header">
1376                <button type="button" class="navbar-toggle collapsed" data-toggle="collapse" data-target="#navbar-collapse-1">
1377                    <span class="sr-only">Toggle navigation</span>
1378                    <span class="icon-bar"></span>
1379                    <span class="icon-bar"></span>
1380                    <span class="icon-bar"></span>
1381                </button>
```

```
1382            <a class="navbar-brand" href="#">Brand</a>
1383         </div>
1384
1385         <!-- Collect the nav links, forms, and other content for toggling -->
1386         <div class="navbar-collapse collapse" id="navbar-collapse-1">
1387            <ul class="nav navbar-nav">
1388               <li class="active"><a href="#">Link <span class="sr-only">(current)</span></a></li>
1389               <li><a href="#">Link</a></li>
1390               <li class="dropdown">
1391                  <a href="#" class="dropdown-toggle" data-toggle="dropdown" role="button" aria-expanded="false">Dropdown <span class="caret"></span></a>
1392                  <ul class="dropdown-menu" role="menu">
1393                     <li><a href="#">Action</a></li>
1394                     <li><a href="#">Another action</a></li>
1395                     <li><a href="#">Something else here</a></li>
1396                     <li class="divider"></li>
1397                     <li><a href="#">Separated link</a></li>
1398                     <li class="divider"></li>
1399                     <li><a href="#">One more separated link</a></li>
1400                  </ul>
1401               </li>
1402            </ul>
1403            <form class="navbar-form navbar-left" role="search">
1404               <div class="form-group">
1405                  <input type="text" class="form-control" placeholder="Search">
1406               </div>
1407               <button type="submit" class="btn btn-default">Submit</button>
1408            </form>
1409            <ul class="nav navbar-nav navbar-right">
1410               <li><a href="#">Link</a></li>
1411               <li class="dropdown">
1412                  <a href="#" class="dropdown-toggle" data-toggle="dropdown" role="button" aria-expanded="false">Dropdown <span class="caret"></span></a>
1413                  <ul class="dropdown-menu" role="menu">
1414                     <li><a href="#">Action</a></li>
1415                     <li><a href="#">Another action</a></li>
1416                     <li><a href="#">Something else here</a></li>
1417                     <li class="divider"></li>
1418                     <li><a href="#">Separated link</a></li>
```

```
1419            </ul>
1420          </li>
1421        </ul>
1422      </div><!-- /.navbar-collapse -->
1423    </div><!-- /.container-fluid -->
1424  </nav>
```

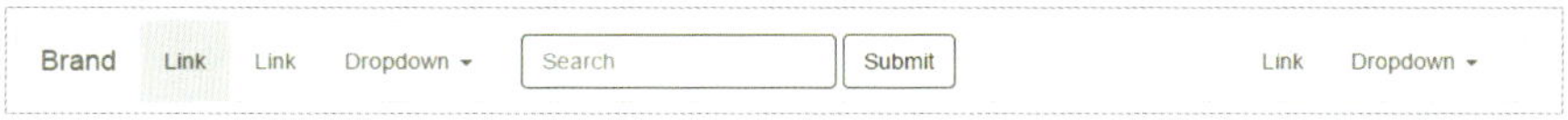

그림 1-115 냅바

냅바 선택자

냅바에는 기본적으로 .navbar 선택자가 있어야 스타일을 만듭니다. .navbar-default는 밝은 색의 냅바를 만들며 이 선택자 대신 .navbar-inverse를 사용하면 어두운 배경의 냅바가 됩니다. 태그는 div를 사용해도 되지만 내비게이션이라는 의미를 부여하기 위해 nav 태그를 사용합니다. 바로 아래의 하위에는 .container-fluid 선택자를 사용하며 .container를 사용하면 오른쪽에 있는 요소가 레이아웃을 벗어나지만 좌우측 패딩을 제거하면 됩니다.

```
1428  <nav class="navbar navbar-default" role="navigation">
1429    <div class="container-fluid">
1430      <!-- Brand and toggle get grouped for better mobile display -->
1431      <div class="navbar-header">
1432         헤더 영역
1433      </div>
1434      <!-- Collect the nav links, forms, and other content for toggling -->
1435      <div class="navbar-collapse collapse" id="navbar-collapse-1">
1436         메뉴 영역
1437      </div><!-- /.navbar-collapse -->
1438    </div><!-- /.container-fluid -->
1439  </nav>
```

그림 1-116 어두운 배경의 냅바

헤더 영역

화면 너비가 768px 미만일 때에는 모든 메뉴를 감추고 로고(Brand)와 메뉴를 열 수 있는 아이콘만 표시됩니다. 헤더 영역은 선택자로 .navbar-header를 사용하며 아이콘을 만들기 위해 button 태그를 사용했는데 이 버튼에는 .navbar-toggle 선택자를 사용해 768px 이상에서는 나타나지 않습니다.

버튼을 클릭했을 때 메뉴가 나타나는 것은 자바스크립트에 의해 작동하므로 data-toggle="collapse" 속성이 있어야 합니다. 자바스크립트의 작동 대상인 data-target 속성의 값은 메뉴 영역의 id와 일치해야 합니다.

span 태그 4개가 사용됐는데 첫 번째 span은 웹 접근성 측면에서 사용됐으며 .sr-only 선택자가 있습니다. 나머지 3개는 버튼에 3개의 줄이 있는 아이콘 모양을 만듭니다. 마지막으로 .navbar-brand 선택자로 로고를 만듭니다.

```
1445    <div class="navbar-header">
1446        <button type="button" class="navbar-toggle collapsed" data-toggle="collapse" data-target="#navbar-collapse-1">
1447            <span class="sr-only">내비게이션 토글</span>
1448            <span class="icon-bar"></span>
1449            <span class="icon-bar"></span>
1450            <span class="icon-bar"></span>
1451        </button>
1452        <a class="navbar-brand" href="#">Brand</a>
1453    </div>
1454    <div class="navbar-collapse collapse" id="navbar-collapse-1">
1455        메뉴 영역
1456    </div>
```

그림 1-117 좁은 너비의 브라우저에서 냅바

메뉴 영역

메뉴 영역의 내용은 냅바에 이전에 알아본 드롭다운이나 각종 폼을 추가한 것에 불과합니다. 768px 미만의 화면 너비에서 메뉴가 펼쳐졌을 때 스타일을 만들기 위해서 .navbar-collapse 선택자가 있으며, 아이콘을 클릭했을 때 .in 선택자가 추가되면서 .collapse.in 선택자가 메뉴 영역을 보이게 합니다.

```
1460    <div class="navbar-collapse collapse in" id="navbar-collapse-1">
1461        메뉴영역
1462    </div>
```

브랜드 이미지

로고를 추가할 경우 .navbar-brand 선택자가 있는 a 태그에 img 태그를 사용해 삽입합니다.

```
1466    <nav class="navbar navbar-default" role="navigation">
1467        <div class="container-fluid">
1468            <div class="navbar-header">
1469                <a class="navbar-brand" href="#">
1470                    <img alt="Brand" src="...">
1471                </a>
1472            </div>
1473        </div>
1474    </nav>
```

폼과 버튼, 텍스트와 링크

냅바에 폼을 추가할 때는 스타일을 위해 .navbar-form 선택자를 사용하고 왼쪽 배치는 .navbar-left, 오른쪽 배치는 .navbar-right를 사용합니다. 이전에는 기본적으로 폼 요소가 왼쪽으로 배치됐지만 왼쪽 배치할 때는 반드시 .navbar-left를 사용합니다. 이 선택자는 float:left; 기능을 하므로 이 선택자가 없을 경우 오른쪽에 있는 요소가 아래로 밀려나게 됩니다.

```
1478  <form class="navbar-form navbar-left" role="search">
1479    <div class="form-group">
1480      <input type="text" class="form-control" placeholder="Search">
1481    </div>
1482    <button type="submit" class="btn btn-default">Submit</button>
1483  </form>
```

단순히 링크 역할을 하는 버튼은 .navbar-btn 선택자만 추가합니다. 버튼을 오른쪽으로 배치할 때는 .navbar-right를 추가합니다.

```
1485  <button type="button" class="btn btn-default navbar-btn">Sign in</button>
```

냅바에 텍스트만 사용할 때는 .navbar-text 선택자를 사용하고 내비게이션 역할을 하는 것이 아닌 링크(Non-nav link)는 .navbar-link 선택자를 사용합니다.

```
1487  <p class="navbar-text navbar-right">Signed in as <a href="#" class="navbar-link">Mark Otto</a></p>
```

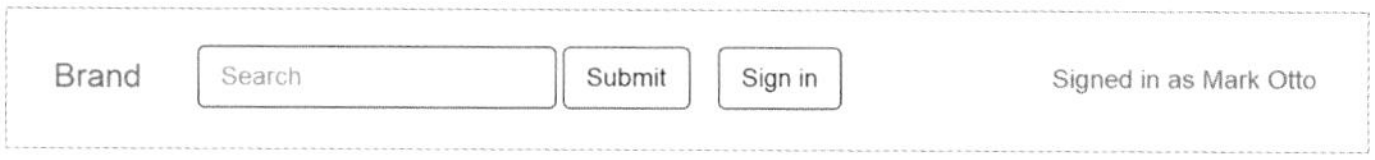

그림 1-118 폼과 버튼, 텍스트와 링크

상단 고정, 하단 고정, 정적인(Static) 냅바

냅바를 상단이나 하단에 고정하려면 .navbar-fixed-top 선택자나 .navbar-fixed-bottom 선택자를 nav 태그에 추가합니다. 이렇게 하면 화면을 스크롤해도 냅바는 상단이나 하단에 고정됩니다. 상단이나 하단에 고정할 때에는 하위의 div 태그에 .contaier-fluid와 .contaier 선택자를 사용할 수 있습니다. .contaier-fluid를 사용하면 냅바가 전체 너비로 설정되고, .contaier를 사용하면 냅바가 콘텐츠 영역의 너비만큼 제한돼 나타납니다.

```
1492  <nav class="navbar navbar-inverse navbar-fixed-top" role="navigation">
1493    <div class="container-fluid">
1494
1495  <nav class="navbar navbar-default navbar-fixed-bottom" role="navigation">
1496    <div class="container">
```

상단에 고정할 때에는 콘텐츠가 가려지므로 냅바 높이만큼 body 태그에 상단 패딩을 추가합니다.

```
1498    body { padding-top: 50px; }
```

.navbar-static-top을 사용하면 상단에 배치되지만 고정되지 않고 화면을 스크롤하면 냅바도 같이 이동합니다. 이 경우 위에서 설정한 body 패딩을 제거해야 합니다. 하위의 div 태그에 .container-fluid와 .contaier 선택자를 사용할 수 있습니다.

```
1501    <nav class="navbar navbar-default navbar-static-top" role="navigation">
1502    <div class="container">
```

07 브레드크럼(Breadcrumb)

페이지의 상단에서 메뉴나 카테고리의 순서를 표시할 때 사용합니다. 순서 있는 목록 태그인 ol에 .breadcrumb 선택자를 사용합니다.

```
1506    <ol class="breadcrumb">
1507      <li><a href="#">Home</a></li>
1508      <li><a href="#">Library</a></li>
1509      <li class="active">Data</li>
1510    </ol>
```

그림 1-119 브레드크럼

08 페이지 처리(Pagination)

내비게이션에 해당하므로 nav 태그를 사용하고 목록이므로 ul 태그에 .pagination 선택자를 사용합니다. 이전과 다음을 의미하는 첫 번째와 마지막은 span 태그에 왼쪽 꺽쇠와 오른쪽 꺽쇠의 HTML 코드인 '«'와 '»'를 사용하고 웹 접근성 측면에서 aria-hidden="true" 속성을 추가합니다. 기호는 의미가 없으므로 span 태그에 글자를 추가하고 .sr-only 선택자를 사용했습니다.

```
1515    <nav>
1516      <ul class="pagination">
1517        <li><a href="#"><span aria-hidden="true">&laquo;</span><span class="sr-
only">Previous</span></a></li>
1518        <li><a href="#">1</a></li>
1519        <li><a href="#">2</a></li>
1520        <li><a href="#">3</a></li>
1521        <li><a href="#">4</a></li>
1522        <li><a href="#">5</a></li>
1523        <li><a href="#"><span aria-hidden="true">&raquo;</span><span class="sr-
only">Next</span></a></li>
1524      </ul>
1525    </nav>
```

그림 1-120 페이지 처리

비활성, 활성 상태

현재 있는 페이지를 표시하기 위해 li 태그에 .active 선택자를 사용하고 더 이상 페이지를 이동할 수 없도록 왼쪽이나 오른쪽 끝의 화살표에는 .disabled 선택자를 사용합니다. 웹 접근성 측면에서 현재 페이지는 .sr-only 선택자가 있는 span 태그에 현재를 나타내는 글자를 추가합니다.

```
1530    <nav>
1531      <ul class="pagination">
1532        <li class="disabled"><a href="#"><span aria-hidden="true">&laquo;</
span><span class="sr-only">Previous</span></a></li>
1533        <li class="active"><a href="#">1 <span class="sr-only">(current)</span></
a></li>
1534        <li><a href="#">2</a></li>
1535        <li><a href="#">3</a></li>
1536        <li><a href="#">4</a></li>
```

```
1537        <li><a href="#">5</a></li>
1538        <li><a href="#"><span aria-hidden="true">&raquo;</span><span class="sr-
only">Next</span></a></li>
1539    </ul>
1540 </nav>
```

그림 1-121 페이지 처리의 비활성 상태

페이지 처리의 크기 조절

.pagination-lg와 .pagination-sm 두 개의 선택자로 크기를 조절합니다. 기본 크기를 포함해 총 3개의 사이즈가 있습니다.

```
1545    <ul class="pagination pagination-lg">
1546    <ul class="pagination pagination-sm">
```

그림 1-122 페이지 처리 크기 조절

페이저(Pager)

이전, 다음 버튼만 있는 간단한 형태의 페이지 처리입니다. ul 태그에 .pager 선택자를 사용합니다.

```
1551 <nav>
1552    <ul class="pager">
1553        <li><a href="#">Previous</a></li>
1554        <li><a href="#">Next</a></li>
1555    </ul>
1556 </nav>
```

위의 경우 두 개의 버튼이 중앙에 몰려있으므로 양쪽 끝으로 배치하려면 아래와 같이 li 태그에 .previous, .next 선택자를 추가합니다. 버튼을 비활성화 하려면 .disabled 선택자를 사용합니다.

```
1559    <nav>
1560      <ul class="pager">
1561        <li class="previous disabled"><a href="#"><span aria-hidden="true">&larr;</span> Older</a></li>
1562        <li class="next"><a href="#">Newer <span aria-hidden="true">&rarr;</span></a></li>
1563      </ul>
1564    </nav>
```

그림 1-123 페이저

09 레이블(Label)과 배지(Badge)

글자나 숫자를 하이라이트하기 위해 사용하며 글자는 레이블, 숫자는 배지를 사용합니다. 레이블은 작은 버튼의 용도로 사용할 수도 있습니다. 레이블은 span 태그에 .lable 선택자와 색상 변경을 위한 선택자를 사용합니다.

```
1569    <h3>Example heading <span class="label label-default">New</span></h3>
1570    <span class="label label-default">Default</span>
1571    <span class="label label-primary">Primary</span>
1572    <span class="label label-success">Success</span>
1573    <span class="label label-info">Info</span>
1574    <span class="label label-warning">Warning</span>
1575    <span class="label label-danger">Danger</span>
```

배지는 색상 선택자가 없으며, 버튼에 배지를 추가해 사용하면 버튼의 색상에 따라 배지의 배경색이 바뀝니다. 이것은 필(Pills)에도 적용됩니다. 배지를 필에 사용할 경우 선택된 필이 하이라이트 돼서 버튼 형태로 되면 배지의 배경 색도 흰색으로 바뀝니다.

```
1577    <a href="#">Inbox <span class="badge">42</span></a>
1578
1579    <button class="btn btn-primary" type="button">
1580      Messages <span class="badge">4</span>
1581    </button>
```

숫자가 없을 경우, 예를 들어 읽을 메시지가 없으면 이 요소에 :empty 선택자를 사용하므로 IE8에서는 제대로 작동하지 않습니다.

그림 1-124 레이블과 배지

10 점보트론(Jumbotron)

사이트의 주요 콘텐츠를 상단에 표시하는데 적합한 구성요소입니다. .jumbotron 선택자를 사용하며 이 선택자로 인해서 내부의 모든 글자의 크기가 커집니다.

```
1587    <div class="jumbotron">
1588      <h1>Hello, world!</h1>
1589      <p>This is a simple hero unit, a simple jumbotron-style component for calling extra attention to featured content or information.</p>
1590      <p><a class="btn btn-primary btn-lg" href="#" role="button">Learn more</a></p>
1591    </div>
```

현재 부트스트랩을 연습하기 위해서 점보트론을 사용하고 있는데 .container 선택자가 어디에 위치하느냐에 따라 레이아웃이 달라집니다.

```
1593    <div class="jumbotron">
1594      <div class="container">
1595        ...
1596      </div>
1597    </div>
```

index.html 파일의 상단으로 가면 위처럼 .container 선택자가 .jumbotron 선택자 내부에 있습니다. 이 레이아웃에서는 그림 1-125와 같이 점보트론의 배경이 화면의 전체 폭을 차지합니다.

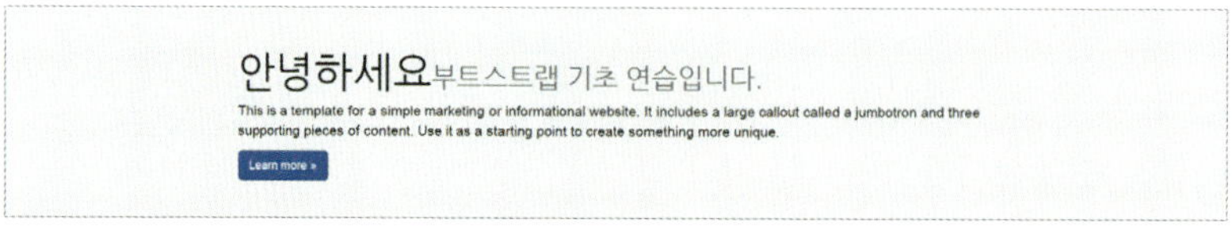

그림 1-125 전체 폭 점보트론

```
1601    <div class="container">
1602        <div class="jumbotron">
1603            ...
1604        </div>
1605    </div>
```

하지만 위처럼 .container 선택자가 밖에 있다면 그림 1-126과 같이 점보트론이 콘텐츠 영역에 제한되고 모서리도 둥글게 나옵니다.

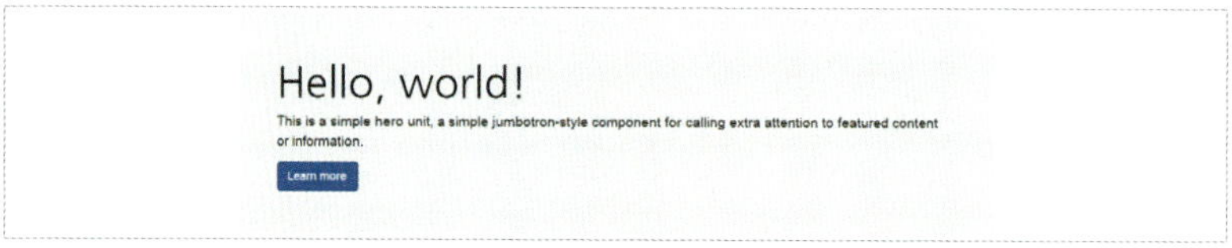

그림 1-126 컨테이너 폭 점보트론

11 페이지 헤더

페이지나 글의 제목으로 사용합니다. .page-header 선택자를 사용한 div 태그 내부에 h1 태그로 제목을 만듭니다. small 태그를 이용해 부제를 만들 수도 있습니다.

```
1611    <div class="page-header">
1612        <h1>Example page header <small>Subtext for header</small></h1>
1613    </div>
```

그림 1-127 페이지 헤더

12 썸네일(Thumbnails)

그리드 시스템을 이용해서 이미지나 비디오가 있는 콘텐츠를 만들 수 있습니다. 그리드 시스템을 이용해 그리드를 만들고 a 태그에는 .thumbnail 선택자를 사용합니다. 이 태그 안에 이미지를 삽입합니다. 대부분 이러한 콘텐츠는 목록에 해당하므로 .row 선택자가 있는 div에는 ul 태그를, 그리드 선택자가 있는 div에는 li 태그를 사용합니다.

```
1618  <div class="row">
1619    <div class="col-xs-6 col-md-3">
1620      <a href="#" class="thumbnail">
1621        <img src="holder.js/300x200">
1622      </a>
1623    </div>
1624    <div class="col-xs-6 col-md-3">
1625      <a href="#" class="thumbnail">
1626        <img src="holder.js/300x200">
1627      </a>
1628    </div>
1629    <div class="col-xs-6 col-md-3">
1630      <a href="#" class="thumbnail">
1631        <img src="holder.js/300x200">
1632      </a>
1633    </div>
1634    <div class="col-xs-6 col-md-3">
1635      <a href="#" class="thumbnail">
1636        <img src="holder.js/300x200">
1637      </a>
1638    </div>
1639  </div>
```

이미지를 일일이 추가하기는 번거로우므로 holder.js 자바스크립트 플러그인을 사용하면 간단하게 더미 이미지를 만들 수 있습니다.

http://imsky.github.io/holder/

위 링크에서 파일을 내려받아 압축을 해제한 다음 js 폴더에 저장하고 작업 중인 index.html 파일의 하단에 다음과 같이 링크를 추가합니다.

```
1643    <script src="js/holder.js"></script>
```

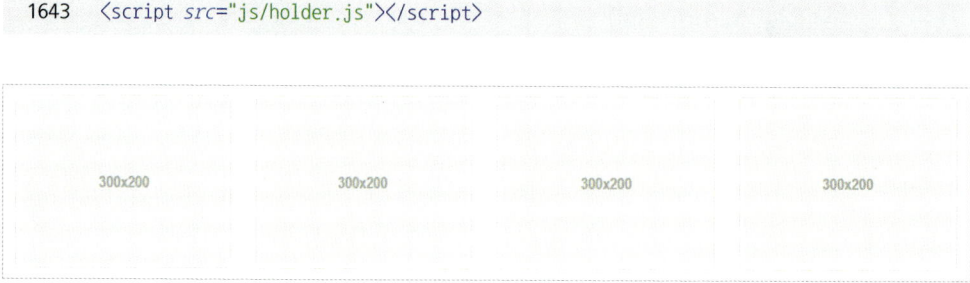

그림 1-128 썸네일 더미 이미지

커스텀 콘텐츠

썸네일을 이용해서 핀터레스트 사이트와 같이 만들 수도 있습니다. 구조는 썸네일 레이아웃에서 변형만 하면 됩니다. .thumbnail 선택자가 있는 태그는 div로 바꾸고 이 안에 이미지와 이미지 캡션 형태로 만듭니다. 이미지를 제외한 콘텐츠는 .caption 선택자를 사용합니다. 그리드를 원하는 만큼 추가하더라도 순차적으로 배열되며 별도의 작업은 필요하지 않습니다.

```
1648    <div class="col-sm-6 col-md-4">
1649      <div class="thumbnail">
1650        <img data-src="holder.js/100%x200">
1651        <div class="caption">
1652          <h3>Thumbnail label</h3>
1653          <p>Cras justo odio, dapibus ac facilisis in, egestas eget quam. Donec id elit non mi porta gravida at eget metus. Nullam id dolor id nibh ultricies vehicula ut id elit.</p>
1654          <p><a href="#" class="btn btn-primary" role="button">Button</a> <a href="#" class="btn btn-default" role="button">Button</a></p>
1655        </div>
1656      </div>
1657    </div>
```

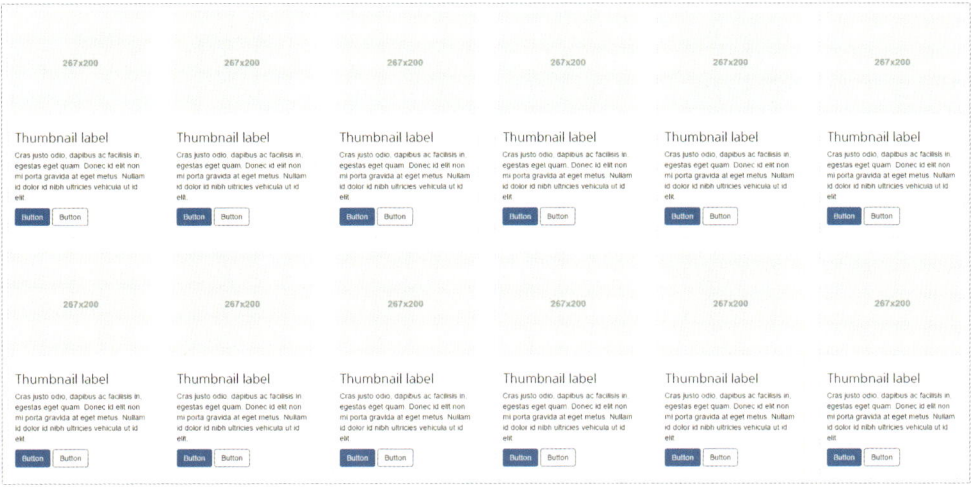

그림 1-129 커스텀 썸네일 레이아웃

13 알림 메시지(Alerts)

에러나 중요한 알림 메시지를 출력할 때 사용합니다. div 태그에 기본 선택자인 .alert와 색상을 위한 선택자를 추가합니다.

```
1662  <div class="alert alert-success" role="alert">
1663    <strong>Well done!</strong> You successfully read this important alert message.
1664  </div>
1665  <div class="alert alert-info" role="alert">
1666    <strong>Heads up!</strong> This alert needs your attention, but it's not super important.
1667  </div>
1668  <div class="alert alert-warning" role="alert">
1669    <strong>Warning!</strong> Better check yourself, you're not looking too good.
1670  </div>
1671  <div class="alert alert-danger" role="alert">
1672    <strong>Oh snap!</strong> Change a few things up and try submitting again.
1673  </div>
```

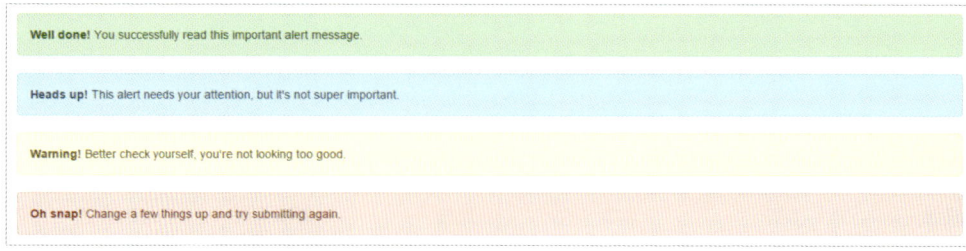

그림 1-130 여러 가지 색상의 알림 메시지

알림 메시지에 닫기 기능을 추가하려면 div 태그에 .alert-dismissible 선택자를 추가하고 내부에 .close 선택자가 있는 button 태그를 사용합니다. 자바스크립트에 의해 작동하므로 data-dismiss="alert" 속성이 있어야 합니다. ×는 닫기 아이콘을 만드는 HTML 코드입니다.

```
1677    <div class="alert alert-warning alert-dismissible" role="alert">
1678        <button type="button" class="close" data-dismiss="alert"><span aria-hidden="true">&times;</span><span class="sr-only">Close</span></button>
1679        <strong>Warning!</strong> Better check yourself, you're not looking too good.
1680    </div>
```

그림 1-131 알림 메시지의 닫기 기능

링크 추가

메시지 내부에 링크를 추가할 때에는 .alert-link 선택자를 사용합니다.

```
1685    <div class="alert alert-success" role="alert">
1686        <strong>Well done!</strong> You successfully read <a href="#" class="alert-link">this important alert message</a>.
1687    </div>
```

그림 1-132 알림 메시지에 링크 추가

14. 프로그레스 바(Progress Bar)

프로그레스 바는 파일 업로드나 비디오 플레이 등 시간이 소요되는 상태를 시각적으로 나타내는 요소입니다. 부트스트랩을 이용하면 여러 형태의 프로그레스 바를 만들 수 있습니다.

바깥쪽의 div 태그에 .progress, 안쪽의 div에 .progress-bar 선택자를 사용하면 기본적인 파란색 프로그레스 바가 생성됩니다. 로딩이 진행되면서 바의 폭이 변경되는 구조이고 이는 자바스크립트나 CSS3 애니메이션 규칙을 이용해 사용할 수 있습니다.

```
1693    <div class="progress">
1694        <div class="progress-bar" role="progressbar" aria-valuenow="60" aria-valuemin="0" aria-valuemax="100" style="width: 60%;">
1695            <span class="sr-only">60% Complete</span>
1696        </div>
1697    </div>
```

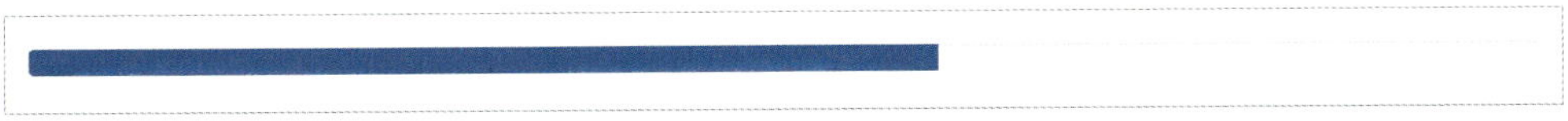

그림 1-133 기본 프로그레스 바

div 태그의 콘텐츠로 진행 수치를 입력합니다.

```
1700    <div class="progress">
1701        <div class="progress-bar" role="progressbar" aria-valuenow="60" aria-valuemin="0" aria-valuemax="100" style="width: 60%;">
1702            60%
1703        </div>
1704    </div>
```

그림 1-134 프로그레스 바의 수치 표시

낮은 퍼센트에서는 진행 수치가 제대로 보이지 않으며 최소 20픽셀은 진행해야 나타납니다.

```
1708    <div class="progress">
1709      <div class="progress-bar" role="progressbar" aria-valuenow="0" aria-valuemin="0" aria-valuemax="100">
1710        0%
1711      </div>
1712    </div>
1713    <div class="progress">
1714      <div class="progress-bar" role="progressbar" aria-valuenow="2" aria-valuemin="0" aria-valuemax="100" style="width: 2%;">
1715        2%
1716      </div>
1717    </div>
```

그림 1-135 낮은 단계의 프로그레스 바

부트스트랩의 색상 선택자를 추가하면 여러 가지 색상으로 나타낼 수 있습니다.

```
1721    <div class="progress">
1722      <div class="progress-bar progress-bar-success" role="progressbar" aria-valuenow="40" aria-valuemin="0" aria-valuemax="100" style="width: 40%">
1723        <span class="sr-only">40% Complete (success)</span>
1724      </div>
1725    </div>
1726    <div class="progress">
1727      <div class="progress-bar progress-bar-info" role="progressbar" aria-valuenow="20" aria-valuemin="0" aria-valuemax="100" style="width: 20%">
1728        <span class="sr-only">20% Complete</span>
1729      </div>
1730    </div>
1731    <div class="progress">
1732      <div class="progress-bar progress-bar-warning" role="progressbar" aria-valuenow="60" aria-valuemin="0" aria-valuemax="100" style="width: 60%">
1733        <span class="sr-only">60% Complete (warning)</span>
1734      </div>
1735    </div>
1736    <div class="progress">
```

```
1737    <div class="progress-bar progress-bar-danger" role="progressbar" aria-
valuenow="80" aria-valuemin="0" aria-valuemax="100" style="width: 80%">
1738        <span class="sr-only">80% Complete (danger)</span>
1739    </div>
1740 </div>
```

그림 1-136 프로그레스 바의 색상

.progress-bar-striped를 추가하면 사선의 줄무늬를 추가할 수 있습니다.

```
1744 <div class="progress">
1745    <div class="progress-bar progress-bar-success progress-bar-striped"
role="progressbar" aria-valuenow="40" aria-valuemin="0" aria-valuemax="100"
style="width: 40%">
1746        <span class="sr-only">40% Complete (success)</span>
1747    </div>
1748 </div>
```

그림 1-137 줄무늬 프로그레스 바

.active를 추가하면 스트라이프가 애니메이션 되는 모습을 볼 수 있습니다.

```
1753 <div class="progress">
1754    <div class="progress-bar progress-bar-striped active" role="progressbar" aria-
valuenow="45" aria-valuemin="0" aria-valuemax="100" style="width: 45%">
1755        <span class="sr-only">45% Complete</span>
1756    </div>
1757 </div>
```

그림 1-138 애니메이션 프로그레스 바

.progress가 있는 div 태그에 색이 다른 프로그레스 바를 사용하면 진행 수치별로 여러 색상으로 나타낼 수 있습니다.

```
1761    <div class="progress">
1762      <div class="progress-bar progress-bar-success" style="width: 35%">
1763        <span class="sr-only">35% Complete (success)</span>
1764      </div>
1765      <div class="progress-bar progress-bar-warning progress-bar-striped" style="width: 20%">
1766        <span class="sr-only">20% Complete (warning)</span>
1767      </div>
1768      <div class="progress-bar progress-bar-danger" style="width: 10%">
1769        <span class="sr-only">10% Complete (danger)</span>
1770      </div>
1771    </div>
```

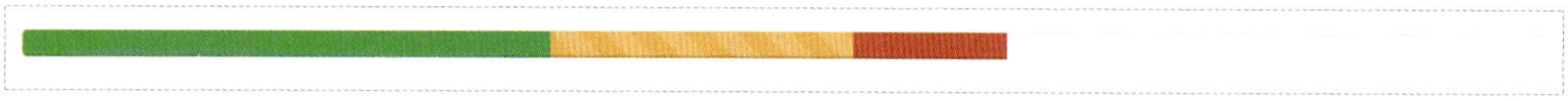

그림 1-139 여러 색상의 프로그레스 바

15 미디어 오브젝트(Media Object)

댓글이나 트윗과 같은 구성요소를 다양하게 표현하는 데 사용합니다. 가장 바깥쪽에 있는 div에는 .media 선택자를 사용하고 아바타 이미지는 .media-left를 사용하며 댓글은 .media-body를 사용하고 내부의 제목은 .media-heading을 사용합니다. 대부분 댓글에는 제목이 없으므로 이곳에 댓글 게시자 이름이나 날짜가 위치합니다.

댓글의 댓글, 즉 하위 미디어가 있는 경우 .media-body 내부에 같은 방법으로 .media > .media-body 선택자로 이어집니다.

```
1777  <div class="media">
1778    <a class="media-left" href="#">
1779      <img data-src="holder.js/64x64">
1780    </a>
1781    <div class="media-body">
1782      <h4 class="media-heading">Media heading</h4>
1783      Cras sit amet nibh libero, in gravida nulla. Nulla vel metus scelerisque ante sollicitudin commodo. Cras purus odio, vestibulum in vulputate at, tempus viverra turpis. Fusce condimentum nunc ac nisi vulputate fringilla. Donec lacinia congue felis in faucibus.
1784      <div class="media">
1785        <a class="media-left" href="#">
1786          <img data-src="holder.js/64x64">
1787        </a>
1788        <div class="media-body">
1789          <h4 class="media-heading">Nested media heading</h4>
1790          Cras sit amet nibh libero, in gravida nulla. Nulla vel metus scelerisque ante sollicitudin commodo. Cras purus odio, vestibulum in vulputate at, tempus viverra turpis. Fusce condimentum nunc ac nisi vulputate fringilla. Donec lacinia congue felis in faucibus.
1791        </div>
1792      </div>
1793    </div>
1794  </div>
```

아바타를 오른쪽에 배치할 수도 있으며 이때는 .media-body 다음에 이미지를 배치하고 .media-right를 사용합니다.

```
1796  <div class="media">
1797    <a class="media-left" href="#">
1798      <img data-src="holder.js/64x64">
1799    </a>
1800    <div class="media-body">
1801      <h4 class="media-heading">Media heading</h4>
1802      Cras sit amet nibh libero, in gravida nulla. Nulla vel metus scelerisque ante sollicitudin commodo. Cras purus odio, vestibulum in vulputate at, tempus viverra turpis.
1803    </div>
```

```
1804    <a class="media-right" href="#">
1805      <img data-src="holder.js/64x64">
1806    </a>
1807  </div>
```

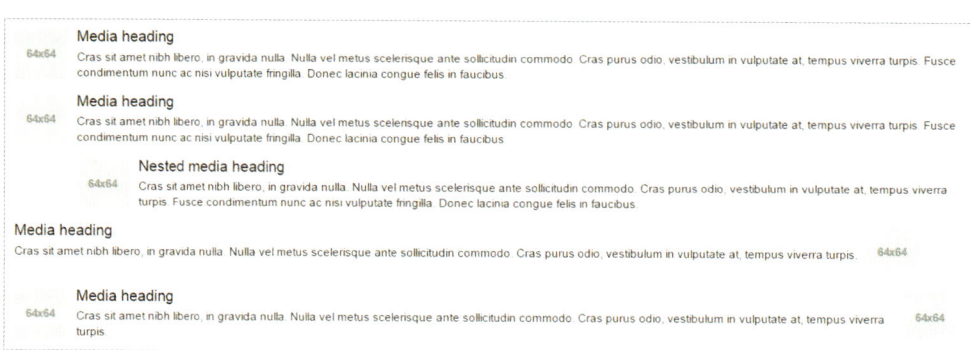

그림 1-140 미디어 오브젝트

이미지를 댓글의 높이를 기준으로 중앙이나 하단에 배치하려면 .media-middle 선택자 또는 .media-bottom 선택자를 추가합니다.

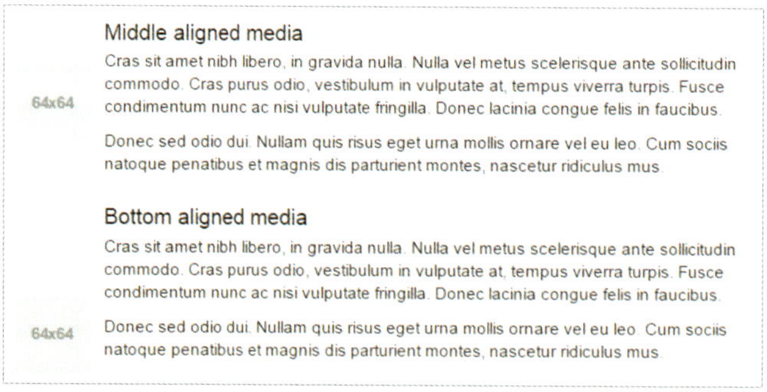

```
1811  <a class="media-left media-middle" href="#">
1812
1813  <a class="media-left media-bottom" href="#">
```

그림 1-141 아바타 이미지의 위치

댓글의 경우 목록에 해당하므로 .media 선택자가 있는 곳은 li 태그를 사용하고 댓글 전체에 대해 ul 태그에 .media-list 선택자를 사용합니다.

```
1818   <ul class="media-list">
1819     <li class="media">
1820       <a class="media-left" href="#">
1821         <img src="..." alt="...">
1822       </a>
1823       <div class="media-body">
1824         <h4 class="media-heading">Media heading</h4>
1825         ...
1826       </div>
1827     </li>
1828   </ul>
```

16 리스트 그룹(List group)

사이드바의 메뉴나 카테고리 목록을 만들 때 유용합니다. ul 태그에 .list-group 선택자를 사용하고 목록은 .list-group-item 선택자를 사용합니다.

```
1832   <ul class="list-group">
1833     <li class="list-group-item">Cras justo odio</li>
1834     <li class="list-group-item">Dapibus ac facilisis in</li>
1835     <li class="list-group-item">Morbi leo risus</li>
1836     <li class="list-group-item">Porta ac consectetur ac</li>
1837     <li class="list-group-item">Vestibulum at eros</li>
1838   </ul>
```

목록에 배지를 추가하려면 li 태그 내부에 span 태그를 추가하고 .badge 선택자를 사용합니다.

```
1840   <ul class="list-group">
1841     <li class="list-group-item">
1842       <span class="badge">14</span>
1843       Cras justo odio
1844     </li>
1845   </ul>
```

그림 1-142 배지를 추가한 목록

단순히 링크 목록만 만들 경우 다음과 같이 div 태그 내부에 a 태그 목록을 만듭니다. .active 선택자가 있는 곳은 하이라이트 되고 .disabled 선택자를 추가하면 비활성화 됩니다.

```
1849    <div class="list-group">
1850        <a href="#" class="list-group-item active">
1851          Cras justo odio
1852        </a>
1853        <a href="#" class="list-group-item">Dapibus ac facilisis in</a>
1854        <a href="#" class="list-group-item">Morbi leo risus</a>
1855        <a href="#" class="list-group-item">Porta ac consectetur ac</a>
1856        <a href="#" class="list-group-item disabled">Vestibulum at eros</a>
1857    </div>
```

그림 1-143 리스트 그룹

색상 선택자를 추가할 수도 있습니다.

```
1860    <ul class="list-group">
1861        <li class="list-group-item list-group-item-success">Dapibus ac facilisis in</li>
1862        <li class="list-group-item list-group-item-info">Cras sit amet nibh libero</li>
1863        <li class="list-group-item list-group-item-warning">Porta ac consectetur ac</li>
1864        <li class="list-group-item list-group-item-danger">Vestibulum at eros</li>
1865    </ul>
1866    <div class="list-group">
1867        <a href="#" class="list-group-item list-group-item-success">Dapibus ac facilisis in</a>
1868        <a href="#" class="list-group-item list-group-item-info">Cras sit amet nibh libero</a>
1869        <a href="#" class="list-group-item list-group-item-warning">Porta ac consectetur ac</a>
1870        <a href="#" class="list-group-item list-group-item-danger">Vestibulum at eros</a>
1871    </div>
```

li 태그 내부에 a 태그를 사용하면 글자에만 링크가 만들어지므로 스타일시트를 수정해야 합니다.

```
1873    <ul class="list-group">
1874        <li class="list-group-item list-group-item-success"><a href="#">Dapibus ac facilisis in</a></li>
1875        <li class="list-group-item list-group-item-info"><a href="#">Cras sit amet nibh libero</a></li>
1876        <li class="list-group-item list-group-item-warning"><a href="#">Porta ac consectetur ac</a></li>
1877        <li class="list-group-item list-group-item-danger"><a href="http://daum.net">Vestibulum at eros</a></li>
1878    </ul>
```

아래와 같이 li 태그의 패딩을 제거하고 a 태그에 패딩을 설정한 뒤 display 속성을 block으로 설정(display:block;)하면 목록 전체에 링크가 적용됩니다. 마우스를 오버했을 때 색상이 변하게 하려면 추가로 설정해야 합니다.

```
1880    li.list-group-item { padding: 0; }
1881    li.list-group-item a { padding: 10px 15px; display: block; text-decoration: none; }
```

그림 1-144 색상 리스크 그룹

콘텐츠를 추가하려면 제목에는 .list-goup-item-heading, 글 내용에는 .list-goup-item-text 선택자를 사용합니다.

```
1885    <div class="list-group">
1886        <a href="#" class="list-group-item active">
1887            <h4 class="list-group-item-heading">List group item heading</h4>
1888            <p class="list-group-item-text">Donec id elit non mi porta gravida at eget metus. Maecenas sed diam eget risus varius blandit.</p>
```

```
1889        </a>
1890        <a href="#" class="list-group-item">
1891          <h4 class="list-group-item-heading">List group item heading</h4>
1892          <p class="list-group-item-text">Donec id elit non mi porta gravida at eget
       metus. Maecenas sed diam eget risus varius blandit.</p>
1893        </a>
1894        <a href="#" class="list-group-item">
1895          <h4 class="list-group-item-heading">List group item heading</h4>
1896          <p class="list-group-item-text">Donec id elit non mi porta gravida at eget
       metus. Maecenas sed diam eget risus varius blandit.</p>
1897        </a>
1898      </div>
```

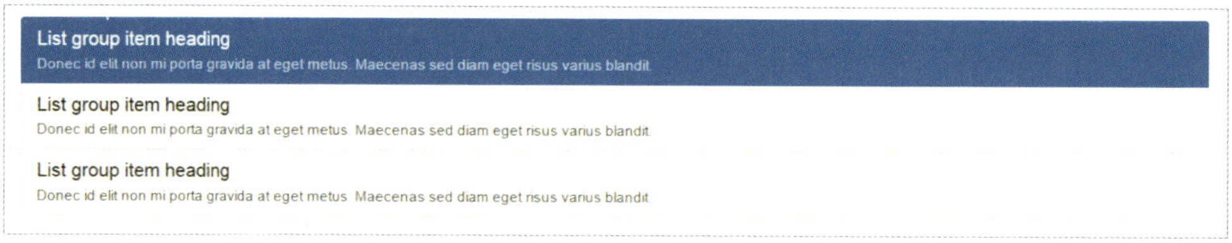

그림 1-145 리스트 그룹의 콘텐츠

17 패널(Panels)

다양한 콘텐츠가 있는 박스 형태의 구성요소를 만들 때 사용합니다. .panel .panel-default 가 있는 div 내부에 .panel-body 선택자를 사용한 div를 배치합니다.

```
1903   <div class="panel panel-default">
1904     <div class="panel-body">
1905       Basic panel example
1906     </div>
1907   </div>
```

.panel-heading을 사용해서 콘텐츠 영역과 분리된 제목 영역을 만들 수 있습니다. 제목에는 h 태그를 사용할 수도 있습니다.

```html
1909  <div class="panel panel-default">
1910    <div class="panel-heading">Panel heading without title</div>
1911    <div class="panel-body">
1912      Panel content
1913    </div>
1914  </div>
```

그림 1-146 패널

.panel-footer를 사용해 푸터도 배치할 수 있습니다.

```html
1918  <div class="panel panel-default">
1919    <div class="panel-body">
1920      Panel content
1921    </div>
1922    <div class="panel-footer">Panel footer</div>
1923  </div>
```

기본 색상인 .panel-default 외에 5가지의 색상 선택자를 사용할 수 있습니다.

```html
1925  <div class="panel panel-primary">...</div>
1926  <div class="panel panel-success">...</div>
1927  <div class="panel panel-info">...</div>
1928  <div class="panel panel-warning">...</div>
1929  <div class="panel panel-danger">...</div>
```

그림 1-147 패널 푸터

.panel-body의 형제 요소로 테이블을 추가할 수도 있으며 .panel-body 부분을 제거하고 사용할 수도 있습니다.

```
1932    <div class="panel panel-danger">
1933      <!-- Default panel contents -->
1934      <div class="panel-heading">Panel heading</div>
1935      <div class="panel-body">
1936        <p>Some default panel content here. Nulla vitae elit libero, a pharetra augue. Aenean lacinia bibendum nulla sed consectetur. Aenean eu leo quam. Pellentesque ornare sem lacinia quam venenatis vestibulum. Nullam id dolor id nibh ultricies vehicula ut id elit.</p>
1937      </div>
1938      <!-- Table -->
1939      <table class="table">
1940        생략
1941      </table>
1942    </div>
```

#	First Name	Last Name	Username
1	Mark	Otto	@mdo
2	Jacob	Thornton	@fat
3	Larry	the Bird	@twitter

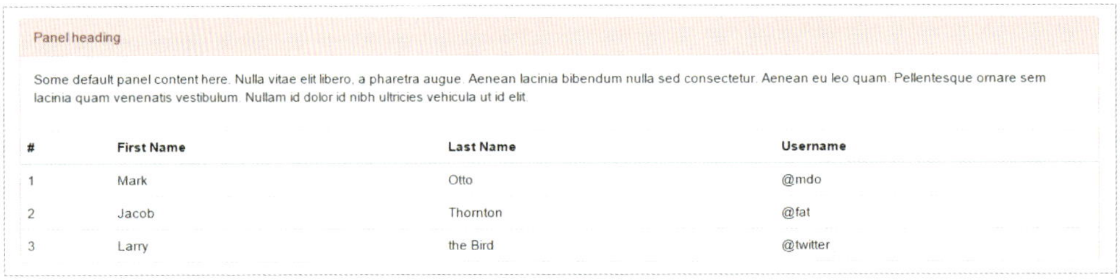

그림 1-148 패널과 테이블

리스트 그룹을 추가해도 조합이 잘됩니다.

```
1946    <div class="panel panel-default">
1947      <!-- Default panel contents -->
1948      <div class="panel-heading">Panel heading</div>
1949      <div class="panel-body">
1950        <p>Some default panelp>
1951      </div>
1952      <!-- List group -->
1953      <ul class="list-group">
1954        <li class="list-group-item">Cras justo odio</li>
1955        <li class="list-group-item">Dapibus ac facilisis in</li>
1956        <li class="list-group-item">Morbi leo risus</li>
```

```
1957        <li class="list-group-item">Porta ac consectetur ac</li>
1958        <li class="list-group-item">Vestibulum at eros</li>
1959    </ul>
1960 </div>
```

Panel heading

Some default panel content here. Nulla vitae elit libero, a pharetra augue. Aenean lacinia bibendum nulla sed consectetur. Aenean eu leo quam. Pellentesque ornare sem lacinia quam venenatis vestibulum. Nullam id dolor id nibh ultricies vehicula ut id elit.

Cras justo odio

Dapibus ac facilisis in

Morbi leo risus

Porta ac consectetur ac

Vestibulum at eros

그림 1-149 패널과 리스트 그룹

18 반응형 임베드(Responsive embed)

유튜브와 같은 비디오를 반응형으로 만들 수 있습니다. 기본 선택자인 .embed-responsive 와 화면 비율에 따른 선택자 .embed-responsive-16by9 또는 .embed-responsive-4by3을 사용한 div 내부에 iframe, object, embed, video 태그를 사용한 비디오를 추가합니다. 스타일은 이들 4가지 태그를 대상으로 하며 혹 다른 태그의 미디어가 있다면 내부에 .embed-responsive-item 선택자를 추가합니다. 따라서 4가지 태그를 사용할 경우 .embed-responsive-item 선택자는 입력하지 않아도 됩니다.

```
1965 <div class="embed-responsive embed-responsive-16by9">
1966    <iframe class="embed-responsive-item" src="//www.youtube.com/embed/E_c1ouE2X5E" frameborder="0" allowfullscreen></iframe>
1967 </div>
```

유튜브에서 iframe 코드를 복사해 사용할 경우 그대로 붙여넣어도 되며 width나 height, frameborder 속성은 필요 없습니다. video 태그의 사용법은 다음과 같습니다.

```
1969 <div class="embed-responsive embed-responsive-16by9">
1970    <video autoplay loop>
1971        <source src=http://domain/small.mp4 type=video/mp4>
```

```
1972        </video>
1973    </div>
```

그림 1-150 반응형 임베드

화면 너비를 변경함에 따라 가로세로 비율이 맞게 조정됩니다.

19 웰(Wells)

단순한 박스 형태의 레이아웃을 만들 때 사용합니다.

```
1979    <div class="well">
1980        Look, I'm in a well!
1981    </div>
```

두 가지 크기의 선택자가 있습니다.

```
1983    <div class="well well-lg">
1984        Look, I'm in a large well!
1985    </div>
1986    <div class="well well-sm">
1987        Look, I'm in a small well!
1988    </div>
```

Look, I'm in a well!

Look, I'm in a large well!

Look, I'm in a small well!

그림 1-151 웰

06 자바스크립트

부트스트랩 자바스크립트 파일은 여러 종류가 있습니다. 깃허브에서 내려받아 압축을 해제한 폴더에서 bootstrap-master/js 폴더로 들어가면 자바스크립트 파일이 있습니다. 처음에 부트스트랩 환경을 만들기 위해 추가한 bootstrap.js은 이 파일들을 전부 모아둔 파일입니다. 진행하는 프로젝트에서 어떤 특정 기능이 필요 없다면 파일 용량을 줄이기 위해서 개별 파일만 사용할 수도 있습니다. 다만 일부 파일은 의존하는 기능이 있어서 반드시 필요하기 때문에 어떤 파일이 필요한지 알 수 없을 때는 모두 포함된 파일을 사용하면 됩니다.

http://www.bootstrapcdn.com/

위 사이트의 CDN을 이용할 수도 있습니다. MAXCDN을 이용하므로 빠릅니다.

```
1996  <script src="//maxcdn.bootstrapcdn.com/bootstrap/3.3.1/js/bootstrap.min.js"></script>
1997  <link href="//maxcdn.bootstrapcdn.com/bootstrap/3.3.1/css/bootstrap.min.css" rel="stylesheet">
```

부트스트랩은 자바스크립트에 의해 작동하는 것이 많지만 자바스크립트 코드를 전혀 추가하지 않아도 data-api에 의해 작동할 수 있게 하고 있습니다. 예를 들어 드롭다운은 button 태그에 data-toggle="dropdown" 속성만 추가하면 작동합니다. 그런데 단순한 버튼 기능

보다는 버튼을 클릭했을 때 드롭다운도 열리면서 다른 기능 즉 자바스크립트 이벤트를 추가하려면 별도의 코드가 필요합니다. 이를 위해 부트스트랩은 여러 가지 이벤트가 가능하도록 만들어져 있습니다. 이러한 이벤트가 필요할 경우 data-api를 비활성화 해야 합니다.

```
1999    $(document).off('.data-api');
```

위 코드를 추가하면 자바스크립트가 작동하기 위해서 태그에 포함된 data- 속성이 모두 무시됩니다. 그런 다음 개별적으로 자바스크립트 코드를 만들어주면 됩니다.

```
2001    $('.dropdown-toggle').dropdown();
```

위와 같이 button 태그에 있는 선택자에 대해서 드롭다운 메서드를 불러오면 되는 것입니다.

```
2003    $(".dropdown").on('show.bs.dropdown', function(){
2004      alert("이벤트 실행됨");
2005    });
```

이벤트는 위와 같이 만듭니다. show.bs.dropdown과 같은 코드는 부트스트랩에 미리 정해져 있으며 버튼을 클릭해서 드롭다운이 보이기 전에 이벤트를 실행하라는 의미입니다. 위 예제에서는 웹브라우저에 '이벤트 실행됨'이라는 메시지가 있는 팝업 창이 나타납니다. 이벤트는 필요에 따라서 만들어 추가하면 됩니다.

```
2008    $(document).off('.dropdown.data-api');
```

개별적인 기능을 정지시키려면 위처럼 메서드 이름을 앞에 추가하면 됩니다. 이벤트나 옵션에 대해서는 개별 자바스크립트에서 알아보겠습니다.

시작하기에 앞서서 js 폴더에 custom.js 파일을 만들고 index.html 페이지 하단의 자바스크립트 부분에 링크를 만듭니다. holder.js 파일을 설치했다면 다음과 같습니다.

```
2011    <script src="js/ie10-viewport-bug-workaround.js"></script>
2012    <script src="js/holder.js"></script>
2013    <script src="js/custom.js"></script>
```

01 모달(Modals)

버튼을 클릭하면 팝업창이 위에서 내려오는 구조의 플러그인입니다. 용도는 다양하며 로그인, 회원가입, 알림 메시지 등 여러 용도로 사용할 수 있습니다. 구조를 보면 button 태그로 된 버튼이 있고 모달 팝업창은 숨겨져 있습니다. 자바스크립트에 의해 작동하므로 data-toggle="modal" 속성을 추가해야 합니다. 버튼을 클릭했을 때 열리는 대상인 data-target의 값은 모달 창의 id를 사용합니다(예 #myModal). 버튼을 만들기 위해서 .btn .btn-primary 선택자가 사용됐으며 data-toggle 속성은 토글 역할을 합니다. 즉, 클릭하면 팝업창이 나타나고 다시 이 버튼을 클릭하면 사라집니다.

모달 창의 .modal은 포지션을 정하기 위한 것이므로 나타나는 위치를 수정하려면 이 선택자에 대해 스타일을 재설정하면 됩니다. .fade는 창이 나타날 때 페이드 효과를 주기 위한 것입니다.

실제 모달 창의 스타일은 .modal-dialog를 대상으로 하므로 너비나 높이는 이 선택자를 대상으로 설정하면 됩니다. 모달 헤더에는 박스의 제목을 배치할 수 있고 닫기 버튼이 있습니다. 버튼의 선택자 .close는 X 아이콘을 오른쪽에 배치하고 닫는 역할을 합니다. 자바스크립트에 의해 닫기 역할을 하는 것은 data-dismiss 속성입니다. 이 속성은 모달 푸터의 버튼에도 있습니다. 모달의 콘텐츠는 .modal-body 선택자가 있는 〈div〉 태그에 입력합니다. 모달 푸터에는 저장하기, 닫기 버튼이 있지만 필요에 따라서 제거하고 사용합니다. 닫기는 data-dismiss 속성이 있는 아이콘이나 버튼을 클릭해도 되지만 모달 박스 바깥쪽을 클릭해도 됩니다.

```
2018    <!-- Button trigger modal -->
2019    <button type="button" class="btn btn-primary btn-lg" data-toggle="modal" data-target="#myModal">
2020        Launch demo modal
2021    </button>
2022
2023    <!-- Modal -->
2024    <div class="modal fade" id="myModal" tabindex="-1" role="dialog" aria-labelledby="myModalLabel" aria-hidden="true">
2025        <div class="modal-dialog">
2026            <div class="modal-content">
```

```
2027        <div class="modal-header">
2028            <button type="button" class="close" data-dismiss="modal"><span aria-hidden="true">&times;</span><span class="sr-only">Close</span></button>
2029            <h4 class="modal-title" id="myModalLabel">Modal title</h4>
2030        </div>
2031        <div class="modal-body">
2032            ...
2033        </div>
2034        <div class="modal-footer">
2035            <button type="button" class="btn btn-default" data-dismiss="modal">Close</button>
2036            <button type="button" class="btn btn-primary">Save changes</button>
2037        </div>
2038    </div>
2039  </div>
2040 </div>
```

웹 접근성 측면에서 .modal이 있는 태그에 role="dialog" 속성과 aria-labelledby="myModalLabel" 속성을 추가해야 합니다. dialog 값은 대화상자와 같이 웹 페이지의 가장 전면에 오버레이 되고 있는 요소에 사용합니다. 레이블은 모달 제목에 있는 id와 일치하므로 제목을 그대로 읽습니다. aria-hidden="true"는 평상 시는 감춰진 상태이지만 모달 창이 열리면서 aria-hidden="false"로 바뀝니다. aria-describedby="모달에 대한 설명" 속성을 .modal이 있는 div에 추가할 수 있습니다.

그림 1-152 모달

.modal-dialog 선택자가 있는 곳에 .modal-lg 또는 .modal-sm을 추가하면 모달의 너비를 변경할 수 있습니다.

```
2045    <div class="modal-dialog modal-lg">
2046
2047    <div class="modal-dialog modal-sm">
```

그림 1-153 모달의 크기

커스텀 data- 속성을 이용해 입력란에 데이터를 미리 입력할 수 있습니다.

```
2051    <button type="button" class="btn btn-primary" data-toggle="modal" data-
target="#exampleModal" data-whatever="@kmdo">Open modal for @kmdo</button>
2052    <button type="button" class="btn btn-primary" data-toggle="modal" data-
target="#exampleModal" data-whatever="@kfat">Open modal for @kfat</button>
2053    <button type="button" class="btn btn-primary" data-toggle="modal" data-
target="#exampleModal" data-whatever="@ktwbootstrap">Open modal for @ktwbootstrap</
button>
2054    <div class="modal fade" id="exampleModal" tabindex="-1" role="dialog" aria-
labelledby="exampleModalLabel" aria-hidden="true">
2055      <div class="modal-dialog">
2056        <div class="modal-content">
2057          <div class="modal-header">
2058            <button type="button" class="close" data-dismiss="modal"><span aria-
hidden="true">&times;</span><span class="sr-only">Close</span></button>
2059            <h4 class="modal-title" id="exampleModalLabel">New message</h4>
2060          </div>
2061          <div class="modal-body">
2062            <form role="form">
2063              <div class="form-group">
2064                <label for="recipient-name" class="control-label">Recipient:</label>
2065                <input type="text" class="form-control" id="recipient-name">
2066              </div>
2067              <div class="form-group">
2068                <label for="message-text" class="control-label">Message:</label>
2069                <textarea class="form-control" id="message-text"></textarea>
2070              </div>
2071            </form>
2072          </div>
2073          <div class="modal-footer">
```

```
2074            <button type="button" class="btn btn-default" data-
dismiss="modal">Close</button>
2075            <button type="button" class="btn btn-primary">Send message</button>
2076        </div>
2077      </div>
2078    </div>
2079  </div>
```

custom.js 파일을 열고 다음과 같이 자바스크립트를 추가합니다.

```
410  $(document).ready(function(){
411  $('#exampleModal').on('show.bs.modal', function (event) {
412      var button = $(event.relatedTarget); // Button that triggered the modal
413      var recipient = button.data('whatever'); // Extract info from data-* attributes
414      var modal = $(this);
415      modal.find('.modal-title').text('New message to ' + recipient);
416      modal.find('.modal-body input').val(recipient);
417  });
418  // 이후 사용자 정의 자바스크립 코드는 이곳에 계속 추가
419  });
```

그림 1-154 커스텀 데이터

버튼을 클릭하면 해당 버튼의 내용이 그대로 표시됩니다.

옵션, 메서드와 이벤트

옵션

data- 속성을 사용할 경우 .modal 선택자가 있는 곳의 div에 data-*="options"을 추가하거나 아래와 같이 custom.js 파일에 코드를 추가하고 .modal 선택자가 있는 곳의 id를 사용한 다음 options 부분에 옵션을 추가합니다.

```
410  $('#myModal').modal({options});
```

- **backdrop:** 값으로 true, false, static을 사용하며 자바스크립트에 추가할 때는 backdrop:true의 형태로 사용합니다. div에 data- 속성으로 사용할 때는 data-backdrop="값"의 형태입니다. 기본 상태는 값이 true이며 false로 설정하면 백드롭 즉, 모달 뒤에 짙은 회색의 반투명한 배경이 나타나지 않습니다. data-backdrop 속성을 사용하면 별도의 추가 설정이 필요하지 않지만, 자바스크립트 형태로 사용하면 다음에 나오는 show:false를 추가로 설정해야 처음에 모달 창이 나타나지 않습니다. static은 backdrop:'static' 형태로 따옴표를 추가합니다. 이는 배경을 클릭했을 때 모달이 사라지지 않게 합니다. backdrop이 false일 때에는 배경을 클릭해도 모달창이 사라지지 않습니다. 백드롭의 투명도를 변경하려면 .modal-backdrop.in 선택자의 opacity 속성을 조정하며 기본 값은 0.5입니다.

- **keyboard:** 값으로 true(기본), false를 사용합니다. Esc 키를 누르면 박스가 닫히는데, false로 설정하면 키보드를 사용해서 닫는 것을 방지합니다. 여러 개의 옵션을 사용할 때는 콤마로 분리하고 줄을 개행해서 구분하면 알아보기 쉽습니다. 데이터 속성 방식은 data-keyboard="false"의 형태로 사용합니다.

- **show:** 값으로 true(기본), false를 사용합니다. 처음 화면에 들어왔을 때 모달 박스가 감춰져 있는 것이 아니라 나타나게 하는 옵션입니다. 사이트 접속시 가장 먼저 필요한 안내글이나 어떤 작업을 먼저 해줄 것을 방문자에게 알릴 때 유용합니다. 데이터 속성은 data-show="true"의 형태로 사용하며 다음과 같이 자바스크립트가 설정돼야 하므로 이럴 바에는 처음부터 자바스크립트에 옵션을 추가해 사용하는 것이 낫습니다.

```
424  $('#myModal').modal();
```

- **remote:** remote:'url'의 형태로 사용하며 url에 파일의 경로와 파일명을 입력하면 파일에 있는 내용을 modal-body에 출력해주는 기능을 합니다. 이 기능은 제이쿼리의 load() 메서드를 사용하므로 현재 작업 중인 파일을 웹서버에서 실행해야 합니다. 이 옵션은 3.3.0 버전부터 폐기 예정(Depricated)인 상태이며 4.0 버전에는 제거될 예정입니다. 따라서 템플릿 형태로 사용하거나 제이쿼리의 .load() 메서드를 사용하면 됩니다.

로그인 폼을 만들고 위 remote를 실험해보겠습니다. button 태그에 href="sub/login.html"을 추가합니다. 모달 부분은 .modal-content가 있는 div의 내용을 모두 제거했습니다. login.html의 내용이 이곳에 들어가게 됩니다.

```html
2104    <!-- Button trigger modal -->
2105    <button type="button" class="btn btn-primary btn-lg" data-toggle="modal" data-target="#myModal4" href="sub/login.html">
2106      로그인
2107    </button>
2108
2109    <!-- Modal -->
2110    <div class="modal fade" id="myModal4" tabindex="-1" role="dialog" aria-labelledby="myModalLabel" aria-hidden="true" >
2111      <div class="modal-dialog modal-sm">
2112        <div class="modal-content"></div>
2113      </div>
2114    </div>
```

깃허브에서 내려받은 파일에서 docs/examples/signin 폴더로 들어가면 index.html과 sign.css 파일이 있습니다. index.html 파일에서 form 부분만 복사해서 login.html 파일을 새로 만들고 붙여넣은 다음 작업 중인 bootstrap 폴더에서 sub 폴더를 만들고 이곳에 저장합니다. id="myModalLabel" 속성은 위 코드에서 aria-labelledby="myModalLabel"의 값과 일치시킵니다. sign.css 파일을 열고 body 태그 선택자 부분을 제외하고 모두 복사해서 jumbotron.css 파일에 붙여넣습니다.

```html
2116    <form class="form-signin">
2117      <h2 class="form-signin-heading" id="myModalLabel">Please sign in</h2>
2118      <label for="inputEmail" class="sr-only">Email address</label>
2119      <input type="email" id="inputEmail" class="form-control" placeholder="Email address" required autofocus>
2120      <label for="inputPassword" class="sr-only">Password</label>
2121      <input type="password" id="inputPassword" class="form-control" placeholder="Password" required>
2122      <div class="checkbox">
2123        <label>
2124          <input type="checkbox" value="remember-me"> Remember me
2125        </label>
2126      </div>
2127      <button class="btn btn-lg btn-primary btn-block" type="submit">Sign in</button>
2128    </form>
```

그림 1-155 remote 테스트

로그인 버튼을 누르면 위처럼 모달 창이 나타납니다. 자바스크립트를 이용할 경우 button 태그에서 href 속성 부분을 제거하고 custom.js에 아래와 같이 추가하면 됩니다. backdrop:false이므로 배경이 나타나지 않습니다.

```
424  $('#myModal4').modal({
425     backdrop:false,
426     show:false,
427     keyboard:false,
428     remote:'sub/login.html'
429  });
```

메서드

모달에는 3가지 메서드가 있습니다. 이들은 어떤 작업을 한 후에 해당 메서드가 작동되게 할 때 사용합니다.

```
432  $('#myModal').modal('toggle');
433  $('#myModal').modal('show');
434  $('#myModal').modal('hide');
```

예를 들어 다음과 같은 코드에서는 윈도우가 로드된 후에 모달이 나타납니다.

```
436  $(window).load(function(){
437     $('#myModal').modal('show');
438  });
```

이벤트

5가지의 이벤트 형식이 있으며 다음과 같이 사용합니다. 여기서는 단순한 실험을 위해 alert을 사용했습니다.

```
441 $('#myModal').on('show.bs.modal', function (e) {
442   alert("이벤트 실행됨");
443 });
```

- **show.bs.modal**: 위의 경우 show.bs.modal는 show 메서드가 호출(call)된 후에 alert 메시지가 나타납니다. 모달이 실행되기 바로 전이므로 위 alert 메시지가 나오고 메시지를 닫으면 모달이 나타납니다.
- **shown.bs.modal**: 모달이 실행된 후에 alert 메시지가 나타납니다.
- **hide.bs.modal**: 모달 창의 닫기를 실행하면 닫히기 전에 alert 메시지가 나타납니다.
- **hidden.bs.modal**: 모달 창이 닫힌 후에 alert 메시지가 나타납니다.
- **loaded.bs.modal**: remote 옵션을 사용할 경우 해당 콘텐츠가 페이지에 로드되고 사용할 준비가 된 상태에서 alert 메시지가 나타납니다.

02 드롭다운

드롭다운의 사용 방법은 이전에 알아봤으므로 여기서는 자바스크립트 관련 사항만 정리하겠습니다. 다른 플러그인과 마찬가지로 data- 속성과 자바스크립트로 구현할 수 있으며 모바일 기기에서는 드롭다운을 열면 메뉴 이외의 영역을 탭해도 드롭다운이 닫히게 .dropdown-backdrop 클래스가 추가됩니다. 따라서 하나의 드롭다운이 열린 상태에서 다른 드롭다운을 열려면 우선 빈 곳을 탭 한 후에 해야 하며 data-toggle="dropdown" 속성은 반드시 포함해야 합니다.

```
2159 <div class="dropdown">
2160   <button id="dLabel" type="button" data-toggle="dropdown" aria-haspopup="true" role="button" aria-expanded="false">
2161     Dropdown trigger
2162     <span class="caret"></span>
2163   </button>
2164   <ul class="dropdown-menu" role="menu" aria-labelledby="dLabel">
2165     ...
2166   </ul>
2167 </div>
```

button 태그가 아닌 a 태그를 사용할 때는 링크를 표시하기 위해 href="#"를 사용하지 않고 data-target="#"과 사이트 도메인을 href에 추가합니다.

```
2169    <div class="dropdown">
2170      <a id="dLabel" data-target="#" href="http://example.com" data-toggle="dropdown" aria-haspopup="true" role="button" aria-expanded="false">
2171        Dropdown trigger
2172        <span class="caret"></span>
2173      </a>
2174
2175      <ul class="dropdown-menu" role="menu" aria-labelledby="dLabel">
2176        ...
2177      </ul>
2178    </div>
```

자바스크립트를 이용해 드롭다운을 활성화 하려면 다음과 같은 형태로 사용합니다.

```
$('.dropdown-toggle').dropdown();
```

옵션은 없고 메서드는 toggle 하나만 있습니다.

```
426  $('.dropdown-toggle').dropdown('toggle');
```

이벤트는 4가지가 있으며 다음과 같이 .dropdown 선택자가 있는 곳에 id를 추가하고 사용합니다.

```
2184    <div class="dropdown" id="mydropdown">
2185      <button class="btn btn-default dropdown-toggle" type="button" id="dropdownMenu1" data-toggle="dropdown" aria-expanded="true">
2186        Dropdown
2187        <span class="caret"></span>
2188      </button>
2189      <ul class="dropdown-menu" role="menu" aria-labelledby="dropdownMenu1">
2190        <li role="presentation"><a role="menuitem" tabindex="-1" href="#">Action</a></li>
2191        <li role="presentation"><a role="menuitem" tabindex="-1" href="#">Another action</a></li>
2192        <li role="presentation"><a role="menuitem" tabindex="-1" href="#">Something else here</a></li>
```

```
2193        <li role="presentation"><a role="menuitem" tabindex="-1" href="#">Separated
link</a></li>
2194        </ul>
2195    </div>
```

자바스크립트는 다음과 같습니다.

```
424 $('#mydropdown').on('show.bs.dropdown', function () {
425     alert("이벤트 실행됨");
426 });
```

- **show.bs.modal**: 드롭다운이 나타나기 전에 alert 메시지가 나타납니다.
- **shown.bs.modal**: 드롭다운이 나온 후에 alert 메시지가 나타납니다.
- **hide.bs.modal**: 드롭다운이 닫히기 전에 alert 메시지가 나타납니다.
- **hidden.bs.modal**: 드롭다운이 닫힌 후에 alert 메시지가 나타납니다.

03 스크롤스파이(Scrollspy)

웹페이지에서 스크롤할 때 같은 페이지에 있는 콘텐츠의 내용과 연결된 메뉴를 표시하는 기능입니다. 또한, 해당 메뉴를 클릭하면 콘텐츠로 이동합니다. 메뉴 부분은 냅바(navbar)를 사용해야 하며 우선 메뉴바에 아이디 선택자(예, navbar-example)를 만들고 콘텐츠 영역에서 이 아이디를 데이터 타겟으로 정합니다. 콘텐츠 영역에는 data-spy="scroll"를 추가하고 각 메뉴의 <a> 태그에 링크를 만드는데 이 아이디를 콘텐츠 영역의 아이디와 일치시킵니다. data-offset은 스크롤 할 때 상단으로부터의 거리이며 제대로 설정하지 않으면 콘텐츠가 상단에 있어도 메뉴가 하이라이트 되지 않습니다. 설정하지 않으면 기본은 10픽셀입니다. 메뉴바를 고정(fixed)으로 사용할 때는 오프셋이 작동하지 않습니다.

```
2207    <nav id="navbar-example" class="navbar navbar-default navbar-static"
role="navigation">
2208        <div class="container-fluid">
2209        <div class="navbar-header">... </div>
2210            <div class="collapse navbar-collapse">
2211                <ul class="nav navbar-nav">
2212                    <li class="active"><a href="#fat">@fat</a></li>
```

```
2213            <li class=""><a href="#mdo">@mdo</a></li>
2214            <li class="dropdown">
2215              <a href="#" id="navbarDrop1" class="dropdown-toggle" data-toggle="dropdown" role="button" aria-expanded="false">Dropdown <span class="caret"></span></a>
2216              <ul class="dropdown-menu" role="menu" aria-labelledby="navbarDrop1">
2217                <li class=""><a href="#one" tabindex="-1">one</a></li>
2218                <li class=""><a href="#two" tabindex="-1">two</a></li>
2219                <li class="divider"></li>
2220                <li class=""><a href="#three" tabindex="-1">three</a></li>
2221              </ul>
2222            </li>
2223          </ul>
2224        </div>
2225      </div>
2226    </nav>
2227    <div data-spy="scroll" data-target="#navbar-example" data-offset="0" class="scrollspy-example">
2228      <h4 id="fat">@fat</h4>
2229      <p>...</p>
2230      <h4 id="mdo">@mdo</h4>
2231      <p>...</p>
2232      <h4 id="one">one</h4>
2233      <p>...</p>
2234      <h4 id="two">two</h4>
2235      <p>...</p>
2236      <h4 id="three">three</h4>
2237      <p>...</p>
2238      <p>...</p>
2239    </div>
```

콘텐츠 영역의 스타일을 위해 클래스 선택자(scrollspy-example)를 추가하고 스타일을 설정합니다. 적당한 높이를 설정하고 메뉴바와의 간격을 위해 상단 마진을 추가합니다.

```
2241    .scrollspy-example { position: relative; height: 200px; margin-top: 10px; overflow: auto; }
```

body 태그에는 상대 포지션을 설정합니다.

```
2243    body { position: relative; }
```

그림 1-156 스크롤스파이

data 속성을 사용하지 않고 자바스크립트를 사용할 때에는 다음과 같이 만듭니다.

```
424  $('body').scrollspy({ target: '#navbar-example' });
```

메서드는 .scrollspy('refresh'); 하나이며 스크롤스파이를 사용하면서 이 기능과 연계하여 콘텐츠를 추가하거나 제거할 경우 새로고침이 필요하므로 다음과 같이 설정합니다.

```
426  $('[data-spy="scroll"]').each(function () {
427    var $spy = $(this).scrollspy('refresh');
428  });
```

옵션은 offset 하나이며 이전에 설명했습니다.

```
430  $('body').scrollspy({ offset:10 });
```

이벤트는 activate.bs.scrollspy 하나이며 스크롤 하거나 메뉴를 클릭해서 콘텐츠가 상단에 오면 이벤트가 실행됩니다.

```
432  $('#navbar-example').on('activate.bs.scrollspy', function () {
433    alert("이벤트 실행됨");
434  });
```

탭(Tabs)

이전에 탭을 사용하는 방법을 알아봤으니 자세한 설명은 생략하고 자바스크립트로 활성화하는 방법을 알아보겠습니다. data 속성을 사용할 때 탭 목록의 각 a 태그에 data-toggle="tab"을 추가했습니다. 자바스크립트를 사용할 때도 모든 a 태그에 대해서

.tab('show') 메서드를 사용합니다. e.preventDefault();는 클릭했을 때 상단으로 이동하는 것을 방지합니다.

```
438  $('#myTab a').click(function (e) {
439    e.preventDefault();
440    $(this).tab('show');
441  });
```

특정 탭을 활성화 하기 위해 .active 선택자를 사용했습니다. 하지만 이를 무시하고 다른 탭을 활성화하고 콘텐츠를 나타나게 하려면 자바스크립트를 사용합니다. 아래와 같이 여러 가지 선택자를 사용할 수 있습니다.

```
443  $('#myTab a[href="#profile"]').tab('show'); // a 태그의 href="#profile" 속성이 있는 탭
444  $('#myTab a:first').tab('show'); // 첫 번째 탭
445  $('#myTab a:last').tab('show'); // 마지막 탭
446  $('#myTab li:eq(2) a').tab('show'); // 3번째 탭
```

탭 목록의 a 태그에는 href 또는 data-target 속성을 사용할 수 있습니다. 다만 data-target을 사용하면 마우스를 오버했을 때 커서가 손모양으로 나타나지 않으므로 스타일시트에서 cursor 속성을 pointer로 설정(cursor:pointer;)해야 합니다.

```
2271  <ul id="myTab" class="nav nav-tabs" role="tablist">
2272    <li role="presentation" class="active"><a data-target="#home" id="home-tab" role="tab" data-toggle="tab" aria-controls="home" aria-expanded="true">Home</a></li>
2273    <li role="presentation" class=""><a data-target="#profile" role="tab" id="profile-tab" data-toggle="tab" aria-controls="profile" aria-expanded="false">Profile</a></li>
2274    <li role="presentation" class="dropdown">
2275      <a data-target="#" id="myTabDrop1" class="dropdown-toggle" data-toggle="dropdown" aria-controls="myTabDrop1-contents">Dropdown <span class="caret"></span></a>
2276      <ul class="dropdown-menu" role="menu" aria-labelledby="myTabDrop1" id="myTabDrop1-contents">
2277        <li><a data-target="#dropdown1" tabindex="-1" role="tab" id="dropdown1-tab" data-toggle="tab" aria-controls="dropdown1">@fat</a></li>
2278        <li><a data-target="#dropdown2" tabindex="-1" role="tab" id="dropdown2-tab" data-toggle="tab" aria-controls="dropdown2">@mdo</a></li>
```

```
2279        </ul>
2280      </li>
2281    </ul>
2282    <div id="myTabContent" class="tab-content">
2283      <div role="tabpanel" class="tab-pane fade active in" id="home" aria-labelledby="home-tab">
2284        <p>...</p>
2285      </div>
2286      <div role="tabpanel" class="tab-pane fade" id="profile" aria-labelledby="profile-tab">
2287        <p>...</p>
2288      </div>
2289      <div role="tabpanel" class="tab-pane fade" id="dropdown1" aria-labelledby="dropdown1-tab">
2290        <p>...</p>
2291      </div>
2292      <div role="tabpanel" class="tab-pane fade" id="dropdown2" aria-labelledby="dropdown2-tab">
2293        <p>...</p>
2294      </div>
2295    </div>
```

이벤트는 4가지가 있으며 다음과 같은 형태로 사용합니다. e.target은 활성화 되는 탭을 가리키고 e.relatedTarget은 이전에 활성화 된 탭을 가리킵니다. A 탭이 활성된 상태에서 B 탭을 클릭하면 A 탭이 e.relatedTarget이 되고 B 탭이 e.target이 됩니다.

```
443 $('a[data-toggle="tab"]').on('show.bs.tab', function (e) {
444   e.target // newly activated tab
445   e.relatedTarget // previous active tab
446 });
```

- show.bs.tab: 클릭한 탭이 보이기 전에 실행됩니다.
- shown.bs.tab: 클릭한 탭이 보인 후에 실행됩니다. 위와 시간적으로 거의 차이가 없습니다.
- hide.bs.tab: 이전의 탭이 감춰지기 전에 실행됩니다.
- hidden.bs.tab: 이전의 탭의 감춰진 후에 실행됩니다.

05 툴팁(Tooltips)

툴팁은 링크에 마우스를 올리면 메시지가 나오는 말풍선을 말합니다. 기본적으로 모든 웹브라우저에서 태그에 title 속성을 적용하면 마우스 오른쪽 아래에 말풍선이 나타나지만 부트스트랩은 보다 세련된 말풍선 효과를 나타낼 수 있습니다.

툴팁은 예외적으로 자바스크립트로 활성화 해야 하며 data-toggle="tooltip" 속성도 포함해야 합니다. 타겟팅을 위해 선택자를 지정해야 하는데 모든 툴팁에는 이 데이터 속성이 있어서 이를 대상으로 선택자를 정합니다. 툴팁으로 나타낼 문구는 title 속성이나 data-original-title 속성에 값으로 지정합니다.

```
2309  <a href="#" data-toggle="tooltip" title="" data-original-title="Default tooltip">you probably</a>
```

자바스크립트는 다음과 같이 설정합니다.

```
443  $('[data-toggle="tooltip"]').tooltip();
```

툴팁의 위치는 data-placement 속성을 사용합니다. 설정하지 않으면 기본 위치는 상단입니다.

```
2313  <button type="button" class="btn btn-default" data-toggle="tooltip" data-placement="left" title="Tooltip on left">Tooltip on left</button>
2314  <button type="button" class="btn btn-default" data-toggle="tooltip" data-placement="top" title="Tooltip on top">Tooltip on top</button>
2315  <button type="button" class="btn btn-default" data-toggle="tooltip" data-placement="bottom" title="Tooltip on bottom">Tooltip on bottom</button>
2316  <button type="button" class="btn btn-default" data-toggle="tooltip" data-placement="right" title="Tooltip on right">Tooltip on right</button>
```

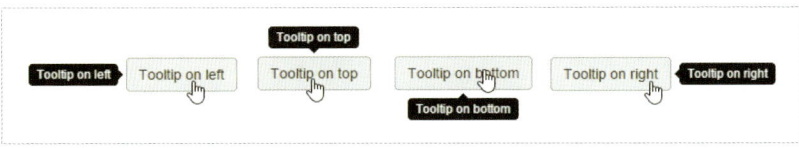

그림 1-157 툴팁의 방향

display:none;되고 있는 요소에는 포지션 때문에 사용할 수 없으며 disabled 속성이나 .disabled 선택자가 있는 요소는 div으로 감싸고 이곳에 툴팁을 배치하도록 돼 있습니다. 요소의 너비가 넓을 때에는 위에 배치하는 것보다는 왼쪽에 배치하는 게 낫습니다.

```
2320    <div data-toggle="tooltip" title="Disabled" data-placement="left">
2321    <input class="form-control" id="disabledInput" type="text" placeholder="Disabled input here..." disabled>
2322    </div>
```

그림 1–158 요소의 너비가 넓을 때의 툴팁

이미 div가 있을 때에는 해당 div를 사용합니다.

```
2325    <div class="checkbox disabled" data-toggle="tooltip" title="Disabled" data-placement="left">
2326        <label>
2327            <input type="checkbox" value="" disabled>
2328            Option two is disabled
2329        </label>
2330    </div>
```

하지만 드롭다운처럼 li 태그일 때에는 div로 감쌀 수가 없습니다. 이곳에 바로 추가해도 됩니다.

```
2332    <div class="dropdown ">
2333    <button class="btn btn-default dropdown-toggle" type="button" id="dropdownMenu3" data-toggle="dropdown" aria-expanded="true">
2334        Dropdown
2335        <span class="caret"></span>
2336    </button>
2337    <ul class="dropdown-menu" role="menu" aria-labelledby="dropdownMenu3">
2338        <li role="presentation"><a role="menuitem" tabindex="-1" href="#">Regular link</a></li>
2339        <li role="presentation" class="disabled" data-toggle="tooltip" title="Disabled" data-placement="left"><a role="menuitem" tabindex="-1" href="#">Disabled link</a></li>
```

```
2340        <li role="presentation"><a role="menuitem" tabindex="-1" href="#">Another link</a></li>
2341        </ul>
2342    </div>
```

그림 1-159 li 태그의 툴팁

옵션

data-animation=""의 형태로 데이터 속성을 이용하거나 아래와 같이 자바스크립트를 사용합니다.

```
443 $('[data-toggle="tooltip"]').tooltip({options});
```

- animation: 값은 true(기본) 또는 false이며 툴팁이 페이드 에니메이션되는 것을 결정합니다.
- container: 값은 string 또는 false(기본)이며 툴팁이 나타나야할 콘테이너에 제한하는 기능을 합니다. 화면 크기가 달라지는 경우 툴팁이 벗어나거나 스타일이 제대로 나타나지 않을 수 있는데, 이는 { container: 'body' }로 설정합니다.
- delay: 툴팁이 나타나거나 사라지는 시간을 설정합니다. 단위는 ms로 다음과 같은 형태로 사용하며 show 또는 hide 하나만 사용할 수도 있습니다. 데이터 속성은 data-delay='{ "show": 500, "hide": 1000 }'처럼 사용합니다.

```
447 $('[data-toggle="tooltip"]').tooltip({ delay: { "show": 500, "hide": 1000 } });
```

- html: 값은 true 또는 false(기본)이며 title에 HTML 태그를 추가할 수 있습니다. XXS 공격이 우려될 경우 false로 하고 제이쿼리의 text 메서드를 사용할 수도 있습니다. a 태그를 사용할 경우 url은 작은따옴표를 사용하며 링크를 클릭할 수 있도록 delay를 설정합니다.

```
2353 <a href="#" data-toggle="tooltip" data-html="true" title="<h1>Default <a href='http://google.com'>tooltip</a></h1>" data-delay='{ "hide": 3000 }'>you probably</a>
```

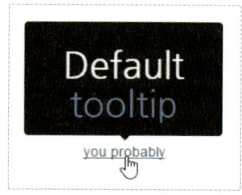

그림 1-160 툴팁에 HTML 코드 추가

- **placement:** 값으로 top(기본), bottom, left, right, auto가 있으며 auto를 사용할 경우 예를들어 "auto left"로 설정하면 가능하다면 left로 나타나지만 그렇지 않을 경우 right로 나타납니다.
- **selector:** 자바스크립트로 사용할 경우 "a[rel=tooltip]"처럼 특정 선택자를 지정할 수 있습니다.
- **template:** 툴팁을 만드는 기본 템플릿입니다. title 값이 .tooltip-inner가 있는 div에 입력됩니다. 선택자를 대상으로 스타일을 설정합니다.

```
2358    '<div class="tooltip" role="tooltip"><div class="tooltip-arrow"></div><div
        class="tooltip-inner"></div></div>'
```

- **title:** 태그에 title 속성이 없을 경우 기본 타이틀을 정할 수 있습니다.
- **trigger:** 'click', 'hover'(기본), 'focus', 'manual'은 툴팁이 나타나게 하는 방법입니다. 각각 클릭했을 때, 마우스를 올렸을 때, 탭 키로 포커스 했을 때, 수동으로 설정했을 때 나타납니다. 두 가지를 사용할 경우 'click focus'와 같이 공백으로 구분합니다.
- **viewport:** 툴팁이 나타나는 범위를 설정할 수 있습니다. 깃허브에서 내려받은 파일의 bootstrap-master\docs\examples\tooltip-viewport 폴더를 참고하세요.

메서드는 4가지가 있으며 destroy는 툴팁을 제거합니다.

```
423    $('#element').tooltip('show');
424    $('#element').tooltip('hide');
425    $('#element').tooltip('toggle');
426    $('#element').tooltip('destroy');
```

이벤트는 4가지가 있으며 테스트하려면 delay를 설정해야 합니다. 그렇지 않으면 alert 창을 닫아도 툴팁이 보이지 않습니다.

```
428    $('[data-toggle="tooltip"]').tooltip({ delay: { "show": 500, "hide": 1000 } });
429    $('[data-toggle="tooltip"]').on('show.bs.tooltip', function (e) {
430        alert("이벤트 실행됨");
431    });
```

- show.bs.tooltip: 툴팁이 보이기 전에 이벤트가 실행돼서 alert 창이 나타납니다.
- shown.bs.tooltip: 툴팁이 보인 후에 이벤트가 실행됩니다.
- hide.bs.tooltip: 툴팁이 감춰지기 전에 이벤트가 실행됩니다.
- hidden.bs.tooltip: 툴팁이 감춰진 후에 이벤트가 실행됩니다

06 팝오버(Popover)

팝오버는 툴팁과 비슷한 기능을 하지만 좀더 큰 규모로 팝업창에 가깝습니다. 따라서 툴팁의 사용법과 같고 주로 버튼이나 메뉴의 상세한 추가 설명에 사용됩니다. 콘텐츠가 전혀 없으면 아무것도 나타나지 않습니다.

팝오버는 제목 부분과 콘텐츠 부분으로 나뉘며 제목은 title, 콘텐츠는 data-content 속성에 입력한 내용이 출력됩니다. 둘 중 어느 하나만 입력해도 해당 내용만 나타납니다. 자바스크립트로 작동되므로 data-toggle="popover"가 반드시 필요합니다. 위치는 data-placement 속성에 입력되는 등 대부분이 툴팁과 같지만 팝오버는 마우스를 오버했을 때 나타나는 것이 기본입니다.

```
2374  <button type="button" class="btn btn-default" data-container="body" data-toggle="popover" data-placement="left" title="Popover title" data-content="Vivamus sagittis lacus vel augue laoreet rutrum faucibus.">
2375      Popover on left
2376  </button>
```

자바스크립트로 다음과 같이 활성화 합니다.

```
428  $('[data-toggle="popover"]').popover();
```

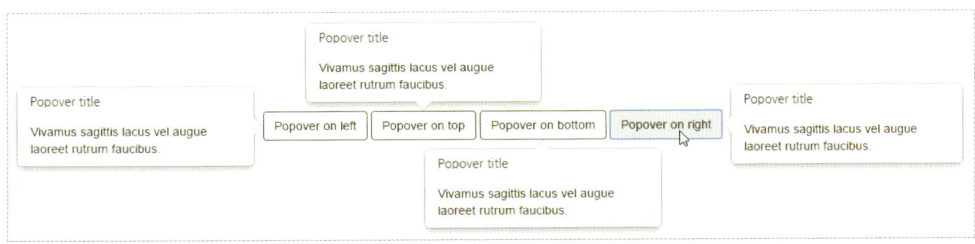

그림 1-161 팝오버의 방향

옵션

data-animation=""의 형태로 데이터 속성을 이용하거나 아래와 같이 자바스크립트를 사용합니다.

```
433  $('[data-toggle="popover"]').popover({options});
```

- **animation:** 값은 true(기본) 또는 false이며 팝오버가 페이드 에니메이션되는 것을 결정합니다.
- **container:** 값은 string 또는 false(기본)이며 팝오버가 나타나야할 컨테이너에 제한하는 기능을 합니다. 화면 크기가 달라지는 경우 툴팁이 벗어나거나 스타일이 제대로 나타나지 않을 수 있는데, 이는 { container: 'body' }로 설정합니다.
- **delay:** 팝오버가 나타나거나 사라지는 시간을 설정합니다. 단위는 ms로 다음과 같은 형태로 사용하며 show 또는 hide 하나만 사용할 수도 있습니다. 데이터 속성은 data-delay='{ "show": 500, "hide": 1000 }'처럼 사용합니다.

```
437  $('[data-toggle="popover"]').popover({ delay: { "show": 500, "hide": 1000 } });
```

- **html:** 값은 true 또는 false(기본)이며 title에 HTML 태그를 추가할 수 있습니다. XXS 공격이 우려될 경우 false로 하고 제이쿼리의 text 메서드를 사용할 수도 있습니다. a 태그를 사용할 경우 url은 작은따옴표를 사용하며 링크를 클릭할 수 있도록 delay를 설정합니다.

```
2389  <a href="#" data-toggle="popover" data-html="true" title="Popover title" data-
      content="<h1>Default <a href='http://google.com'>popover</a></h1>" data-delay='{ "hide":
      3000 }'>you probably</a>
```

그림 1-162 팝오버

- **placement:** 값으로 top, bottom, left, right(기본), auto가 있으며 auto를 사용할 경우 예를들어 "auto left"로 설정하면 가능하다면 left로 나타나지만 그렇지 않을 경우 right로 나타납니다.
- **selector:** 자바스크립트로 사용할 경우 "a[rel=popover]"처럼 특정 선택자를 지정할 수 있습니다.
- **template:** 팝오버를 만드는 기본 템플릿입니다. title의 값이 .popover-inner가 있는 div에 입력됩니다.

```
2394  '<div class="popover" role="tooltip"><div class="arrow"></div><h3 class="popover-
      title"></h3><div class="popover-content"></div></div>'
```

- **title:** 태그에 title 속성이 없을 경우 기본 타이틀을 정할 수 있습니다.
- **trigger:** 'click'(기본), 'hover', 'focus', 'manual'은 팝오버가 나타나게 하는 방법입니다. 각각 클릭했을 때, 마우스를 올렸을 때, 탭 키로 포커스 했을 때, 수동으로 설정했을 때 나타납니다. 두 가지를 사용할 경우 'click focus'와 같이 공백으로 구분합니다.
- **viewport:** 팝오버가 나타나는 범위를 설정할 수 있습니다. 깃허브에서 내려받은 파일의 bootstrap-master₩docs₩examples₩tooltip-viewport 폴더를 참고하세요.

메서드는 4가지가 있으며 destroy는 팝오버를 제거합니다.

```
437  $('#element').popover('show');
438  $('#element').popover('hide');
439  $('#element').popover('toggle');
440  $('#element').popover('destroy');
```

이벤트는 4가지가 있으며 클릭이 기본이므로 툴팁처럼 delay를 설정하지 않아도 되지만 a 태그의 경우 클릭하면 사이트 상단으로 이동하므로 다음과 같이 코드를 추가합니다.

```
442  var links = $('[data-toggle="popover"]');
443  links.on('click', function (e){
444    e.preventDefault();
445  });
446
447  $('[data-toggle="popover"]').on('show.bs.popover', function (e) {
448    alert("이벤트 실행됨");
449  });
```

- **show.bs.popover:** 팝오버가 보이기 전에 이벤트가 실행돼서 alert 창이 나타납니다.
- **shown.bs.popover:** 팝오버가 보인 후에 이벤트가 실행됩니다.
- **hide.bs.popover:** 팝오버가 감춰지기 전에 이벤트가 실행됩니다.
- **hidden.bs.popover:** 팝오버가 감춰진 후에 이벤트가 실행됩니다

07 알림 메시지(Alert message)

data-dismiss="alert" 속성을 사용하면 자바스크립트를 추가할 필요는 없으며 메서드는 .alert('close'); 하나만 있습니다.

```
2414    <div class="alert alert-warning alert-dismissible fade in" role="alert">
2415      <button type="button" class="close" data-dismiss="alert"><span aria-hidden="true">×</span><span class="sr-only">Close</span></button>
2416      <strong>Holy guacamole!</strong> Best check yo self, you're not looking too good.
2417    </div>
```

이벤트는 두 가지가 있습니다.

```
418   $('.alert').on('close.bs.alert', function () {
419     alert("이벤트 실행됨");
420   });
```

- **close.bs.alert**: 알림 메시지 박스가 닫히기 전에 이벤트가 실행됩니다.
- **closed.bs.alert**: 알림 메시지 박스가 닫힌 후에 이벤트가 실행됩니다.

08 버튼

버튼 상태(State)를 제어할 수 있고 툴바와 같은 버튼 그룹을 만들 수도 있습니다.

버튼 상태(Stateful)

버튼을 클릭하면 'Loading…'이라는 메시지가 버튼에 나타납니다. 데이터 속성으로 data-loading-text="Loading…"을 추가하고 크로스 브라우저 호환성을 위해 autocomplete="off" 속성을 추가합니다.

```
2430    <button type="button" id="myButton" data-loading-text="Loading..." class="btn btn-primary" autocomplete="off">
2431      Loading state
2432    </button>
```

자바스크립트는 다음과 같은 형태로 사용합니다. 주석 부분에 실제 작업이 이뤄지는 코드가 들어가고 종료되면 리셋됩니다.

```
429  $('#myButton').on('click', function () {
430    var $btn = $(this).button('loading');
431    // business logic...
432    $btn.button('reset');
433  });
```

여기서는 테스트를 위해 다음의 코드를 사용합니다. 클릭하면 로딩 텍스트가 나타나고 3초가 지나면 원래의 버튼 텍스트가 됩니다.

```
435  $('#myButton').on('click', function () {
436    var $btn = $(this).button('loading');
437    setTimeout(function () {
438      $btn.button('reset');
439    }, 3000);
440  });
```

그림 1-163 로딩 메시지

싱글 토글 버튼

버튼의 누름 상태와 해제 상태, 두 가지의 상태를 만들 수 있습니다. 자바스크립트로 작동하므로 data-toggle="button" 속성을 포함시킵니다. 처음부터 미리 눌러진 상태를 만들려면 .active 선택자를 추가하고 aria-pressed="true"로 변경합니다.

```
2445  <button type="button" class="btn btn-primary" data-toggle="button" aria-pressed="false" autocomplete="off">
2446    Single toggle
2447  </button>
```

그림 1-164 싱글 토글 버튼

09 체크박스와 라디오버튼

체크박스와 라디오버튼을 버튼처럼 만들 수 있습니다. 체크박스 또는 라디오버튼을 버튼 그룹으로 만들고 .btn-group 선택자가 있는 div에 data-toggle="buttons" 속성을 추가합니다. 처음부터 눌린 상태로 만들려면 label에 .active 선택자를 추가하고 input에 checked 속성을 추가합니다.

```
2452    <div class="btn-group" data-toggle="buttons">
2453      <label class="btn btn-primary active">
2454        <input type="checkbox" autocomplete="off" checked> Checkbox 1 (pre-checked)
2455      </label>
2456      <label class="btn btn-primary">
2457        <input type="checkbox" autocomplete="off"> Checkbox 2
2458      </label>
2459      <label class="btn btn-primary">
2460        <input type="checkbox" autocomplete="off"> Checkbox 3
2461      </label>
2462    </div>
```

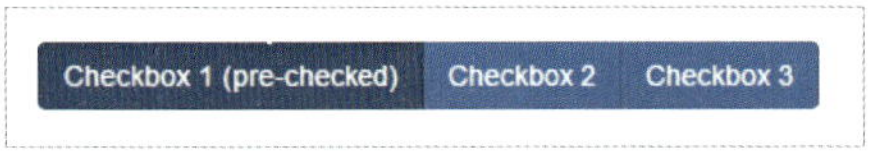

그림 1-165 체크박스

```
2465    <div class="btn-group" data-toggle="buttons">
2466      <label class="btn btn-primary active">
2467        <input type="radio" name="options" id="option1" autocomplete="off" checked> Radio 1 (preselected)
2468      </label>
2469      <label class="btn btn-primary">
2470        <input type="radio" name="options" id="option2" autocomplete="off"> Radio 2
2471      </label>
2472      <label class="btn btn-primary">
2473        <input type="radio" name="options" id="option3" autocomplete="off"> Radio 3
2474      </label>
2475    </div>
```

그림 1-166 라디오버튼

메서드는 3가지가 있습니다. toggle은 눌림 상태와 해제 상태를 토글하며, reset은 바뀐 버튼 텍스트를 원래의 버튼 텍스트로 변경합니다. string은 데이터로 정의된 텍스트 상태를 원하는 텍스트로 바꿀 수 있습니다.

```
418  $().button('toggle');
419  $().button('reset');
420  $().button('string');
```

string을 예로 들어보겠습니다. data 속성을 data-complete-text="Complete!"으로 변경합니다.

```
2483  <button type="button" id="myButton2" data-complete-text="Complete!" class="btn btn-primary" autocomplete="off">
2484     Submit
2485  </button>
```

자바스크립트의 메서드로 위에서 정의한 데이터 속성의 complete를 입력하면 됩니다.

```
424  $('#myButton2').on('click', function () {
425    var $btn = $(this).button('complete');
426    setTimeout(function () {
427      $btn.button('reset');
428    }, 2000);
429  });
```

그림 1-167 버튼의 스트링 메서드

10 콜랩스(Collapse)

어코디언이나 내비게이션 같은 구성요소를 만들 수 있습니다. 우선 간단한 콜랩스를 만들어 보겠습니다. button 태그에 data-toggle="collapse"가 포함돼 있고 타겟으로 demo가 있으며 이것은 콘텐츠 영역에 있는 div의 id와 일치합니다. .in을 제거하면 처음에는 닫힌 상태가 됩니다. 버튼뿐만 아니라 a 태그를 사용할 수도 있습니다.

```
2497  <button type="button" class="btn btn-info" data-toggle="collapse" data-target="#demo">
2498    Simple collapsible
2499  </button>
2500  <div id="demo" class="collapse in">
2501    Lorem ipsum dolor sit amet, consectetur adipisicing elit,
2502    sed do eiusmod tempor incididunt ut labore et dolore magna aliqua. Ut enim ad minim veniam,
2503    quis nostrud exercitation ullamco laboris nisi ut aliquip ex ea commodo consequat.
2504  </div>
```

그림 1-168 버튼 콜랩스

여러 개의 콜랩스가 서로 연동되게 만들려면 구성요소의 패널을 사용하며 가장 바깥쪽의 div에 .panel-group 선택자와 id를 추가합니다. 이 아이디(accordion)는 .panel-heading에 있는 a 태그의 data-parent 속성 값과 연결되며 이 링크를 클릭하면 패널의 콘텐츠가 닫히거나 열리고, 닫힌 곳을 클릭하면 이미 열린 곳은 닫히는 토글 기능이 기본으로 돼 있습니다.

다시 각 a 태그에 있는 href 속성 값은 콘텐츠 영역에 있는 id와 연결됩니다. 콘텐츠 영역의 개폐는 자바스크립트를 사용하므로 data-toggle="collapse" 속성이 포함돼 있습니다.

콘텐츠 영역의 클래스 선택자로 .collapse가 있는데 .in이 포함되면 열린 상태가 됩니다. 여기서는 첫번째 콘텐츠 영역에만 .in이 포함돼 있으므로 처음 로딩 시 이 영역이 열린 상태가 됩니다. 닫힌 콘텐츠의 패널 헤딩에는 a 태그에 .collapsed가 있습니다. 닫힌 곳의 헤더 링크를 클릭하면 이 클래스가 제거되면서 콘텐츠 영역의 div에 .in이 추가되고 이전의 div에서는 제거됩니다. 모든 영역을 처음부터 열린 상태로 하려면 모두 .in을 추가하면 됩니다.

웹 접근성 측면에서 열린 패널의 a 태그에는 aria-expanded 속성을 true로 설정하고 닫힌 곳은 false로 설정합니다. 닫힌 곳을 열면 값이 변경됩니다. a 태그의 aria-controls 속성 값은 콘텐츠 영역의 id와 일치해야 합니다.

```
2511  <div class="panel-group" id="accordion" role="tablist" aria-multiselectable="true">
2512    <div class="panel panel-default">
2513      <div class="panel-heading" role="tab" id="headingOne">
2514        <h4 class="panel-title">
2515          <a data-toggle="collapse" data-parent="#accordion" href="#collapseOne" aria-expanded="true" aria-controls="collapseOne">
2516            Collapsible Group Item #1
2517          </a>
2518        </h4>
2519      </div>
2520      <div id="collapseOne" class="panel-collapse collapse in" role="tabpanel" aria-labelledby="headingOne">
2521        <div class="panel-body">
2522          Content1.
2523        </div>
2524      </div>
2525    </div>
2526    <div class="panel panel-default">
2527      <div class="panel-heading" role="tab" id="headingTwo">
2528        <h4 class="panel-title">
2529          <a class="collapsed" data-toggle="collapse" data-parent="#accordion" href="#collapseTwo" aria-expanded="false" aria-controls="collapseTwo">
2530            Collapsible Group Item #2
2531          </a>
2532        </h4>
2533      </div>
2534      <div id="collapseTwo" class="panel-collapse collapse" role="tabpanel" aria-labelledby="headingTwo">
2535        <div class="panel-body">
2536          Content2.
2537        </div>
2538      </div>
```

```
2539        </div>
2540        <div class="panel panel-default">
2541          <div class="panel-heading" role="tab" id="headingThree">
2542            <h4 class="panel-title">
2543              <a class="collapsed" data-toggle="collapse" data-parent="#accordion" href="#collapseThree" aria-expanded="false" aria-controls="collapseThree">
2544                Collapsible Group Item #3
2545              </a>
2546            </h4>
2547          </div>
2548          <div id="collapseThree" class="panel-collapse collapse" role="tabpanel" aria-labelledby="headingThree">
2549            <div class="panel-body">
2550              Content3.
2551            </div>
2552          </div>
2553        </div>
2554      </div>
```

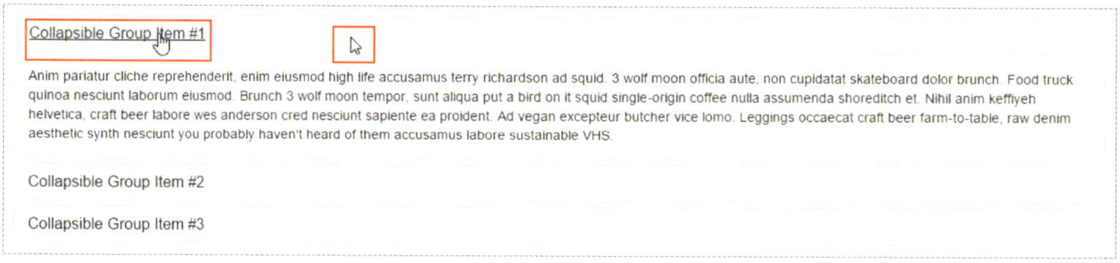

그림 1-169 어코디언

콘텐츠 영역을 열려면 글자가 있는 링크를 클릭해야 하는데 제목 영역 전체에 대해 클릭할 수 있게 하려면 다음과 같이 스타일을 추가합니다.

```
2558    .panel-heading { padding: 0; }
2559    .panel-heading a { padding: 10px 15px; display: block; text-decoration: none; }
```

콜랩스가 작동하려면 a 태그에 data-toggle="collapse"만 있으면 되고 별도의 자바스크립트는 필요하지 않습니다. 수동으로 작동하게 하려면 다음과 같이 사용합니다. 이 코드를 추가하면 .in이 있는 곳은 제거되고 없는 곳에는 추가되므로 원래의 상태와는 반대로 됩니다.

```
424    $('.collapse').collapse();
```

옵션은 toggle: false; 하나만 있으며 이를 추가하면 토글 기능이 제거되므로 하나의 어코디언을 열어도 이미 열린 곳은 닫히지 않습니다.

```
426  $('.collapse').collapse({toggle:false});
```

메서드는 3가지가 있으며 'show'를 추가하면 모두 열린 상태, 'hide'를 추가하면 모두 닫힌 상태, 'toggle'을 추가하면 위 자바스크립트를 추가하지 않은 것처럼 처음의 상태로 됩니다. 즉 .in이 있는 곳만 열립니다.

```
428  $().collapse('toggle');
429  $().collapse('show');
430  $().collapse('hide');
```

이벤트는 4가지가 있으며 다음과 같은 형태입니다.

```
432  $('.collapse').on('show.bs.collapse', function () {
433    alert("이벤트 실행됨");
434  });
```

- **show.bs.collapse**: 헤더 링크를 클릭하면 콘텐츠 영역이 열리기 전에 이벤트가 실행됩니다.
- **shown.bs.collapse**: 콘텐츠 영역이 열린 후에 이벤트가 실행됩니다.
- **hide.bs.collapse**: 이미 열린 콘텐츠 영역이 닫히기 전에 이벤트가 실행됩니다.
- **hidden.bs.collapse**: 이미 열린 콘텐츠 영역이 닫힌 후에 이벤트가 실행됩니다.

11 캐러젤(Carousel)

부트스트랩의 캐러젤은 이미지 슬라이드 기능을 하는 플러그인입니다. 슬라이드 애니메이션을 위해 CSS3의 규칙을 사용하므로 IE 9 버전 이하에서는 애니메이션 효과가 없습니다.

가장 바깥쪽의 div에는 id를 추가합니다. 이 아이디는 .carousel-indicators 내부에 있는 li 태그와 슬라이드 내비게이션 버튼의 타겟이 됩니다. 따라서 여러 개의 캐러젤을 만들려면 이 아이디를 다르게 해야 합니다. 스타일과 슬라이드를 위해 .carousel, .slide 선택자가 추가돼 있습니다. 자바스크립트로 작동하므로 data-ride="carousel"이 있어야 합니다.

ol 태그의 캐러젤 인디케이터는 슬라이더 하단의 불릿으로 클릭하면 해당 순서의 슬라이드 가 나타나는 내비게이션 역할도 합니다. data-slide-to 속성의 숫자 값은 슬라이드 순서이 며 0의 값이 있는 곳을 클릭하면 첫 번째 슬라이드가 나타납니다.

이미지가 있는 .carousel-inner는 img 태그를 .item 선택자의 div로 감싸고 있으며 처음 나타나는 슬라이드를 설정하려면 .item 선택자가 있는 곳에 .active 선택자를 추가하고 같은 순서로 ol 태그의 li에도 .active 선택자를 추가합니다. 여기서는 세 번째 슬라이드에 .active 선택자가 있습니다.

슬라이드의 양쪽에 있는 내비게이션 버튼은 기본 선택자로 .carousel-control을 사용하고, 왼쪽 버튼은 .left, 오른쪽 버튼은 .right 선택자를 추가합니다. 버튼은 자바스크립트로 작동 하므로 data-slide="prev" 또는 data-slide="next" 속성을 추가합니다.

```
2586    <div id="myCarousel" class="carousel slide" data-ride="carousel">
2587      <ol class="carousel-indicators">
2588        <li data-target="#myCarousel" data-slide-to="0" class=""></li>
2589        <li data-target="#myCarousel" data-slide-to="1" class=""></li>
2590        <li data-target="#myCarousel" data-slide-to="2" class="active"></li>
2591      </ol>
2592      <div class="carousel-inner" role="listbox">
2593        <div class="item">
2594          <img data-src="holder.js/1200x500/text:First slide">
2595        </div>
2596        <div class="item">
2597          <img data-src="holder.js/1200x500/text:Second slide">
2598        </div>
2599        <div class="item active">
2600          <img data-src="holder.js/1200x500/text:Third slide">
2601        </div>
2602      </div>
2603      <a class="left carousel-control" href="#myCarousel" role="button" data-slide="prev">
2604        <span class="glyphicon glyphicon-chevron-left" aria-hidden="true"></span>
2605        <span class="sr-only">Previous</span>
2606      </a>
2607      <a class="right carousel-control" href="#myCarousel" role="button" data-slide="next">
2608        <span class="glyphicon glyphicon-chevron-right" aria-hidden="true"></span>
```

```
2609        <span class="sr-only">Next</span>
2610      </a>
2611    </div>
```

그림 1-170 캐러젤

양쪽에 짙은 회색으로 돼 있는 것은 모바일에서 탭 할 수 있는 영역을 넓히기 위한 것으로 클릭도 가능합니다.

글자는 img 태그와 동일 레벨로 .carousel-caption 선택자를 사용한 div에 추가하며 내비게이터 바로 위에 나타납니다.

```
2615    <div class="item active">
2616      <img data-src="holder.js/1200x500/text:First slide">
2617      <div class="carousel-caption">
2618        <h3>First slide label</h3>
2619        <p>Nulla vitae elit libero, a pharetra augue mollis interdum.</p>
2620      </div>
2621    </div>
```

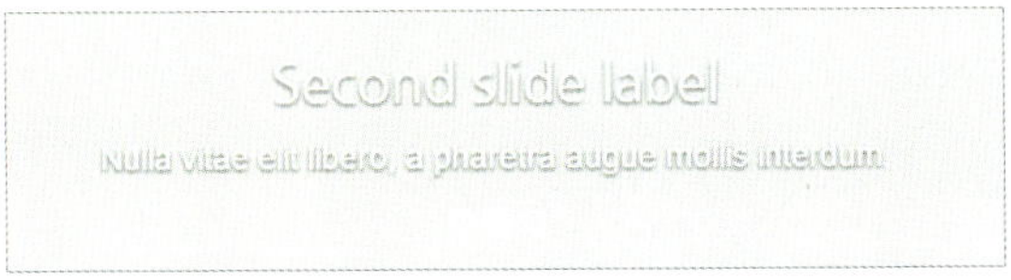

그림 1-171 캐러젤 캡션

자바스크립트는 다음과 같은 형태로 사용합니다.

```
418 $('.carousel').carousel();
```

옵션은 4가지가 있으며 이를 이용해 슬라이드를 제어할 수 있습니다.

```
420  $('.carousel').carousel({ interval:3000 });
```

- interval: 자동 슬라이드의 경우 다음 슬라이드가 나타날 때가지의 시간이며 기본은 5000ms입니다. 값으로 false를 사용하면 자동 슬라이드가 안됩니다.
- pause: 캐러젤에 마우스를 올렸을 때 슬라이드가 정지됩니다. 기본은 'hover'이며 false를 사용하면 마우스를 올려도 슬라이드 됩니다.
- wrap: false로 하면 마지막 슬라이드에서 슬라이드가 정지됩니다. 기본 값은 true입니다.
- keyboard: false로 하면 키보드 이벤트에 반응하지 않습니다. 기본 값은 true입니다.

메서드

- $().carousel('cycle');: 슬라이드가 오른쪽에서 왼쪽으로 이동합니다. 반대는 첨부 파일의 소스코드를 참고하세요.
- $().carousel('pause');: 자동 애니메이션이 정지됩니다.
- $().carousel(number);: 0부터 시작하는 숫자를 넣으면 해당 숫자의 +1 번째 이미지가 처음 시작됩니다. 즉 array를 사용하므로 3장의 이미지를 사용하고 있다면 첫 번째 이미지의 숫자는 0인 것입니다.
- $().carousel('prev');: 이전 아이템으로 이동합니다.
- $().carousel('next');: 다음 아이템으로 이동합니다.

이벤트는 2가지 있습니다. 슬라이드 될 때마다 나타나므로 alert으로 테스트 하는 것을 자제하세요.

```
434  $('#myCarousel').on('slide.bs.carousel', function () {
435    alert("이벤트 실행됨");
436  });
```

- slide.bs.carousel: 하나의 슬라이드 애니메이션이 시작되기 전에 이벤트가 실행됩니다.
- slid.bs.carousel: 하나의 슬라이드 애니메이션이 종료 후에 이벤트가 실행됩니다.

12 어픽스(Affix)

웹페이지에서 스크롤함에 따라 어떤 요소를 고정 요소로 전환하는 기능을 하는 플러그인입니다. 스크롤에 따라 메뉴가 하이라이트 되는 스크롤스파이(Scrollspy)와 비슷한 기능을 하지만 스크롤스파이는 보다 작은 규모의 콘텐츠에 사용되고 자체적으로 스크롤바가 나타납니다. 두 가지를 병합해 사용할 수도 있습니다. 현재 부트스트랩 문서 사이트를 스크롤 해서 내려가면 사이드바가 일정 지점에서 오른쪽에 고정되는 것을 볼 수 있고 메뉴도 하이라이트 되는 것을 볼 수 있습니다.

이 기능을 추가하면 사이트 상단과 하단을 기준으로 일정한 거리만큼 스크롤 했을 때 지정된 요소의 위치를 고정(fixed)시키거나 원래의 위치로 복구하는 역할을 합니다. 현재 작업 중인 index.html 파일의 점보트론에 있는 버튼으로 테스트 해보겠습니다.

```
2639   <p><a id="myAffix" class="btn btn-primary btn-lg" href="#" role="button" data-spy="affix" data-offset-top="300" data-offset-bottom="1600">Learn more &raquo;</a></p>
```

a 태그에 데이터 속성으로 data-spy="affix"와 data-offset-top="300", data-offset-bottom="600"을 추가합니다. data-spy="affix"는 어픽스 기능을 활성화시키고 .affix-top라는 선택자를 추가시킵니다. 스크롤해서 data-offset-top 값의 수치만큼 이동했을 때 클래스 선택자로 .affix를 추가하고 .affix-top을 제거합니다. 계속 스크롤 하다가 하단으로부터 data-offset-bottom 값의 수치에 이르렀을 때 .affix를 제거하고 .affix-bottom 선택자를 추가합니다. 다시 위로 스크롤 하면 속성 값에 따라서 다시 선택자들이 교체됩니다.

따라서 어떤 요소에 이 기능을 적용하느냐에 따라 이들 선택자를 대상으로 별도의 스타일시트를 설정해야 합니다. 여기서는 버튼을 대상으로 하므로 이 버튼을 콘텐츠 영역에서 벗어나 페이지의 왼쪽, 위로부터 100px 떨어진 곳에 배치될 수 있게 다음과 같이 설정했습니다. .affix에는 이미 position: fixed;가 설정돼 있으므로 top과 left만 추가합니다.

```
2643   .affix { top: 100px; left: 100px; }
2644   .affix-bottom { position: absolute; }
```

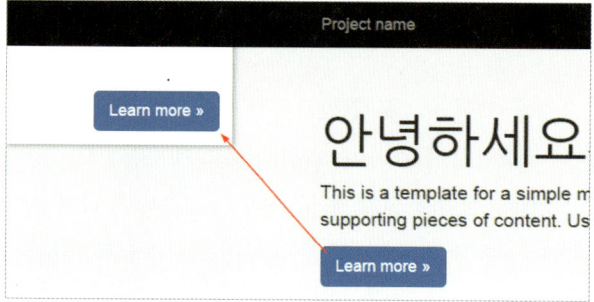

그림 1-172 어픽스

스크롤해서 상단으로부터 300px 떨어진 곳에 이르면 버튼이 레이아웃에서 벗어나 그림처럼 배치됩니다. 계속 스크롤해서 하단으로부터 600px 떨어진 곳에 이르면 버튼이 안보이게 됩니다. data-offset-bottom은 반드시 필요한 것은 아니며 선택적으로 사용합니다.

옵션

자바스크립트는 다음과 같은 형태로 사용하며, 옵션은 두 가지가 있습니다.

```
418  $('#myAffix').affix(options);
```

- **offset**: 숫자 또는 function, object가 가능합니다. 기본 값은 10(data-offset-top="10")이며 숫자를 하나만 제공하면 top과 bottom 모두에 적용됩니다. top과 bottom을 따로 적용하려면 아래와 같이 설정합니다.

```
420  $('#myAffix').affix({ offset: (top: 300), offset: (bottom: 1600) });
```

부트스트랩 문서를 보면 다음과 같이 function을 사용한 예를 볼 수 있습니다. 아래의 경우 .footer를 footer 태그로 변경했습니다. 이 function은 footer 태그의 마진을 포함한 높이를 계산해서 bottom의 수치를 출력합니다.

```
422  $('#myAffix').affix({
423    offset: {
424      top: 300,
425      bottom: function () {
426        return (this.bottom = $('footer').outerHeight(true));
427      }
428    }
429  });
```

이전에 테스트한 data 속성 값과 일치하게 하려면 다음과 같이 footer의 높이를 설정하면 됩니다.

```
431  <footer style="height:1600px;">
```

- **target**: 어픽스 기능이 적용되는 범위를 의미하며 selector, node, 제이쿼리 요소를 사용할 수 있습니다. 기본은 window 오브젝트입니다.

이벤트

이벤트는 6가지가 있으며 다음과 같습니다.

```
435  $('#myAffix').on('affix.bs.affix', function () {
436      alert("이벤트 실행됨");
437  });
```

- **affix.bs.affix**: 어픽스 기능이 실행되기 바로 전에 이벤트가 실행됩니다. 즉 .affix-top 선택자에서 .affix 선택자로 교체되기 바로 전입니다.
- **affixed.bs.affix**: 어픽스 기능이 실행된 후에 이벤트가 실행됩니다. affix.bs.affix 이벤트와 시간적으로 거의 차이가 없습니다.
- **affix-top.bs.affix**: affix-top이 적용되기 바로 전에 이벤트가 실행됩니다. 즉 스크롤 업 할 때 .affix 선택자가 있는 상태에서 .affix-top 선택자로 교체되기 바로 전입니다.
- **affixed-top.bs.affix**: affix-top이 적용된 후에 이벤트가 실행됩니다.
- **affix-bottom.bs.affix**: affix-bottom이 적용되기 바로 전에 이벤트가 실행됩니다. 즉 .affix 선택자가 있는 상태에서 .affix-top 선택자로 교체되기 바로 전입니다.
- **affixed-bottom.bs.affix**: affix-bottom이 적용된 후에 이벤트가 실행됩니다.

워드프레스 테마 만들기

2장에서 다루는 내용

01 _ 워드프레스 설치하기
02 _ 워드프레스의 구조
03 _ 테마 만들기

2장에서는 워드프레스의 기본 테마를 수정해 새로운 테마를 만들겠습니다. 간단한 블로그 용도의 테마인 기본 테마는 수정해서 사용하기에도 편리합니다. 복잡한 구조의 테마는 처음에 구조를 파악하는데 오랜 시간이 걸립니다. 테마를 새로 만든다면 이러한 간단한 테마부터 시작하는 것이 좋습니다. 2장의 내용을 간략히 살펴보면 다음과 같습니다.

워드프레스 설치하기
워드프레스를 내려받아 설치하고 관리자 화면의 구조를 알아봅니다.

워드프레스의 구조
테마를 만들기에 앞서서 워드프레스 콘텐츠에 대해 알아보고 설치 폴더의 내용, 사용할 기본 테마의 내용을 파악해봅니다. 테마는 모든 파일을 템플릿 파일이라고 합니다. 워드프레스가 여러 가지 템플릿 중에서 콘텐츠를 출력하기 위해 어떤 템플릿을 사용하는가는 템플릿 계층구조가 결정합니다. 수많은 페이지와 글을 출력하기 위해서 기본이 되는 그릇을 템플릿이라고 하며 템플릿 파일에는 템플릿 태그가 있어서 데이터베이스의 정보를 가져오는 역할을 합니다.

테마 만들기
워드프레스의 기본 테마는 간단한 구조입니다. 3장의 다양한 콘텐츠 만들기에 앞서서 부트스트랩을 이용해 레이아웃을 구성해 기본 테마를 만들고, 각 페이지와 글마다 사용할 제목 바를 만듭니다.

01 워드프레스 설치하기

2장부터는 부트스트랩을 기반으로 워드프레스 테마를 만듭니다. 워드프레스에 기본으로 설치돼 있는 기본 테마를 수정하는 것이지만, 기본 테마는 블로그 전용 테마라서 레이아웃이 단순합니다. 이를 기반으로 전혀 새로운 테마가 만들어지므로 수정의 단계를 벗어나 만드는 단계로 진행됩니다.

부트스트랩의 이용 범위는 웹사이트뿐만 아니라 앱에서도 사용할 수 있습니다. 모든 범위에 거쳐 활용도를 넓히려면 어떤 한 부분에서 실제로 어떻게 사용되는지 알아보는 것도 중요하다고 생각됩니다.

워드프레스는 2015년 3월 현재 전 세계적으로 모든 웹사이트의 23.6%의 점유율을 기록하고 있고 계속 증가하고 있습니다. 워드프레스가 인기 있는 이유는 기능을 확장하기 위해 플러그인을 사용하고 사이트 디자인을 위해 테마를 사용하는데, 무료 플러그인과 무료 테마가 많으며 유료라 하더라도 그리 비싼 가격이 아니기 때문입니다. 무엇보다 워드프레스가 인기 있는 가장 큰 이유는 사용자 커뮤니티가 활발하다는 것입니다.

어떤 프로그램을 사용하기 위해서 문제점을 해결하거나 활용도를 넓히려면 이러한 커뮤니티의 활동은 아주 중요한 역할을 합니다. 어떤 기능을 추가하기 위해 플러그인을 찾아보면 대부분 원하는 기능의 플러그인이 존재합니다. 하지만 커스터마이징하고자 할 때 이러한 커뮤니티가 없으면 제대로 된 기능을 발휘하지 못합니다. 인기 있는 플러그인은 지속적으로 업데이트 되고 커뮤니티 활동도 활발합니다.

필자의 전작인 부트스트랩 2.0 버전을 기반으로 한 책에서는 단순한 정적인 웹사이트를 만들었기에 실제 웹사이트에서 사용하려면 어떻게 적용해야 하는지 방법을 다시 찾아야 하는 결점이 있었습니다. 그래서 생각한 것이 간단한 구조의 CMS였습니다. 찾아보니 텍스트 베이스의 CMS가 눈에 들어오더군요. 이를 며칠 사용해보고 간단한 웹사이트는 만들 수 있겠다 싶어서 실제 작업을 해봤지만 기능을 추가하는 데 한계가 많았습니다.

워드프레스는 제가 잘 아는 분야이고 요즘은 국내에서도 기존 웹사이트를 워드프레스로 많이 전환하고 있는 추세이며 쇼핑몰도 활발히 개발되고 있습니다. 부트스트랩으로 워드프레스 웹사이트를 어떻게 만드는지 알아보는 것도 웹사이트 개발에 도움될 것이라 생각됩니다.

01 워드프레스 내려받기

워드프레스를 처음 사용하는 독자를 위해 설치부터 간략하게 설명하겠습니다.

https://wordpress.org/download/

위 사이트로 이동하면 다음과 같은 화면이 나타납니다.

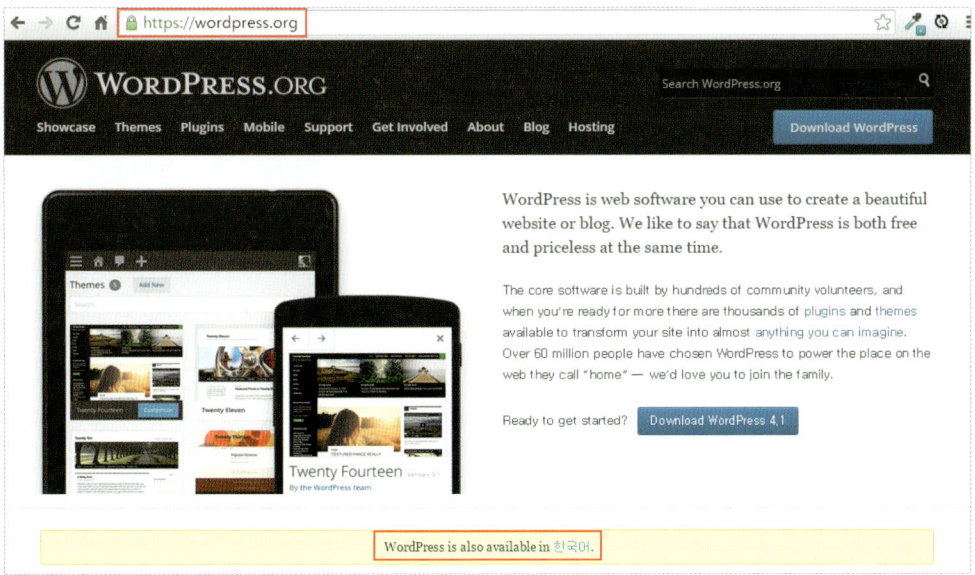

그림 2-1 워드프레스 공식 사이트

파란색 버튼을 클릭하면 영문 버전의 워드프레스를 내려받을 수 있으며 '한국어' 링크를 클릭하면 한국어 사이트에서 한국어 버전을 내려받을 수 있습니다. 영문 버전을 받더라도 언어를 선택할 수 있으므로 버전의 차이는 없습니다. 다만 한글 버전을 받으면 언어 선택을 생략할 수 있습니다.

그림 2-2 워드프레스 코어 압축 해제 후 폴더 복사하기

압축 파일을 오토셋이 설치된 폴더의 public_html 폴더로 옮기고 압축을 해제합니다. 압축을 해제한 폴더로 들어가 이름을 wordpress-bootstrap으로 수정하고 이 폴더를 복사해서 다시 public_html 폴더에 붙여넣습니다. 이렇게 하면 압축을 해제한 워드프레스의 폴더명만 바꿔서 여러 개의 워드프레스를 테스트 할 수 있습니다.

02 데이터베이스 만들기

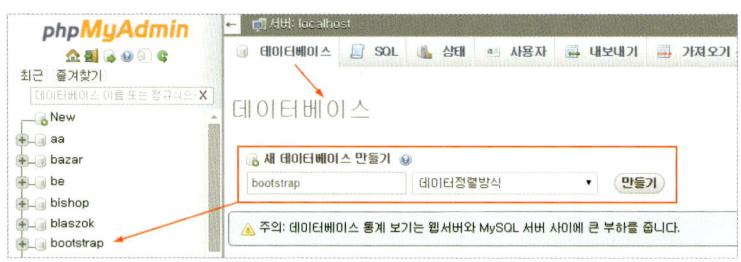

그림 2-3 오토셋의 phpMyAdmin에서 데이터베이스 만들기

오토셋의 phpMyAdmin을 열고 데이터베이스(bootstrap)를 만듭니다.

03 워드프레스 설치하기

그림 2-4 워드프레스를 설치하기 위한 데이터베이스 정보

웹브라우저에서 localhost/wordpress-bootstrap을 입력하고 엔터 키를 누르면 그림 2-4와 같은 화면이 나타납니다. 제 경우는 여러 개의 사이트를 테스트 하느라고 localhost/wordpress-bootstrap3으로 돼 있습니다.

위 메시지는 워드프레스를 설치하기 전에 데이터베이스와 연결하기 위해서 필요한 정보를 미리 알아둬야 한다는 내용입니다. Let's go 버튼을 클릭합니다.

그림 2-5 데이터베이스 정보 입력

앞에서 자신이 만든 데이터베이스 이름을 입력한 다음 오토셋의 데이터베이스 사용자 이름, 비밀번호를 입력하고 '전송' 버튼을 클릭합니다. 나머지 두 가지 항목은 그대로 둡니다. 입력한 정보가 데이터베이스와 일치하면 다음 화면에서 데이터베이스와 통신이 가능하다는 메시지가 나타나며 '설치 실행하기' 버튼을 클릭합니다.

그림 2-6 워드프레스 사이트 정보 입력

입력란에 내용대로 추가합니다. 사용자명은 대부분 admin으로 설정하는데 해킹의 위험이 있으니 다른 사용자명을 사용하는 것이 좋습니다. 위 내용을 보면 나중에 다시 변경할 수 있다고 돼 있으나 사용자명은 관리자 화면에서 변경할 수 없고 데이터베이스에서 수정해야 합니다. '워드프레스 설치하기' 버튼을 클릭하면 워드프레스를 실행하는 데 필요한 데이터를 데이터베이스에 저장합니다. 다음의 로그인 화면에서 위에서 설정한 로그인 정보를 입력해 관리자 화면으로 들어갑니다.

04 워드프레스 관리자 화면

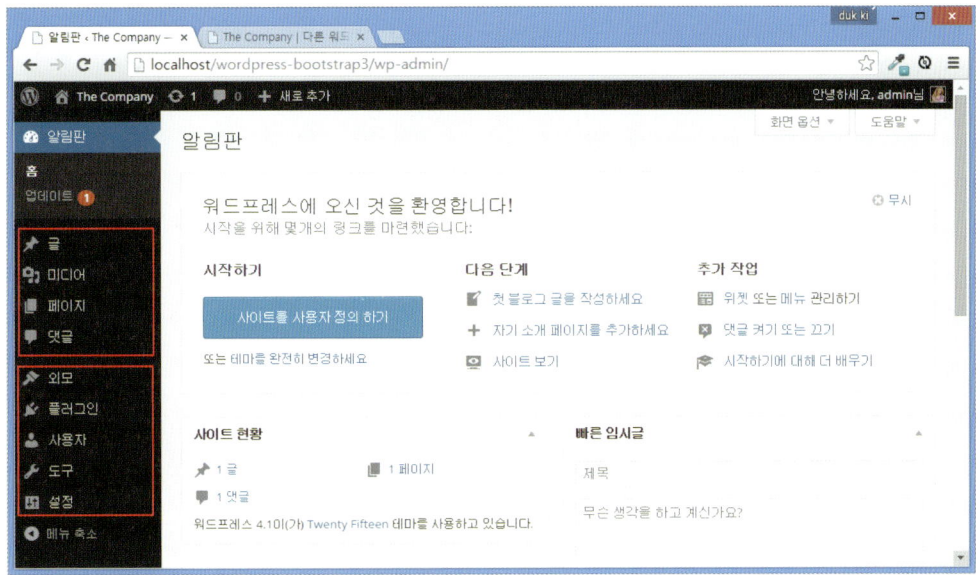

그림 2-7 워드프레스 관리자 화면

워드프레스 관리자 화면은 크게 세 부분으로 나뉩니다. 왼쪽에는 주메뉴(Main navigation)가 있고 오른쪽에는 주메뉴의 선택에 따라서 내용이 바뀌는 콘텐츠 영역이 있습니다. 콘텐츠 영역의 각 박스는 메타박스라고 불리며 상단의 제목 부분을 클릭해 드래그하면 위치를 변경할 수 있습니다. 상단은 툴바라고 불리며 주메뉴의 링크 중에서 많이 쓰이는 메뉴가 있습니다.

주메뉴는 크게 두 부분으로 나뉩니다. 상단은 사이트 콘텐츠 관리를 위한 메뉴이고 하단은 사이트 디자인이나 기능을 관리하기 위한 메뉴입니다. 처음 설치 시에는 위와 같이 간단하게 돼 있지만 플러그인을 추가하거나 사용자 정의 글 타입을 추가하면 메뉴가 계속 늘어납니다.

워드프레스의 구조 02

01 워드프레스의 콘텐츠

워드프레스의 글 타입(Post Type)

워드프레스 콘텐츠는 크게 두 가지로 분류됩니다. 하나는 포스트이고 다른 하나는 페이지입니다. 워드프레스를 설치하면 5가지의 글 타입(Post type)을 볼 수 있습니다. 글(Post), 페이지(Page), 첨부(Attachment), 리비전(Revision), 메뉴(Menu)입니다. 이들 중 사이트에서 실제로 콘텐츠를 보여주는 것은 글과 페이지이므로 두 가지로 분류된다고 할 수 있습니다. 첨부는 글이나 페이지에 첨부되는 이미지와 비디오, 오디오 등 미디어를 의미하고 리비전은 글이나 페이지를 수정하면 개정되는 글이나 페이지를 데이터베이스에 저장하고 언제든지 불러와 복구할 수 있는 기능입니다. 따라서 이들 글 타입은 콘텐츠에 대해 부수적인 역할을 할 뿐입니다.

이러한 글 타입에 대해 언급하는 이유는 워드프레스는 원할 경우 코드를 추가해서 원하는 만큼 자신만의 글 타입을 추가할 수 있기 때문입니다. 프리미엄 테마는 주메뉴에 여러 가지 메뉴가 있습니다. 테마를 설치하고 활성화하기 전에는 몇 가지 메뉴만 있었는데 활성화하고 나면 아주 많아집니다. 이들은 모두 테마나 플러그인에 의해 만들어진 글 타입으로 사용자 정의 글 타입이라고 합니다. 워드프레스 기본(Default) 설정이 아닌 사용자에 의해 만들어진 것은 모두 Custom(사용자 정의)이라는 단어가 붙습니다.

다양한 형태의 사이트를 만들려면 글이나 페이지라는 글 타입으로는 부족합니다. 호텔 사이트를 만든다면 호텔과 관련된 글, 즉 방의 이미지와 소개에 관한 글과 가격 등의 콘텐츠가 들어가야 하고 이를 적당한 위치에 배치해야 합니다. 그러려면 사용자 정의 글 타입이 필요하고 호텔용 테마에서는 이런 것이 갖춰져 있습니다. 워드프레스에 기본으로 있는 글(Post)을 이용해 콘텐츠를 만들고 나면 제목과 콘텐츠만 나타납니다. 이들을 여러 형태로 바꿔서 사이트에 표현하려면 사용자 정의 글 타입이 필요합니다. 이 책에서는 이러한 사용자 정의 글 타입을 여러 개 만들어 콘텐츠 관리를 쉽게 할 수 있는 방법을 알아보겠습니다.

글(Post)과 페이지(Page)

워드프레스를 다루다 보면 글과 페이지라는 용어를 자주 접하게 됩니다. 어떤 때는 혼합해서 사용할 때도 있습니다. 예를 들어 글 페이지, 블로그 페이지 등으로 사용됩니다. 여기서 말하는 페이지는 글을 담는 그릇을 의미합니다. 일반적으로 홈페이지, 웹페이지라고 말할 때 홈이라는 화면 또는 웹사이트에 보이는 화면을 의미하죠. 이처럼 페이지는 혼란스럽게 사용됩니다. 하지만 워드프레스에서 페이지를 말할 때는 워드프레스 페이지로서의 기능을 의미합니다.

표 1-1 **포스트와 페이지의 차이**

포스트	페이지
동적이다(Dynamic) – 시간상 역순으로 나열됨 포스트 목록이 있음 카테고리 글 보관함(Archive)이 있음 태그가 있음 월별 글보관함이 있음 최근 포스트 목록이 있음 RSS 피드가 있음 검색 결과에 나옴	정적이다(Static) – 독립적으로 나타남 페이지 목록이 없음 글 보관함이 없음 태그가 없음 월별 글보관함이 없음 최근 페이지 목록이 없음 RSS 피드가 없음 검색 결과에 나옴
뉴스 블로그	About page Contact page FAQ

위 표에서 볼 수 있듯이 페이지는 정적인 콘텐츠입니다. 정적이라는 말은 한번 만들면 다시 변경할 일이 거의 없다는 의미입니다. 회사 소개 페이지는 한번 만들면 업데이트 할 일 없이

그대로 사용하게 되죠. 물론 연혁이 바뀌면 업데이트 할 수는 있습니다. 반면 글은 내용이 바뀔 수도 있고, 서로 관련된 글은 카테고리로 분류되며, 찾아보기 쉽게 태그나 글 보관함이 있습니다. 페이지에는 카테고리나 태그가 없고 분류하는 개념을 적용하자면 메뉴가 있습니다.

글은 주로 콘텐츠와 관련되고 페이지는 주로 레이아웃과 관련됩니다. 글이란 콘텐츠를 출력하기 위해서는 페이지라는 레이아웃을 이용합니다. 글을 모아 목록을 만들어 이를 출력하려면 페이지가 필요하죠. 따라서 글은 내용을 담당하고 페이지는 형식을 담당한다고 할 수 있습니다.

페이지 레이아웃

앞에서 알아봤듯이 웹사이트에서 보는 모든 콘텐츠는 페이지라는 그릇(Container)에 표시됩니다. 웹 디자이너는 이러한 그릇을 어떻게 하면 멋지게 표현하고 콘텐츠를 잘 나타낼 수 있을까 연구하고 디자인합니다. 다행히도 워드프레스 테마는 일반인이 이러한 문제를 고민하지 않아도 멋진 페이지를 만들 수 있게 미리 만들어둔 템플릿을 제공하고 있습니다. 템플릿이란 틀을 의미하며 틀에 원하는 콘텐츠만 배치하면 멋지게 표현할 수 있습니다.

그림 2-8 페이지 레이아웃

웹사이트의 페이지는 크게 세 부분으로 나뉩니다. 웹 페이지를 만들 때 각 요소가 어떤 역할을 하는지 미리 알아두면 어떤 콘텐츠를 어디에 배치할 것인지 많은 참고가 됩니다.

헤더 영역

- 헤더는 웹사이트에서 중요한 역할을 합니다. 로고와 메뉴가 배치되고 메뉴는 사이트에서 각 콘텐츠로 이동할 수 있는 내비게이션 역할을 합니다. 무엇보다 중요한 것은 검색엔진이 헤더의 메뉴를 중요시 해서 검색 목록에 추가(Indexing)하게 됩니다. 따라서 모든 메뉴는 헤더에 배치하는 것이 좋고 보조적으로 사이드바에 카테고리 메뉴를 배치합니다.
- 헤더의 상단에는 탑바를 배치해서 항상 표시하고자 하는 보조적인 메뉴를 배치해 방문자가 바로 접근할 수 있게 합니다. 예를 들면 로그인이나 회원가입 메뉴입니다.
- 이러한 헤더 영역은 웹 페이지에서 푸터와 함께 어떤 페이지로 이동하든 같은 내용으로 나타납니다.

콘텐츠 영역

- 콘텐츠 영역은 다시 사이드바가 있는 콘텐츠와 없는 콘텐츠로 분류합니다. 사이드바는 다양한 콘텐츠로 접근할 수 있는 콘텐츠의 목록을 배치하며 이와 같은 일은 위젯이 담당합니다. 홈페이지에서는 대부분 위젯을 배치해 사용하므로 이러한 사이드바가 필요하지 않습니다.
- 사이드바는 왼쪽이나 오른쪽 또는 양쪽 모두에 배치해 사용할 수 있는데, 양쪽에 배치하면 혼잡해 보이므로 일반 웹사이트에서는 사용하지 않고 쇼핑몰 같은 곳에서 주로 사용합니다. 사이드바도 왼쪽에 있느냐 오른쪽에 있느냐에 따라 검색엔진이 반응하는 효과가 다릅니다. 즉 웹페이지의 순서상 중요도에 따라서 가장 먼저 헤더가 나오고 그 다음에 콘텐츠 영역이 나오게 하는 것이 정석입니다. 따라서 사이드바를 오른쪽에 배치해야 검색 엔진이 콘텐츠 영역을 먼저 접촉하게 됩니다. 요즘에는 CSS를 이용해서 HTML 코드의 순서상 사이드바가 콘텐츠 영역 아래에 있더라도 사이드바를 왼쪽에 배치할 수 있습니다.
- 이러한 규칙은 최근의 HTML5의 기술로 인해 변화되고 있습니다. 이전에는 단순히 div라는 HTML 태그를 사용했지만 HTML5의 시맨틱(Semantic : 의미요소) 태그로 인해 검색엔진이 태그를 중심으로 인덱싱 하므로 태그를 적절히 사용하는 것이 중요합니다. 즉 header, nav, section 등 이전에는 없던 태그가 HTML5에 추가됐으며 검색엔진이 이러한 태그를 주시하고 header 태그의 내용이나 nav 태그의 내용을 다르게 해석하게 됩니다. 검색 엔진이 nav 태그를 만나게 되면 이것이 내비게이션이라는 것을 인식하는 것이죠.

푸터 영역

- 푸터 영역은 사이드바와 같이 보조적인 역할을 하므로 이전에는 거의 사용하지 않았습니다. 주로 저작권 문구나 주소 등 꼭 필요하지 않은 내용을 배치해 사용했습니다. 하지만 요즘 추세는 사이드바에서 추가하지 못한 콘텐츠를 배치하거나 사이트맵과 같이 메뉴와 동일한 요소를 배치합니다. 푸터가 헤더와 마찬가지로 웹 페이지에서 항상 보이는 요소이기 때문입니다.
- 따라서 사이드바는 콘텐츠 영역이 무엇이냐에 따라서 위젯을 사용해 해당 콘텐츠에 맞는 요소를 배치하고 푸터는 전체 웹사이트를 대상으로 요소를 배치하게 됩니다.
- 푸터 영역도 헤더와 함께 웹 페이지에서 항상 같은 내용을 보여주므로 방문자가 스크롤해 내려왔을 때 다른 페이지로 이동할 수 있는 내비게이션 역할을 하는 사이트 맵이나 특별히 보여주고 싶은 메뉴를 배치해 사용합니다. 따라서 양이 많아질 경우 상하 두 개의 푸터를 사용하는 경우도 있습니다.

02 워드프레스 설치 폴더의 내용

워드프레스를 설치하고 폴더를 살펴보면 수없이 많은 파일로 구성돼 있습니다. 워드프레스의 설치 폴더에는 3개의 폴더가 있는데, wp-admin에는 관리자화면에 사용되는 이미지와 php 파일, 자바스크립트 파일이 있고 wp-includes에는 테마가 데이터베이스와 정보를 주고 받는데 필요한 함수(fuction)와 자바스크립트 파일이 있습니다. wp-content폴더에는 사이트 콘텐츠 관리를 위한 테마, 플러그인, 미디어 등이 있습니다. 그러니 테마를 수정할 때 주로 방문하는 폴더는 이 wp-content 폴더입니다. 따라서 워드프레스를 업데이트하면 wp-content 폴더는 영향을 받지 않습니다.

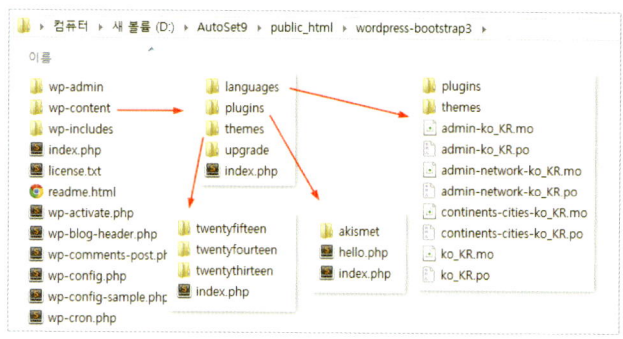

그림 2-9 워드프레스 설치 폴더

wp-content 폴더의 내용은 크게 언어, 플러그인, 테마, 업로드 등 4종류로 나누어집니다. 처음 설치했을 때에는 업로드(uploads) 폴더가 보이지 않지만 콘텐츠를 만들기 위해 이미지를 업로드하면 업로드 폴더가 생성됩니다.

- 언어 폴더(langauges)에는 영어가 아닌 다른 언어로 워드프레스를 설치했을 때 해당 언어 파일이 저장됩니다. 관리자 화면의 설정 → 일반 화면 아래에서 언어를 선택하면 언어 파일이 이 폴더에 저장되면서 사이트가 해당 언어로 바뀝니다.

- 플러그인(plugins) 폴더는 워드프레스에서 플러그인을 설치하면 플러그인 폴더에 해당 플러그인의 폴더가 자동으로 만들어지고 언어 파일이 주 언어 폴더(wp-content/languages/plugins)에 저장되거나 플러그인 폴더 내부의 개별 언어 폴더에 저장되기도 합니다. 각 플러그인을 한글로 번역해 사용할 경우 위 languages 폴더에 plugins 폴더를 만들고 저장해야 플러그인이 업데이트 되더라도 번역 파일이 삭제되지 않습니다.

- 테마를 자동으로 설치하는 경우에 테마 폴더인 themes에 폴더가 만들어지면서 설치됩니다. 이미 기본 테마가 있으며, index.php는 다른 사람이 디렉토리 접근하는 것을 방지하고자 하는 파일로, 서버에서 디렉토리 접근 방지 설정을 하지 않았더라도 해당 디렉토리 URL을 입력했을 때 아무것도 나타나지 않습니다. 내용을 보면 php 코드 블록(⟨?php ~~?⟩)에 "시간은 금이다(Silence is golden)"라고 주석처리 돼 있습니다.

03 워드프레스 템플릿 계층구조(Tamplate Hierarchy)

워드프레스의 테마 폴더에는 여러 개의 파일이 있지만 사용하는 파일이 상황에 따라서 다릅니다. 이는 사용자가 지정하는 것이 아니라 워드프레스가 알아서 파일을 지정합니다. 테마 폴더에 front-page.php 파일이 있으면 워드프레스는 이를 웹페이지 초기 화면으로 나타나게 하고 home.php 파일이 있으면 블로그 글 목록이 나타나게 합니다. 이 파일이 없으면 그 다음 단계인 page.php 파일을 초기 화면으로 사용합니다. 만약 이 파일도 없다면 index.php 파일을 초기 화면으로 사용합니다. 이처럼 테마 폴더에 어떤 파일이 있느냐에 따라서 사용되는 파일이 달라지는 것을 템플릿 계층구조라고 합니다.

마찬가지로 카테고리 목록을 선택했을 때 category.php 파일을 우선 사용하고 이 파일이 없으면 archive.php를 사용하며 최종적으로 index.php파일을 사용합니다. 따라서 가장 근본이 되는 파일은 index.php 파일입니다. 그림 2-10은 워드프레스닷오그(wordpress.org)의 코덱스 페이지(http://codex.wordpress.org/Template_Hierarchy)에서 볼 수 있는 템플릿 계층 구조입니다.

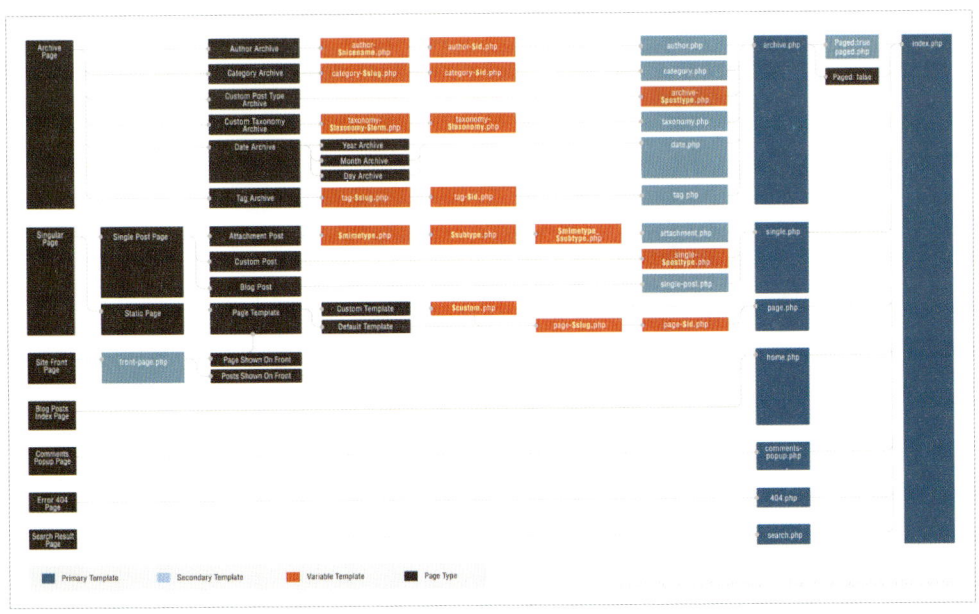

그림 2-10 템플릿 계층구조

코덱스 페이지에는 워드프레스 테마 제작과 관련된 모든 내용이 망라돼 있으며 아주 상세한 설명이 있습니다. 하나의 테마를 만드는 데 그림 2-10과 같이 많은 파일이 필요한 것은 아닙니다. 단순한 디자인의 사이트라면 한 가지 템플릿(index.php)만 사용해서 모든 콘텐츠가 이곳에 나타나게 할 수 있으며, 복잡한 웹사이트를 만들면 파일이 많아질 것이고 블로그가 아닌 웹사이트를 만들면 수십 개의 템플릿이 필요할 수도 있습니다. 그 중에서 어떤 파일이 먼저 나타나게 할 것인지 설계해야 합니다. 페이지는 글(포스트)이 나타나는 페이지를 의미할 수도 있지만, 앞에서 알아봤듯이 About 페이지나 Contact 페이지처럼 글이 아닌 내용이 나타나는 장소를 의미하기도 합니다. 페이지의 계층구조는 다음과 같습니다.

- **custom template:** page-about.php처럼 사용자 정의한 페이지를 만들면서 Template name을 지정하고, 워드프레스로 페이지를 만들 때 이 템플릿을 지정하면 최우선적으로 사용합니다.
- **page-{slug}.php:** 관리자 화면에서 페이지를 만들면 슬러그가 만들어집니다 이 슬러그를 이용해 템플릿을 만들면 custom template이 없을 때 우선적으로 사용합니다.
- **page-{id}.php:** 마찬가지로 관리자 화면에서 페이지를 만들면 아이디가 만들어지는데 이 아이디가 추가된 파일을 만들면 위의 파일들이 없을 때 우선적으로 사용합니다.
- **page.php:** 위 파일들이 없을 때 우선적으로 사용하는 페이지입니다.
- **index.php:** 위 파일들이 없을 때 사용하는 페이지가 됩니다.

예를 들어 파일 이름이 front-page.php이고 내용을 "초기 화면"이라고 작성한 파일을 생성해 기본 테마인 twentyfifteen 폴더에 저장한 뒤 사이트 초기 화면에서 보면 "초기 화면"이라는 글자만 나타난 화면을 볼 수 있습니다. 이처럼 템플릿 계층구조는 워드프레스가 파일의 계층구조를 정해놓고 순서에 따라 나타나게 하고 있습니다. 이 front-page에 다른 글로 이동할 수 있는 글 목록이나 이미지를 배치해 원하는 내용의 웹 페이지를 만들면 사이트 전체의 관문 역할을 하는 홈페이지가 됩니다.

04 템플릿 파일과 템플릿 태그

워드프레스의 테마를 구성하는 파일을 템플릿 파일이라고 합니다. 템플릿이란 원하는 디자인을 만들기 위해서 기본적인 내용이 이미 만들어진 파일을 의미합니다. 한글로 "틀 또는 형판"이라고 번역할 수 있습니다. 그래픽 디자인을 위해서 포토샵 템플릿 파일을 구매한 뒤 디자인하면 빠르게 디자인 할 수 있듯이 웹디자인도 템플릿을 사용하면 웹사이트를 빠르게 구축할 수 있습니다. 워드프레스에서 템플릿은 이와 비슷한 의미가 담겨있지만 테마를 구성하는 모든 파일을 의미합니다. 그러니 스타일시트 파일도 템플릿에 속합니다.

워드프레스에서 태그는 세 가지 의미로 사용됩니다. 우선 HTML페이지를 만들기 위한 HTML 태그가 있고, 글의 키워드를 추출하여 방문자로 하여금 관련된 글을 볼 수 있도록 하는 글 태그가 있으며, 세 번째로 템플릿 파일에 사용되는 php 코드인 템플릿 태그입니다. 이런 태그의 의미는 "중요한 것"으로 함축될 수 있습니다.

템플릿 태그는 단순한 코드가 아니라 어떤 정보를 담고 있습니다. 이 태그를 적재적소에 붙여넣으면 원하는 정보를 데이터베이스에서 가져와 보여줍니다. HTML의 〈title〉〈/title〉 태그 사이에 〈?php bloginfo('name'); ?〉라는 템플릿 태그를 사용하면 데이터베이스에 저장된 블로그 이름을 나타낼 수 있습니다. 이처럼 워드프레스에 사용되는 파일이나 코드는 레고 블록으로 집을 짓거나 비행기를 만들 수 있는 것처럼 조립해서 사용할 수 있게 돼 있습니다. 그러니 프로그래밍 언어인 php를 몰라도 되는 것입니다.

PHP 코드 블록

워드프레스는 기본적으로 php 프로그래밍 언어를 사용하므로 템플릿 태그도 php로 돼 있습니다. php 코드의 구조는 다음과 같습니다.

```
<?php 템플릿_태그_이름('매개변수'); ?>
```

php 코드는 〈?php로 시작하고 ?〉로 끝납니다. 이 부분을 코드 블록이라고 하며, 이 안에는 기본적으로 함수가 들어갑니다. 함수의 글자와 글자 사이에는 밑줄(underscore)을 사용합니다. 함수는 괄호를 갖고 있으며 이 괄호 안에 매개변수를 사용할 수도 있습니다. 함수를 사용하지 않을 때, php 에서는 echo 명령어를 사용해 이 명령어 다음에 나오는 글자를 출력합니다. 함수나 명령어 다음에는 명령이 끝났다는 의미로 세미콜론(;)을 사용합니다. 세미콜론을 빠트려도 나오기는 하지만 꼭 입력하도록 합니다.

위와 같이 워드프레스에서 php 함수를 사용하므로 워드프레스에서 정해진 템플릿 태그만 사용할 수 있는 것이 아니라 php의 기본 함수도 사용할 수 있습니다. 날짜를 나타낼 때는 다음과 같이 php의 기본 함수를 사용합니다. 이는 워드프레스의 템플릿 태그가 아닙니다.

```php
<?php echo date("Y/m/d"); ?>
```

위 코드는 php의 기본 함수로 오늘 날짜를 출력하기 위해서 echo 명령어를 사용했습니다. 워드프레스는 고유 함수인 템플릿 태그를 사용하는데, 다음과 같이 echo를 사용하지 않고 함수만 있어도 날짜가 표시되며, 다음 예는 오늘 날짜가 아니라 글을 발행한 날짜입니다.

```php
<?php the_time('F jS, Y'); ?>
```

이처럼 워드프레스에서만 사용할 수 있는 함수인 템플릿 태그는 다른 php 함수와 구별하기 위해서 the라는 정관사를 삽입하기도 합니다. 이러한 고유 함수는 워드프레스 코어 파일에 정의돼 있습니다. 이처럼 워드프레스에서 정의한 고유 함수뿐만 아니라 php의 기본 함수도 사용할 수 있어서 다양한 표현을 할 수 있습니다.

05 워드프레스 템플릿 태그의 종류

템플릿 태그는 매개변수를 꼭 사용해야 하는 것도 있고 매개변수가 전혀 필요 없는 것도 있습니다. 매개변수를 사용하는 경우 변수를 사용해서 변수에 해당하는 값을 표시하도록 하는 템플릿 태그와 질의문(query string)을 사용해서 해당 질의문의 결과를 표시하는 템플릿 태그가 있습니다.

매개변수가 필요없는 경우

```php
<?php the_author_firstname(); ?>
```

위와 같이 글쓴이의 이름을 표시하는 태그는 최종 정보에 해당하므로 추가적인 매개변수가 필요 없습니다.

매개변수가 필요한 경우

```php
<?php bloginfo('description'); ?>
```

위와 같이 bloginfo 태그는 각종 블로그 정보의 상위 개념이므로 하위 요소가 많습니다. 'description'라는 매개변수를 사용하면 태그라인(사이트 설명 글)에 해당하는 정보를 표시합니다.

매개변수로 질의문을 사용하는 경우

```
<?php wp_list_cats('exclude=10'); ?>
```

wp_list_cats는 카테고리 목록을 표시하는 태그입니다. 위 질의문을 사용하면 그 중에서 목록의 10번 항목을 제외하고 표시하게 됩니다.

워드프레스의 템플릿 태그와 함께 사용되는 php 명령어

`<?php if (): ?>` – 조건문을 만들 때 사용합니다. if 다음에 오는 괄호 안에 조건이 오며 이 조건에 해당할 때 이 코드 아래에 나오는 내용을 실행합니다. 조건문의 시작이므로 마지막에 세미콜론이 아닌 콜론(:)을 사용합니다.

`<?php elseif (): ?>` – 이전의 조건문에 해당하지 않을 때 괄호 안의 조건으로 elseif 이하의 내용을 실행합니다.

`<?php else: ?>` – 이전의 조건문에 해당하지 않을 때 else 이하의 내용을 실행합니다.

`<?php endif; ?>` – 조건문을 종료합니다.

`<?php while (): ?>` – while 아래의 내용을 반복 실행합니다. while 다음의 괄호 안에 조건이 있으며 이 조건에 충족할 때까지 반복합니다.

`<?php endwhile; ?>` – 반복을 종료합니다.

`&&` – 조건문에서 사용하며 이 기호 좌우에 있는 조건이 모두 충족(true)할 경우를 의미합니다.

`||` – 조건문에서 사용하며 이 기호 좌우에 있는 조건 중 어느 하나를 충족할 경우를 의미합니다.

`!` – 이것이 앞에 있으면 이 다음에 있는 내용이 아닐 경우를 의미합니다. 즉 !sidebar는 사이드바가 없을 때를 말합니다.

반복(loop)은 주로 여러 개의 글을 보여주기 위해서 사용합니다. 반복이라는 것은 하나의 글을 계속 보여주라는 것이 아니고 조건에 충족하는 글이 있으면 이 글들을 모두 나타내라는 의미입니다. 관리자 화면의 설정 → 읽기에서 블로그에 나타낼 글의 수를 설정할 수 있는데 기본으로 10개로 설정돼 있습니다. 이 10개의 글을 화면에 나타낼 때는 이 반복문에 의해 실행되는데 하나의 글을 보여주고 난 다음 다시 while 구문에 의해 두 번째 글을 보여주고 다시 세 번째가 실행되며 10번째까지 실행하고 나면 조건이 충족되므로 반복을 종료하는 것입니다. 이 열 번의 작업을 반복이라고 하며 순식간에 이뤄지는 것이지만 위 wihle구문에 의해 반복되는 것입니다.

블로그 글의 반복문의 구조는 다음과 같습니다.

```
<?php if (have_post()) : ?>            //--- 글(포스트)가 있다면
  <?php while ( have_posts() ) : the_post(); ?>    //--- 글을 표시하라
    <?php the_content( ); ?>           //--- 글의 내용(article)을 표시하라
  <?php endwhile; ?>                   //--- 반복을 종료하라

<?php else: ?>                         //--- 위의 조건에 맞지 않는다면 다음을 실행하라
  <h2>컨텐트가 없습니다.</h2>
<?php endif; ?>                        //--- 조건문을 종료하라
```

endif 다음에는 조건문의 종료를 위한 세미콜론을 입력합니다. else 부분을 사용하지 않아도 되지만 이럴 경우 아무 내용도 나오지 않습니다. 보는 사람이 아무 내용이 없으면 뭐가 잘못된 것인지 의문을 가질 수 있으므로 아무런 결과값이 없더라도 그에 해당하는 문장을 표시하는 것이 좋습니다. 하지만 조건문은 반드시 endif로 종료해야 합니다.

06 워드프레스 템플릿 태그

워드프레스에는 백여 가지의 템플릿 태그가 있지만 테마를 만들기 위해서 모든 템플릿 태그를 알 필요는 없습니다. 기본적으로 사용하는 태그만 알아도 얼마든지 테마를 만들 수 있습니다. 많이 사용하는 태그를 알아보면 다음과 같습니다.

`<?php get_header(); ?>` – 템플릿 파일 중 header.php 파일의 내용을 가져오는 역할을 합니다.

`<?php get_sidebar(); ?>` – sidebar.php 파일의 내용을 가져오는 역할을 합니다.

`<?php get_footer(); ?>` – footer.php 파일의 내용을 가져오는 역할을 합니다.

`<?php language_attributes(); ?>`– HTML 페이지의 국가별 언어를 표시합니다. 한글 워드프레스를 사용하는 경우 ko_KR로 나타납니다. 이러한 정보는 모두 관리자 화면의 설정에서 변경할 수 있으며 변경한 내용은 데이터베이스에 저장되고 템플릿 태그는 저장된 정보의 변수를 불러내는 것입니다.

`<?php bloginfo( 'charset' ); ?>` - HTML 페이지에 사용되는 캐릭터셋(Character Set)을 표시합니다.
`<?php wp_title(); ?>` - HTML의 <title> 태그에 페이지의 타이틀을 표시합니다.
`<?php bloginfo( 'stylesheet_url' ); ?>` - 스타일시트가 있는 URL을 표시합니다.
`<?php bloginfo( 'pingback_url' ); ?>` - 핑백 URL을 표시합니다.
`<?php wp_head(); ?>` - HTML의 head 태그에 자바스크립트나 스타일시트를 가져오는 역할을 합니다.
`<?php bloginfo( 'name' ); ?>` - 블로그 이름을 표시합니다.
`<?php bloginfo( 'description' ); ?>` - 태그라인을 표시합니다.
`<?php wp_nav_menu(); ?>` 메뉴 전체를 표시합니다.
`<?php if ( have_posts() ) : ?>` '글이 있다면'의 조건문입니다.
`<?php while ( have_posts() ) : the_post(); ?>` '글을 표시하라'는 반복문입니다.
`<?php the_ID(); ?>` - 아이디 선택자를 만듭니다.
`<?php post_class(); ?>` - 클래스 선택자를 만듭니다.
`<?php the_permalink() ?>` - 고유 주소를 가져옵니다.
`<?php the_title_attribute(); ?>` 링크에 마우스를 올렸을 때 title 속성을 표시합니다.
`<?php the_title(); ?>` - 글제목을 표시합니다.
`<?php the_time('F jS, Y'); ?>` - 글 발행일을 표시합니다.
`<?php the_author() ?>` - 글쓴이를 표시합니다.
`<?php the_content( ); ?>` - 글 내용을 표시합니다.
`<?php wp_footer(); ?>` - HTML 페이지의 body 태그가 끝나기 전에 자바스크립트를 가져오는 역할을 합니다.
`<?php if ( dynamic_sidebar( 'Sidebar Widgets' ) ) : ?>` - '위젯 사이드바가 있다면'의 조건문입니다.
`<?php endif; ?>` - 위 조건문의 종료입니다.
`<?php get_search_form(); ?>` - 검색 박스를 가져옵니다.
`<?php the_excerpt(); ?>` - 요약 글을 표시합니다.

```
  if (function_exists('register_sidebar')) {
    register_sidebar(array(
      'name' => '사이드바 위젯',
      'id'   => 'sidebar-widgets',
      'description'   => '사이드바 위젯.',
      'before_widget' => '<aside id="%1$s" class="widget %2$s">',
      'after_widget'  => '</aside>',
      'before_title'  => '<h3>',
      'after_title'   => '</h3>'
    ));
}
```
- 사이드바 위젯을 함수파일(functions.php)에 등록합니다.

07 워드프레스 기본 테마

워드프레스는 매년 말에 다음해에 사용할 기본 테마를 발표합니다. 워드프레스의 버전 업데이트 주기는 4개월 정도이며 한 해에 3번 업데이트 되고 마지막 회에 기본 테마도 업데이트됩니다. 워드프레스 4.1 버전의 기본 테마는 twentyfifteen이며 이 테마는 블로그 전용으로 디자인도 아주 단순합니다. 워드프레스는 그동안 twentyfourteen을 제외하고 아주 단순한 구조로 기본 테마를 만들어왔습니다. 이유는 이 테마를 그대로 사용해도 되지만 커스터마이징 해서 자유롭게 변형해 새로운 테마를 만들 수 있게 하기 위함입니다.

워드프레스 기본 테마는 기본적으로 _s(Underscores: http://underscores.me/)라는 아주 기초적인 테마를 기반으로 만들어집니다. 따라서 전혀 새로운 테마를 만들 경우 이 테마를 사용하는 것이 좋습니다. 스타일시트와 함수도 기본적인 것만 있고 설치하고 보면 레이아웃도 제대로 나오지 않아 스타일시트도 새로 만들어야 합니다. 하지만 필수 템플릿 파일과 기본 스타일시트가 있어서 깨끗한 상태에서 테마 제작을 시작할 수 있으므로 개발자에게는 적합합니다.

위와 같이 거의 아무것도 없는 상태에서 테마를 만들 수도 있지만, 초보자가 테마를 제작하기에는 일부 기능이 있는 상태에서 테마를 수정해 사용하는 방법이 쉽습니다. twentyfifteen의 자세한 내용은 테마를 수정하면서 알아보기로 하고 우선 테마의 템플릿 파일에 대해 알아보겠습니다.

그림 2-11 기본 테마인 twentyfifteen의 템플릿

twentyfifteen 폴더에는 5개의 폴더와 여러 개의 파일이 있습니다.

- **css 폴더:** 관리자 화면의 편집기 내부 스타일을 설정한 editor-style.css 파일과 ie를 위한 스타일시트가 있습니다.
- **genericons:** 테마에서 사용하는 아이콘 폰트가 있습니다.
- **inc:** 테마의 함수 중 일부가 이곳에 있습니다.
- **js:** 테마에서 사용하는 자바스크립트 파일이 있습니다.
- **404.php:** 없는 페이지를 검색했을 때 메시지 출력을 위한 템플릿입니다.
- **archive.php:** 글 보관함 즉, 카테고리 글 목록을 출력하는 템플릿입니다.
- **author-bio.php:** 관리자 화면의 사용자 → 나의 프로필에서 개인 정보를 입력한 경우 글 하단에 글쓴이 상세를 표시합니다.
- **comments.php:** 글이나 페이지의 하단에서 댓글을 출력합니다.
- **content.php:** 글(Post) 콘텐츠를 가져옵니다.

- content-link.php: 블로그 글 형식 중 링크 콘텐츠를 출력합니다. 새 글 쓰기 화면 오른쪽에 글 형식 메타박스가 있는데, 이곳에서 링크를 선택하고 글을 발행하면 이 템플릿을 사용해 콘텐츠를 출력합니다. 글 형식은 기본 형식을 포함해 10가지가 있으며 글 형식별로 템플릿을 만들어 사용할 수도 있습니다.
- content-none.php: 글 검색 결과가 없을 때 메시지를 출력합니다.
- content-page.php: 페이지(Page) 콘텐츠를 가져옵니다.
- content-search.php: 글 검색 시 검색 내용이 있을 경우 썸네일 이미지와 요약 글을 반복 시키는 역할을 합니다.
- footer.php: 사이트의 푸터 영역을 출력합니다. get_footer();의 대상.
- functions.php: 테마의 함수 코드가 있는 파일입니다.
- header.php: 사이트의 헤더 영역을 출력합니다. get_header();의 대상.
- image.php: 글 콘텐츠 중 이미지 링크를 '첨부 이미지'로 설정했을 경우 이미지를 클릭하면 사이트에서 이미지를 출력합니다.
- index.php: 템플릿 계층구조에서 다른 템플릿이 없을 때 콘텐츠를 최종적으로 출력하는 템플릿입니다.
- page.php: 콘텐츠가 페이지일 때 사용하는 템플릿입니다.
- rtl.css: 글자를 오른쪽부터 쓰는 아랍권에서 사용하는 스타일시트입니다.
- screenshot.png: 관리자 화면의 테마 화면에서 테마의 썸네일로 나타나는 이미지입니다.
- search.php: 콘텐츠 검색 시 검색 내용을 출력하는 템플릿입니다.
- sidebar.php: 사이드바를 사용하는 템플릿에 사이드바의 내용을 출력합니다. get_sidebar();의 대상.
- single.php: 글 목록 페이지에서 글 제목이나 썸네일을 클릭했을 때 글 내용 전체가 나타나는 단일 글 페이지 템플릿입니다.
- style.css: 테마의 모든 템플릿의 스타일을 담당합니다.

08 템플릿 파일의 연결 구조

템플릿 파일들은 서로 유기적으로 연결돼 있습니다. 예를 들어 페이지의 출력을 담당하는 page.php 파일을 편집기에 열어보면 다음과 같은 곳이 있습니다.

```
14  get_header(); ?>
15
16    <div id="primary" class="content-area">
17      <main id="main" class="site-main" role="main">
18
19        <?php
```

```
20    // Start the loop.
21    while ( have_posts() ) : the_post();
22
23      // Include the page content template.
24      get_template_part( 'content', 'page' );
25
26      // If comments are open or we have at least one comment, load up the comment template.
27      if ( comments_open() || get_comments_number() ) :
28        comments_template();
29      endif;
30
31    // End the loop.
32    endwhile;
33    ?>
34
35    </main><!-- .site-main -->
36  </div><!-- .content-area -->
37
38 <?php get_footer(); ?>
```

상단에 get_header()가 있고 하단에는 get_footer()가 있어서 이 페이지에 header.php와 footer.php 파일을 가져오고 있습니다. 중앙에는 반복문의 구조인데 get_template_part() 부분을 반복시키고 있습니다. 괄호의 내용을 보면 'content'와 'page'가 있으며 이것은 템플릿 파일 중 content-page.php라는 파일의 내용을 가져오라는 의미입니다. 그러면 이 파일을 열어보겠습니다.

```
11 <article id="post-<?php the_ID(); ?>" <?php post_class(); ?>>
12   <?php
13     // Post thumbnail.
14     twentyfifteen_post_thumbnail();
15   ?>
16
17   <header class="entry-header">
18     <?php the_title( '<h1 class="entry-title">', '</h1>' ); ?>
19   </header><!-- .entry-header -->
20
21   <div class="entry-content">
22     <?php the_content(); ?>
```

```
23    <?php
24      wp_link_pages( array(
25          'before'      => '<div class="page-links"><span class="page-links-title">' . __( 'Pages:', 'twentyfifteen' ) . '</span>',
26          'after'       => '</div>',
27          'link_before' => '<span>',
28          'link_after'  => '</span>',
29          'pagelink'    => '<span class="screen-reader-text">' . __( 'Page', 'twentyfifteen' ) . ' </span>%',
30          'separator'   => '<span class="screen-reader-text">, </span>',
31      ) );
32    ?>
33  </div><!-- .entry-content -->
34
35  <?php edit_post_link( __( 'Edit', 'twentyfifteen' ), '<footer class="entry-footer"><span class="edit-link">', '</span></footer><!-- .entry-footer -->' ); ?>
36
37 </article><!-- #post-## -->
```

이 파일에는 get_header()와 get_footer()가 없습니다. 이 파일의 내용이 page.php 파일에 그대로 들어가므로 필요가 없는 것입니다. 상단에는 제목이 있고 콘텐츠를 가져오기 위해 the_content() 태그가 있으며 바로 아래에는 페이지 처리 템플릿 태그가 있습니다. 이것은 관리자 화면에서 페이지를 만들 때 콘텐츠가 많은 경우 <!--nextpage-->라는 태그로 콘텐츠를 분리하면 페이지 내에서 페이지처리를 할 수 있는 기능입니다. 마지막 템플릿 태그는 페이지 하단에 편집 링크가 나타나게 하며 관리자에게만 보입니다.

이 모든 코드가 page.php 파일의 get_template_part() 부분으로 들어가는 것입니다. 따라서 전체 코드는 다음과 같은 구조입니다.

```
1  <?php get_header(); ?>
2    <div id="primary" class="content-area">
3      <main id="main" class="site-main" role="main">
4      <?php while ( have_posts() ) : the_post(); ?>
5        <article id="post-<?php the_ID(); ?>" <?php post_class(); ?>>
6          <?php twentyfifteen_post_thumbnail(); ?>
7          <header class="entry-header">
8            <?php the_title( '<h1 class="entry-title">', '</h1>' ); ?>
9          </header><!-- .entry-header -->
10         <div class="entry-content">
11           <?php the_content(); ?>
12           <?php wp_link_pages(); ?>
13         </div><!-- .entry-content -->
14         <?php edit_post_link(); ?>
15       </article><!-- #post-## -->
16       <?php if ( comments_open() || get_comments_number() ) :
17         comments_template();
18       endif;
19     endwhile;
20     ?>
21     </main><!-- .site-main -->
22   </div><!-- .content-area -->
23 <?php get_footer(); ?>
```

만일 두 개의 파일을 병합해 하나의 파일로 만든다면 위와 같은 구조가 될 것입니다. 그런데 파일을 분리해서 사용하는 데는 이유가 있습니다. 파일 관리에도 편리할 뿐만 아니라 코드가 길어지다 보면 편집도 어렵습니다. 또한 가장 큰 이유로는 재사용이 가능하다는 점입니다. 위처럼 코드가 어느 한 곳에만 포함돼 있다면 이 코드를 다른 곳에 사용할 수가 없게 됩니다.

이 책에서도 위와 같은 구조를 사용해 템플릿 파일을 만들고 가져오기를 이용해 재사용할 것이며 보다 간단하게 만들기 위해 병합된 템플릿도 만들 예정입니다.

테마 만들기

01 테마 제작 내용

전면 페이지

테마는 기본 테마의 수정을 벗어나 거의 새로운 테마로 만들 예정입니다. 따라서 제목이 테마 수정이 아니라 테마 제작에 해당됩니다. 이 책에서 만들 테마의 내용을 보면 다음과 같습니다. 전면 페이지는 원 페이지(One page)로 만듭니다. 메뉴를 클릭하면 해당 내용이 있는 곳으로 애니메이션되며 스크롤 되는 요즘 유행하고 있는 사이트 레이아웃입니다.

그림 2-12 전면 페이지

해당 콘텐츠로 이동했을 때 메뉴가 하이라이트 되는 부트스트랩의 스크롤 스파이를 적용했습니다. 상단 슬라이더는 화면의 전체 너비에 맞춰 나타나게 했습니다. 따라서 브라우저의 너비나 높이를 줄이더라도 항상 슬라이더 아래의 다른 요소는 나타나지 않고 슬라이더만 보입니다. 대부분 슬라이더는 화면의 너비가 줄어들면 슬라이더 이미지도 비율적으로 작아져서 이미지 내용이 거의 보이지 않습니다.

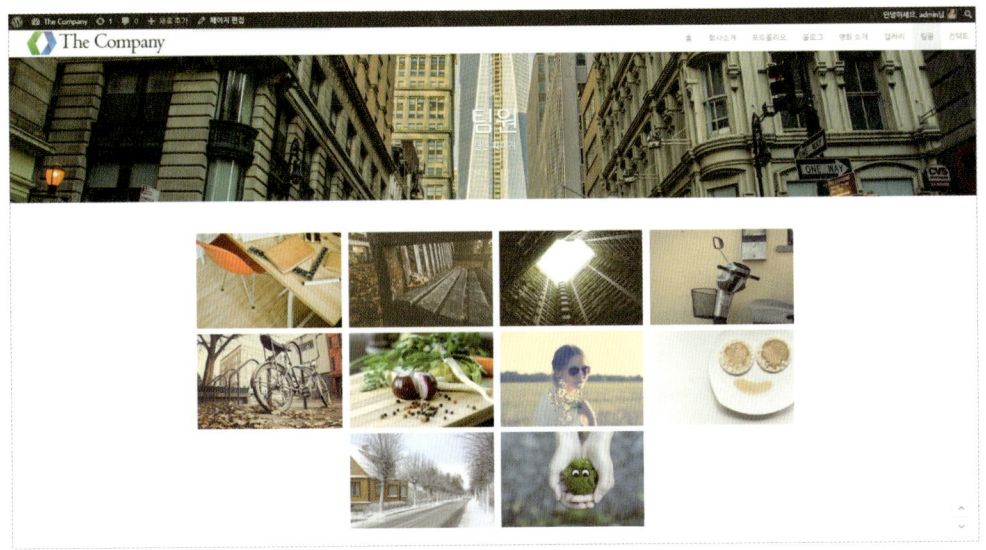

그림 2-13 전면 페이지의 콘텐츠

팀원 메뉴를 클릭하면 해당 콘텐츠로 이동하고 상단 이미지는 팀원 페이지에서 만든 특성 이미지를 가져와 배경 이미지로 나타나며 스크롤 하면 배경 이미지가 패럴랙스 되게 했습니다. 콘텐츠는 글 타입에 따라서 아이소토프 제이쿼리 플러그인을 사용해 카테고리 별로 분류할 수 있게 했으며 사이트에서 글을 생산하면 자동으로 업데이트 되고 전면 페이지이므로 나타나는 글의 수가 제한되게 했습니다. 글 타입에 따라 글 아이템에 마우스를 올리면 제목과 글 요약이 나타나고 클릭하면 해당 글로 이동합니다.

사용자 정의 글 타입 페이지

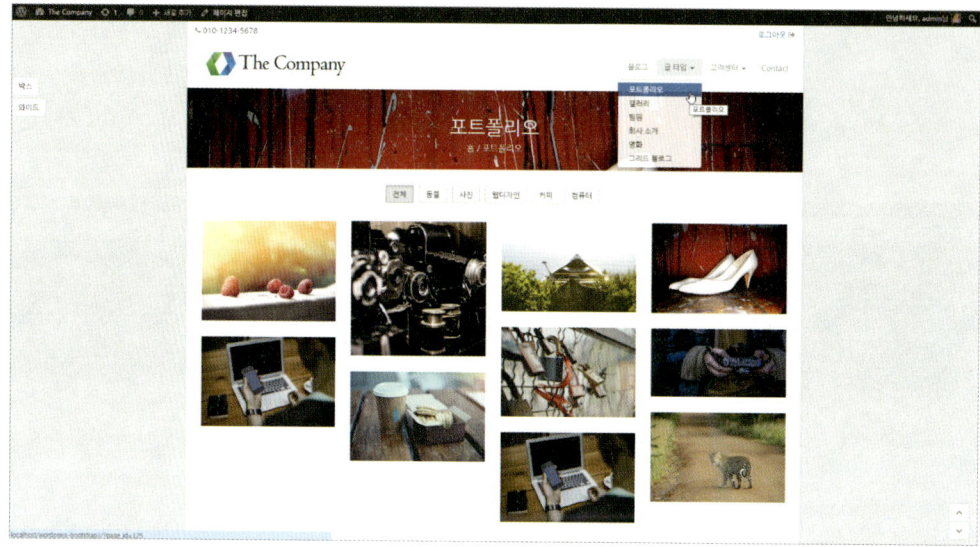

그림 2-14 두 번째 홈페이지

전면 페이지의 레이아웃은 전체 너비를 사용하지만 각 페이지는 전체 너비(Wide) 또는 콘텐츠 너비(Box)로 나타나게 합니다. 이는 관리자 화면에서 테마 옵션 페이지를 만들어 선택에 따라 바로 바꿀 수 있게 했습니다. 전면 페이지와 달리 각 메뉴를 클릭하면 상세 메뉴가 나타납니다. 글 타입에 따라서 글 아이템에 마우스를 올렸을 때 요약 콘텐츠가 나타나는 방식도 다르게 했습니다.

그림 2-15 그리드 블로그 페이지

글 타입이 그리드 블로그인 글은 글 아이템을 클릭하면 싱글 페이지로 이동하는 것이 아니라 핀터레스트 사이트처럼 부트스트랩의 모달 기능을 이용해 팝업 창에 콘텐츠가 나타나게 했습니다. 아래로 스크롤하면 댓글 기능도 있으며, 많은 글을 쉽게 볼 수 있습니다.

싱글 페이지

그림 2-16 포트폴리오 싱글 페이지

각 페이지나 싱글 페이지 상단은 제목과 브레드크럼이 나타나고 특성 이미지를 배경으로 사용합니다. 포트폴리오 싱글 페이지에서는 많은 이미지를 사용할 경우 이미지 목록이 isotope 플러그인을 이용한 그리드 형태로 나타나며 썸네일을 클릭하면 슬라이더로 나타납니다. 갤러리 글 타입은 이미지만 첨부해도 슬라이더가 바로 만들어지게 했습니다.

테마 레이아웃

이 책에서 만들 테마의 레이아웃은 다음과 같습니다.

그림 2-17 이 책에서 만들 테마의 레이아웃

그림 2-17의 왼쪽은 전면 페이지로 상단에 메뉴바와 전면 슬라이더가 있습니다. 그 아래부터는 두 번째 홈페이지에서 만든 콘텐츠를 가져와 노출시킵니다. 따라서 콘텐츠가 새로 만들어지면 업데이트 됩니다. 하단 푸터에는 별도의 메뉴를 추가할 수 있게 했습니다. 이 레이아웃의 기본은 전체 너비(.container-fluid)를 사용하며 콘텐츠 가져오기 부분은 제목 바와 콘텐츠로 나눠집니다. 콘텐츠 영역은 콘텐츠 너비(.container)를 사용합니다. 콘텐츠 너비를 전체 너비로 늘리려면 선택자만 바꾸면 됩니다.

오른쪽 그림은 두 번째 홈페이지입니다. 전면 페이지와 구분하기 위해 두 번째 홈페이지라고 칭하겠습니다. 두 번째 홈페이지의 레이아웃도 기본은 전체 너비를 사용하며, 콘텐츠에 따라 원하는 너비를 사용할 수 있는 유연성을 갖추게 했습니다. 전체 너비로 늘리려면 .container 선택자를 사용한 곳의 선택자를 .container-fluid로 바꾸면 됩니다. 기본 블로그 페이지와 같은 사이드바를 사용하는 페이지는 넓은 너비를 사용하기는 어렵고 컨테이너 너비로 제한하는 것이 좋으며 썸네일이 나타나는 포트폴리오나 갤러리 페이지는 전체 너비를 사용할 수 있습니다.

02 자식 테마 만들기

특정 테마를 기반으로 새로운 디자인을 하려면 자식 테마(Child theme)를 만들고 이를 편집해야 합니다. 테마를 업데이트해서 코드가 변경되더라도 수정한 자식 테마의 코드가 영향을 받지 않기 때문입니다. 자식 테마는 원본 테마(부모 테마) 중 수정하고자 하는 파일만 자식 테마 폴더에 복사해 수정하면 되지만 여기서는 거의 모든 파일을 수정할 것이므로 부모 테마의 모든 파일을 복사해 사용합니다. 과정은 다음과 같습니다.

01. 윈도 탐색기에서 현재 작업 중인 워드프레스의 wp-content/themes 폴더로 이동해 부모 테마(twetyfifteen) 폴더를 복사(Ctrl+C), 붙여넣기(Ctrl+V) 하면 폴더가 복사되면서 'twentyfifiteen - 복사본'이 만들어집니다. 복사된 폴더의 이름을 'twentyfifiteen-child'로 수정합니다. 폴더 이름은 공백이 없어야 합니다.

02. 'twentyfifiteen-child' 폴더의 functions.php 파일을 편집기로 열고 모든 내용을 제거한 다음 저장합니다. 이 파일에는 여러 가지 함수가 있는데 같은 이름의 함수가 있으면 서로 충돌이 일어나기 때문이고, 부모 테마의 함수를 사용하므로 제거해도 됩니다.

03. style.css 파일을 열고 다음과 같이 수정합니다.

```
 1 /*
 2 Theme Name: Twenty Fifteen Child
 3 Theme URI: https://martian36.tistory.com
 4 Author: Venusian
 5 Author URI: https://martian36.tistory.com
 6 Description: 반응형 워드프레스 테마
 7 Version: 1.0
 8 License: GNU General Public License v2 or later
 9 License URI: http://www.gnu.org/licenses/gpl-2.0.html
10 Tags: bootstrap
11 Text Domain: twentyfifteen
12
13 template: twentyfifteen
14 */
```

상단의 주석 부분을 제외하고 나머지는 모두 제거합니다. Theme Name을 Twenty Fitreen Child로 변경해 부모 테마의 이름과 다르게 합니다. 3번 줄부터 10번까지는 콜론 앞의 제목은 그대로 두고 내용은 원하는 대로 수정합니다. 이 테마가 부모 테마와 독립해 새로운 테마가 된다면 판매도 할 수도 있으므로 URI와 제작자 이름, 설명 등을 새롭게 입력합니다. 가장 중요한 부분은 주석이 끝나기 전에 'template: twentyfifteen'을 추가합니다. 부모 테마의 폴더 이름을 그대로 입력하는 것이며 부모 테마의 모든 파일을 사용하게 됩니다. 주의할 점은 위 코드처럼 template이라는 글자와 콜론 사이에 공백이 없어야 합니다. 워드프레스는 위와 같이 주석이라 하더라도 템플릿 파일 상단에 있는 특별한 구조의 주석 부분은 인식합니다. 따라서 워드프레스가 정한 규칙대로 글자를 입력해야 합니다. 여기까지 하고 저장한 다음 관리자 화면(http://localhost/bootstrap-wordpress/wp-admin)으로 가서 외모 → 테마 화면으로 가면 자식 테마의 썸네일이 나타납니다.

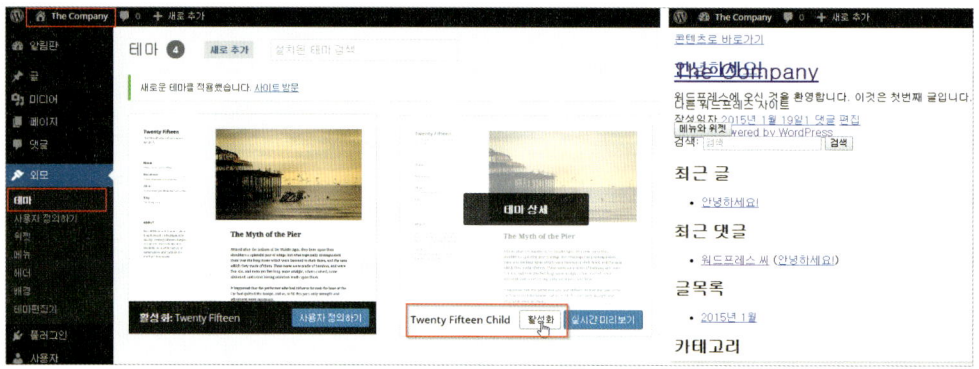

그림 2-18 관리자 테마 화면과 사이트 전면

썸네일에 마우스를 올려 활성화 버튼을 클릭하면 자식 테마가 활성화 됩니다. Ctrl 키를 누른 채 왼쪽 상단의 사이트 제목을 클릭하면 새 탭에서 스타일이 적용이 안된 전면 사이트를 볼 수 있습니다.

```
13 template: twentyfifteen
14 */
15
16 @import url(../twentyfifteen/style.css); /* 테스트 후 제거 */
17 @import url("http://fonts.googleapis.com/earlyaccess/nanumgothic.css");
18 @import url(style2.css);
19 @import url(genericons/genericons.css);
20
21 body, h1, h2, h3, h4, h5, h6, li, p, #nav ul li a, #topbar, input, button, select, textarea, a, .wf-container > *, .widget-title, .dwqa-container, #wpmem_reg, #wpmem_login
{
```

```
22    font-family: 'Nanum Gothic', 나눔고딕 !important;
23    font-style: normal !important;
24 }
25 /* 아래부터는 자신의 스타일시트를 입력합니다. */
```

16번째 줄에 CSS의 @import 규칙을 사용해 부모 테마의 스타일시트를 가져오기 하면 사이트가 제대로 보일 것입니다. 하지만 여기서는 거의 대부분 수정할 것이므로 부모 테마의 스타일은 사용하지 않습니다.

17번째 줄에서는 구글의 나눔고딕체 웹폰트를 가져오기 합니다. 다음으로 테마 폴더에 style2.css 파일을 만들고 이 파일을 가져오기 합니다. 이 파일은 각종 제이쿼리 플러그인에서 사용되는 외부 스타일시트를 저장하는 곳입니다. 많은 플러그인을 사용할 경우 기본 스타일시트(style.css)에 모두 첨부해 사용하면 코드를 찾기가 어렵고 관리하기도 번거롭습니다. 따라서 작업 중에는 이렇게 분리하는 것이 편리합니다. 나중에 테마가 완료된 후에 기본 스타일시트 상단 부분에 붙여넣으면 됩니다.

다음으로 19번째 줄에는 테마가 사용하는 폰트 아이콘을 가져오기 합니다. 부트스트랩이나 폰트 어썸의 폰트 아이콘에 없는 아이콘도 있으므로 함께 사용하는 것입니다. 이와 같이 @import 규칙은 스타일시트의 상단에 배치해야 합니다.

다음으로 21번째 줄에는 나눔고딕체를 적용할 태그와 선택자를 정의합니다. 모든 선택자를 의미하는 *(애스터리스크)를 사용하면 폰트 아이콘에도 나눔고딕체가 적용되므로 위와 같이 요소 검사를 이용해 선택자를 일일이 찾아서 추가해야 합니다.

관리자 화면 스타일시트

```
1 <?php
2    //관리자 화면 스타일시트
3    function admin_css() {
4        wp_enqueue_style( 'admin_css', get_stylesheet_directory_uri() . '/admin/admin.css' );
5    }
6 add_action('admin_print_styles', 'admin_css');
```

functions.php 파일을 편집기로 열고 위와 같이 코드를 추가합니다. wp_enqueue_style 은 스타일시트를 워드프레스가 인식하도록 하는 함수입니다. get_stylesheet_directory_uri()는 자식 테마의 경로를 나타내는 템플릿 태그입니다. add_action은 워드프레스에 함수를 적용하기 위한 함수이며 'admin_print_styles'은 관리자 화면에서 다음의 admin_css이라는 함수를 적용하기 위한 액션 이름입니다. 액션과 함수에 대해서는 나중에 설명합니다.

```
1 @import url("http://fonts.googleapis.com/earlyaccess/nanumgothic.css");
2 body, h1, h2, h3, h4, h5, h6, li, p {
3     font-family: 'Nanum Gothic' !important;
4     font-style: normal !important;
5 }
```

themes/twentyfifteen-child에 admin 폴더를 만든 다음 이 폴더에 admin.css 파일을 만들고 위 코드를 입력합니다. 관리자 화면을 새로고침하면 모든 폰트가 나눔고딕체로 나타납니다.

03 부트스트랩 관련 파일 등록하기

부트스트랩의 자바스크립트나 스타일시트를 워드프레스 테마에서 사용하려면 link 태그를 사용하지 않고 wp_enqueue_script()나 wp_enqueue_style() 함수를 사용합니다. 웹사이트 제작에는 수많은 자바스크립트와 스타일시트가 사용되며 플러그인이나 테마에는 같은 자바스크립트가 있을 수 있습니다. 이들 함수는 파일의 중복 사용을 방지하고 항상 대기(enqueue) 상태로 있다가 페이지가 필요할 경우 활성화 시키는 역할을 합니다.

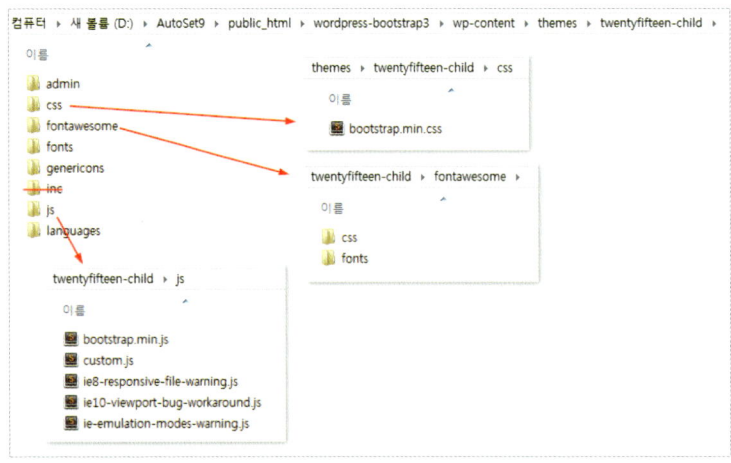

그림 2-19 불필요한 폴더 제거 및 부트스트랩 관련 파일 붙여넣기

우선 css 폴더와 js 폴더에서 기존에 있던 파일과 inc, languages 폴더는 제거합니다. 부모 테마에도 있는 폴더이므로 필요하지 않습니다. 그러고 나서 1장에서 사용한 부트스트랩, 폰트 어썸 파일을 그대로 가져와 붙여넣습니다. 마지막으로 js 폴더에서 custom.js의 내용은 모두 제거합니다. 앞으로 '테마 폴더'를 언급하면 특별한 지칭이 없는 한 항상 자식 테마인 twentyfifteen-child 폴더를 의미합니다.

```php
 8  // 자바스크립트, 스타일시트 등록
 9  function bootstrap_scripts() {
10      // 자바스크립트 등록
11      wp_enqueue_script('bootstrap-js', get_stylesheet_directory_uri() . '/js/bootstrap.min.js', array('jquery'), null, true);
12      //-> 이곳에 자바스크립트 계속 추가
13      wp_enqueue_script('custom-js', get_stylesheet_directory_uri() . '/js/custom.js', array('jquery'), null, true);
14
15      // 스타일시트 등록
16      wp_enqueue_style('bootstrap-style', get_stylesheet_directory_uri() . '/css/bootstrap.min.css', array() );
17      wp_enqueue_style('font-awesome-style', get_stylesheet_directory_uri() . '/fontawesome/css/font-awesome.min.css', array() );
18      //-> 이곳에 스타일시트 계속 추가
19  }
20  add_action('wp_enqueue_scripts', 'bootstrap_scripts');
```

테마 폴더에서 functions.php 파일을 열고 워드프레스에 자바스크립트와 스타일시트를 등록하기 위한 함수를 만듭니다. 워드프레스의 함수를 만드는 방법은 다음과 같습니다.

```php
26  function 함수_이름() {
27      //php
28  }
29  add_action('액션_이름', '함수_이름');
```

위의 경우 26번 줄과 29번 줄의 함수 이름은 일치시켜야 하고 액션 이름은 어떤 작업이 워드프레스 코어를 대상으로 한다면 해당 코어의 액션 이름을 입력합니다. wp_enqueue_scripts는 코어에 있는 것이므로 이름을 그대로 사용해야 합니다. 이러한 코어 액션의 목록은 http://codex.wordpress.org/Plugin_API/Action_Reference에서 볼 수 있으며 해당 목록에서 링크를 클릭하면 해당 액션의 상세 페이지로 이동합니다.

만일 자신이 만든 액션이라면 위처럼 함수를 만든 다음 사용할 곳에서 액션을 불러와야 합니다.

```
51 <?php do_action( '액션_이름' ); ?>
```

앞으로 코드의 효율적인 재활용을 위해 이러한 액션을 사용할 것입니다.

wp_enqueue_scripts의 구조는 다음과 같습니다.

```
47 wp_enqueue_script( $handle, $src, $deps, $ver, $in_footer );
```

- $handler는 등록하는 자바스크립트의 이름이며 독특하고 가능한 한 긴 이름을 사용해야 중복되는 것을 방지할 수 있습니다. HTML 페이지의 link 태그에서 id로 나타납니다.
- $src는 경로이고 파일이 있는 폴더를 지정하는 템플릿 태그를 사용하며 여기서는 자식 테마가 있는 폴더를 의미하는 "get_stylesheet_directory_uri()"를 사용했고 이후에 추가 경로를 삽입합니다. 만일 부모 테마의 경로라면 "get_template_directory_uri()"를 사용합니다.
- $deps는 의존(dependency)하는 파일입니다. 자바스크립트의 경우 제이쿼리를 사용하므로 array('jquery')처럼 입력합니다. array이므로 의존하는 파일을 여러 개 넣을 수 있습니다. 의존의 의미는 이곳의 핸들러가 먼저 적용된다는 의미입니다. 제이쿼리를 사용하려면 jquery가 먼저 실행돼야 하죠. 워드프레스가 사용하는 제이쿼리의 핸들러는 jquery입니다.
- $ver은 파일의 버전이며 파일 관리를 위해 임의로 입력하며 사이트를 요소검사 하면 HTML 페이지에서 파일 경로의 마지막에 해당 버전 숫자가 나타납니다.
- $in_footer는 푸터에 추가할지 헤더에 추가할지 결정합니다. true를 입력하면 푸터에 추가됩니다.

```
48 wp_enqueue_style( $handle, $src, $deps, $ver, $media );
```

스타일시트는 위와 같은 구조이며 마지막 $media만 다릅니다. 이것은 스타일시트의 용도이며 'all', 'screen', 'handheld', 'print' 중 선택해서 입력하거나 생략해도 됩니다. 생략할 경우 all을 의미합니다. 스타일시트의 경우 의존($deps)은 어떤 스타일시트를 먼저 실행할 것인지 설정할 수 있습니다. 스타일시트는 같은 선택자에 대해 같은 속성이 정의된다면 나중에 정의된 것이 우월합니다. 워드프레스 플러그인을 설치하면 플러그인의 스타일시트가 우월적으로 실행됩니다. 그런데 플러그인으로 만들어진 레이아웃을 변경하고자 테마 스타일시트에서 코드를 수정해 입력하면 적용이 안됩니다. 이럴 경우 테마의 스타일 시트에 !important를 추가해 수정할 수 있습니다. 하지만 모든 스타일시트에 이 코드를 입력하려면 번거롭죠. 이럴 경우 해당 플러그인의 스타일시트 핸들러를 의존 부분에 추가하면 됩니다.

예를 들어 스타일시트 등록에서 부트스트랩 스타일시트가 먼저 등록됐고 폰트 어썸이 나중에 등록됐으므로 폰트 어썸이 우월합니다. 이 순서를 바꾸려면 다음과 같이 하면 됩니다.

```
16    wp_enqueue_style('bootstrap-style', get_stylesheet_directory_uri() . '/css/
bootstrap.min.css', array('font-awesome-style') );
17    wp_enqueue_style('font-awesome-style', get_stylesheet_directory_uri() . '/
fontawesome/css/font-awesome.min.css', array() );
```

외부 스타일시트는 style2.css 파일에 계속 추가할 수 있지만 용량이 큰 경우 위처럼 등록해 사용합니다. 자바스크립트의 경우 제이쿼리 플러그인을 추가하면서 style2.css처럼 한곳에 모두 모아 하나의 자바스크립트로 만들 수도 있지만(http://www.javascript-obfuscator.com/) 사이트가 완료된 후에 하면 됩니다. 또는 파일의 용량을 줄이기 위해 BW-Minify라는 워드프레스 플러그인을 사용할 수도 있습니다.

'//-> 이곳에 자바스크립트 계속 추가' 부분에는 앞으로 추가되는 제이쿼리 플러그인을 추가합니다. 필요한 경우 js 폴더에 복사해 붙여넣은 IE 관련 자바스크립트 파일을 등록합니다.

다른 작업을 하기 전에 파일들이 제대로 등록됐는지 확인하는 것이 좋습니다.

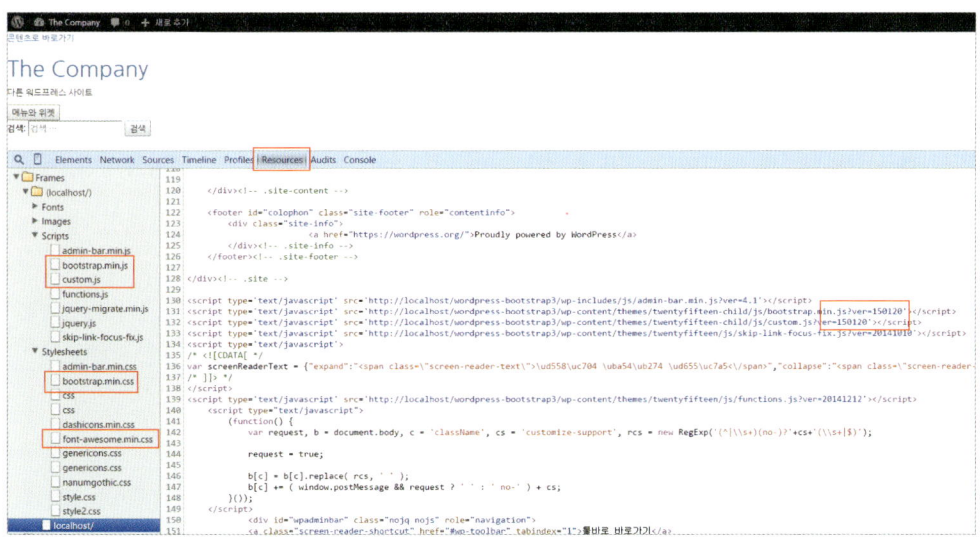

그림 2-20 개발자 도구의 리소스 탭

사이트 전면에서 F12 키를 눌러 Resources 탭을 선택한 다음 왼쪽에서 Frames 폴더의 Scripts와 Styleseets를 펼치면 등록된 파일들이 보입니다. 자바스크립트의 $ver 번호를 날짜로 입력했더니 파일의 끝에 나타납니다.

그림 2-21 개발자 도구의 콘솔 탭

파일을 등록했는데 왼쪽에 나타나지 않는 경우 탭바 오른쪽에 에러가 표시되며, 파일을 스크롤해 내려가면 해당 줄을 찾을 수 있지만 콘솔 탭을 선택하면 바로 알 수 있습니다. 한가지 예로 이러한 것은 많이 실수하는 부분입니다. 제이쿼리 플러그인을 내려받으면 대부분 축약 버전과 일반 버전의 제이쿼리 플러그인이 있는데 파일은 축약 버전을 사용하면서 경로의 파일 이름은 일반 버전을 사용해서 그렇습니다. 또한 파일명에 대시를 사용했는지 마침표를 사용했는지도 잘 봐야 합니다. 그리고 제이쿼리 코드가 잘못됐거나 하면 항상 위의 콘솔에서 확인해야 합니다.

04 레이아웃 만들기

워드프레스를 설치하면 사이트 전면에 기본 페이지와 글, 댓글이 하나씩 나타납니다. 우선 콘텐츠가 이것뿐이므로 페이지를 대상으로 레이아웃을 만들어보겠습니다.

header.php 파일 수정

```
12 <html <?php language_attributes(); ?> class="no-js">
13 <head>
14   <meta http-equiv="X-UA-Compatible" content="IE=edge">
15   <meta charset="<?php bloginfo( 'charset' ); ?>">
16   <meta name="viewport" content="width=device-width">
17   <link rel="profile" href="http://gmpg.org/xfn/11">
18   <link rel="pingback" href="<?php bloginfo( 'pingback_url' ); ?>">
19   <!--[if lt IE 9]>
```

```
20  <script src="<?php echo esc_url( get_template_directory_uri() ); ?>/js/html5.js"></
    script>
21  <![endif]-->
22  <!-- HTML5 shim and Respond.js for IE8 support of HTML5 elements and media queries
    -->
23  <!--[if lt IE 9]>
24      <script src="https://oss.maxcdn.com/html5shiv/3.7.2/html5shiv.min.js"></script>
25      <script src="https://oss.maxcdn.com/respond/1.4.2/respond.min.js"></script>
26  <![endif]-->
27  <script>(function(){document.documentElement.className='js'})();</script>
28  <?php wp_head(); ?>
29  </head>
```

header.php 파일을 편집기로 열고 수정합니다. head 태그 바로 아래에 〈meta http-equiv="X-UA-Compatible" content="IE=edge"〉 태그를 추가합니다. 위치가 다르면 제대로 작동하지 않습니다. 이미 있는 html5.js는 html5shiv.min.js와 같은 종류이며 테마에 있는 파일이 옛날 버전입니다. 따라서 html5.js가 있는 부분을 제거하고 1장에서 만든 코드를 추가합니다.

```
31  <body <?php body_class(); ?>>
32  <div id="page" class="hfeed site">
33      <a class="skip-link screen-reader-text" href="#content"><?php _e( 'Skip to
    content', 'twentyfifteen' ); ?></a>
34
35      <div id="sidebar" class="sidebar">
36      ...
37      </div><!-- .sidebar -->
38
39      <div id="content" class="site-content">
```

다음으로 sidebar 부분을 모두 제거합니다. 기본 테마는 헤더에 사이드바를 배치하고 항상 나타나게 했습니다. 이를 수정해 메인 메뉴를 배치하겠습니다.

부트스트랩은 메뉴 구조가 특이합니다. 선택자도 추가돼 있어서 워드프레스로 부트스트랩 메뉴를 만들기는 상당히 어렵습니다. 그래서 나온 것이 'wp-bootstrap-navwalker' 입니다.

https://github.com/twittem/wp-bootstrap-navwalker

위 사이트에는 파일과 사용법이 기술돼 있습니다. 파일을 내려받아 압축을 해제 하고 wp_bootstrap_navwalker.php 파일을 복사해 자식 테마 폴더에 붙여넣습니다.

```php
24 // 부트스트랩 메뉴
25 require_once('wp_bootstrap_navwalker.php');
26
27 // 내비게이션
28 register_nav_menus( array(
29     'primary' => __( 'Primary Menu', 'twentyfifteen' ),
30 ) );
31 register_nav_menus( array(
32     'secondary' => __( 'Secondary Menu', 'twentyfifteen' ),
33 ) );
```

functions.php 파일에 wp_bootstrap_navwalker.php의 복사한 파일을 가져오기 하고 메뉴를 등록합니다. 두 개의 메뉴를 등록하며 하나는 전면 페이지에 사용하고 나머지는 두 번째 홈페이지에 사용할 것입니다.

```html
32 <div id="page" class="hfeed site">
33   <a class="skip-link screen-reader-text" href="#content"><?php _e( 'Skip to content', 'twentyfifteen' ); ?></a>
34   <div id="main-menu" class="container-fluid p-all-0">
35     <nav class="navbar navbar-default">
36       <div class="container">
37         <!-- Brand and toggle get grouped for better mobile display -->
38         <div class="navbar-header">
39           <button type="button" class="navbar-toggle collapsed" data-toggle="collapse" data-target="#navbar-collapse-1">
40             <span class="sr-only">내비게이션 토글</span>
41             <span class="icon-bar"></span>
42             <span class="icon-bar"></span>
43             <span class="icon-bar"></span>
44           </button>
45           <a class="navbar-brand" href="<?php echo home_url(); ?>"> <?php bloginfo('name'); ?></a>
46         </div>
47
```

```
48        <!-- Collect the nav links, forms, and other content for toggling -->
49        <div class="primary-menu">
50          <?php
51            wp_nav_menu( array(
52                'menu'             => 'primary',
53                'theme_location'   => 'primary',
54                'depth'            => 2,
55                'container'        => 'div',
56                'container_class'  => 'collapse navbar-collapse ',
57                'container_id'     => 'navbar-collapse-1',
58                'menu_class'       => 'nav navbar-nav navbar-right',
59                'fallback_cb'      => 'wp_bootstrap_navwalker::fallback',
60                'walker'           => new wp_bootstrap_navwalker())
61            );
62          ?>
63        </div><!-- /.primary-menu -->
64      </div><!-- /.container-fluid -->
65    </nav>
66 </div><!-- /#main-menu -->
```

sidebar를 제거한 자리에 부트스트랩 냅바를 배치한 다음 .collapse 부분은 모두 제거합니다. div를 만든 후 .primary-menu 클래스 선택자를 추가하고 이 안에 워커 내비게이션 코드를 추가합니다. 이 코드에는 이미 collapse 관련 선택자가 들어 있습니다. .navbar-brand에는 사이트 제목을 가져오는 템플릿 태그인 <?php bloginfo('name'); ?>를 추가하고 href에는 홈페이지 URL을 출력하는 <?php echo home_url(); ?> 템플릿 태그를 입력합니다. button 태그의 data-target의 아이디와 워커 냅의 container_id는 일치시킵니다. menu_class에는 .navbar-right를 추가해 오른쪽으로 배치되게 합니다. depth는 메뉴의 깊이를 의미하며 숫자만큼의 하위 메뉴를 만들 수 있습니다.

가장 바깥쪽의 .container-fluid div에는 .p-all-0 선택자를 추가했습니다. 이 선택자는 필자가 만든 도움 클래스 모음 중 하나로 부트스트랩으로 사이트를 만들 때 클래스의 입력만으로 레이아웃을 바로 변경할 수 있도록 하기 위함입니다. 부트스트랩은 기본적으로 도움 클래스가 몇 가지 있습니다. .text-left라든가 .pull-right 등 단순한 기능을 하는 클래스 선택자입니다. 이와 마찬가지로 자신만의 클래스를 만들어 사용하면 빠른 레이아웃이 가능해집니다. 필자의 도움 클래스 구조는 다음과 같습니다.

표 2-1 필자의 커스텀 클래스

속성	방향 또는 색상	예
p : padding	all, top, rgt, btm, lft	.p-all-0은 padding: 0; .p-rgt-20은 padding-right: 20px; 0부터 70까지 5단위 또는 10단위로 설정
m : margin	all, top, rgt, btm, lft	.m-all-0은 margin: 0; .m-rgt-20은 margin-right: 20px;
b : border	all	.b-all-0은 border:none 주로 테두리를 제거할 때 사용
bg : background	bg-fff	투명 배경을 흰색으로 만들 때 사용

첨부 파일에서 css 폴더의 custom-helper-class.css 파일의 내용을 복사해 style2.css에 붙여넣고 필요할 때마다 새로운 클래스를 추가해서 사용합니다.

저장한 다음 사이트에서 확인합니다.

그림 2-22 반응형 메뉴바 확인

브라우저의 너비를 줄이고 버튼을 클릭했을 때 'Add a menu' 글자가 나오면 부트스트랩의 자바스크립트가 제대로 작동하는 것입니다.

```
70  <div class="site-wrapper container-fluid">
71    <div class="row">
```

header.php 파일의 하단에 있는 코드는 위와 같이 변경합니다. 콘텐츠 영역의 레이아웃을 변경하기 전에 footer.php 파일부터 수정하겠습니다.

footer.php 파일 수정

```
12    </div><!-- .row -->
13  </div><!-- .site-wrapper.container-fluid -->
14  <div id="bottom"></div>
15    <footer id="colophon" class="container site-footer" role="contentinfo">
16      <div class="site-info">
17        ...
18    </footer><!-- .site-footer -->
19    <a href="#" class="btn btn-default top-bottom go_top"><i class="fa fa-chevron-up"></i></a>
20    <a href="#" class="btn btn-default top-bottom go_bottom"><i class="fa fa-chevron-down"></i></a>
21  </div><!-- .site -->
22
23  <?php wp_footer(); ?>
24
25  </body>
```

footer.php 파일을 열고 수정합니다. 상단의 주석 부분을 header.php 파일의 클래스로 일치시킵니다. 이런 주석은 코드가 많아지거나 기억이 나지 않을 때 필요하므로 반드시 입력하도록 합니다. 바로 아래의 div#bottom은 20번째 줄의 버튼을 클릭했을 때 하단으로 이동하는 곳입니다. 페이지를 상하로 자유롭게 이동할 수 있어야 개발 시 사이트를 확인하면서 스크롤 하는 부담이 없습니다. 제이쿼리는 나중에 추가하겠습니다.

page.php 파일 수정

페이지 콘텐츠를 출력하는 템플릿 파일입니다. 이 파일을 편집기로 열고 수정합니다.

```
14  get_header(); ?>
15
16  <div class="container">
17    <div class="row">
18      <div id="content" class="col-md-12">
19        <div id="primary" class="content-area">
20          <main id="main" class="site-main" role="main">
21            ...
```

```
22        </main><!-- .site-main -->
23      </div><!-- .content-area -->
24    </div><!-- #content -->
25   </div><!-- .row -->
26 </div><!-- .container -->
27
28 <?php get_footer(); ?>
```

#primary를 감싸는 3개의 div를 만들고 각각 선택자를 입력합니다. .container 〉 .row 〉 .col-md-12 구조입니다. 이제 페이지 레이아웃은 완성됐습니다. 사이트를 확인하기 전에 우선 메뉴를 만들겠습니다.

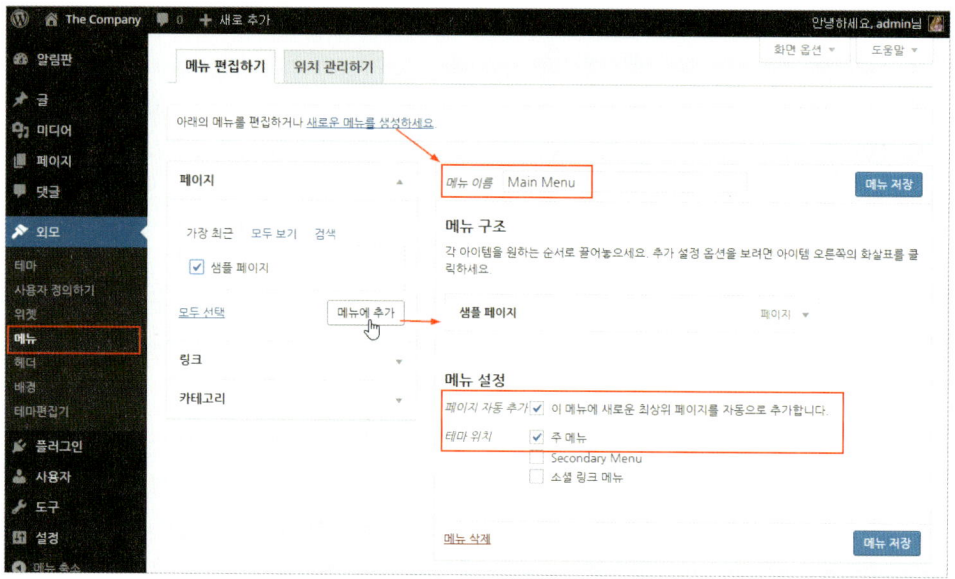

그림 2-23 메뉴 만들기

관리자 화면의 외모 → 메뉴에서 메뉴 이름을 입력하고 엔터 키를 누른 다음 페이지 메타박스에서 샘플 페이지를 선택하고 '메뉴에 추가' 버튼을 클릭하면 메뉴에 추가됩니다. 메뉴 설정에서 '페이지 자동 추가'에 체크하면 페이지가 만들어질 때마다 메뉴에 자동으로 등록됩니다. 테마 위치는 주메뉴에 체크하고 메뉴 저장 버튼을 클릭합니다.

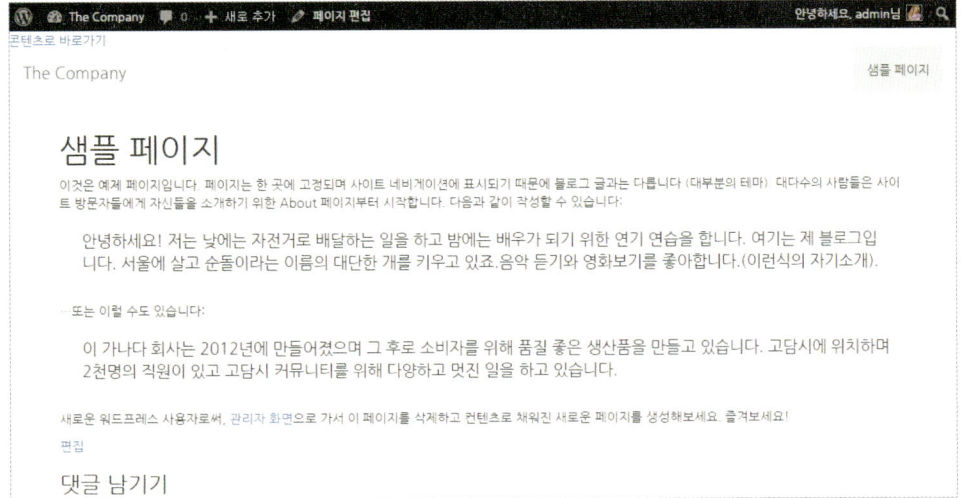

그림 2-24 샘플 페이지 확인

사이트 전면에서 확인하면 메뉴가 나타나고 콘텐츠는 중앙에 배치됩니다. 이제 글에 대해 레이아웃을 만들겠습니다.

index.php 파일 수정

모든 콘텐츠는 다른 템플릿 파일이 없다면 index.php 파일을 사용하는 것이 템플릿 계층구조입니다. 페이지 콘텐츠는 page.php 파일이 있기 때문에 이 파일로 콘텐츠가 출력됐습니다. 기본 테마는 글(Post)을 출력하기 위한 특별한 템플릿이 없기 때문에 최종 파일인 index.php 파일을 사용합니다. 그런데 이 파일을 대상으로 블로그 글 레이아웃을 만들면 다른 글 타입이 있을 때 같은 레이아웃으로 나타나게 됩니다. 따라서 이 파일에는 단순한 레이아웃만 만들어 놓고 블로그 글 목록을 위한 별도의 템플릿을 만들어야 합니다. 워드프레스의 글 목록을 만들려면 home.php 파일을 만들어 새로운 디자인을 하면 됩니다. home.php 파일은 템플릿 계층구조상 글 목록을 출력하기 위한 index.php 파일의 이전 단계에 해당합니다. 워드프레스는 블로그로부터 시작했기 때문에 home.php 파일이 블로그 글 출력 페이지가 됩니다.

```
17 get_header(); ?>
18
19 <div class="container">
20   <div class="row">
21     <div id="content" class="col-md-12">
22       <div id="primary" class="content-area">
23         <main id="main" class="site-main" role="main">
24           ...
25         </main><!-- .site-main -->
26       </div><!-- .content-area -->
27     </div><!-- #content -->
28   </div><!-- .row -->
29 </div><!-- .container -->
30
31 <?php get_footer(); ?>
```

index.php 파일을 열고 상단과 하단에 page.php에서 레이아웃을 만들기 위해 추가한 div 태그를 그대로 복사해 붙여넣습니다. 사이트에서 사이트 제목을 클릭하면 블로그 글이 나타납니다.

home.php 파일 만들기

index.php 파일을 복사해 home.php 파일로 이름을 수정하고, 이 파일을 편집기로 엽니다. 페이지 상단에서 'The main template file'로 돼 있는 부분을 'The blog template file'로 수정합니다. 혼란을 방지하기 위해 항상 페이지를 만들 때마다 주석을 달아놓습니다.

```
19 <div class="container">
20   <div class="row">
21     <div id="content" class="col-md-8">
22       <div id="primary" class="content-area">
23         <main id="main" class="site-main" role="main">
24           ...
25         </main><!-- .site-main -->
26       </div><!-- .content-area -->
27     </div><!-- #content -->
28     <div id="sidebar1" class="col-md-4">
29       <?php get_sidebar(); ?>
30     </div><!--#sidebar1-->
31   </div><!-- .row -->
32 </div><!-- .container -->
```

.col-md-12를 .col-md-8로 바꿉니다. #content 주석 다음에 빈 줄을 만들고 #sidebar1의 div 태그를 만든 다음 그리드 선택자를 추가합니다. 내부에는 사이드바를 가져오는 get_sidebar() 템플릿 태그를 추가합니다. 사이드바 아이디를 #sidebar로 하지 않고 #sidebar1으로 한 이유는 부모 테마에서 #sidebar 선택자에 대해 자바스크립트를 이용해 top: 92px;로 고정시키고 있기 때문에 이 선택자를 사용하면 왼쪽에 고정돼 버리기 때문입니다. 부모 테마의 코드를 건드리지 않는 선에서 작업해야 하므로 선택자를 바꾸는 것입니다. 저장하고 사이트에서 확인하면 오른쪽에 사이드바가 나타날 것입니다.

이제 두 종류의 레이아웃이 만들어졌습니다. 하나는 사이드바가 있는 레이아웃이고 다른 하나는 사이드바가 없는 레이아웃입니다. 이를 바탕으로 각 템플릿 파일을 열어 레이아웃을 결정합니다. 이렇게 레이아웃을 수정할 파일은 각 파일을 열어서 상단에 get_header() 태그가 있는 파일들입니다. 이것이 없는 파일은 다른 템플릿의 일부분으로 사용되고 있기 때문에 레이아웃을 변경할 필요가 없습니다. 404.php, archive.php, search.php, single.php 파일은 사이드바가 있는 것이 좋으므로 각각 열어서 위 home.php 파일의 레이아웃을 적용합니다. 각 파일을 편집기에 열어서 외곽에 .container > .row div를 추가하고 #content 부분에 class="col-md-8"을 추가합니다. 그런 다음 사이드바 부분의 코드를 추가하면 됩니다. 404.php 파일의 예를 들면 다음과 같이 됩니다.

```html
12  <div class="container">
13    <div class="row">
14      <div id="content" class="col-md-8">
15        <div id="primary" class="content-area">
16          <main id="main" class="site-main" role="main">
17
18            <section class="error-404 not-found">
19              <header class="page-header">
20                <h1 class="page-title"><?php _e( 'Oops! That page can&rsquo;t be found.', 'twentyfifteen' ); ?></h1>
21              </header><!-- .page-header -->
22
23              <div class="page-content">
24                <p><?php _e( 'It looks like nothing was found at this location. Maybe try a search?', 'twentyfifteen' ); ?></p>
25
26                <?php get_search_form(); ?>
```

```
27        </div><!-- .page-content -->
28      </section><!-- .error-404 -->
29
30      </main><!-- .site-main -->
31    </div><!-- .content-area -->
32  </div><!-- #content -->
33  <div id="sidebar1" class="col-md-4">
34    <?php get_sidebar(); ?>
35  </div><!--#sidebar1-->
36  </div><!-- .row -->
37 </div><!-- .container -->
```

05 콘텐츠 추가하기

레이아웃은 만들어졌지만 현재의 콘텐츠로는 디자인을 하기 어렵습니다. 이미지도 있어야 하고 글도 있어야 어떻게 보이는지 확인할 수 있습니다. 워드프레스 플러그인으로 더미 콘텐츠를 생성하는 기능이 있지만 제대로 된 이미지가 생성되지 않습니다. 따라서 직접 만드는 것이 좋습니다. 글을 보다 쉽게 만들려면 하나의 글을 만들고 이미 만든 글을 복사하는 플러그인을 사용하면 됩니다.

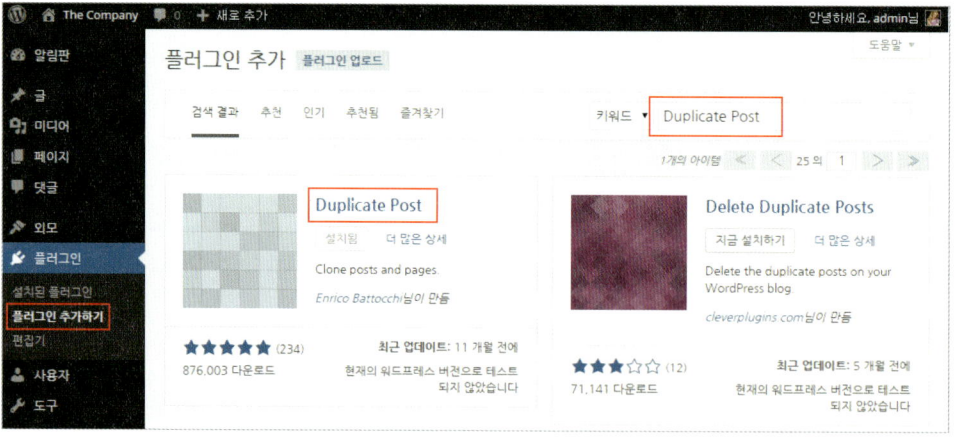

그림 2-25 앞으로 사용할 플러그인 추가하기 화면

관리자 화면의 플러그인 추가하기에서 검색 창에 Duplicate Post라고 검색해 플러그인을 설치하고 활성화 합니다. 앞으로 여러 가지 워드프레스 플러그인을 설치할 것이므로 플러그인 이름만 언급하면 이곳에서 검색해 설치하면 됩니다.

그림 2-26 샘플 글 제거

이 플러그인은 별도의 설정이 필요 없고 글이나 페이지 목록에서 바로 복사하거나 편집 화면에서도 복사해 임시글(Draft)로 만들 수 있습니다. 임시글을 만든 후에 편집하고 공개하기 버튼을 클릭하면 새 글이 만들어집니다. 우선 안녕하세요! 글을 휴지통에 넣고 상단이나 주메뉴에서 '새 글 쓰기' 링크를 클릭합니다.

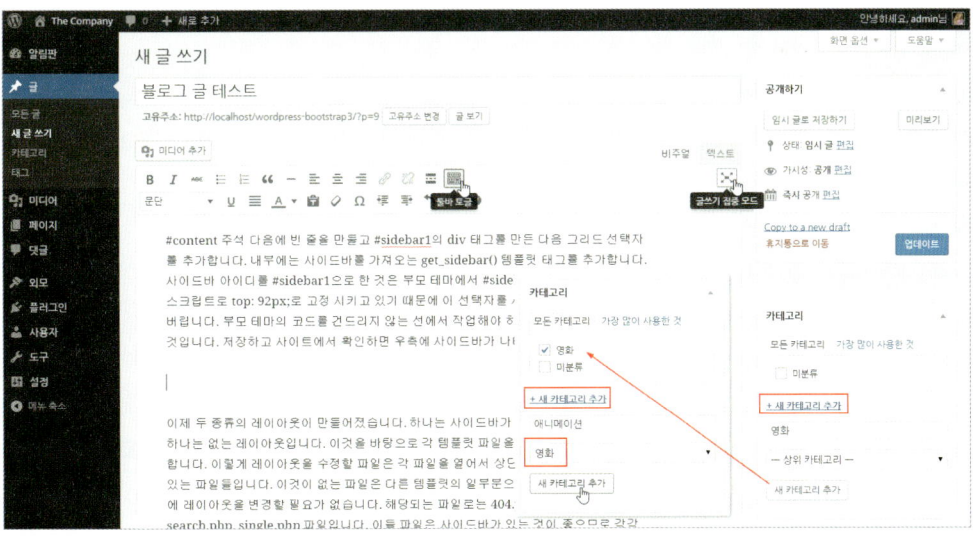

그림 2-27 편집기 화면 및 카테고리 추가

03. 테마 만들기 235

편집기에 대해 간단히 알아보면 여느 웹사이트의 편집기와 비슷합니다. 툴바 토글 아이콘을 클릭하면 두 번째 도구 모음 줄이 나타납니다. 오른쪽 끝에 있는 아이콘을 클릭하면 글을 쓸 때 집중할 수 있도록 주메뉴와 메타박스가 사라지고, 마우스를 편집기 외부로 이동하면 다시 주메뉴와 메타박스가 나타납니다.

글 제목을 입력하고 콘텐츠를 추가한 다음 카테고리를 만듭니다. 카테고리 메타박스에서 '새 카테고리 추가' 링크를 클릭하고 빈 칸에 원하는 카테고리를 입력합니다(영화). 박스 하단의 '새 카테고리 추가' 버튼을 클릭하면 카테고리가 추가되면서 선택됩니다. 하위 카테고리를 만들려면 새 카테고리 추가 링크를 클릭하고 하위 카테고리를 입력한 다음 상위 카테고리 선택 상자에서 카테고리를 선택하고 새 카테고리 추가 버튼을 클릭하면 됩니다.

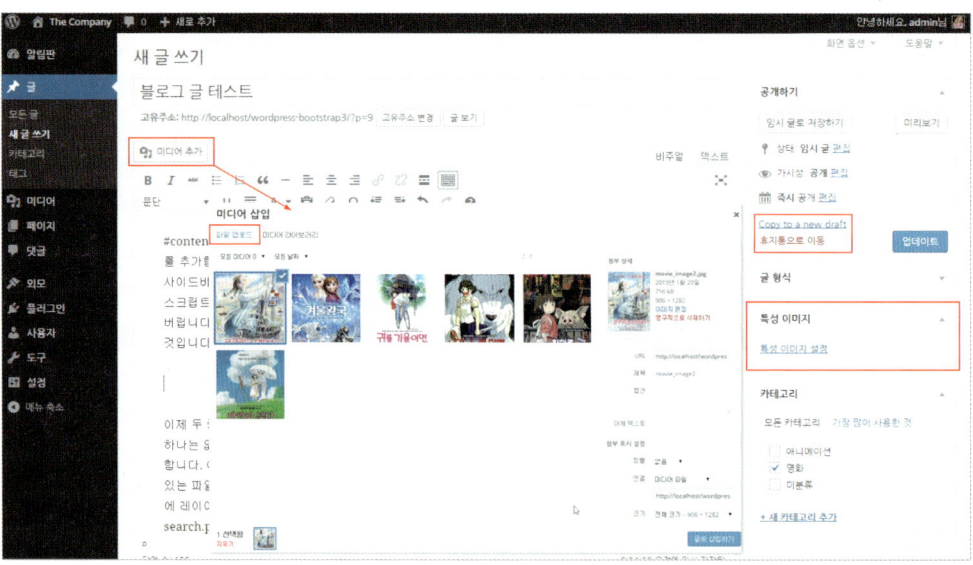

그림 2-28 미디어 추가 및 글 복제

이미지 추가는 글 중간에 커서를 배치하고 편집기 상단의 미디어 추가 버튼을 클릭하면 팝업 창이 나타납니다. 파일 업로드 탭을 선택하고 자신의 컴퓨터에 저장한 이미지(첨부 파일 페이지에서 다운로드)를 업로드 하면 그림 2-28과 같이 미디어 라이브러리에 업로드 됩니다. 윈도 탐색창에서 Ctrl 키나 Shift 키를 사용해 여러 개의 파일을 업로드 하고나면 모두 선택돼 있으므로 하단에서 지우기 링크를 클릭해야 선택이 해제됩니다. 다시 이미지 하나를 선택하고 오른쪽 아래에서 '연결'을 미디어 파일로 선택한 뒤 '크기'를 최대 크기로 선택한 다음 글에 삽입하기 버튼을 클릭하면 글에 추가됩니다.

특성 이미지도 추가합니다. 특성이미지는 글의 대표 이미지 역할을 하며 오른쪽 아래에 있는 특성 이미지 메타박스의 특성 이미지 설정 링크를 클릭하고 미디어 추가 방식과 같이 이미지를 업로드 하면 됩니다. 특성 이미지는 하나만 설정할 수 있습니다. 콘텐츠 입력이 완료되면 공개하기 버튼을 클릭해 글을 발행합니다. 발행 후에 공개하기 메타박스의 '휴지통으로 이동' 텍스트 바로 위에 있는 'Copy to a new draft' 링크를 클릭하면 새 임시글이 만들어지며 제목과 이미지만 교체하고 다시 발행합니다. 이런 과정을 카테고리를 다양하게 해서 몇 번 반복합니다. 여러 형태의 이미지 크기와 정렬을 테스트 하기 위해 마지막 글은 4가지 이미지를 첨부하겠습니다. 미디어 업로드 창에서 Ctrl 키를 누른 채 4개의 이미지를 선택하고 오른쪽 아래에 있는 글에 삽입하기 버튼을 클릭하면 4개의 이미지가 동시에 첨부됩니다.

첨부 파일의 이미지는 무료 사이트(http://bootstrapbay.com/blog/free-stock-photos/ 참고)에서 내려받은 이미지로 품질이 아주 좋으며 프리미엄 테마의 데모 화면으로도 많이 사용됩니다.

그림 2-29 다양한 이미지 정렬

추가한 이미지 중 첫 번째 이미지를 클릭하면 편집 도구 모음이 나타납니다. 편집 아이콘을 클릭하고 팝업 창에서 정렬을 왼쪽, 크기를 작은 사진으로 선택하고 업데이트 버튼을 클릭합니다. 두 번째 이미지는 정렬을 중앙, 크기는 보통, 세 번째 이미지는 정렬을 오른쪽, 크기는 작은 썸네일, 네 번째 이미지는 정렬은 없음, 크기는 전체 크기를 선택합니다.

그림 2-30 사이트에서 이미지 정렬 확인

편집 후 편집기 화면에서는 부모 테마에 있는 editor-style.css 파일로 인해 정렬이 돼 있지만 사이트에서는 그림 2-30과 같이 모두 왼쪽을 기준으로 배치돼 있습니다. 또한 큰 사이즈의 이미지는 콘텐츠 영역의 범위를 벗어났습니다. 이들을 모두 편집기에서 설정한 정렬대로 배치되게 해야 합니다.

```css
29 img.alignleft  { float: left;   margin: 20px 20px 20px 0; }
30 img.alignright { float: right;  margin: 20px 0px 20px 20px; }
31 img.aligncenter { display: block; margin: 20px auto;  clear: both; }
32 img { height: auto; max-width: 100%; }
```

자식 테마의 style.css 파일을 위와 같이 설정합니다. 관리자 화면의 글 편집 화면에서 이미지를 추가하면 .alignleft, .alignright, .aligncenter, .alignnone 등의 선택자가 img 태그에 추가되므로 이들에 대해 스타일을 정해주면 됩니다. 마지막으로 모든 이미지에 대해 max-width: 100%;와 height: auto;를 설정하면 범위를 벗어나는 이미지는 콘텐츠 영역 내로 들어오고 화면의 너비에 따라 크기가 변경되는 반응형 이미지가 됩니다.

그러면 본격적인 사이트를 만들기 전에 몇 가지 제이쿼리 플러그인을 설치해 화면을 자유롭게 이동하거나 레이아웃을 변경할 수 있게 해보겠습니다.

06 작업 환경 만들기

보다 양호한 작업 환경은 피로를 덜 수 있습니다.

스타일 스위쳐(Style switcher)

스타일 스위쳐는 사이트 전면에서 버튼의 선택으로 사이트의 스타일을 바꿀 수 있는 기능으로 데모 사이트의 여러 가지 형태를 방문자에게 보여주는데 사용합니다. 개발 환경에서는 레이아웃이 어떻게 달라지는지 바로 확인할 수 있습니다. 워드프레스 플러그인도 있으나 제이쿼리 플러그인을 이용해 만들어보겠습니다. 워드프레스 플러그인은 많이 설치할수록 사이트 속도가 느려지고 메모리 부담도 있습니다. 간단한 기능은 제이쿼리로 직접 만들어 사용하는 것이 좋습니다.

https://github.com/carhartl/jquery-cookie

위 사이트로 이동해서 플러그인을 내려받은 다음 압축을 해제하고 src 폴더에서 jquery.cookie.js 파일을 자식 테마의 js 폴더에 저장합니다.

```
15    wp_enqueue_script('jquery.cookie-js', get_stylesheet_directory_uri() . '/js/
jquery.cookie.js', array('jquery'), null, true);
```

functions.php 파일에 파일을 등록합니다. 스타일 스위쳐는 버튼의 클릭에 따라 스타일시트를 추가하는 기능을 하는데 일반적인 자바스크립트를 사용하면 스타일을 변경할 수는 있으나 사이트를 새로고침 하면 원래의 스타일로 되돌아갑니다. 그래서 php를 이용해 데이터를 저장하거나 자바스크립트를 이용해 쿠키에 저장하는 방법을 사용합니다. jquery.cookie.js는 자바스크립트에 의한 방법을 사용합니다.

테마 폴더에 style-wide.css와 style-box.css 파일을 만들고 다음과 같이 입력합니다.

style-wide.css

```css
1 body { background: #fff; }
2 #page { width: 100%; background-color: #fff; }
```

style-box.css

```css
1 body { background: url(images/egg_shell.png), no-repeat; }
2 @media (min-width: 1200px) {
3   #page { width: 1170px; margin: 0 auto; background-color: #fff; border-left: 1px solid #ccc; border-right: 1px solid #ccc; }
4 }
```

박스 스타일은 너비를 설정하므로 미디어쿼리를 사용해 화면 너비가 1200px 이상일 때만 적용되게 합니다. 배경 이미지는 첨부 파일의 images 폴더에서 기타/egg_shell.png 파일을 복사해 테마 폴더에 images 폴더를 만들고 붙여넣습니다.

```css
34 .wide-box.box { position: fixed; top: 140px; left: 0; z-index: 10000; }
35 .wide-box.wide { position: fixed; top: 180px; left: 0; z-index: 10000; }
```

메인 스타일시트인 style.css에는 위처럼 입력해 버튼을 고정시킵니다. 버튼은 header.php에 다음과 같이 만듭니다.

```php
30 <body <?php body_class(); ?>>
31 <div class="visible-lg-block">
32   <a href="#" rel="<?php echo esc_url( get_stylesheet_directory_uri() ); ?>/style-wide.css" class="btn btn-default wide-box wide">와이드</a>
33   <a href="#" rel="<?php echo esc_url( get_stylesheet_directory_uri() ); ?>/style-box.css" class="btn btn-default wide-box box">박스</a>
34 </div>
```

박스나 와이드 레이아웃은 큰 화면에서만 의미가 있으므로 body 태그 바로 아래 .visible-lg-block의 div를 만들고 a 태그로 버튼을 만들면서 rel 속성에는 각각의 스타일시트를 지정합니다. 제이쿼리로 버튼을 제어하기 위해 .wide-box 선택자를 추가합니다.

```php
22   wp_enqueue_style('box-style', get_stylesheet_directory_uri() . '/style-box.css', array() );
```

functions.php 파일에는 style-box.css 파일 하나만 등록합니다. 위의 box-style은 link 태그에서 id로 나타납니다.

```
2  jQuery(document).ready(function($){
3    if($.cookie("css")) {
4        $("link#box-style-css").attr("href",$.cookie("css"));
5    }
6    $(".wide-box").click(function() {
7        //$(this).addClass('active');
8        $("link#box-style-css").attr("href",$(this).attr('rel'));
9        $.cookie("css",$(this).attr('rel'), {expires: 365, path: '/'});
10       return false;
11   });
12   // 제이쿼리 코드 입력
13 });
```

js 폴더에서 미리 만들어둔 custom.js 파일을 열고 위와 같이 입력합니다. 쿠키로 저장되는 기간은 365일입니다. 여러 가지 스타일시트를 만들고 해당 스타일시트에 대한 버튼만 추가하면 몇 개라도 만들 수 있습니다.

상하 애니메이션 스크롤

footer.php 파일에 이미 버튼을 추가했으니 스타일과 제이쿼리만 추가하면 됩니다.

```
37 .top-bottom { position:fixed;right:15px;z-index:10000; }
38 .go_top { bottom:50px; }
39 .go_bottom { bottom:15px; }
```

style.css에 위 코드를 추가해 사이트의 오른쪽 아래에 고정합니다.

```
13 $('.go_top').click(function () {
14     $('html, body').animate({ scrollTop: 0 }, 'slow');
15 });
16
17 $('.go_bottom').click(function () {
18     $('html, body').animate({
19         scrollTop: $('#bottom').offset().top
20     }, 'slow');
21 });
```

제이쿼리는 위와 같이 입력합니다. 애니메이션 속도는 slow로 했으나 밀리초 단위의 숫자를 사용해도 됩니다. 숫자로 입력할 때에는 작은따옴표를 사용하지 않습니다.

로그인 세션 변경

워드프레스는 최근 버전에서 세션 시간을 아주 짧게 잡아서 작업하다 보면 로그인을 다시 해야 하는 불편함이 있습니다. 하지만 방문자에게는 다시 로그인 하는 시간이 짧을수록 보안에 유리합니다.

```
56  add_filter('auth_cookie_expiration', 'my_expiration_filter', 99, 3);
57  function my_expiration_filter($seconds, $user_id, $remember){
58      if( is_admin() ) {
59      //if "remember me" is checked;
60      if ( $remember ) {
61          //WP defaults to 2 weeks;
62          $expiration = 140*24*60*60; //UPDATE HERE;
63      } else {
64          //WP defaults to 48 hrs/2 days;
65          $expiration = 20*24*60*60; //UPDATE HERE;
66      }
67      //http://en.wikipedia.org/wiki/Year_2038_problem
68      if ( PHP_INT_MAX - time() < $expiration ) {
69          //Fix to a little bit earlier!
70          $expiration = PHP_INT_MAX - time() - 5;
71      }
72      return $expiration;
73      }
74  }
```

functions.php 파일을 열고 위 코드를 추가합니다. 처음의 if 부분은 관리자인 경우를 의미하고 두 번째 if는 로그인 시 기억하기에 체크했을 때 로그인이 지속되는 시간이며 else부분은 체크하지 않았을 때 로그인이 지속되는 시간입니다. //UPDATE HERE 부분의 처음 숫자에 0을 추가하면 로그인이 유지되는 시간이 10배로 늘어납니다. 실제 사이트를 운영할 때에는 위 코드를 제거하세요. 또한 사용 중에 로그인이 안되면 위 코드를 주석 처리하고 로그인한 다음 다시 주석을 제거하면 됩니다.

phpMyAdmin 세션 늘리기

데이터베이스를 자주 사용하면 phpMyAdmin을 자주 들락거려야 하는데 phpMyAdmin도 몇 시간만 지나면 매번 로그인해야 합니다.

```
18  /* End of servers configuration */
19  $cfg['LoginCookieValidity'] = 200*24*60*60;
```

AutoSet9/solution/phpMyAdmin 폴더에서 config.inc.php 파일을 열고 위와 같이 설정하면 200일 동안 로그인 하지 않아도 됩니다.

07 사이트 레이아웃 정리

스크린 리더 텍스트

기본 테마는 곳곳에 스크린 리더 텍스트가 있습니다. 부트스트랩에서는 .sr-only 선택자로 제어하는데 테마에서는 .screen-reader-text를 사용합니다. 또한 .says 선택자도 같은 기능을 합니다.

```
41  .says, .screen-reader-text { clip:rect(1px,1px,1px,1px);height:1px;overflow:hidden;position:absolute!important;width:1px }
```

위와 같이 설정하면 HTML에서 글자는 나타나지만 사이트에서는 보이지 않습니다.

콘텐츠 영역과 사이드바 너비 수정

부트스트랩의 그리드 시스템으로 콘텐츠 영역과 사이드바를 만들면 .col-md-8 + .col-md-4 또는 .col-md-9 + .col-md-3의 조합을 사용하는데 어떤 것도 너비가 적당하지 않습니다. .col-md-4를 사용하면 사이드바가 너무 넓어지고 .col-md-3을 사용하면 너무 좁아집니다. 그래서 lg 사이즈에서만 적용되게 너비를 조정해보겠습니다. 우선 style.css 하단에 미디어쿼리를 설정합니다.

```
50 @media (max-width: 767px) {
51
52 }
53 @media (min-width: 768px) {
54
55 }
56 @media (min-width: 992px) {
57
58 }
59
60 @media (max-width: 991px) {
61
62 }
63
64 @media (min-width: 1200px) {
65
66 }
```

그 다음 아래와 같이 1200px 이상일 때의 그리드 너비를 조정합니다.

```
64 @media (min-width: 1200px) {
65    #content.col-md-8 { width:72% }
66    #sidebar1.col-md-4 { width:28% }
67    .col-md-pull-8 { right:72%; }
68    .col-md-push-4{ left:28%; }
69 }
```

push와 pull의 사용을 대비해 미리 설정해둡니다. 나중에 왼쪽에 사이드바가 있는 페이지 템플릿을 만들 때 필요합니다. 미디어쿼리에 들어가지 않는 코드는 위 미디어쿼리 상단에 계속 입력하도록 합니다.

콘텐츠 영역과 사이드바 영역의 구분

두 영역을 구분하기 위해 두 가지 방법을 알아보겠습니다. 첫 번째는 두 영역 사이에 수직선을 사용하는 방법입니다.

```
64 @media (min-width: 1200px) {
65    #content.col-md-8 { width:72%; border-right:1px solid #ddd;}
66    #sidebar1.col-md-4 { width:28%; border-left:1px solid #ddd; left: -1px; }
```

위와 같이 .col-md-8에는 오른쪽 테두리, .col-md-4에는 왼쪽 테두리를 설정하고 left: -1px을 추가하면 테두리가 서로 겹쳐서 하나로 보이게 됩니다. 콘텐츠의 높이나 사이드바의 높이가 서로 다르더라도 일정한 경계선을 만들게 됩니다. 포지션은 absolute나 relative로 설정해야 하지만 모든 .col- 선택자는 이미 포지션이 relative로 설정돼 있습니다.

```
60 @media (max-width: 991px) {
61     #sidebar1.col-md-4 { margin-top: 30px; }
62 }
```

사이드바가 콘텐츠 영역 아래로 내려가는 991px 이하에서는 상단 마진을 설정합니다.

콘텐츠 영역과 사이드바를 구분하는 다른 방법은 사이드바만 박스 처리하는 것입니다.

```
43 #secondary { border:1px solid #ddd;padding:15px;border-radius:5px; }
```

위처럼 #secondary에 대해 테두리를 만듭니다. 두 가지 방법을 동시에 사용해도 되지만 나중에 왼쪽에 사이드바가 있는 템플릿을 사용할 때 테두리의 위치를 변경해야 하는 불편함이 있습니다. 여기서는 사이드바 박스에만 테두리를 설정하는 방법으로 진행하겠습니다. #sidebar1에 설정하지 않은 이유는 사이드바에 어픽스 기능을 사용할 때 테두리가 사라지는 것을 방지하기 위해서입니다.

08 사이드바 수정

사이드바는 위젯을 배치해 여러 가지 콘텐츠 목록을 만들 수 있는 영역입니다. 기본 테마는 위젯 영역을 부모 테마에서 관리하고 있기 때문에 자식 테마에서 위젯 영역에 위젯을 배치해도 변화가 없습니다. 따라서 부모 테마에서 위젯 영역의 등록을 해제하고 자식 테마에서 사용할 수 있게 재등록 해야 합니다.

```
39 function remove_parent_widgets(){
40     unregister_sidebar( 'sidebar-1' );
41 }
42 add_action( 'widgets_init', 'remove_parent_widgets', 11 );
```

functions.php 파일에 위와 같이 코드를 입력해 위젯의 등록을 해제합니다.

```php
44 function twentyfifteen_child_widgets_init() {
45     register_sidebar( array(
46         'name'          => __( '기본 위젯 영역', 'twentyfifteen' ),
47         'id'            => 'sidebar-2',
48         'description'   => __( 'Add widgets here to appear in your sidebar.', 'twentyfifteen' ),
49         'before_widget' => '<aside id="%1$s" class="widget %2$s">',
50         'after_widget'  => '</aside>',
51         'before_title'  => '<h2 class="widget-title"><span>',
52         'after_title'   => '</span></h2>',
53     ) );
54     register_sidebar( array(
55         'name'          => __( '포트폴리오 위젯 영역', 'twentyfifteen' ),
56         'id'            => 'sidebar-3',
57         'description'   => __( 'Add widgets here to appear in your sidebar.', 'twentyfifteen' ),
58         'before_widget' => '<aside id="%1$s" class="widget %2$s">',
59         'after_widget'  => '</aside>',
60         'before_title'  => '<h2 class="widget-title"><span>',
61         'after_title'   => '</span></h2>',
62     ) );
63     //이후로 위젯 계속 등록
64 }
65 add_action( 'widgets_init', 'twentyfifteen_child_widgets_init' );
```

우선 기본 위젯을 새로 등록하고 나중에 사용할 포트폴리오 위젯 영역을 만듭니다. 부모 테마의 기본 위젯 id는 sidebar-1인데 자식 테마에서 등록을 해제했더라도 재사용할 수 없으므로 sidebar-2부터 시작합니다. 위젯 영역은 원하는 만큼 만들 수 있으므로 코드를 복사하면서 name과 id 부분만 바꿔주면 됩니다. 앞으로 여러 가지 글 타입에 따른 사이드바 위젯은 이곳에서 추가하며 이전의 코드를 복사해 name과 id의 숫자만 변경하면 됩니다.

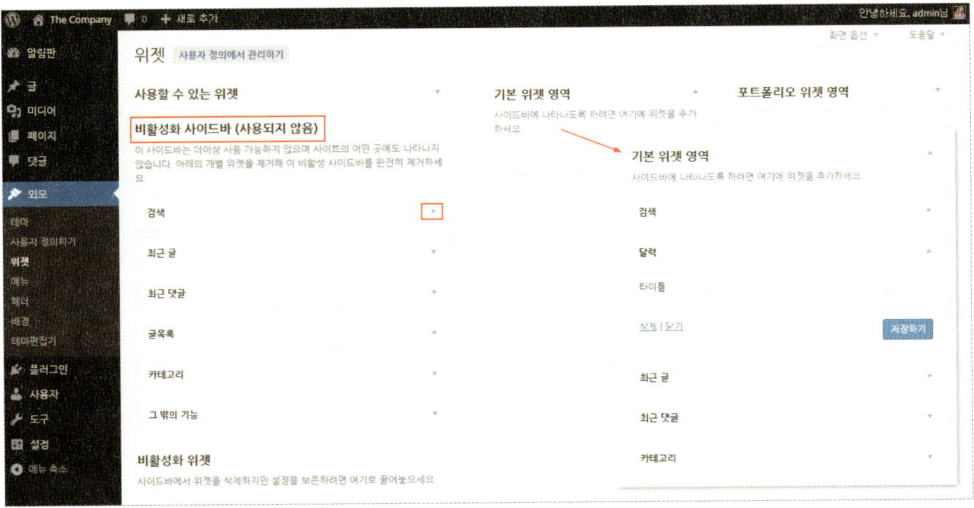

그림 2-31 위젯 화면

관리자 페이지의 위젯 화면으로 가서 새로고침 하면 기본 위젯 영역과 포트폴리오 위젯 영역이 나타나면서 이전에 배치됐던 위젯들은 비활성화 됩니다. 다시 사용할 수 없으므로 각 위젯의 오른쪽 아이콘을 클릭한 뒤 삭제 링크를 클릭해 삭제한 다음 사용할 수 있는 위젯 영역에서 여러 가지 위젯을 끌어다 기본 위젯 영역에 배치합니다. 나중에 달력을 스타일 해야 하므로 달력 위젯도 배치합니다.

사이드바의 위젯 글자 등 디자인을 변경해보겠습니다. sidebar.php 파일을 편집기에서 열면 상단에 주메뉴가 있고 아래에 소셜 링크, 그 다음에 실제 사이드바가 있습니다. 주메뉴는 상단에 배치했으니 이 부분의 코드를 제거합니다. 그러면 다음과 같이 됩니다.

```
10  if ( has_nav_menu( 'primary' ) || has_nav_menu( 'social' ) || is_active_sidebar( 'sidebar-2' ) ) : ?>
11     <div id="secondary" class="secondary">
12        <?php if ( has_nav_menu( 'social' ) ) : ?>
13           <nav id="social-navigation" class="social-navigation" role="navigation">
14              ...
15           </nav><!-- .social-navigation -->
16        <?php endif; ?>
17     <div class="clearfix"></div>
18        <?php if ( is_active_sidebar( 'sidebar-2' ) ) : ?>
19           <div id="widget-area" class="widget-area" role="complementary">
```

```
20        <?php dynamic_sidebar( 'sidebar-2' ); ?>
21      </div><!-- .widget-area -->
22    <?php endif; ?>
23
24  </div><!-- .secondary -->
25
26 <?php endif; ?>
```

has_nav_menu('primary') || 부분도 제거하고 sidebar-2로 변경합니다. 소셜 메뉴와 사이드바 사이에 .clearfix div를 추가합니다. 좁은 너비에서는 소셜 아이콘이 float되므로 사이드바 위젯이 위로 올라오는 것을 방지합니다. 사이드바 아이디는 이전에 만든 위젯 영역의 아이디(sidebar-2)를 입력합니다.

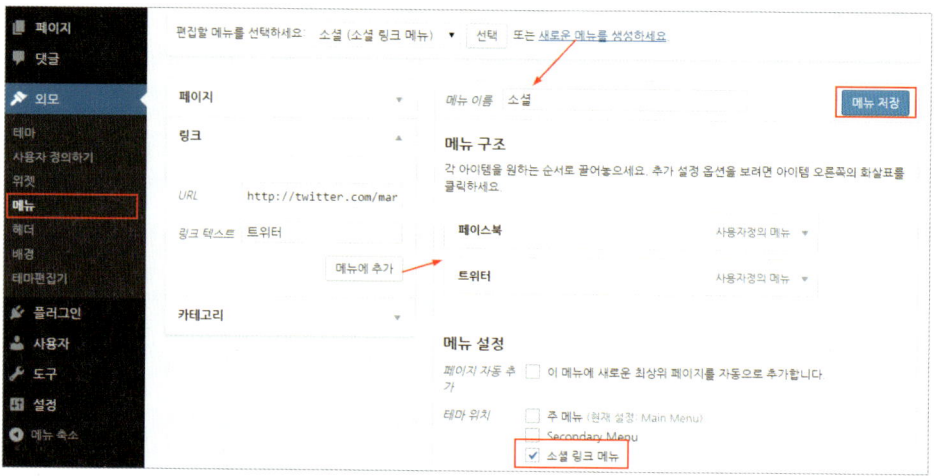

그림 2-32 소셜 링크 추가

소셜 메뉴는 관리자 페이지의 메뉴 화면에서 새로운 메뉴를 만들고 링크 박스에서 URL과 텍스트를 입력한 뒤 메뉴에 추가하면 사이드바 상단에 나타납니다. 기본 테마는 SNS 링크를 추가하면 소셜 아이콘을 사용하는데 링크를 추가할 때마다 자동으로 해당 소셜 네트워크의 아이콘이 나타나도록 돼 있습니다. 이를 사용하려면 각 아이콘에 대한 설정이 필요하며 첨부 파일의 sns.css에 있는 내용을 복사해 style2.css 상단에 추가하세요.

위젯 제목

위젯 제목은 h2.widget-title의 선택자를 사용합니다. 따라서 이 선택자 대해 다음과 같이 설정합니다.

```
45 ul, ol { list-style: none; }
46 .widget-area ul { padding-left: 10px; }
47 h2.widget-title { font-size: 20px; padding-bottom: 10px; border-bottom: 1px solid #ddd; }
```

불릿도 제거하고 좌측 패딩을 설정합니다. 불릿은 폰트 어썸의 화살표 아이콘으로 교체하겠습니다. 워드프레스의 위젯은 코어 파일에서 만들어지므로 이 코어 파일에 대해 폰트 어썸의 아이콘 코드를 추가할 수 없습니다. 아이콘을 추가하려면 두 가지 방법이 있는데 해당 선택자에 대해 폰트 아이콘의 스타일시트를 복사해 적용하는 방법이 있고, 다른 하나는 제이쿼리를 이용하는 방법입니다. 제이쿼리를 이용한 방법이 스타일시트를 이용한 방법보다 간단합니다.

```
49 #widget-area li:before {
50     content: "\f0da";
51     display: inline-block;
52     font: normal normal normal 14px/1 FontAwesome;
53     font-size: inherit;
54     text-rendering: auto;
55     padding-right: 10px;
56     color: #999;
57     -webkit-font-smoothing: antialiased;
58 }
```

스타일시트를 이용한 방법은 위와 같이 선택자에 대해 :before를 적용하고 폰트 아이콘의 스타일을 그대로 복사해 붙여넣습니다.

```
24 $('#widget-area li').prepend('<i class="fa fa-caret-right" style="padding-right:10px;"></i>');
```

제이쿼리를 이용한 방법은 위와 같이 li 선택자에 대해 .prepend 메서드를 사용합니다. 괄호 안에는 추가할 아이콘의 코드를 그대로 입력합니다. 속성으로 스타일을 추가할 수도 있습니다. 제이쿼리가 효율적이므로 앞으로는 위와 같은 몇 가지 메서드를 사용해 필요한 곳에 스타일을 설정하도록 하겠습니다. 제이쿼리는 모든 문서가 로딩 된 다음에 실행되는 것이므로 위와 같이 간단한 곳에 사용하고 레이아웃 관련 스타일에서는 사용하지 않는 것이 좋습니다.

```
60  .fa { color: #999; }
```

아이콘의 색상은 중간 회색으로 통일합니다.

검색 상자

```
1  <?php
2  /**
3   * The Search Form
4   */
5  ?>
6  <form role="search" method="get" id="searchform" action="<?php echo esc_url(home_url('/')); ?>">
7      <div class="input-group">
8          <label class="sr-only" for="s">검색</label>
9          <input type="text" class="form-control br-lft-4" name="s" id="s" placeholder="검색" />
10         <span class="input-group-btn">
11             <button class="btn btn-primary" type="submit"><i class="fa fa-search c-fff"></i></button>
12         </span>
13     </div>
14 </form>
```

검색 상자는 새로운 파일을 만들어 부트스트랩의 선택자로 스타일을 만듭니다. 테마 폴더에 searchform.php 파일을 만들고 위 코드를 입력합니다. 사이트에서 확인하면 왼쪽 둥근 모서리가 적용이 안되므로 커스텀 도움 클래스인 .br-lft-4(border-top-left-radius: 4px; border-bottom-left-radius: 4px;)를 추가했습니다. 부트스트랩의 둥근 모서리는 기본이 4픽셀입니다. 또한 아이콘 색상도 .c-fff(color: #fff;)를 추가했습니다.

달력

달력도 마찬가지로 워드프레스 코어에서 만들어집니다. CSS로 스타일 할 수도 있지만 제이쿼리를 이용해 부트스트랩의 테이블이 있는 패널을 추가해보겠습니다.

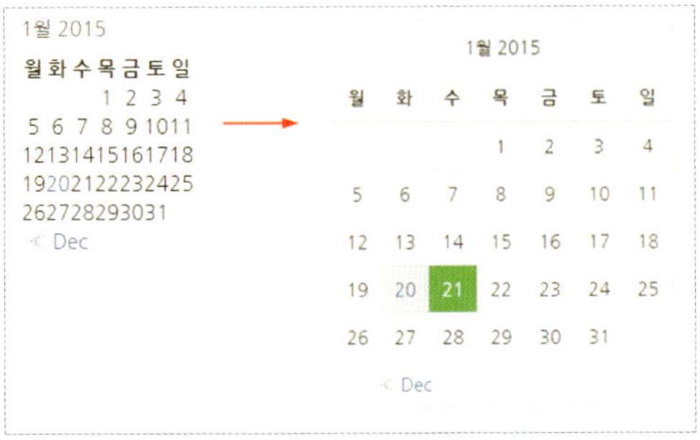

그림 2-33 달력 스타일 전과 후

```
26 $('#wp-calendar').addClass('table');
27 $('#calendar_wrap tbody > tr > td a').parent('td').css('background', '#e9e9e9');
```

우선 #wp-calendar 선택자에 table 클래스만 추가해도 달력의 형태가 만들어집니다. 글이 있는 날짜의 td에 배경 색을 넣으려고 하는데 특별한 선택자가 없습니다. 하지만 글이 있는 날짜는 링크가 있으므로 a 태그의 부모 태그인 td를 찾아서 배경색을 추가합니다.

```
29 $('#calendar_wrap').addClass('panel panel-default');
```

달력을 감싸는 선택자에 패널 선택자를 추가하면 패널 형태가 됩니다.

```
30 $('#calendar_wrap').find('caption').insertBefore('#wp-calendar').addClass('panel-heading text-center').css('display', 'block');
```

다음으로 caption 태그를 찾아서 #wp-calendar 이전에 추가한 다음 이곳에 패널 헤딩 선택자와 글자를 가운데 정렬하는 선택자를 추가합니다. 마지막으로 블록 요소로 만들어줍니다. 제이쿼리를 처음 접한다면 다소 생소하겠지만 조금 익숙해지면 아주 쉬운 구조입니다. 거의 문장으로 돼 있죠. 위 코드를 문장으로 만들면 '타겟에 대해서 어떤 요소를 찾아서(find) 이 요소를 다른 요소 앞에 배치(insertBefore)하고 클래스를 추가(addClass)한 다음 css를 적용(css)하라'는 문장이 됩니다. 다만 각 메서드가 어떤 기능을 하는지, 어떤 순서로 만들어야 하는지만 알면 됩니다.

```
49 #wp-calendar th, #wp-calendar td { text-align: center; }
50 [id^='calendar'] { margin-top: 30px; }
51 #calendar_wrap #today { background-color: #5cb85c; color: #fff; }
```

마지막으로 스타일시트에서 글자를 가운데 정렬하고 calendar로 시작하는 글자의 아이디가 있는 div에 상단 마진과 오늘 날짜의 배경 색을 설정하면 됩니다. 달력의 오늘 날짜에는 #today 선택자가 있습니다.

제목 스타일링

제목에 아래쪽 테두리를 설정하고 글자 부분만 다른 색의 테두리를 적용하는 방법을 알아보겠습니다.

그림 2-34 제목 스타일 설정 후

```
32 $( ".entry-header, #widget-area" ).find('h1, h2, h3').wrapInner( "<span></span>");
```

제이쿼리로 제목 영역과 위젯 영역의 h 태그를 찾아서 span 태그를 추가합니다. 내부에 어떤 태그를 추가할 때는 시작 태그와 종료 태그가 추가돼야 하므로 wrapInner 메서드를 사용합니다. 그러면 제목 글자를 감싸게 됩니다.

```
47 h2.widget-title, h2.entry-title, h1.entry-title { font-size: 20px; padding-bottom: 10px; border-bottom: 1px solid #ddd; }
48 .widget-title span, .entry-title span, h3 span {    padding-bottom: 10px;  border-bottom: 1px solid #f00; }
49 h2.entry-title { font-size: 25px; }
50 h1.entry-title { font-size: 30px; }
51 h1.entry-title span, h2.entry-title span {    padding-bottom: 9px; }
```

이미 설정한 위젯 제목에 콘텐츠 영역의 제목 선택자를 추가하고 span에 다른 색상으로 아랫쪽 테두리를 만듭니다. 밑줄이 있는 제목을 만들 때에는 항상 47번째 줄이 있는 곳에 선택자를 추가합니다. 제목 글자에만 다른 폰트 크기를 설정하고 span의 패딩 값을 조절합니다.

현재 홈 화면은 블로그 글 목록으로 나타나고 있는데, 글의 전체 내용이 나오고 있습니다. 이를 특성 이미지와 제목, 요약 글, 더보기 링크의 순으로 나오게 하겠습니다.

09 content.php 파일 수정

블로그 글 목록의 출력 템플릿은 home.php를 사용하고 있습니다. 이 파일에서는 get_template_part('content', get_post_format());을 이용해 content.php의 반복문을 가져오고 있죠. 그런데 이 파일은 home.php뿐만 아니라 index.php, single.php 파일에서도 사용하고 있습니다. 따라서 이 파일을 보존한 채 새로운 파일을 만들어 수정하면 됩니다. content.php 파일을 복사해 content-excerpt.php로 이름을 변경한 다음 이 파일을 편집기로 엽니다.

```php
13 <article id="post-<?php the_ID(); ?>" <?php post_class(); ?>>
14   <header class="entry-header">
15     <?php
16       if ( is_single() ) :
17         the_title( '<h1 class="entry-title">', '</h1>' );
18       else :
19         the_title( sprintf( '<h2 class="entry-title"><a href="%s" rel="bookmark">', esc_url( get_permalink() ) ), '</a></h2>' );
20       endif;
21     ?>
22   </header><!-- .entry-header -->
23   <?php
24     // Post thumbnail.
25     twentyfifteen_post_thumbnail();
26   ?>
27   <div class="entry-content">
28     <?php
29       /* translators: %s: Name of current post */
30       the_excerpt( sprintf(
31         __( 'Continue reading %s', 'twentyfifteen' ),
32         the_title( '<span class="screen-reader-text">', '</span>', false )
33       ) );
```

header class="entry-header" 부분과 twentyfifteen_post_thumbnail() 부분의 위치를 바꾸고 the_content()는 the_excerpt()로 수정합니다.

```
72 article img { margin: 15px 0; }
```

특성 이미지의 상하 마진을 설정해서 이미지와 콘텐츠 사이의 간격을 좀 늘려줍니다.

```
42 get_template_part( 'content-excerpt', get_post_format() );
```

그 다음 home.php는 위와 같이 수정합니다. 사이트에서 왼쪽 상단의 사이트 제목을 클릭해 확인하면 하나의 글이 제목, 특성 이미지, 요약글, 메타 정보의 순으로 된 글 목록이 나타납니다.

메타 정보와 페이지 처리

글 목록 페이지에는 요약 글 다음에 글 발행일자, 카테고리, 댓글 등 메타 정보가 나옵니다. 글 목록이 끝나면 마지막에 페이지 처리가 나오게 됩니다. 현재 글 수가 10개가 안되면 페이지 처리가 나오지 않으므로 이를 나오도록 하려면 한 페이지에 글 노출 수를 조정하면 됩니다. 관리자 화면의 설정 → 읽기로 가서 '페이지 당 보여줄 글의 수'를 1로 입력하고 저장합니다. 사이트에서 확인하면 다음과 같이 나타납니다.

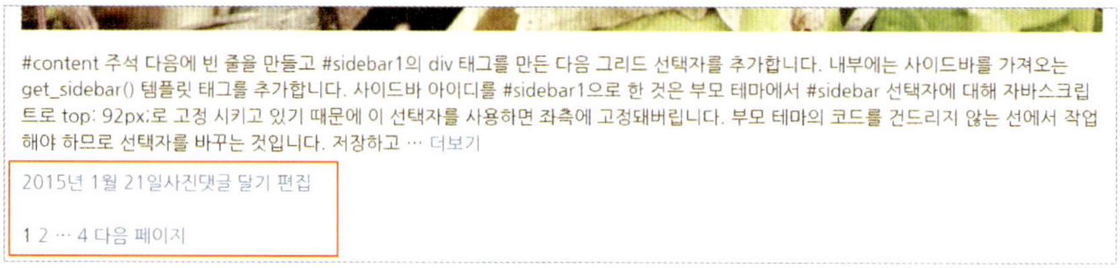

> #content 주석 다음에 빈 줄을 만들고 #sidebar1의 div 태그를 만든 다음 그리드 선택자를 추가합니다. 내부에는 사이드바를 가져오는 get_sidebar() 템플릿 태그를 추가합니다. 사이드바 아이디를 #sidebar1으로 한 것은 부모 테마에서 #sidebar 선택자에 대해 자바스크립트로 top: 92px;로 고정 시키고 있기 때문에 이 선택자를 사용하면 좌측에 고정돼버립니다. 부모 테마의 코드를 건드리지 않는 선에서 작업해야 하므로 선택자를 바꾸는 것입니다. 저장하고 … 더보기
>
> 2015년 1월 21일 사진 댓글 닫기 편집
>
> 1 2 … 4 다음 페이지

그림 2-35 메타 정보와 페이지 처리 스타일 전

메타 정보는 부모 테마의 inc 폴더에 있는 template-tags.php 파일에서 관리되고 있습니다. 이를 수정하기 위해 자식 테마의 같은 위치에 추가하고 수정하면 다른 함수와도 관련되므로 복잡해집니다. 단지 아이콘만 삽입하는 것이므로 제이쿼리를 이용해 수정하겠습니다.

```
34 $('.entry-format a').prepend('<i class="fa fa-folder"></i> ');
35 $('.entry-format a').append( '/' );
```

글을 만들 때 글 형식을 기본이 아닌 다른 형식으로 선택하면 메타 정보의 맨 앞에 글 형식부터 나옵니다. 이곳에는 .entry-format 선택자가 있습니다. 이 선택자 앞에 폴더 아이콘을 추가합니다. 그리고 다음 메타 정보와 분리하기 위해 뒤에 슬래시를 추가합니다.

```
36 $('.entry-date').prepend(' <i class="fa fa-calendar"></i> ');
37 $('.updated').prepend(' / <i class="fa fa-refresh"></i> ');
```

발행일자에는 .entry-date 선택자를 사용하며 글이 수정된 경우 수정 일자는 .updated 선택자를 사용합니다. 각 선택자 앞에 달력 아이콘과 리프레시 아이콘을 추가합니다.

```
38 $('.cat-links').prepend(' / <i class="fa fa-navicon"></i> ');
39 $('.comments-link').prepend(' / <i class="fa fa-comments-o"></i> ');
```

다음으로 카테고리가 나오며 그 다음이 댓글입니다. 각 성격에 맞는 아이콘을 추가합니다.

```
40 $('#wp-calendar #prev a, #wp-calendar #next a, .post-edit-link, .comment-edit-link,
#cancel-comment-reply-link').addClass('label label-info');
```

마지막으로 편집 링크가 있으며 이 링크는 관리자에게만 보입니다. 각 글이나 페이지에는 하단에 편집 링크가 있으므로 일관성을 위해 같은 스타일을 적용합니다. 또한 달력이나 댓글 취소 링크에도 같은 스타일을 적용했습니다. 레이블은 부트스트랩 선택자입니다.

페이지 처리는 이전 페이지와 다음 페이지라는 텍스트가 나타나고 있는데, 이는 스크린 리더 텍스트에 해당하고 부모 테마에서는 아이콘으로 처리하고 있습니다. 아이콘만 보이고 텍스트는 안보이게 overflow: hidden을 사용합니다.

```
74 .pagination .next:before { content:"\f429"; }
75 .pagination .prev:before { content:"\f430"; }
```

우선 이전, 다음 선택자에 대해서 폰트 아이콘을 설정하면 그림 2-36과 같이 글자와 함께 나타납니다. 폰트 아이콘의 폰트는 앞서 소셜 메뉴 아이콘을 추가할 때 style2.css에서 첨부했으니 따로 추가하지 않아도 됩니다.

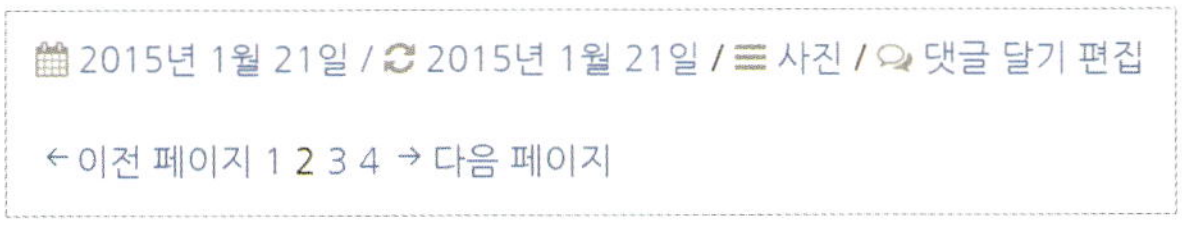

그림 2-36 페이지 처리에 화살표 아이콘 추가 후

```
76 .pagination .next:before,.pagination .prev:before { font-size:18px;height:33px;line-
height:33px;position:relative;width:33px; }
77 .pagination .next,.pagination .prev { font-size:25px;overflow:hidden;height:33px;pad
ding:0;width:33px; }
```

위와 같이 폰트 아이콘과 텍스트에 대해서 스타일을 설정하면 크기가 모두 커집니다. overflow: hidden;으로 인해서 범위 밖에 있는 글자는 보이지 않게 됩니다.

```
78 .pagination a, .pagination span { position:relative;float:left;padding:
6px 12px;margin-left:-1px;line-height:19px; height:33px;color:#337ab7;text-
decoration:none;background-color:#fff;border:1px solid #ddd; }
```

페이지 숫자 부분은 위와 같이 설정합니다. 각 페이지 번호에는 테두리가 있는데 왼쪽 테두리와 오른쪽 테두리가 겹쳐서 두껍으로 나타나는 문제는 좌측 마진을 -1px로 설정해서 겹치게 했습니다.

```
79 .pagination span.current { color:#fff;cursor:default;background-
color:#337ab7;border-color:#337ab7; }
```

마지막으로 현재 페이지를 표시하기 위해 페이지 번호의 숫자와 배경 색상을 변경합니다. 이들 스타일은 부트스트랩의 페이지 처리를 그대로 사용했습니다.

```
82 .nav-links span:first-child, .nav-links a:first-child {
83     border-top-left-radius: 4px;
84     border-bottom-left-radius: 4px;
85 }
86 .nav-links a:last-child, .nav-links span:last-child {
87     border-top-right-radius: 4px;
88     border-bottom-right-radius: 4px;
89 }
```

페이지 처리의 처음과 끝 부분에 둥근 모서리를 적용하려면 위와 같이 추가합니다.

10 글 목록 페이지 레이아웃 변경 및 포스트 썸네일 다루기

현재 글 목록은 특성 이미지가 상단에, 요약 글이 하단에 나오고 있습니다. 이는 모바일 기기의 영향으로 세로형으로 배치하는 최신 스타일이고 전통적으로는 썸네일을 왼쪽에 배치하고 요약글을 오른쪽에 배치해 사용해 왔습니다. 이 레이아웃을 적용해보겠습니다.

```
23    <div class="row">
24      <div class="col-md-4">
25        <?php
26          // Post thumbnail.
27          twentyfifteen_post_thumbnail();
28        ?>
29      </div>
30      <div class="entry-content col-md-8">
31        <?php
32          /* translators: %s: Name of current post */
33          the_excerpt( ... );
34        ?>
35      </div><!-- .entry-content -->
36    </div><!--.row -->
```

원래의 파일을 보존하기 위해 content-excerpt.php 파일을 복사해 content-image_lft.php 파일을 만들고 이 파일을 열어 위와 같이 부트스트랩의 .row > .col-md-4 + .col-md-8의 레이아웃으로 만듭니다. home.php 파일에서는 아래와 같이 수정하고 사이트에서 확인합니다.

```
42 get_template_part( 'content-image_lft', get_post_format() );
```

```
91 function custom_excerpt_length( $length ) {
92   return 80;
93 }
94 add_filter( 'excerpt_length', 'custom_excerpt_length', 999 );
```

요약 글의 길이는 위 코드를 fuctions.php 파일에 추가하고 return의 숫자로 조절합니다.

그림 2-37 썸네일 이미지의 크기

원하는 대로 좌우로 배치돼 나오지만 이미지 크기를 보면 원래의 이미지 크기를 그대로 사용하고 있습니다. 이 크기가 부트스트랩의 .col-md-4 크기로 제한돼서 작게 나오는 것일 뿐입니다. 효율적이지 못하죠. 이런 상태로 그대로 사용하면 수많은 글에 큰 이미지를 그대로 사용하므로 로딩 속도에도 영향을 줍니다.

워드프레스에서는 이미지를 업로드 하면 정해진 크기로 잘라져 저장됩니다. 이 크기는 관리자 화면의 설정 → 미디어에서 볼 수 있습니다. 또한, 원하는 크기로 잘라서 사용할 수 있는 기능도 있습니다. 먼저 미리 잘라져 있는 크기 중에서 가장 작은 크기인 thumbnail을 적용해보겠습니다

```
24    <div class="col-md-4">
25      <?php
26        // Post thumbnail.
27        the_post_thumbnail('thumbnail');
28      ?>
29    </div>
```

위와 같이 포스트 썸네일의 함수를 수정하고 'thumbnail'을 추가하면 150×150 픽셀의 이미지로 나타나서 .col-md-4의 너비에 못 미칩니다. 따라서 새로 만들어 사용하는 것이 좋습니다.

```
67 // 이미지 사이즈 등록
68 add_image_size( 'image_lft', '250', '155', true );
```

위와 같이 functions.php 파일에 이미지 크기를 등록하면, 이후에 업로드하는 이미지는 새로운 크기의 썸네일이 추가로 저장됩니다.

```
24    <div class="col-md-4">
25      <?php
26        // Post thumbnail.
27        the_post_thumbnail('image_lft');
28      ?>
29    </div>
```

content-image_lft.php 파일에는 위와 같이 이미지 이름을 입력합니다. 글의 특성 이미지를 새로 교체하면 이제 위에서 설정한 이미지 크기로 나타나며 다른 글들은 이 크기의 이미지가 없으므로 아래와 같이 큰 이미지를 사용하게 됩니다.

그림 2-38 썸네일 이미지의 실제 크기

이 문제는 기존에 있던 이미지까지 새로 잘라서 저장하는 워드프레스 플러그인을 사용해 해결할 수 있습니다.

플러그인 추가하기 화면에서 'Simple Image Sizes'로 검색해 설치하고 활성화 한 다음 설정 → 미디어에 가 보면 다음과 같이 나옵니다.

03. 테마 만들기 259

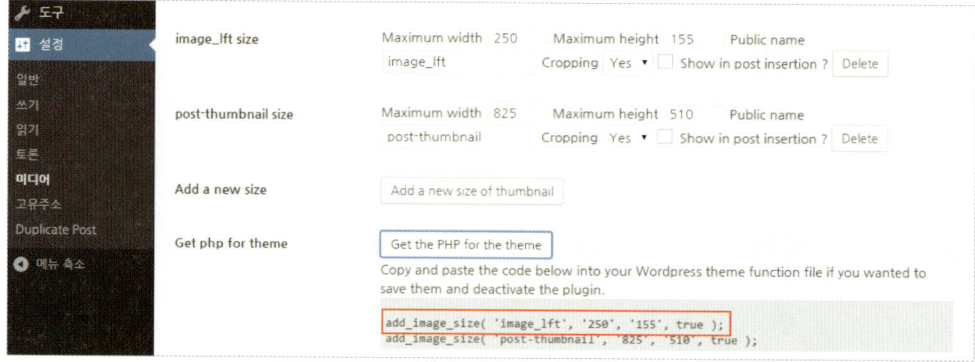

그림 2-39 이미지 추가 함수

functions.php 파일에 이미 추가한 이미지 크기가 나오고 기본 테마의 포스트 썸네일 크기도 있습니다. 이미지 크기를 새로 추가하려면 'Add a new size of thumbnail' 버튼을 클릭하고 이름과 크기를 입력하면 됩니다.

이미지 크기를 입력할 때 너비나 높이 중 하나를 입력하지 않으면 해당 크기는 제외되고 원본의 비율대로 잘립니다. 예를 들어 크기를 500×0으로 입력했을 때 1000×3000의 이미지를 업로드 하면 500×1500의 사이즈로 잘라집니다.

'Get the PHP for the theme' 버튼을 클릭하면 바로 아래에 코드가 나오며 이를 functions.php 파일에 추가하고 위 플러그인을 비활성화 할 수 있습니다. 즉 위 플러그인은 코드를 만들어주는 기능을 합니다.

그림 2-40 이미지 재생성

하단에는 새로 이미지 크기를 추가한 후에 이전에 업로드한 이미지들을 새로 자르는 기능이 있습니다. 목록의 이미지 이름에서 크기를 새로 설정했거나 새로 추가한 이미지에 대해 체크하고 'Regenerate Thumbnails' 버튼을 클릭하면 이미지 생성이 진행됩니다.

그림 2-41 세로로 긴 이미지

특성 이미지에 세로로 긴 이미지를 추가하면 블로그 화면에서 특성 이미지의 위, 아래가 잘라져 나오는 모습을 볼 수 있습니다. 이는 너비와 높이를 정해서 입력했기 때문입니다. 따라서 전체 이미지를 나타내고자 한다면 높이를 입력하지 않으면 됩니다. 대신 위와 같이 세로로 긴 이미지로 나타나므로 글과 어울리지 않을 수도 있습니다. 나중에 만들 포트폴리오 페이지나 갤러리 페이지에서는 특성 이미지 전체가 나올 수 있게 잘라서 사용할 것이며, 비율이 다르더라도 적절하게 배치하는 기능의 제이쿼리 플러그인을 사용할 예정입니다.

이어서 싱글 페이지의 레이아웃을 수정할 것인데, 현재 블로그 글 목록 페이지에서 제목이나 더보기 링크를 클릭하면 싱글 페이지로 이동합니다. 대부분의 경우 썸네일 이미지를 클릭해도 이동하죠. 이 설정이 안돼 있으므로 추가하려면 다음과 같이 포스트 썸네일에 링크를 추가하면 됩니다.

```
23  <a href="<?php echo get_permalink(); ?>" rel="bookmark">
24    <?php
25      // Post thumbnail.
26      the_post_thumbnail('post-thumbnail');
27    ?>
28  </a>
```

11 싱글 페이지 수정하기

싱글 페이지(single.php)는 글의 전체 내용을 볼 수 있는 곳이며 글쓴이 소개도 있고 댓글을 달 수도 있습니다. 따라서 여러 가지 수정할 것이 많습니다. 우선 글쓴이 소개가 보이도록 관리자 화면의 사용자 → 나의 프로필에서 개인 정보란에 적당한 글을 입력합니다. 싱글 페이지는 수정할 부분이 아주 많습니다. 특히 댓글 부분은 코드를 많이 수정해야 합니다. 우선 글쓴이 부분을 수정하겠습니다.

글쓴이

```
94  h2.widget-title, h2.entry-title, h1.entry-title, .author-info h2 { font-size: 20px;
padding-bottom: 10px; border-bottom: 1px solid #ddd; }
```

우선 제목에 밑줄을 설정한 곳에 .author-info h2를 추가합니다. 찾기 귀찮으면 새로 만들어도 됩니다.

```
95  .site .avatar { border-radius: 50%; }
96  .author-heading { padding-left:20px; }
97  .author-title { margin-top: 5px; }
98  .author-info { border-left: 10px solid #ddd; }
```

아바타와 타이틀 부분입니다. 아바타에 대해서 둥근 모서리를 50% 적용하면 이미지가 둥글게 됩니다.

```
102 .author-info .avatar { float: left; height: 56px; margin: 0 15px 15px 15px;
width: 56px; }
103 .author-description { margin-left: 15px; }
104 h3.author-title span { border: none; }
```

다음으로 설명 부분입니다. 글쓴이 제목 글자에만 밑줄이 만들어지는 아랫쪽 테두리 부분은 제거하며 모든 설정을 완료하면 그림 2-42와 같이 나옵니다.

그림 2-42 글쓴이 레이아웃

댓글 입력 폼

싱글 페이지의 댓글은 다음 코드 때문에 콘텐츠 하단에 나타납니다.

```
30   if ( comments_open() || get_comments_number() ) :
31     comments_template();
32   endif;
```

관리자 화면의 토론 설정이나 각 글의 토론 설정에서 댓글을 허용하면 comment_template을 가져옵니다. 이 템플릿은 테마 폴더의 comments.php 파일을 말합니다. 그런데 이 파일을 열어보면 부트스트랩 선택자를 추가할 여지가 없습니다. 따라서 아래 링크에서 코드를 가져다 조합합니다.

http://codex.wordpress.org/Function_Reference/comment_form

comments.php 파일을 열고 하단을 보면 다음과 같은 템플릿 태그가 있습니다.

```
56   <?php comment_form(); ?>
```

이는 워드프레스 코어에서 댓글 폼을 가져오는 템플릿 태그입니다. 이 폼의 내용을 수정하려면 다음과 같이 $args를 추가하고 이 위에 $args에 대해 정의하면 됩니다.

```
127 comment_form($args);
```

우선 폼 위에 댓글 글쓴이의 이름, 이메일, 웹사이트를 입력하는 $field 부분부터 수정합니다.

```
54   <?php endif; ?>
55
56   <?php
57   $commenter = wp_get_current_commenter();
58   $req = get_option( 'require_name_email' );
59   $aria_req = ( $req ? " aria-required='true'" : '' );
```

PHP 코드블록을 열고 코덱스 페이지의 $field 하단에 있는 코드를 위와 같이 복사해 붙여 넣습니다.

```
61 $fields = array(
62
63    'author' =>
64      '<p class="comment-form-author"><label for="author">' . __( 'Name', 'domainreference' ) . '</label> ' .
65      ( $req ? '<span class="required">*</span>' : '' ) .
66      '<input id="author" name="author" type="text" value="' . esc_attr( $commenter['comment_author'] ) .
67      '" size="30"' . $aria_req . ' /></p>',
68
69    'email' =>
70      '<p class="comment-form-email"><label for="email">' . __( 'Email', 'domainreference' ) . '</label> ' .
71      ( $req ? '<span class="required">*</span>' : '' ) .
72      '<input id="email" name="email" type="text" value="' . esc_attr( $commenter['comment_author_email'] ) .
73      '" size="30"' . $aria_req . ' /></p>',
74
75    'url' =>
76      '<p class="comment-form-url"><label for="url">' . __( 'Website', 'domainreference' ) . '</label>' .
77      '<input id="url" name="url" type="text" value="' . esc_attr( $commenter['comment_author_url'] ) .
78      '" size="30" /></p>',
79  );
```

다음으로 $field 부분을 복사해 붙여넣습니다.

```
81 $args = array(
82    'id_form'           => 'commentform',
83    'id_submit'         => 'submit',
84    'title_reply'       => __( 'Leave a Reply' ),
85    'title_reply_to'    => __( 'Leave a Reply to %s' ),
86    'cancel_reply_link' => __( 'Cancel reply' ),
87    'label_submit'      => __( 'Post Comment' ),
88      ...
89  ); ?>
```

마지막으로 Default $args array 부분을 복사해 붙여넣습니다. 복사해온 코드에서 Cancel Reply를 Cancel reply로 변경해야 한글로 나타납니다. 싱글 페이지를 새로고침했을 때 이전과 동일하게 나와야 정상입니다. $field 부분은 로그인 상태에서는 보이지 않으니 다른 웹 브라우저를 열고 보면서 편집합니다.

```
67    'author' =>
68      '<div class="row"><div class="comment-form-author form-group col-md-6"><label for="author" class="sr-only">' . __( '이름', 'twentyfifteen' ) . '</label> ' .
69      ( $req ? '<span class="required">*</span>' : '' ) .
70      '<input class="form-control" id="author" name="author" type="text" placeholder="이름" value="' . esc_attr( $commenter['comment_author'] ) .
71      '" size="30"' . $aria_req . ' /></div>',
```

댓글 글쓴이 부분입니다. 3개의 필드를 좌우로 2개씩 배치하기 위해서 .row와 .col-md-6 선택자를 사용합니다. 부트스트랩의 폼 형태를 갖추기 위해 .form-group을 추가했습니다. label은 스크린 리더 텍스트로 보이지 않게 합니다. 기존에 있던 클래스 선택자는 제거해도 되며 추가로 스타일이 필요할 경우 남겨두고 이 선택자에 대해 스타일을 정의하면 됩니다.

```
73    'email' =>
74      '<div class="comment-form-email form-group col-md-6"><label for="email" class="sr-only">' . __( '이메일', 'twentyfifteen' ) . '</label> ' .
75      ( $req ? '<span class="required">*</span>' : '' ) .
76      '<input class="form-control" id="email" name="email" type="text" placeholder="이메일" value="' . esc_attr( $commenter['comment_author_email'] ) .
77      '" size="30"' . $aria_req . ' /></div>',
```

다음으로 이메일 필드 부분입니다.

```
79    'url' =>
80      '<div class="comment-form-url form-group col-md-6"><label for="url" class="sr-only">' . __( '웹사이트', 'twentyfifteen' ) . '</label> ' .
81      '<input class="form-control" id="url" name="url" type="text" placeholder="웹사이트" value="' . esc_attr( $commenter['comment_author_url'] ) .
82      '" size="30" /></div></div>',
83  );
```

필드 부분의 마지막으로 웹사이트 URL 부분입니다. 완료된 모습은 그림 2-43과 같습니다.

그림 2-43 댓글 글쓴이 정보 입력 상자

```
96    'comment_field'  =>  '<div class="clearfix"></div><p class="comment-form-
comment"><label for="comment">' . _x( 'Comment', 'noun' ) .
97        '</label><textarea class="form-control" id="comment" name="comment" cols="45"
rows="8" aria-required="true">' .
98        '</textarea></p>',
```

$args의 comment_field 부분입니다. 댓글 폼 요소가 위로 올라가는 것을 방지하기 위해 .clearfix를 사용합니다. 댓글 상자의 너비는 .form-control에 의해 100%를 사용하므로 cols의 값은 무시되며 높이는 rows의 값으로 조절합니다.

```
26    <h2 class="comments-title bg-success pdg-10">
27      <?php
28        printf( _nx( 'One thought on &ldquo;%2$s&rdquo;', '%1$s thoughts on
&ldquo;%2$s&rdquo;', get_comments_number(), 'comments title', 'twentyfifteen' ),
29        number_format_i18n( get_comments_number() ), get_the_title() );
30      ?>
31    </h2>
32
33    <?php twentyfifteen_comment_nav(); ?>
34
35    <ol class="comment-list p-lft-0">
36      <?php
37        wp_list_comments( array(
38          'style'       => 'ol',
39          'short_ping'  => true,
40          'avatar_size' => 56,
41        ) );
42      ?>
43    </ol><!-- .comment-list -->
```

comments.php 파일 상단에서 댓글 제목과 댓글 목록에 위와 같이 클래스를 추가합니다.

```
42 $('#submit, .comment-reply-link').addClass('btn btn-success');
43 $('#reply-title').addClass('bg-default pdg-10');
```

댓글 달기 버튼과 제목은 위와 같이 제이쿼리를 이용해 부트스트랩 버튼 스타일을 추가합니다.

워드프레스는 기본적으로 입력 필드가 필수인 경우 값을 입력하지 않으면 다른 화면에서 에러메시지를 보여줍니다. 그런데 다시 댓글을 입력하기 위해 원래 위치로 돌아오려면 브라우저의 내비게이션 버튼을 클릭해야 하고 이미 입력한 정보를 잃을 수도 있습니다. 따라서 에러 메시지는 댓글 폼의 입력란에 바로 보여주는 것이 좋습니다. 이 설정 방법은 이 절이 끝나는 부분에서 알아보겠습니다.

댓글 목록

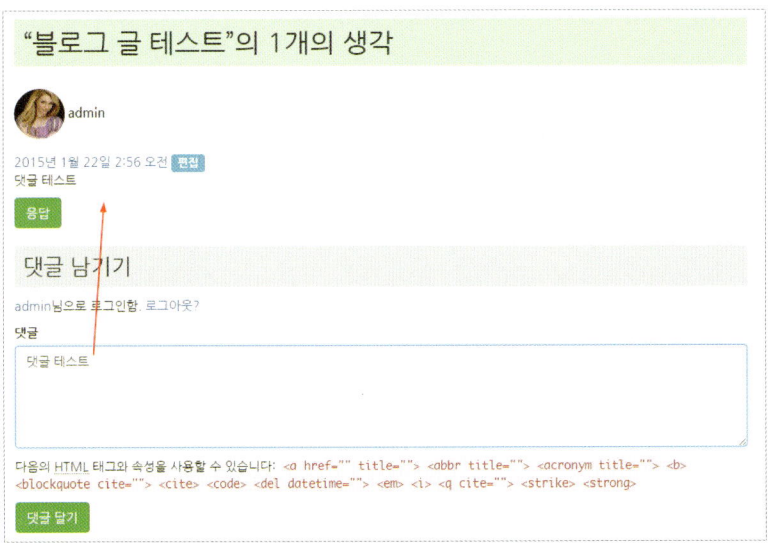

그림 2-44 댓글 목록 스타일을 위해 테스트 댓글 입력

다음으로 댓글 목록입니다. 수정을 위해 댓글을 추가합니다.

```
102 .comment-meta { position: relative; }
103 .comment-metadata { position: absolute; top: 0; right: 0; }
104 .comment { padding: 20px; background: #f9f9f9; margin-bottom: 10px; border: 1px solid #e5e5e5; }
105 .children .comment { background: #fff; margin-top: 10px; }
106 .comment-author img { margin-right: 20px; float: left; }
```

댓글 날짜와 편집 링크가 있는 메타데이터를 오른쪽에 배치하기 위해 부모 요소를 상대 위치로 설정하고 메타데이터는 절대 위치(top: 0; right: 0;)로 설정합니다. 배경색은 옅은 회색이고 댓글의 댓글은 흰색입니다. 아바타는 float: left;로 설정해 글이 오른쪽에 배치되게 합니다.

```
107 @media (max-width: 767px) {
108     .comment-metadata { position: static; }
109 }
```

댓글의 댓글은 5개까지 가능하며, 많아질수록 메타데이터가 글쓴이 이름과 겹치게 됩니다. 위처럼 767px 이하의 화면에서는 포지션을 수정합니다.

댓글 내비게이션

댓글이 많아지면 페이지 처리를 하게 됩니다. 간과하기 쉬운 것인데 수정해보겠습니다. 관리자 화면의 설정 → 토론에서 '페이지당 50개의 최상위 댓글이…'에 체크하고 50을 1로 수정한 뒤 저장합니다.

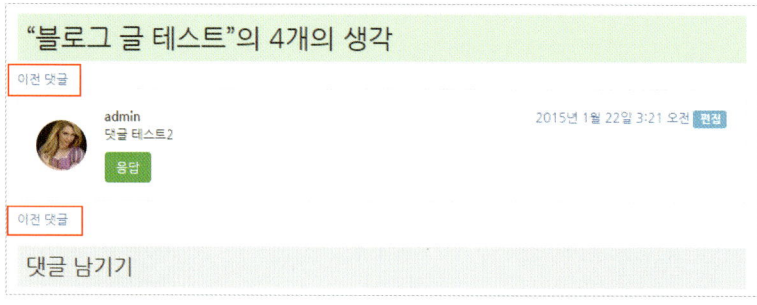

그림 2-45 댓글 내비게이션

새로고침하면 위처럼 댓글 목록의 상,하단에 글자만 나타납니다.

```
110 .comment-navigation .nav-previous a:before {content:"\f430";margin-right:.2em;position:relative;font-size:18px}
111 .comment-navigation .nav-previous:not(:empty)+.nav-next:not(:empty):before {content:"\2215";font-weight:400;margin:0 .7em}
112 .comment-navigation .nav-next a:after {content:"\f429";margin-left:.2em;position:relative;font-size:18px}
113 .comment-navigation .nav-links .nav-next,.comment-navigation .nav-links .nav-previous {width:inherit;float:left;padding-top:5px;padding-bottom:5px}
114 .comment-navigation .nav-next:not(:empty), .comment-navigation .nav-previous:not(:empty) {display:inline-block}
115 .comment-navigation {display:inline-block;padding:0 14px;background-color:#fff;border:1px solid #ddd;border-radius:15px}
```

아이콘을 추가하고 부트스트랩의 페이저(Pager) 스타일을 적용했습니다. 폰트 아이콘 '2215'는 댓글이 3개 이상인 경우 내비게이션 중간에 생기는 슬래시입니다. 이전의 내비게이션과 성격이 같으므로 설명은 생략합니다.

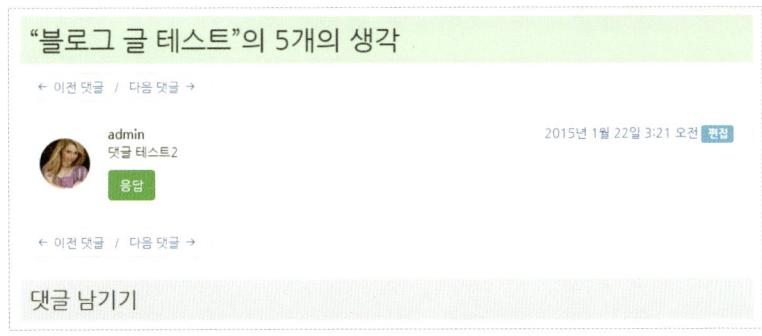

그림 2-46 댓글 내비게이션 버튼 완성

단일 글 내비게이션

기본 테마에서 아주 좋은 기능 중에 하나입니다. 글 하단의 이전, 다음 내비게이션에 배경 이미지로 글의 특성 이미지를 사용하고 있습니다.

그림 2-47 기본 테마의 단일 글 내비게이션

기본 테마에서는 상하로 배치돼 있었지만 여기서는 좌우로 배치해보겠습니다.

```css
118 .nav-next, .nav-previous {width:50%;float:left}
119 .nav-next {float:right}
120 .post-navigation a {display:block;padding:3.8461% 7.6923%}
121 .post-navigation span {display:block}
122 .post-navigation .nav-next,.post-navigation .nav-previous {background-position:center;background-size:cover;position:relative}
123 .post-navigation .nav-next a:before, .post-navigation .nav-previous a:before {background-color:rgba(0,0,0,.4)}
124 .post-navigation a:focus:before, .post-navigation a:hover:before {opacity:.5}
125 .post-navigation a:before {content:"";display:block;height:100%;position:absolute;top:0;left:0;width:100%;z-index:1}
```

각 내비게이션의 너비를 50%로 설정하고 왼쪽 내비게이션은 float: left;, 오른쪽 내비게이션은 float: right;를 적용합니다. 나머지는 기본 테마의 스타일을 그대로 가져온 것입니다.

그림 2-48 내비게이션 좌,우로 배치

검색 결과와 카테고리 페이지

검색 결과는 search.php 파일이 담당합니다. 이 곳의 코드를 보면 다음과 같은 형태입니다.

```php
14    <div id="content" class="col-md-8">
15     <section id="primary" class="content-area">
16      <main id="main" class="site-main" role="main">
17       <?php if ( have_posts() ) : ?>
18        <header class="page-header">
19         <h1 class="page-title"><?php printf( __( 'Search Results for: %s', 'twentyfifteen' ), get_search_query() ); ?></h1>
20        </header><!-- .page-header -->
21       <?php
22        // Start the loop.
```

```
23        while ( have_posts() ) : the_post(); ?>
24
25          <?php
26          get_template_part( 'content', 'search' );
27        // End the loop.
28        endwhile;
29        // If no content, include the "No posts found" template.
30        else :
31          get_template_part( 'content', 'none' );
32
33        endif;
34        ?>
35        </main><!-- .site-main -->
36      </section><!-- .content-area -->
37    </div><!-- #content -->
```

글을 검색해서 결과물이 있으면 content-search.php 템플릿을 사용하고 없으면 content-none.php 템플릿을 사용합니다. content-search.php 파일은 상단에 큰 이미지가 있고 다음으로 제목, 요약글이 나타나는 구조입니다. 이를 상단에는 제목, 왼쪽에는 작은 이미지, 오른쪽에는 요약글이 나타나게 하는 것이 좋습니다.

```
13 <article id="post-<?php the_ID(); ?>" <?php post_class(); ?>>
14 <?php twentyfifteen_post_thumbnail(); ?>
15
16 <header class="entry-header">
17   <?php the_title( sprintf( '<h2 class="entry-title"><a href="%s" rel="bookmark">', esc_url( get_permalink() ) ), '</a></h2>' ); ?>
18 </header><!-- .entry-header -->
19
20 <div class="row">
21   <?php if ( has_post_thumbnail() ): ?>
22   <div class="col-md-4">
23     <?php the_post_thumbnail('image_lft'); ?>
24   </div>
25   <?php endif; ?>
26   <div class="col-md-8 entry-summary">
27     <?php the_excerpt(); ?>
28   </div><!-- .entry-summary -->
29 </div>
```

header 태그 다음에 .row를 만들고 이 안에 .col-md-4의 이미지 영역과 .col-md-8의 요약글 영역을 만듭니다. 이미지는 이전에 만든 이미지 크기인 'image_lft'를 사용합니다. 상단의 큰 크기의 이미지는 제거합니다.

그림 2-49 검색 결과 페이지의 레이아웃

사이드바에서 카테고리를 클릭하면 해당 카테고리의 글 목록 페이지가 나타납니다. 이곳은 archive.php 파일이 담당하며 이 파일을 열고 다음의 코드를 수정합니다.

```
45 get_template_part( 'content-image_lft', get_post_format() );
```

이전에 만든 템플릿의 파일 이름을 입력하면 됩니다.

그림 2-50 카테고리 목록 페이지

댓글 유효성 검사

가장 간단한 방법은 다음 코드를 functions.php 파일에 추가하고 저장하는 방법입니다.

```
195  //댓글 유효성 검사
196  function comment_validation_init() {
197   if(is_single() && comments_open() ) { ?>
198    <script type="text/javascript" src="http://ajax.aspnetcdn.com/ajax/jquery.validate/1.9/jquery.validate.min.js"></script>
199    <script type="text/javascript">
200    jQuery(document).ready(function($) {
201     $('#commentform').validate({
202      rules: {
203       author: { required: true,  minlength: 2 },
204
205       email: { required: true,  email: true },
206
207       comment: { required: true,  minlength: 1 }
208      },
209      messages: {
210       author: "이름을 입력해주세요.",
211       email: "유효한 이메일을 입력해주세요.",
212       comment: "메시지를 입력해주세요!"
213      },
214      errorElement: "div",
215      errorPlacement: function(error, element) {
216       element.before(error);
217      }
218     });
219    });
220    </script>
221   <?php
222   }
223  }
224  add_action('wp_footer', 'comment_validation_init');
```

로그인하지 않은 웹브라우저에서 아무것도 입력하지 않고 댓글 달기 버튼을 클릭하면 각 입력란의 위에 그림 2-51과 같이 메시지가 나타납니다.

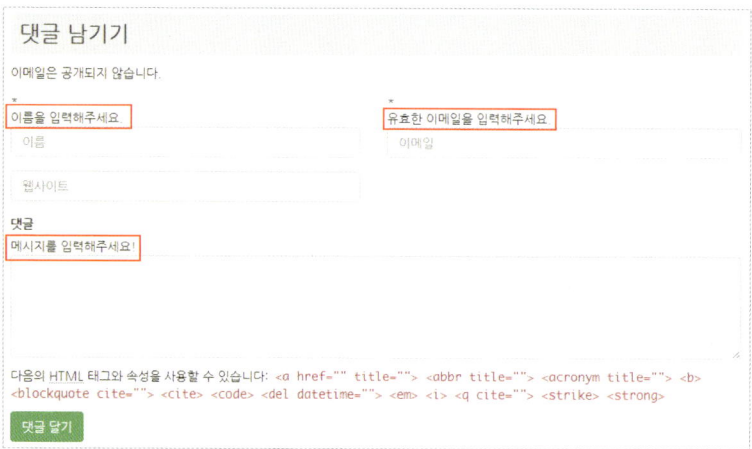

그림 2-51 댓글의 기본 유효성 검사

두 번째는 부트스트랩의 툴팁 기능을 추가한 방법입니다.

https://github.com/Thrilleratplay/jquery-validation-bootstrap-tooltip

위 사이트에서 zip 파일을 내려받아 압축을 풀고 jquery-validate.bootstrap-tooltip.min.js 파일을 복사해 테마의 js 폴더에 붙여넣습니다. 파일 이름에 대시가 있으니 주의해서 입력해야 합니다.

```
15    wp_enqueue_script('jquery.validate-js', get_stylesheet_directory_uri() . '/js/
jquery-validate.bootstrap-tooltip.min.js', array('jquery'), null, true);
```

functions.php 파일에 위와 같이 등록하고 저장한 다음 이전과 같이 테스트하면 입력 상자 상단에 툴팁이 나타납니다. 툴팁의 옵션을 추가하려면 다음과 같이 사용합니다.

```
210    messages: {
211      author: "이름을 입력해주세요.",
212      email: "유효한 이메일을 입력해주세요.",
213      comment: "메시지를 입력해주세요!"
214    },
215    tooltip_options: {
216      author: {placement:'top',html:true},
217      email: {placement:'top',html:true},
218      comment: {placement:'top',html:true}
219    },
```

```
220    errorElement: "div",
221    errorPlacement: function(error, element) {
222      element.before(error);
223    }
```

이전 코드에서 툴팁 부분만 추가하면 됩니다. html을 true로 했으니 메시지에 html 태그를 추가할 수 있습니다.

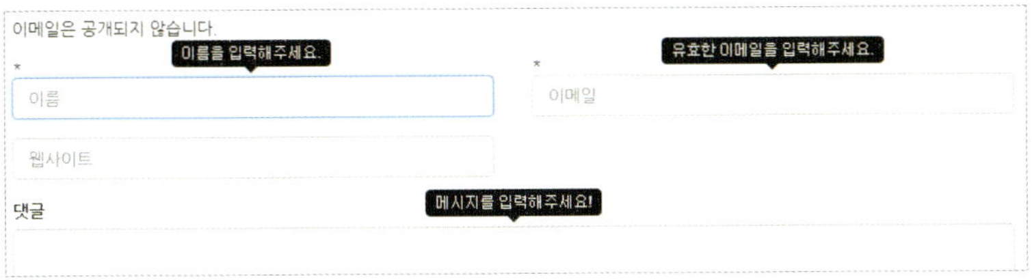

그림 2-52 부트스트랩 툴팁을 이용한 유효성 검사

지금까지 레이아웃을 만들고 수정까지 마쳤습니다. 기본적인 레이아웃이므로 이대로 사용해도 손색이 없습니다. 지금부터는 다양한 콘텐츠를 다룰 3장에 들어가기에 앞서서 몇 가지 디자인을 수정하겠습니다.

12 사이드바 있는 페이지 템플릿 만들기

페이지는 page.php 템플릿을 사용하고 page.php가 없을 경우 index.php 파일을 사용하는 것이 템플릿 계층구조의 규칙이라고 했습니다. 따라서 page.php 파일은 페이지 콘텐츠의 최종 템플릿이 되므로 이 파일의 내용은 그대로 두는 것이 좋습니다. 이 파일을 기반으로 해서 다른 필요한 템플릿을 만들면 됩니다.

```
1  <?php
2  /**
3   * Template name: 사이드바 우측
4   *
5   * @package WordPress
6   * @subpackage Twenty_Fifteen
7   * @since Twenty Fifteen 1.0
8   */
9
```

```php
10 get_header(); ?>
11
12 <div class="container">
13   <div class="row">
14     <div id="content" class="col-md-8">
15       <div id="primary" class="content-area">
16         <main id="main" class="site-main" role="main">
17           ...
18         </main><!-- .site-main -->
19       </div><!-- .content-area -->
20     </div><!-- #content -->
21     <div id="sidebar1" class="col-md-4">
22       <?php get_sidebar(); ?>
23     </div><!--#sidebar-->
24   </div><!-- .row -->
25 </div><!-- .container -->
26
27 <?php get_footer(); ?>
```

page.php 파일을 복사해서 page-side_right.php 파일을 만들고 편집기로 연 다음 상단의 주석 부분에 'Template name: 사이드바 우측'이라고 입력합니다. #content의 클래스를 .col-md-8로 수정하고 하단의 사이드바는 home.php의 사이드바를 복사해 붙여넣습니다. 현재 페이지는 샘플페이지 하나만 있으므로 이 페이지를 대상으로 사이드바가 나오는지 확인해보겠습니다.

그림 2-53 샘플 페이지를 우측 사이드바 템플릿으로 적용

관리자 화면의 페이지 → 모든 페이지에 샘플 페이지가 하나 있습니다. 제목을 클릭해서 편집화면으로 들어갑니다. 페이지 속성에서 템플릿 선택박스를 클릭해 '사이드바 우측'을 선택하고 저장한 다음 사이트에서 확인합니다.

```php
<?php
/**
* Template name: 사이드바 좌측
*
*/
get_header(); ?>

<div class="container">
  <div class="row">
    <div id="content" class="col-md-8 col-md-push-4">
    ...
    <div id="sidebar1" class="col-md-4 col-md-pull-8">
      <?php get_sidebar(); ?>
    </div><!--#sidebar-->
  </div><!-- .row -->
</div><!-- .container -->

<?php get_footer(); ?>
```

사이드바 좌측은 위와 같이 만듭니다.

13 블로그 페이지 제목 만들기

현재 홈 화면에 들어오면 제목 없이 블로그 글 목록이 나열됩니다. 앞으로 여러 페이지를 만들 것인데 블로그 목록 페이지도 그 중에 한 페이지입니다. 따라서 '이것은 블로그 페이지입니다'라는 표시를 해주는 것이 좋습니다. 다른 페이지도 이런 방식을 취할 것입니다. 다소 혼란이 있을 것으로 예상되므로 흐름을 잘 파악해야 합니다.

특성 이미지 활용하기

페이지에서도 특성 이미지를 추가하면 페이지 상단에 나타납니다. 특성 이미지를 콘텐츠 영역 상단에 있는 제목 바 배경으로 만드는 방법을 알아보겠습니다. 우선 관리자 화면의 샘플 페이지 편집 화면에서 템플릿을 우측 사이드바로 선택해놓고 특성 이미지를 추가합니다.

```
38    get_template_part( 'content', 'page' );
```

페이지 템플릿은 위와 같은 코드로 content-page.php의 반복문을 가져오고 있습니다. 이 파일을 열어보면 상단에 다음과 같은 코드가 있습니다.

```
12    <?php
13        // Post thumbnail.
14        twentyfifteen_post_thumbnail();
15    ?>
```

이 코드로 인해 페이지를 만들 때 특성 이미지를 추가하면 상단에 나타납니다. 이 특성 이미지를 제거하고 새로 만든 좌, 우 사이드바 페이지 템플릿 파일에 추가해야 하는데, 이 파일은 page.php 파일에도 사용되므로 좌, 우측 사이드바 템플릿에서는 나타나지 않게 조건문을 만들면 됩니다.

```
12    <?php
13    if (!is_page_template('page-side_right.php' ) && !is_page_template('page-side_left.php' )) :
14        // Post thumbnail.
15        twentyfifteen_post_thumbnail();
16    endif;
17    ?>
```

(!is_page_template('page-side_right.php')은 템플릿 파일이 page-side_right.php가 아닌 경우를 의미합니다. 따라서 위 조건문은 이전에 만든 두 개의 템플릿 파일을 사용하지 않는 경우에만 특성 이미지를 상단에 노출하게 됩니다.

```
19    <?php if (!is_page_template('page-side_right.php' ) && !is_page_template('page-side_left.php' )) : ?>
20    <header class="entry-header">
21        <?php the_title( '<h1 class="entry-title">', '</h1>' ); ?>
22    </header><!-- .entry-header -->
23    <?php endif; ?>
```

제목 부분에도 같은 조건문을 추가합니다.

```
14 get_header(); ?>
15
16 <div class="container-fliud p-all-0 m-btm-30 bg-ddd">
17 <?php
18    // Post thumbnail.
19    twentyfifteen_post_thumbnail(); ?>
20 </div><!-- .container-fluid -->
21 <div class="container">
```

page-side_right.php 파일의 상단에 위와 같은 코드를 추가합니다. 테스트를 위해 bg-ddd(background: #ddd;)를 추가했습니다.

그림 2-54 페이지 템플릿에서의 특성 이미지

샘플 페이지의 편집 화면에서 특성 이미지를 추가하고 사이트에서 확인하면 그림 2-54처럼 나타납니다. 와이드 버튼을 클릭하면 전체 너비에도 적용됩니다. 제목 글자를 이미지 위에 올려야 하는데 대부분 절대 위치 포지션을 생각하죠. 여기서는 다른 방법을 사용하겠습니다.

```
12 <?php wp_get_attachment_image_src( $attachment_id, $size, $icon ); ?>
```

워드프레스에 위와 같은 템플릿 태그가 있습니다. 이는 첨부 이미지를 가져오는 역할을 합니다. 위 내용을 바꿔서 다음과 같이 만듭니다.

```
17 <?php $src = wp_get_attachment_image_src( get_post_thumbnail_id($post->ID), array(10000,10000 ), false ); ?>
```

get_post_thumbnail_id($post->ID)는 글이나 페이지의 특성 이미지 아이디를 가져옵니다. 이전의 코드에서 $size는 width와 height가 있는데 이를 array()로 바꾼 것이고, 10000×10000 크기의 이미지를 가져오는 것입니다. 즉 원본 이미지를 가져오게 됩니다. $icon은 아이콘으로 사용할지를 결정합니다. 선택 항목이므로 여기서는 의미가 없고 제거해도 됩니다. 이를 $src라는 변수에 담으면 이 변수에는 array가 만들어집니다. $src[0]은 url이고, $src[1]은 width이며, $src[3]은 height가 됩니다. 여기서는 배경 이미지로 사용하기 위해 $src[0]만 사용합니다.

```
16  <div class="container-fliud p-all-0 m-btm-30 bg-ddd">
17    <?php $src = wp_get_attachment_image_src( get_post_thumbnail_id($post->ID), array( 10000,10000 ) ); ?>
18    <div class="code-block text-center overlay m-btm-30" style="background: url(<?php echo $src[0]; ?>) center no-repeat;background-size:cover;padding: 30px;">
19      <div class="container">
20        <h1><?php the_title(); ?></h1>
21      </div>
22    </div>
23  </div><!-- .container-fluid -->
```

위와 같이 .container-fluid에 코드를 추가하고 div 태그를 만든 다음 배경 스타일을 태그 내부에 인라인 형식으로 추가합니다. 중앙을 기준으로 배경 이미지를 배치(center)하고 반복은 없습니다(no-repeat). background-size는 cover로 설정해 컨테이너의 너비 변화에 상관없이 전체를 덮게 합니다. 패딩 값을 추가하면 제목 글자의 위, 아래로 간격이 만들어집니다. 이 .container div 내부에 제목을 가져오는 the_title()을 배치합니다.

그림 2-55 제목 바의 배경 이미지와 글자

배경 이미지의 밝기에 따라 다음과 같이 style.css에 글자 색을 변경하거나 그림자 효과를 추가합니다.

```
128 .code-block h1 { color: #fff; text-shadow: 0 1px 1px rgba(0, 0, 0, 0.5); }
```

또는 이미지에 오버레이 효과를 주기 위해 다음과 같이 해도 됩니다.

```css
129 .overlay {background-size:cover;background-position:center center;background-repeat:no-repeat;position:relative;z-index:2}
130 .overlay:after {content:'';opacity:.3;background:#fff;position:absolute;top:0;left:0;width:100%;height:100%;z-index:-1}
```

그림 2-56 오버레이 효과

배경 이미지 패럴랙스 효과

패럴랙스는 시차를 의미하며 스크롤함에 따라서 전경 글자와 배경 이미지의 스크롤 속도를 다르게 해 사용자 경험을 증대시킬 수 있습니다. 제이쿼리 플러그인을 추가해 위 배경 이미지에 사용해보겠습니다.

http://markdalgleish.com/projects/stellar.js/demos/

위 사이트로 이동하면 데모와 플러그인을 내려받을 수 있습니다. 압축을 해제하고 jquery.stellar.min.js 파일을 테마의 js 폴더에 저장합니다.

```php
16 wp_enqueue_script('jquery.stellar.min-js', get_stylesheet_directory_uri() . '/js/jquery.stellar.min.js', array('jquery'), null, true);
```

functions.php 파일에 스크립트를 등록합니다.

```html
18 <div class="code-block text-center overlay m-btm-30" style="background: url(<?php echo $src[0]; ?>) center no-repeat;background-size:cover;padding: 30px;" data-stellar-background-ratio="0.5">
```

div 태그에 데이터 속성 data-stellar-background-ratio="0.5"를 추가합니다. 숫자는 스크롤 속도 차이입니다.

```
50  //플러그인
51  $(window).stellar({
52    horizontalScrolling: false,
53    responsive: true
54  });
```

custom.js에 위와 같이 옵션을 설정한 다음 사이트에서 작동되는지 확인합니다.

```
287  if (Function('/*@cc_on return document.documentMode===10@*/')()){
288    document.documentElement.className+=' ie10';
289    $( ".overlay" ).data( "stellar-background-ratio", "1" );
290  }
```

IE 10에서 배경 이미지가 흔들리는 현상이 발생하는데, 패럴랙스 효과를 적용하지 않으려면 IE 10에서 배경 속도 비율을 1로 설정합니다.

제목 바가 페이지 상단에 있어서 패럴랙스 효과를 잘 보지 못하지만 앞으로 전면 페이지에 적용할 것입니다. 전면 페이지에 사용할 때에는 가로로 넓은 이미지를 사용하는 것보다 세로로 긴 이미지나 적어도 정사각형의 이미지로 잘라서 사용하는 것이 좋습니다. 패럴랙스 효과 때문에 스크롤 함에 따라서 배경 이미지도 이동되므로 좁은 너비에서 배경 이미지의 높이가 작으면 빈 공간이 발생하기 때문입니다. 따라서 관리자 화면에서 페이지를 만들 때 첨부 파일에서 parallax 폴더에 있는 것을 사용하세요. 이 코드를 다른 곳에 사용하는 방법을 알아보겠습니다.

```
1  <?php $src = wp_get_attachment_image_src( get_post_thumbnail_id($post->ID), array( 10000,10000 ) ); ?>
2  <div class="code-block text-center overlay m-btm-30" style="background: url(<?php echo $src[0]; ?>) center no-repeat;background-size:cover;padding: 30px;" data-stellar-background-ratio="0.5">
3    <div class="container">
4      <h1><?php the_title(); ?></h1>
5    </div>
6  </div>
```

테마 폴더에 code-block 폴더를 만들고 이 안에 page-header.php 파일을 만든 다음 page-side_right.php 파일에서 .container-fluid 내부의 코드만 잘라 붙여넣습니다.

```
16  <div class="container-fliud p-all-0 m-btm-30 bg-ddd">
17     <?php get_template_part('code-block/page', 'header'); ?>
18  </div><!-- .container-fluid -->
```

page-side_right.php 파일에는 위와 같이 get_template_part()를 이용해 가져오기 합니다. 다른 폴더에 있는 파일을 가져오기 할 경우 위처럼 파일 이름 앞에 해당 폴더의 이름을 추가해야 합니다. 저장한 다음 사이트에서 제목 바가 나타나는지 확인합니다. 보다 편리하게 사용하려면 함수를 만들어 사용할 수도 있습니다.

액션 만들기

```
83  function page_header_code_block(){
84      $src = wp_get_attachment_image_src( get_post_thumbnail_id($post->ID), array(10000,10000 ) ); ?>
85      <div class="code-block text-center overlay m-btm-30" style="background: url(<?php echo $src[0]; ?>) center no-repeat;background-size:cover;padding: 30px;" data-stellar-background-ratio="0.5">
86          <h1><?php the_title(); ?></h1>
87      </div> <?php
88  }
89  add_action( 'page_header', 'page_header_code_block' );
```

functions.php 파일에 함수를 만듭니다. 이곳은 PHP가 주인이기 때문에 PHP 코드 블록으로 HTML 코드와 분리시켜야 합니다. 84번 줄 마지막에 PHP 종료 코드블록을 추가하고 87번 줄 마지막에는 PHP 시작 코드블록을 추가합니다. 페이지에 사용할 때는 콘텐츠 너비로 제목을 제한하기 위해서 제목에 .container 클래스를 사용했습니다. 블로그 글의 하단이나 상단에 넣을 때는 이 클래스를 사용하면 안되므로 제외합니다. 또는 .container 클래스가 있는 것과 없는 것, 두 가지를 만들어 사용할 수도 있습니다.

```
16  <div class="container-fliud p-all-0 m-btm-30 bg-ddd">
17     <?php do_action('page_header'); ?>
18  </div><!-- .container-fluid -->
```

페이지 템플릿에는 위와 같이 추가합니다. 앞으로 이 템플릿을 사용하면서 특성 이미지를 추가하면 제목의 배경 이미지로 나타나게 됩니다. 그러면 다른 글이나 페이지의 하단에도 추가해보겠습니다.

```
10  <?php do_action('page_header'); ?>
11  <div class="author-info">
12      <h2 class="author-heading"><?php _e( 'Published by', 'twentyfifteen' ); ?></h2>
13      <div class="author-avatar">
```

author-bio.php 파일의 상단에 추가해봅니다.

```
32          endif;
33          do_action('page_header');
34          // Previous/next post navigation.
35          the_post_navigation( array(
```

single.php 파일에도 추가해봅니다. 위치에 따라서 PHP 내부일 때는 PHP 코드블록을 제외합니다.

그림 2-57 콘텐츠 영역 외부에서 사용했을 때의 제목 바

위와 같이 페이지나 글에 따라서 해당 콘텐츠의 제목과 특성 이미지로 나타나게 됩니다. 코드 하나로 여러 곳에서 다른 효과를 볼 수 있습니다. 그런데 지금까지는 템플릿 파일에 직접 삽입했기 때문에 콘텐츠 영역 외부에만 출력할 수 있었습니다. 또한 그림 2-57과 같이 블로그 글 제목도 나타나죠. 글 제목이 없거나 원하는 내용을 입력할 수 있도록 단축코드를 만들면 글이나 페이지의 콘텐츠 영역 내부에도 추가할 수 있습니다.

단축코드 만들기

```
93  function header_bar_with_title_and_bg() {
94      $src = wp_get_attachment_image_src( get_post_thumbnail_id($post->ID), array( 10000,10000 ) ); ?>
```

```
95    <div class="code-block text-center overlay m-btm-30" style="background: url(<?php
 echo $src[0]; ?>) center no-repeat;background-size:cover;padding: 30px;" data-stellar-
 background-ratio="0.5">
96        <h1><?php the_title(); ?></h1>
97    </div> <?php
98 }
```

functions.php 파일에서 이전의 코드를 복사해 함수를 만듭니다. 함수 이름은 구체적이고 일반적인 이름으로 만듭니다.

```
 99 function register_shortcodes(){
100     add_shortcode('header_bar', 'header_bar_with_title_and_bg');
101 }
```

단축코드를 등록하면서 단축코드로 사용할 이름을 간단하게 만듭니다.

```
102 add_action( 'init', 'register_shortcodes');
```

워드프레스에 이 단축코드를 인식하도록 합니다.

그림 2-58 글의 콘텐츠로 단축코드 추가

블로그 글 내부에 단축코드를 삽입합니다.

그림 2-59 단축코드 사용 시 제목 바

사이트에서 확인합니다. 단축코드는 콘텐츠 내부나 외부 어디서든지 사용할 수 있으므로 효율성 면에서 더 편리합니다. 위 단축코드는 앞으로 각 페이지의 헤더로 사용할 것입니다. 위와 같이 글 내부에 장식용으로만 사용할 경우에 제목이 나타나는데, 배경 이미지만 나타나게 하거나 원하는 글자를 단축코드에 직접 입력해서 나오게 하면 좋을 것입니다. 조금 복잡하지만 만드는 방법을 알아보겠습니다.

```
114  //커스텀 콘텐츠 바 단축코드
115  function custom_content_bar($atts, $content = null) {
116      $src = wp_get_attachment_image_src( get_post_thumbnail_id($post->ID), array(10000,10000 ) );
117      $return_string = '<div class="code-block text-center overlay m-btm-30" style="background: url(';
118      $return_string .= $src[0];
119      $return_string .= ') center no-repeat;background-size:cover;padding: 30px;" data-stellar-background-ratio="0.5">';
120      $return_string .= '<h3 class="c-fff">'.$content.'</h3>';
121      $return_string .=  '</div>';
122      return $return_string;
123  }
```

함수 제목을 입력하고 함수의 괄호에는 매개변수로 $atts, $content = null을 입력합니다. 이전의 코드를 모두 분리해서 스트링으로 만듭니다. 처음을 제외하고 두 번째부터는 ' = ' 앞에 마침표가 들어가는데, 이는 이전 코드에 더한다는 의미입니다. 120번째 줄에는 $content가 있는데 이곳은 단축코드에서 원하는 콘텐츠를 입력하는 곳이 됩니다. 글자색을 흰색으로 설정했습니다(c-fff : color: #fff;).

```
107  function register_shortcodes(){
108      add_shortcode('header_bar', 'header_bar_with_title_and_bg');
109      add_shortcode('content_bar', 'custom_content_bar');
110  }
111  add_action( 'init', 'register_shortcodes');
```

만든 단축코드를 등록합니다.

> [content_bar]사이트 방문을 환영합니다.[/content_bar]
>
> #content 주석 다음에 빈 줄을 만들고 #sidebar1의 div 태그를 만든 다음 그리드 선택자를 추가합니다. 내부에는 사이드바를 가져오는 get_sidebar() 템플릿 태그를 추가합니다.

그림 2-60 글의 콘텐츠로 단축코드 추가

글 편집기에 위와 같이 단축코드를 입력하고 사이에 원하는 글자를 추가합니다.

그림 2-61 사이트에서 확인

```
127  //커스텀 콘텐츠 헤더바 단축코드2
128  function custom_content_bar_url($atts, $content = null) {
129      extract(shortcode_atts(array(
130          "src" => 'http://',
131          "color" => '#fff',
132      ), $atts));
133      $return_string = '<div class="code-block text-center overlay m-btm-30" style="background: url(';
134      $return_string .= $src;
135      $return_string .= ') center no-repeat;background-size:cover;padding: 30px;" data-stellar-background-ratio="0.5">';
136      $return_string .= '<h3 style="color:'.$color.';">'.$content.'</h3>';
137      $return_string .=   '</div>';
138      return $return_string;
139  }
140  function register_shortcodes(){
141      add_shortcode('header_bar', 'header_bar_with_title_and_bg');
142      add_shortcode('content_bar', 'custom_content_bar');
143      add_shortcode('content_bar_url', 'custom_content_bar_url');
144  }
145  add_action( 'init', 'register_shortcodes');
```

위와 같이 단축코드를 등록하면 다음과 같은 단축코드를 사용할 수 있습니다. 이미지 src는 미디어 라이브러리에서 이미지의 URL을 복사해 사용합니다.

```
[content_bar_url color="#f00" src="http://localhost/wordpress-bootstrap3/wp-content/uploads/2015/01/parallax-bg3.jpg"]사이트 방문을 환영합니다. [/content_bar_url]
```

단축코드를 템플릿 상단에서 사용하려면 다음과 같이 하면 됩니다.

```
16 <div class="container-fliud p-all-0 m-btm-30 bg-ddd">
17     <?php echo do_shortcode('[header_bar]'); ?>
18 </div><!-- .container-fluid -->
```

이와 같은 제목 바를 모든 템플릿에 사용할 수는 없습니다. 예를 들어 archive.php 파일은 글 보관함이므로 특성 이미지가 없습니다. 단일 글 페이지나 페이지에서만 사용할 수 있습니다. 단일 글 페이지에 사용하려면 다음과 같이 합니다.

```
13 <article id="post-<?php the_ID(); ?>" <?php post_class(); ?>>
14     <header class="entry-header">
15     <?php
16         if ( is_single() ) :
17             the_title( '<h1 class="entry-title">', '</h1>' );
18         else :
19             the_title( sprintf( '<h2 class="entry-title"><a href="%s" rel="bookmark">', esc_url( get_permalink() ) ), '</a></h2>' );
20         endif;
21     ?>
22     </header><!-- .entry-header -->
23     <a href="<?php echo get_permalink(); ?>" rel="bookmark">
24     <?php
25         // Post thumbnail.
26         the_post_thumbnail('post-thumbnail');
27     ?>
28     </a>
29     <div class="entry-content">
```

content.php 파일에서 article 태그와 .entry-content 클래스 사이에 있는 코드를 모두 제거합니다.

```
12 <div class="container-fliud p-all-0 m-btm-30 bg-ddd">
13     <?php echo do_shortcode('[header_bar]'); ?>
14 </div><!-- .container-fluid -->
15 <div class="container">
```

single.php 파일 상단에 위와 같이 추가합니다.

그러면 블로그 홈(home.php 파일을 사용하는 블로그 목록)에도 배경이 있는 제목을 표시하는 방법을 알아보겠습니다. index.php나 home.php 파일은 커스텀 템플릿이 아니므로 액션이나 단축코드를 사용하면 제목이 제대로 나오지 않습니다. the_title()은 개별 글이나 페이지에만 적용되기 때문입니다.

전면 페이지, 블로그 페이지 만들기

우선 이전에 만든 code-block 폴더에서 page-header.php 파일을 복사해 page-home_header.php를 만듭니다.

```
17 get_header(); ?>
18
19 <div class="container-fliud p-all-0 m-btm-30 bg-ddd">
20    <?php get_template_part('code-block/page', 'home_header'); ?>
21 </div><!-- .container-fluid -->
```

home.php 파일의 상단에 get_template_part()를 이용해 해당 코드 블록을 가져오기 합니다.

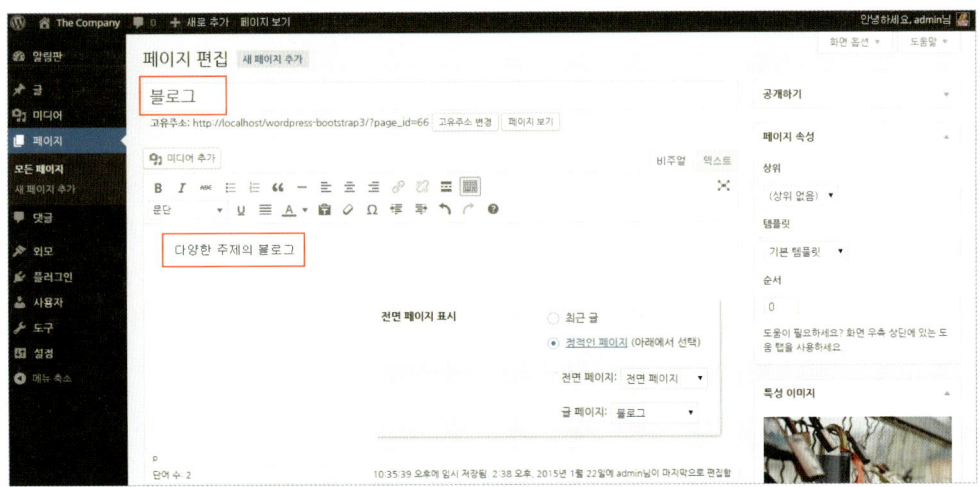

그림 2-62 블로그 페이지와 전면 페이지 만들기

새 페이지 추가에서 제목은 '블로그', 내용은 '다양한 주제의 블로그'처럼 간단하게 입력하고 공개하기 버튼을 클릭합니다. 특성 이미지를 추가해도 나타나지 않습니다. 새 페이지 추가 버튼을 클릭해 이번에는 '전면 페이지'라는 제목만 넣고 만듭니다. 설정 → 읽기로 가서 전면 페이지 표시 항목에서 '정적인 페이지'에 체크하고 전면 페이지는 전면 페이지, 글 페이지는 블로그를 선택하고 저장합니다.

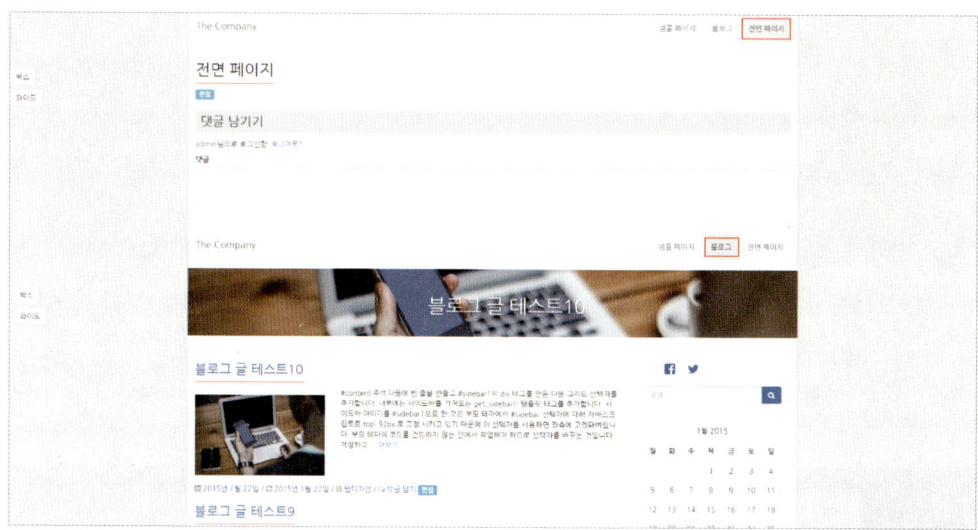

그림 2-63 사이트의 전면 페이지와 블로그 페이지

사이트 홈으로 가면 전면 페이지에 아무런 내용이 없는 페이지가 나타납니다. 블로그 메뉴를 클릭하면 이전의 홈 화면이 나타납니다. 제목은 해당 페이지의 첫 번째 글 제목이 나옵니다. 또한 특성 이미지도 첫 번째 글의 특성 이미지입니다. 여기서 예상하지 않은 효과가 나타나는데 하단의 페이지 처리에서 다음 페이지 번호를 클릭하면 제목의 배경 이미지가 다시 첫 번째 글의 특성이미지로 변경됩니다. 페이지마다 이미지가 달라지는 부수적인 효과입니다.

전면 페이지는 나중에 front-page.php 파일을 만들어 여러 가지 콘텐츠를 가져와 표시할 것입니다. 현재 이 파일을 만들면 전면 페이지에는 아무것도 나타나지 않게 됩니다.

```
1  <?php $src = wp_get_attachment_image_src( get_post_thumbnail_id($post->ID), array(
10000,10000 ) ); ?>
2  <div class="code-block text-center overlay m-btm-30" style="background: url(<?php
echo $src[0]; ?>) center no-repeat;background-size:cover;padding: 30px;" data-stellar-
background-ratio="0.5">
3    <div class="container">
4      <h1><?php echo get_the_title( get_option('page_for_posts', true) ); ?></h1>
5    </div>
6  </div>
```

page-home_header.php 파일에서 the_title() 부분을 위와 같이 수정합니다. 이는 관리자 화면에서 만든 페이지의 제목을 가져오는 역할을 합니다. 블로그 페이지를 만들 때 간략한 소개 글이 있었는데, 이를 제목 바로 아래에 나타나게 하겠습니다.

```
105  function get_excerpt_by_id($post_id){
106      $post = get_post($post_id);
107      $the_excerpt = $post->post_content;
108      $excerpt_length = 35;
109      $the_excerpt = strip_tags(strip_shortcodes($the_excerpt));
110      $words = explode(' ', $the_excerpt, $excerpt_length + 1);
111      if(count($words) > $excerpt_length) {
112          array_pop($words);
113          array_push($words, '<a href="'.get_permalink($post_id).'" class="more '.$class.'">more</a>');
114          $the_excerpt = implode(' ', $words);
115      }
116      $the_excerpt = '<p>' . $the_excerpt . '</p>';
117      return $the_excerpt;
118  }
```

위 코드를 functions.php 파일에 추가합니다. 원래 the_excerpt()라는 템플릿 태그는 반복문 내부에서만 사용하도록 돼 있습니다. 그래서 반복문 외부에서 사용할 수 있도록 만든 것입니다.

```
1  <?php $src = wp_get_attachment_image_src( get_post_thumbnail_id($post->ID), array(
10000,10000 ) ); ?>
2  <div class="code-block text-center overlay m-btm-30" style="background: url(<?php
echo $src[0]; ?>) center no-repeat;background-size:cover;padding: 30px;" data-stellar-
background-ratio="0.5">
3    <div class="container get_excerpt">
4      <h1><?php echo get_the_title( get_option('page_for_posts', true) ); ?></h1>
5      <p><?php echo get_excerpt_by_id(66); ?></p>
6    </div>
7  </div>
```

page-home_header.php의 제목 아래에 위와 같이 추가하고 블로그의 페이지 아이디를 괄호에 입력합니다. 아이디는 브라우저 주소창의 마지막에 '/?page_id=숫자'로 나와있습니다. 글자를 스타일 하기 위해 알기 쉬운 클래스를 .container에 추가합니다. p 태그에 직접 입력하면 적용이 안됩니다.

```
132 .get_excerpt p { font-size:16px ; color: #fff; text-shadow: 0 1px 1px rgba(0, 0, 0,
0.5); }
```

style.css에는 위와 같이 스타일을 설정합니다. 위 기능은 앞으로 전면 페이지에서 사용할 예정입니다.

그림 2-64 글 목록 페이지의 제목 바

지금까지 스타일이 전혀 없는 상태의 기본 테마를 부트스트랩을 이용해 얼마 되지 않은 스타일시트 코드로 레이아웃을 만들고 일부 독특한 기능을 추가했습니다. 부트스트랩은 레이아웃을 만드는 도구일 뿐입니다. 하지만 아주 편리하고 빠르게 만들 수 있습니다. 3장에서는 사용자 정의 글 타입을 만들고 다양한 콘텐츠를 다루는 방법을 알아봅니다. 여러 가지 제이쿼리 플러그인을 사용할 것이며 이들은 최근의 워드프레스 프리미엄 테마에 적용되는 것들입니다. 하나만 제외하고 모두 무료로 사용할 수 있고 유료 플러그인도 개인 용도는 무료로 사용할 수 있습니다. 소스만 알면 원하는 기능을 갖춘 웹사이트는 얼마든지 만들 수 있습니다.

다양한 콘텐츠 만들기

3장에서 다루는 내용

01 _ 사용자 정의 글 타입(Custom Post Type)
02 _ 갤러리 페이지 만들기
03 _ 슬라이더 만들기
04 _ 전면 페이지 만들기
05 _ 팀원 글 타입 페이지 만들기
06 _ 회사 소개 페이지 만들기
07 _ 그리드 블로그 글 타입
08 _ 게시판 페이지 만들기

3장에서는

사용자 정의 글 타입(Custom Post Type)을 만들어 다양한 형태의 콘텐츠를 만들 것입니다. 일정한 포맷이 있는 편집 화면이 있으면 입력하기도 편리하고 사이트에 콘텐츠를 구분해서 노출시킬 수 있습니다. 또한 이미지를 업로드하기만 해도 슬라이더를 바로 만들 수 있습니다. 부동산 사이트도 만들 수 있고 호텔이나 펜션 등 일정한 레이아웃을 가진 페이지를 만들 수도 있습니다. 쇼핑몰 플러그인은 이러한 사용자 정의 글 타입의 일종입니다. 3장의 내용을 간추려 보면 다음과 같습니다.

사용자 정의 글 타입(Custom Post Type)

2장에서 기본적인 테마를 완성했습니다. 3장에서는 이를 바탕으로 글 타입에 따른 여러가지 템플릿을 새로 만들고 글 타입마다 특징적인 레이아웃을 만들기 위해 워드프레스 플러그인을 사용합니다. 이들 플러그인은 기본 구조를 만들기 위한 것이며 슬라이더와 같은 다른 기능을 만들기 위해 사용됩니다. 우선 포트폴리오 글 타입을 위해 몇 가지 워드프레스 플러그인을 설치해 기본적인 글 타입 템플릿을 완성하고 제이쿼리 플러그인으로 마우스오버 효과를 추가합니다.

갤러리 페이지 만들기

포트폴리오 글 타입에서 만들어진 템플릿을 복사해 갤러리 글 타입을 완성합니다.

슬라이더 만들기

슬라이더도 글 타입으로 만들면 이미지만 추가함으로서 다양한 슬라이더를 만들 수 있으며, 원하는 곳에 배치할 수 있습니다. 여기서는 전면 페이지에 사용할 슬라이더를 만듭니다.

전면 페이지 만들기

이전까지 만든 콘텐츠를 바탕으로 전면 페이지를 만들고, 상단에 슬라이더를 배치한 뒤 포트폴리오, 갤러리 콘텐츠를 가져오기 합니다. 이후로는 새로 만든 글 타입의 콘텐츠를 쉽게 가져올 수 있게 됩니다.

팀원 글 타입 페이지 만들기

팀원 글 타입부터는 하나의 템플릿으로 만들어집니다. 템플릿을 나누면 관리상의 장점이 있지만 파일 수가 많아지면서 복잡한 구조가 되므로 파일을 병합하는 방법을 알아보고 전면 페이지에 콘텐츠 가져오기를 합니다.

회사 소개 페이지 만들기

팀원 글 타입의 템플릿을 복사해 새로운 레이아웃의 템플릿을 만들며 부트스트랩의 프로그레스바를 추가해 회사의 스킬을 표현합니다. 또한 전면 페이지에서 스크롤하면서 스킬이 애니메이션 되는 것을 표현하기 위해 웨이포인트라는 제이쿼리 플러그인을 사용해봅니다.

그리드 블로그 글 타입

기존의 블로그 글을 그리드 블로그 글타입으로 바꾸고 핀터레스트 사이트와 같이 그리드를 클릭하면 부트스트랩의 모달 창에서 싱글 콘텐츠가 나타나게 합니다.

게시판 페이지 만들기

고객센터나 게시판 사이트를 만들 수 있도록 새로운 형태의 게시판 플러그인을 사용해 게시판 페이지를 만듭니다. 문제가 있는 플러그인이지만 디자인과 기능이 아주 좋으며 여러 가지 문제점을 해결하는 과정을 겪어보는 것도 좋은 경험이 될 것입니다.

사용자 정의 글 타입 (Custom Post Type)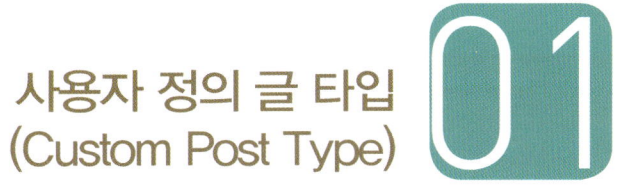

01 워드프레스 코덱스 페이지의 예제

사용자 정의 글 타입은 2장에서 설명했듯이 워드프레스의 기본 글 타입인 5가지 외에 사용자가 워드프레스에 추가한 글 타입입니다. 워드프레스는 글 타입을 만들 수 있도록 미리 정해 놓았는데 이에 관해서는 아래 링크에 자세히 설명돼 있습니다.

http://codex.wordpress.org/Function_Reference/register_post_type

어떤 형태로 이뤄지는지 위 페이지의 예제를 실제로 사용해보겠습니다. 코드가 하단에 있으므로 위 URL에 #Example을 추가하고 엔터 키를 누르면 바로 이동합니다.

```
351 // Basic
352 function codex_custom_init() {
353   $args = array(
354     'public' => true,
355     'label'  => 'Books'
356   );
357   register_post_type( 'book', $args );
358 }
359 add_action( 'init', 'codex_custom_init' );
```

기본(Basic) 부분의 코드를 복사(PHP 코드 블록은 제외하고 복사)해 functions.php 파일에 붙여넣고 저장한 다음 관리자 화면을 새로고침하면 주메뉴에 Books라는 메뉴가 만들어지고 하위 메뉴로 목록과 새 글 쓰기가 있습니다. 새 글 쓰기 화면으로 들어가면 편집기와 공개하기 박스만 나타납니다. 이것만으로도 새로운 형태의 글을 발행할 수 있습니다. 다음 테스트를 위해 위 코드는 제거합니다.

```
361 //Elaborate:
362 add_action( 'init', 'codex_book_init' );
363 /**
364  * Register a book post type.
365  *
366  * @link http://codex.wordpress.org/Function_Reference/register_post_type
367  */
368 function codex_book_init() {
369     $labels = array(
370         'name'               => _x( 'Books', 'post type general name', 'your-plugin-textdomain' ),
371         'singular_name'      => _x( 'Book', 'post type singular name', 'your-plugin-textdomain' ),
372         ...
```

Elaborate 부분의 코드 전체를 복사해 functions.php 파일에 붙여넣고 저장한 다음 관리자 화면에서 확인하면 하위메뉴의 글자가 달라지고, Add New를 클릭해 들어가면 몇 가지 메타박스가 추가돼 있습니다.

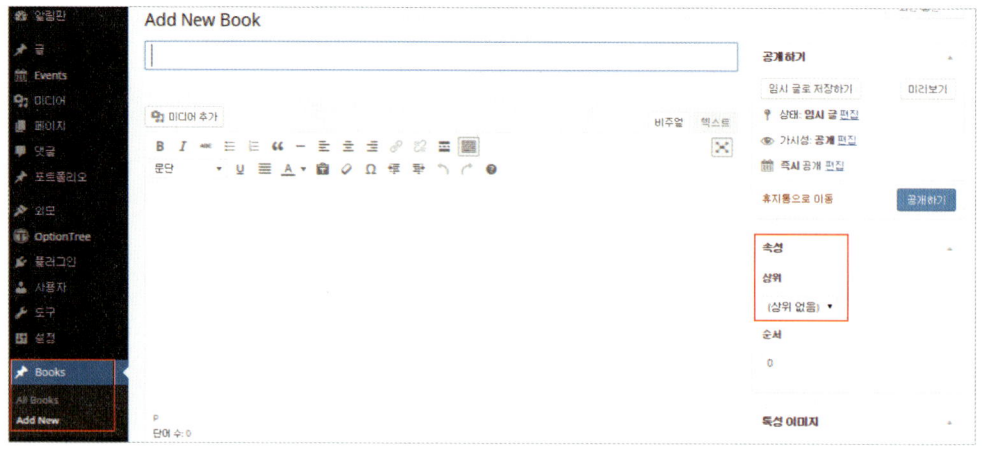

그림 3-1 사용자 정의 글 타입의 예제

코드 중에 'hierarchical'를 true로 하고 supports의 괄호에 " , 'page-attributes'"를 추가하면 속성 메타박스와 상위 선택상자가 나타납니다. menu_position을 100으로 변경하면 메뉴 위치가 '설정' 아래로 바뀝니다.

```
405 //Customizing the messages:
406 add_filter( 'post_updated_messages', 'codex_book_updated_messages' );
407 /**
408  * Book update messages.
409  *
410  * See /wp-admin/edit-form-advanced.php
411  *
412  * @param array $messages Existing post update messages.
413  *
414  * @return array Amended post update messages with new CPT update messages.
415  */
416 function codex_book_updated_messages( $messages ) {
417     $post             = get_post();
418     $post_type        = get_post_type( $post );
419     $post_type_object = get_post_type_object( $post_type );
420     ...
```

Customizing the messages: 부분을 사용하면 글을 발행했을 때 '글이 발행됐습니다'가 아닌 다음 그림과 같이 해당 글 타입 이름으로 된 메시지가 나타납니다.

그림 3-2 사용자 정의 글 타입의 메시지

```
457 //Adding contextual help:
458 //display contextual help for Books
459 function codex_add_help_text( $contextual_help, $screen_id, $screen ) {
460     //$contextual_help .= var_dump( $screen ); // use this to help determine $screen->id
461     if ( 'book' == $screen->id ) {
462         $contextual_help =
463             '<p>' . __('Things to remember when adding or editing a book:', 'your_text_domain') . '</p>' .
```

```
464        '<ul>' .
465        '<li>' . __('Specify the correct genre such as Mystery, or Historic.', 'your_
text_domain') . '</li>' ...
```

Adding contextual help: 부분을 추가하면 다음 그림과 같이 도움말 탭이 나타나고 이를 클릭하면 위의 텍스트가 보입니다.

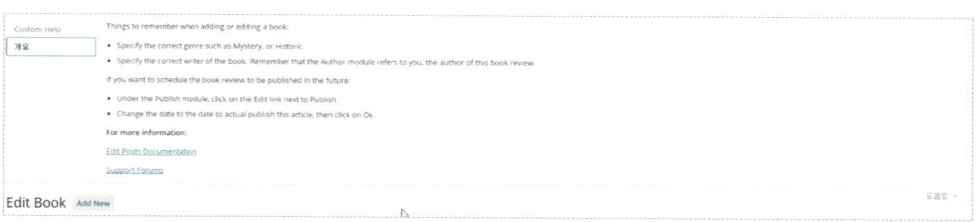

그림 3-3 사용자 정의 글 타입의 도움말

Adding WordPress 3.3+ Help Tab: 부분을 사용하면 위 그림에서 Custom Help 탭이 나타납니다.

사용자 정의 글 타입은 항상 택소노미를 같이 사용해야 합니다. 이에 관한 설명은 다음 링크에 있습니다.

http://codex.wordpress.org/Function_Reference/register_taxonomy

Example 부분의 코드를 복사해 functions.php 파일에 추가하면 다음 그림과 같이 글의 카테고리와 태그처럼 장르와 작가가 추가됩니다.

그림 3-4 사용자 정의 글 타입의 택소노미

이 상태에서 책에 관한 글을 발행해 바로 사용할 수도 있습니다.

코덱스 페이지의 코드는 상당히 많고 도움말 같은 경우 그다지 필요하지 않습니다. 따라서 위와 같은 코드를 쉽게 만들어주는 UI 플러그인을 사용해보겠습니다. 위에서 테스트한 코드는 제거합니다.

02 Custom Post Type UI 플러그인

이 플러그인은 사용자 정의 글 타입 코드를 만들 수 있는 가벼운 플러그인입니다. 코드를 직접 만들어도 되지만 UI를 사용해보는 것도 좋습니다. 하나를 만들어 복사한 다음 functions.php 파일에 붙여넣고 계속 복사해 글타입만 바꿔서 사용하면 됩니다.

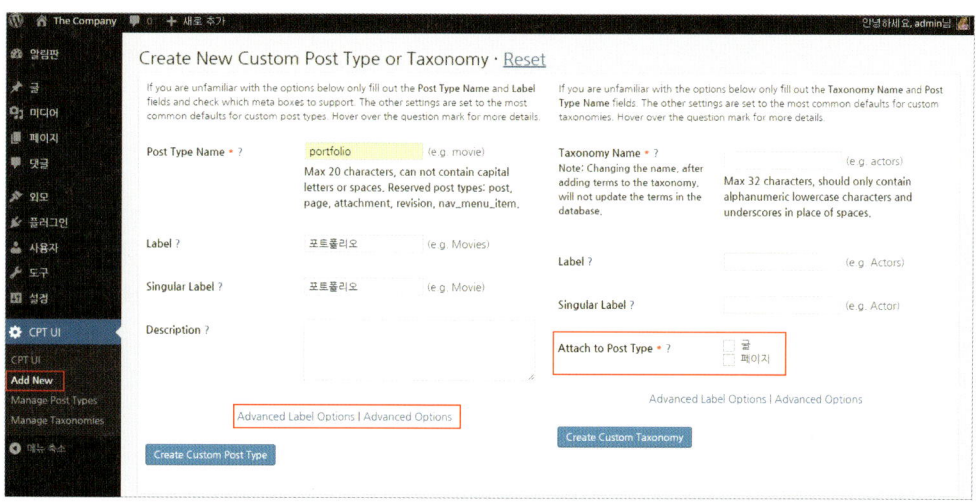

그림 3-5 사용자 정의 글 타입 UI 플러그인

플러그인 추가하기 화면에서 CPT UI로 검색해서 설치하고 활성화 합니다. CPT UI 메뉴의 Add New에서는 새로운 글 타입과 택소노미를 만들 수 있으며, Manage Post Types 메뉴에서는 이미 만든 글 타입을 관리할 수 있고, Manage Taxonomy 메뉴에서는 택소노미를 관리합니다. Add New를 클릭하면 좌, 우 두 개의 칼럼으로 분리돼 있습니다. 왼쪽의 글 타입을 먼저 만들어야 오른쪽의 택소노미에 글 타입이 나타나므로 서로 연결할 수 있습니다. 글 타입 이름은 영문으로 입력하고 레이블은 한글로 입력합니다. Advanced Label Options와 advanced Options 두 개의 링크를 클릭하면 아래로 펼쳐집니다.

Menu Name ?	포트폴리오 (e.g. My Movies)	View ?	보기 (e.g. View Movie)
Add New ?	새로 추가 (e.g. Add New)	View Item ?	포트폴리오 보기 (e.g. View Movie)
Add New Item ?	새 포트폴리오 추가 (e.g. Add New Movie)	Search Items ?	포트폴리오 검색 (e.g. Search Movies)
Edit ?	편집 (e.g. Edit)	Not Found ?	포트폴리오가 없습니다 (e.g. No Movies Found)
Edit Item ?	포트폴리오 편집 (e.g. Edit Movie)	Not Found in Trash ?	포트폴리오가 휴지통에 없습니다 (e.g. No Movies found in Trash)
New Item ?	새 포트폴리오 (e.g. New Movie)	Parent ?	부모 포트폴리오 (e.g. Parent Movie)

그림 3-6 Advanced Label Options

각 입력란에 괄호의 도움말을 참고해서 한글로 추가합니다.

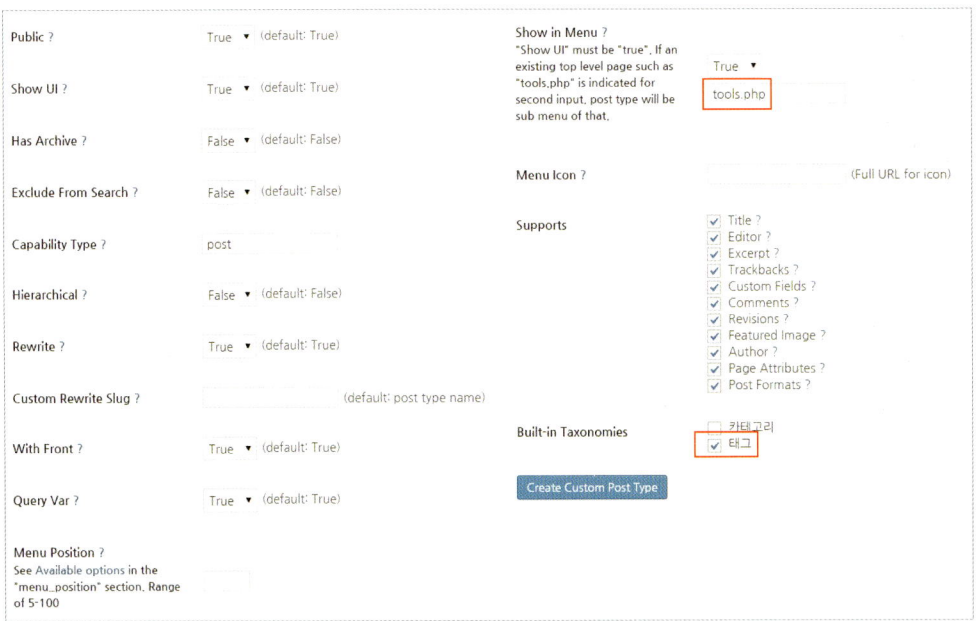

그림 3-7 Advanced Options

- **Public**은 사이트에서 보이는 것을 결정합니다. false로 설정하면 관리자도 사이트에서 볼 수 없습니다.
- **Show UI**는 관리자 화면에서 나타나는 것을 결정합니다. false로 설정하면 메뉴에서도 사라집니다.

- **Has Archive**는 글 보관함 페이지를 가질 수 있습니다.
- **Exclude from Search**는 검색에서 제외할 수 있습니다.
- **Capability Type**은 글이나 페이지 형태로 글 타입을 만드는 것을 결정합니다.
- **Hierarchical**은 페이지 형태처럼 글 상호간에 계층구조를 만들 수 있습니다.
- **Rewrite**는 고유주소를 만들 수 있습니다.
- **Custom Rewrite Slug**는 비워두면 글 타입 이름을 사용합니다.
- **With front**는 고유주소의 글 제목 앞에 글 타입 이름이 들어갑니다.
- **Query Var**는 글의 query_var 키를 설정합니다.
- **Menu Position**은 주메뉴에서 위치를 결정합니다.

표 3-1 메뉴 포지션

숫자	위치	숫자	위치	숫자	위치
5	글 아래	10	미디어 아래	15	링크 아래
20	페이지 아래	25	댓글 아래	60	첫 번째 세퍼레이터(댓글과 외모 사이) 아래
70	사용자 아래	75	도구 아래	80	설정 아래
100	두 번째 세퍼레이터 아래				

- 메뉴 아이콘의 URL은 예전에 그래픽 아이콘을 사용했을 때의 방식이고 현재는 아이콘 폰트로 바뀌었습니다. 아래와 같이 functions.php 파일에 액션을 사용하고 id 선택자의 마지막 글자를 글 타입으로 입력합니다. 아이콘 코드는 https://developer.wordpress.org/resource/dashicons/#desktop에서 고르면 됩니다.

```
608 function add_menu_icons_styles(){
609 ?>
610 <style>
611 #menu-posts-portfolio .dashicons-admin-post:before {
612     content: "\f322";
613 }
614 </style>
615 <?php
616 }
617 add_action( 'admin_head', 'add_menu_icons_styles' );
```

- **Show in menu**는 메뉴에 표시 여부를 결정하며 입력상자에 관리자 화면 페이지의 URL 끝의 파일 이름을 입력하면 해당 화면의 하위메뉴로 등록됩니다. 예를 들어 tool.php 파일 이름을 입력하면 도구 메뉴의 하위메뉴로 추가됩니다.

- **Supports**는 글쓰기 화면에서 지원하는 메타 박스를 의미합니다.
- **Built in Taxonomy**는 기존의 글 카테고리와 태그인데 카테고리는 다음에 만들 것이므로 체크하지 않고 태그는 공유해도 되므로 체크합니다.

모두 완료한 후에 저장하면 주메뉴에 포트폴리오 메뉴가 만들어집니다. 다시 Add New를 선택해 택소노미를 설정합니다.

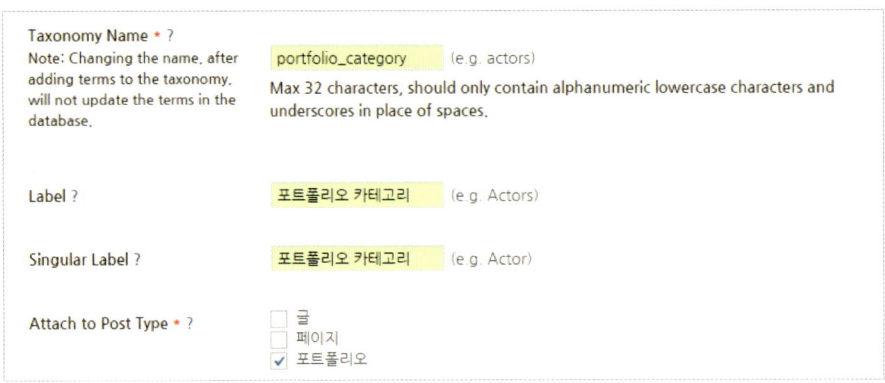

그림 3-8 택소노미

위와 같이 입력하고 포트폴리오에 체크합니다.

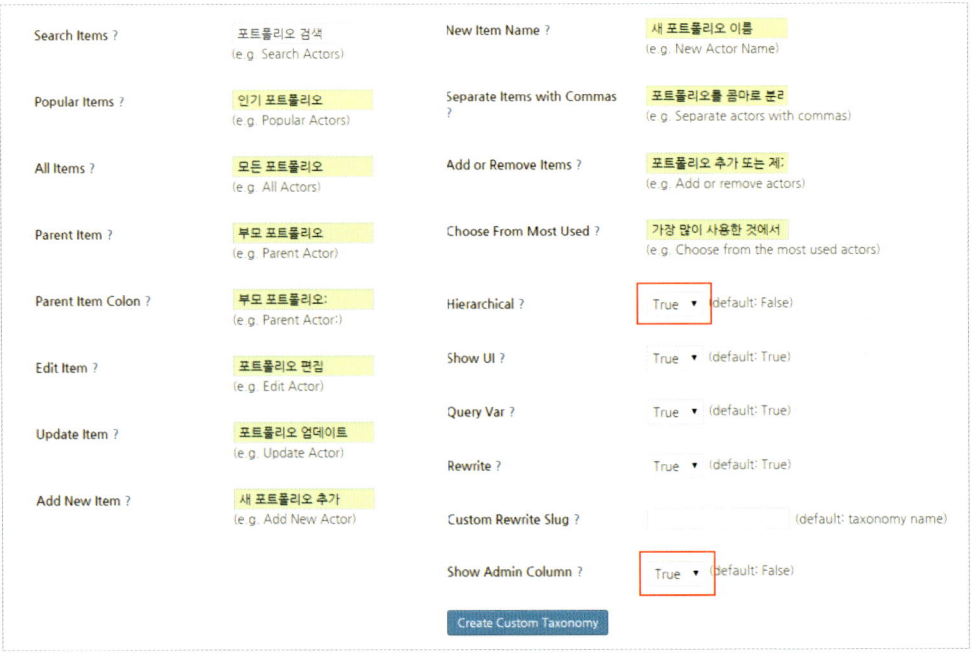

그림 3-9 택소노미 레이블 및 추가 옵션

레이블은 괄호의 도움말을 참고해서 입력하고 Hierarchical은 true로 설정합니다. Hierarchical을 true로 설정하면 글 카테고리처럼 카테고리 상하관계를 만들 수 있습니다. Show Admin Column은 true로 설정합니다. Show Admin Column을 true로 설정하면 관리자 화면의 포트폴리오 목록 화면에서 카테고리 칼럼이 나타납니다.

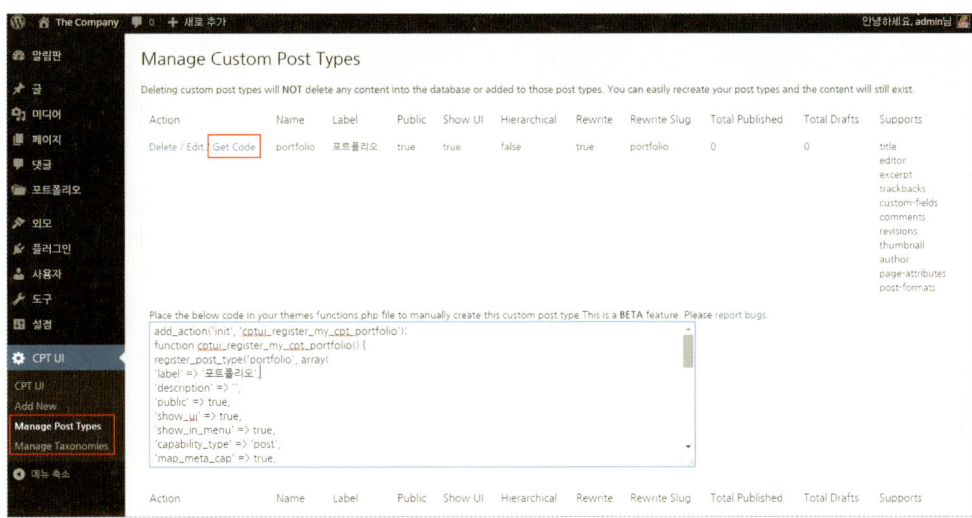

그림 3-10 코드 복사

Manage Post Types에서 Get Code를 클릭하면 코드가 나타납니다. 이를 전체 선택해서 복사합니다.

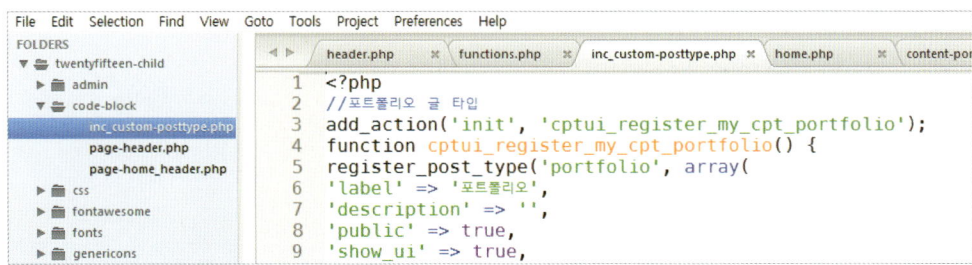

그림 3-11 함수 파일 가져오기

총 7개의 글 타입을 만들 예정인데, 이 코드를 모두 functions.php에서 관리하면 코드가 아주 길어져 관리하기가 어려우므로 다른 파일에 넣고 가져오기 할 것입니다. 테마 폴더의

code-block 폴더에 inc_custom-posttype.php 파일을 만들고 상단에 PHP 코드 블록 (<?php)을 추가한 다음 붙여넣습니다. 마찬가지로 Manage Taxonomies에서 Get Code 링크를 클릭한 다음 코드를 복사해 붙여넣고 CPT UI 플러그인은 비활성화 합니다.

포트폴리오 글 타입의 코드는 다음과 같습니다.

```php
//포트폴리오 글 타입
add_action('init', 'cptui_register_my_cpt_portfolio');
function cptui_register_my_cpt_portfolio() {
  register_post_type('portfolio', array(
    'label' => '포트폴리오',
    'description' => '',
    'public' => true,
    'show_ui' => true,
    'show_in_menu' => true,
    'capability_type' => 'post',
    'map_meta_cap' => true,
    'hierarchical' => false,
    'rewrite' => array('slug' => 'portfolio', 'with_front' => true),
    'query_var' => true,
    'supports' => array('title','editor','excerpt','trackbacks','custom-fields','comments','revisions','thumbnail','author','page-attributes','post-formats'),
    'taxonomies' => array('post_tag'),
    'labels' => array (
      'name' => '포트폴리오',
      'singular_name' => '포트폴리오',
      'menu_name' => '포트폴리오',
      'add_new' => '새로 추가',
      'add_new_item' => '새 포트폴리오 추가',
      'edit' => '편집',
      'edit_item' => '포트폴리오 편집',
      'new_item' => '새 포트폴리오',
      'view' => '보기',
      'view_item' => '포트폴리오 보기',
      'search_items' => '포트폴리오 검색',
      'not_found' => '포트폴리오가 없습니다',
      'not_found_in_trash' => '포트폴리오가 휴지통에 없습니다',
      'parent' => '부모 포트폴리오',
    )
) ); }
```

택소노미는 다음과 같습니다.

```
36  //포트폴리오 택소노미
37  add_action('init', 'cptui_register_my_taxes_portfolio_category');
38  function cptui_register_my_taxes_portfolio_category() {
39      register_taxonomy( 'portfolio_category',array (
40          0 => 'portfolio',
41      ),
42  array( 'hierarchical' => true,
43      'label' => '포트폴리오 카테고리',
44      'show_ui' => true,
45      'query_var' => true,
46      'show_admin_column' => true,
47      'labels' => array (
48          'search_items' => '포트폴리오 카테고리',
49          'popular_items' => '인기 포트폴리오',
50          'all_items' => '모든 포트폴리오',
51          'parent_item' => '부모 포트폴리오',
52          'parent_item_colon' => '부모 포트폴리오:',
53          'edit_item' => '포트폴리오 편집',
54          'update_item' => '포트폴리오 업데이트',
55          'add_new_item' => '새 포트폴리오 추가',
56          'new_item_name' => '새 포트폴리오 이름',
57          'separate_items_with_commas' => '포트폴리오를 콤마로 분리',
58          'add_or_remove_items' => '포트폴리오 추가 또는 제거',
59          'choose_from_most_used' => '가장 많이 사용한 것에서 선택',
60      )
61  ) );
62  }
```

```
121  /**
122   * 글 타입 가져오기
123   */
124  require get_stylesheet_directory() . '/code-block/inc_custom-posttype.php';
```

functions.php 파일에서는 위와 같이 파일 내용을 가져오는 코드를 추가합니다.

```
64
65  //포트폴리오 글 타입
66  add_action('init', 'cptui_register_my_cpt_portfolio');
67  function cptui_register_my_cpt_portfolio() {
68  register_post_type('portfolio', array(
69  'label' => '포트폴리오',
70  'description' => '',
71  'public' => true,
72  'show_ui' => true,
73  'show_in_menu' => true,
74  'capability_type' => 'post',
75  'map_meta_cap' => true,
76  'hierarchical' => false,
77  'rewrite' => array('slug' => 'portfolio', 'with_front' => true),
78  'query_var' => true,
    'supports' => array('title','editor','excerpt','trackbacks','custom-fields','comments','revisions',
79     'thumbnail','author','page-attributes','post-formats'),
80  'taxonomies' => array('post_tag'),
81  'labels' => array (
82    'name' => '포트폴리오',
83    'singular_name' => '포트폴리오',
84    'menu_name' => '포트폴리오',
85    'add_new' => '새로 추가',
86    'add_new_item' => '새 포트폴리오 추가',
87    'edit' => '편집',
88    'edit_item' => '포트폴리오 편집',
89    'new_item' => '새 포트폴리오',
90    'view' => '보기',
91    'view_item' => '포트폴리오 보기',
92    'search_items' => '포트폴리오 검색',
93    'not_found' => '포트폴리오가 없습니다',
94    'not_found_in_trash' => '포트폴리오가 휴지통에 없습니다',
95    'parent' => '부모 포트폴리오',
96    )
97  ) ); }
```

그림 3-12 코드 복사 후 새로운 글 타입 만들기1

복사해 온 코드를 모두 선택해서 복사한 다음 바로 아래에 붙여넣고 교체할 글자를 선택합니다. 서브라임 텍스트에서는 하나의 글자를 선택하고 Ctrl+D키를 누르면 같은 글자가 계속 선택됩니다. 포트폴리오를 '그리드블로그'로 교체합니다.

```
64
65  //그리드블로그 글 타입
66  add_action('init', 'cptui_register_my_cpt_portfolio');
67  function cptui_register_my_cpt_portfolio() {
68  register_post_type('portfolio', array(
69  'label' => '그리드블로그',
70  'description' => '',
71  'public' => true,
72  'show_ui' => true,
73  'show_in_menu' => true,
74  'capability_type' => 'post',
75  'map_meta_cap' => true,
76  'hierarchical' => false,
77  'rewrite' => array('slug' => 'portfolio', 'with_front' => true),
78  'query_var' => true,
    'supports' => array('title','editor','excerpt','trackbacks','custom-fields','comments','revisions',
79     'thumbnail','author','page-attributes','post-formats'),
80  'taxonomies' => array('post_tag'),
81  'labels' => array (
82    'name' => '그리드블로그',
83    'singular_name' => '그리드블로그',
84    'menu_name' => '그리드블로그',
85    'add_new' => '새로 추가',
86    'add_new_item' => '새 그리드블로그 추가',
87    'edit' => '편집',
88    'edit_item' => '그리드블로그 편집',
89    'new_item' => '새 그리드블로그',
90    'view' => '보기',
91    'view_item' => '그리드블로그 보기',
92    'search_items' => '그리드블로그 검색',
93    'not_found' => '그리드블로그가 없습니다',
94    'not_found_in_trash' => '그리드블로그가 휴지통에 없습니다',
95    'parent' => '부모 그리드블로그',
96    )
97  ) ); }
```

그림 3-13 코드 복사 후 새로운 글 타입 만들기2

이번에는 영문으로 된 portfolio를 모두 선택하고 'gridblog'로 교체합니다. 저장한 다음 관리자 화면에서 주메뉴에 '그리드블로그' 글 타입이 생성이 됐는지 확인합니다. 같은 방법으로 표 3-2를 참고해 글 타입을 만듭니다. 전체 글 타입입니다.

표 3-2 이 책에서 만드는 글 타입

글 타입	글 타입 이름	영문 이름
포트폴리오	포트폴리오	Portfolio
그리드블로그	그리드블로그	Gridblog
영화	영화	Movie
갤러리	갤러리	gallery
팀	팀	Team
슬라이더	슬라이더	Slider
회사소개	회사소개	about
캐러젤	캐러젤	carousel

```
498 function add_menu_icons_styles(){ ?>
499 <style>
500 #menu-posts-movie .dashicons-admin-post:before { content: "\f337"; }
501 #menu-posts-portfolio .dashicons-admin-post:before { content: "\f322"; }
502 #menu-posts-gallery .dashicons-admin-post:before { content: "\f233"; }
503 #menu-posts-team .dashicons-admin-post:before { content: "\f110"; }
504 #menu-posts-about .dashicons-admin-post:before { content: "\f116"; }
505 #menu-posts-gridblog .dashicons-admin-post:before { content: "\f495"; }
506 #menu-posts-slider .dashicons-admin-post:before { content: "\f233"; }
507 #menu-posts-carousel .dashicons-admin-post:before { content: "\f232"; }
508 </style>
509 <?php }
510 add_action( 'admin_head', 'add_menu_icons_styles' );
```

아이콘은 위와 같이 만듭니다.

지금까지 작업한 것은 블로그 글과 다를 게 없습니다. 이렇게 다양하게 콘텐츠를 만드는 이유는 사이트에서 다르게 표현하기 위한 것입니다. 따라서 콘텐츠별로 디자인도 다르게 하고 글 표시 형태도 다르게 하겠습니다. 쇼핑몰 글 타입은 상품 이미지와 가격 옵션 등 여러 가지 항목으로 표시하고 있습니다. 마찬가지로 포트폴리오나 슬라이더, 갤러리 등 앞서 만든 글 타입의 이름에 걸맞게 여러 가지 항목의 입력란을 미리 만들어 보겠습니다. 이는 워드프레스에 내장된 기능인 사용자 정의 필드를 사용해 만들 수도 있고, 고급 사용자 정의 필드(Advanced Custom Field) 플러그인을 사용하면 더욱 편리하게 만들 수 있습니다.

03 고급 사용자 정의 필드(Advanced Custom Fields) 플러그인 사용하기

그림 3-14 고급 사용자 정의 필드 설치

플러그인 추가하기 화면에서 Advanced Custom Fields를 검색해서 설치하고 활성화합니다. 첨부 파일의 languages 폴더에서 acf-ko_KR.po, acf-ko_KR.mo 파일을 복사해 플러그인 폴더의 언어 폴더(advanced-custom-fields/lang)에 붙여넣으면 한글로 나옵니다.

그림 3-15 필드 추가하기

관리자 화면에서 사용자 정의 필드 메뉴를 선택합니다. 상단에서 새로 추가 버튼을 클릭한 다음 제목을 입력하고 필드 추가하기 버튼을 클릭합니다. 새로운 필드를 추가하는 입력상자가 나오면 필드 레이블에 '글쓴이 아바타', 필드 이름에 'portfolio_avatar'를 입력하고, 필드 타입은 이미지를 선택합니다. 필드 가이드는 다른 사람이 사용할 때를 대비해 이 필드가 어떤 필드인지 설명을 추가하는 부분입니다. 필수는 아니오로 선택합니다. 예를 선택하면 아바타 이미지를 추가하지 않으면 글을 발행할 수 없게 되는데, 이미지를 추가하지 않으면 기본 이미지로 출력할 것입니다.

그림 3-16 필드 추가 설정

리턴 값으로 '이미지 오브젝트'를 선택하고 글 편집화면에서 이미지를 업로드 한 후에 나타나는 미리보기는 작은 이미지인 썸네일을 선택합니다. 라이브러리는 모두를 선택합니다. '글에 업로드 됨'을 선택하면 라이브러리에 있는 것을 보여주지 않습니다. 사이트를 여러 사람이 운영할 경우 자신이 올린 이미지만 사용할 수 있게 제한하는 기능입니다. 조건 로직은 아니오를 선택합니다. 다른 필드를 만들기 전에 우선 필드 닫기 버튼을 클릭합니다.

그림 3-17 필드 위치 설정

위치 박스는 현재 만들고 있는 필드를 어떤 글 타입에 나타나게 할지 결정합니다. 글 타입이 portfolio인 경우를 선택하고 갤러리에서도 같이 사용할 것이므로 하단의 규칙 그룹 추가하기 버튼을 클릭해 gallery를 선택합니다.

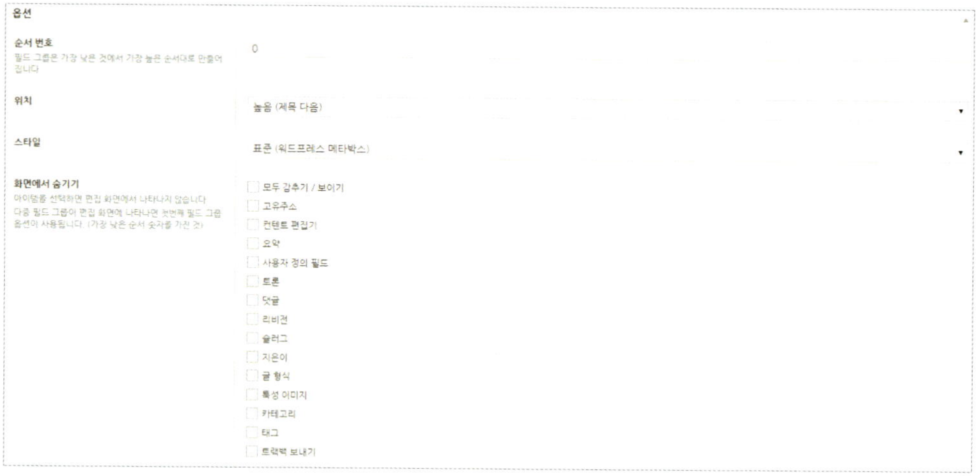

그림 3-18 필드 옵션 설정

위치는 제목 다음으로 선택합니다. 그러면 글 편집 화면에서 편집기 위에 배치되며 편집기는 거의 쓸 일이 없습니다. 스타일은 표준을 선택해 워드프레스 메타박스 형태로 나타나게 합니다. 화면에서 숨기기는 편집 화면에 필요 없다고 생각되는 것을 보이지 않게 해서 단순화 할 수 있습니다. 위치와 옵션 박스는 필드를 만들 때 한번만 설정하면 됩니다.

그림 3-19 레이블 추가

필드 추가 버튼을 클릭하고 필드 레이블에 팀, 필드 이름에 portfolio_team을 입력합니다. 여러 가지 사용자 정의 필드를 사용할 것이므로 이처럼 해당 글 타입의 이름을 변수 앞에 추가하면 구분하기 좋습니다. 필드 타입은 텍스트, 가이드는 생략해도 됩니다. 기본 값에는 사이트를 혼자만 운영한다면 매번 입력하기 귀찮으니 미리 넣어두는 것도 좋습니다. 필드를 닫습니다.

그림 3-20 레이블 복사 추가

복사해서 원하는 필드를 여러 개 만듭니다.

그림 3-21 설명 추가

01. 사용자 정의 글 타입(Custom Post Type) 313

필드를 하나 더 추가하겠습니다. 이번에는 필드 레이블에 설명, 필드 이름에 portfolio_description을 입력하고 타입은 텍스트 영역을 선택합니다. 오른쪽 상단에서 공개하기 버튼을 클릭합니다.

그림 3-22 포트폴리오 글 타입 글 만들기

주메뉴의 포트폴리오에서 새로 추가를 선택하면 방금 전에 설정한 사용자 정의 필드를 볼 수 있습니다. 제목, 아바타 이미지 등 각 입력란을 채운 다음 특성 이미지를 업로드합니다. 카테고리도 추가하고 공개하기 버튼을 클릭한 다음 Ctrl 키를 누른채로 제목 아래의 포트폴리오 보기 버튼을 클릭하면 새 탭에서 방금 작성한 글을 볼 수 있는데, 일반 블로그를 보여주는 형태입니다. single.php 파일을 사용하고 있는 것이죠. 또한 위에서 입력한 내용은 나오고 있지 않습니다. 따라서 포트폴리오만을 위한 싱글 페이지를 새로 만들어야 합니다.

04 single-portfolio.php 파일 만들기

워드프레스의 싱글 페이지는 글 타입에 따라 다른 템플릿을 사용합니다. 템플릿의 파일 이름은 single-글타입이름.php 형태로 테마 폴더 루트에 있어야 인식합니다. single.php 파일을 복사해서 single-portfolio.php을 만들고 이 파일을 편집기로 엽니다.

```
16  <div class="container">
17    <div class="row">
18      <div id="content" class="col-md-12">
19        <div id="primary" class="content-area">
20          <main id="main" class="site-main" role="main">
21
22          <?php...
23            get_template_part( 'portfolio/content', 'portfolio' );
24
25            ...
26          endwhile;
27          ?>
28
29          </main><!-- .site-main -->
30        </div><!-- .content-area -->
31      </div><!-- #content -->
32      <div id="sidebar1" class="col-md-4">
33        <?php get_sidebar(); ?>
34      </div><!-- #sidebar1 -->
35    </div><!-- .row -->
36  </div><!-- .container -->
```

.col-md-8은 .col-md-12로 수정하고 get_template_part()는 위와 같이 변경합니다. 사이드바는 새로 만들 것이므로 우선 제거합니다. 포트폴리오 관련 파일들이 만들어지면 portfolio 폴더에 저장할 것입니다. 테마 폴더에 portfolio 폴더를 새로 생성합니다. 위 가져오기 파일도 있어야겠죠. content.php 파일을 복사해서 portfolio 폴더에 붙여넣은 다음 이름을 content-portfolio.php로 수정하고 편집기로 엽니다.

포트폴리오 싱글 페이지 레이아웃은 상단에 글 편집기에서 입력한 내용이 나오게 하는데 3칼럼을 사용합니다. 왼쪽에 아바타 이미지, 가운데에 텍스트 목록, 오른쪽에는 설명이 표시되게 합니다.

```
51  <div class="entry-content">
52    <div class="row">
53      <div class="col-md-2">
54
55      </div>
```

```
56        <div class="col-me-2">
57
58        </div>
59        <div class="col-md-8">
60
61        </div>
62    </div>
```

.entry-content 아래에 위와 같이 그리드 레이아웃을 만듭니다. 우선 쉬운 내용인 두 번째 칼럼부터 시작하겠습니다.

```
31        <div class="col-md-2">
32          <?php if ( get_field('portfolio_team') ) : ?>
33          <p><i class="fa fa-users"></i> 팀 이름:  <?php the_field('portfolio_team'); ?></p>
34          <?php endif; ?>
```

두 번째 .col-md-2에 위와 같이 입력합니다. 어떤 코드를 입력할 때는 항상 조건문을 추가하는 것이 좋습니다. 조건문을 사용하지 않으면, 포트폴리오 편집 화면에서 팀 이름 항목을 입력하지 않았을 때 아이콘과 팀 이름이라는 글자만 나타나게 됩니다. 조건문을 추가하면 팀 이름을 입력하지 않았을 때 아이콘과 팀 이름이라는 글자 모두 나타나지 않습니다. 조건문의 괄호에서는 get_field()를 사용해서 이 필드가 있는지 검사합니다.

항목의 출력은 the_field()를 사용합니다. 각 괄호에는 사용자 정의 필드에서 만든 영문 이름을 넣습니다. 이것이 변수 역할을 하는 것입니다.

```
18 @import url("//maxcdn.bootstrapcdn.com/font-awesome/4.3.0/css/font-awesome.min.css");
19 @import url(style2.css);
```

폰트 어썸 아이콘은 계속 업데이트 되는데, 아이콘을 추가하기 위해 사이트를 방문해 코드를 복사해 넣으면 아이콘이 나오지 않는 경우가 있습니다. 이 때는 업데이트 돼서 그런 것이니 최신 CDN URL을 style.css에 추가해 사용하는 것이 좋습니다. functions.php 파일에 등록한 스타일시트는 제거해도 됩니다.

```php
31 <div class="col-md-2">
32   <?php if ( get_field('portfolio_team') ) : ?>
33   <p><i class="fa fa-users"></i> 팀 이름: <?php the_field('portfolio_team'); ?></p>
34   <?php endif; ?>
35   <?php if ( get_field('portfolio_client') ) : ?>
36   <p><i class="fa fa-heartbeat"></i> 의뢰인: <?php the_field('portfolio_client'); ?></p>
37   <?php endif; ?>
38   <?php if ( get_field('portfolio_others1') ) : ?>
39   <p><i class="fa fa-certificate"></i> 기타 1: <?php the_field('portfolio_others1'); ?></p>
40   <?php endif; ?>
41   <?php if ( get_field('portfolio_others2') ) : ?>
42   <p><i class="fa fa-cog"></i> 기타 2: <?php the_field('portfolio_others2'); ?></p>
43   <?php endif; ?>
44 </div>
```

두 번째 .col-md-2의 전체 내용의 위와 같습니다.

```php
45     <div class="col-md-8">
46       <?php if ( get_field('portfolio_description') ) : ?>
47       <p><?php the_field('portfolio_description'); ?></p>
48       <?php endif; ?>
49     </div>
```

세 번째 칼럼인 .col-md-8은 위와 같습니다.

첫 번째 칼럼인 이미지 부분은 약간 어렵습니다. 첫 번째 칼럼에서는 이미지를 가져와야 하는데, 이미지는 배열(array)을 사용하고 있기 때문입니다.

```php
18     <div class="row">
19       <div class="col-md-12">
20         <?php if ( get_field('portfolio_avatar') ) : ?>
21           <?php $image = get_field('portfolio_avatar');
22           print_r($image);
```

어떤 배열(array)이 나오는지 알아보기 위해 .col-md-12로 변경하고 get_field()를 변수로 저장한 다음 이를 화면에 출력해 보겠습니다.

```
137 Array ( [id] => 58 [alt] => [title] => girl-flowers [caption] => [description] =>
[mime_type] => image/jpeg [url] => http://localhost/wordpress-bootstrap3/wp-content/
uploads/2015/01/girl-flowers.jpg [width] => 4326 [height] => 2884 [sizes] => Array (
[thumbnail] => http://localhost/wordpress-bootstrap3/wp-content/uploads/2015/01/girl-
flowers-150x150.jpg
...
```

화면에 아바타로 출력하기 적당한 크기는 thumbnail 입니다. [url]이라는 배열에 [sizes]라는 배열이 있어서 이것을 불러내려면 배열을 이중으로 사용해야 합니다.

```
23          $size = 'thumbnail';
24          $thumb = $image['sizes'][ $size ];
```

위와 같이 thumbnail을 $size라는 변수로 바꾸고 array를 중복시키면 thumbnail 이미지를 불러낼 수 있습니다. 따라서 다음과 같이 하면 이미지를 출력할 수 있습니다.

```
19      <div class="col-md-2">
20        <?php if ( get_field('portfolio_avatar') ) : ?>
21          <?php $image = get_field('portfolio_avatar');
22          //print_r($image);
23          $size = 'thumbnail';
24          $thumb = $image['sizes'][ $size ]; ?>
25          <img class="img-circle" src="<?php echo $thumb; ?>">
```

칼럼의 너비를 원래대로 바꾸고 print_r을 주석 처리합니다. img 태그에는 부트스트랩의 둥근 이미지를 만드는 선택자를 추가합니다. 이미지를 사용하지 않는다면 기본 이미지가 나타나게 해야 합니다.

```
26        <?php else: ?>
27          <img class="img-circle" src="<?php echo get_stylesheet_directory_uri() .
'/images/avatar.jpg'; ?>" alt="">
28        <?php endif; ?>
29      </div>
```

위 코드를 추가하면 완료입니다. 기본 이미지는 새로 만들어 테마 폴더의 images 폴더에 넣어두면 됩니다. 이미지 대신에 폰트 아이콘을 사용할 수도 있습니다.

```
28 <i class="fa fa-user portfolio-avatar img-circle"></i>
```

폰트 아이콘을 사용하려면 스타일시트를 아래와 같이 하면 됩니다.

```
140 .portfolio-avatar { background-color: #f9f9f9; font-size: 150px; padding: 15px 30px; color: rgba(37,120,233,0.6); }
```

그림 3-23 싱글 포트폴리오 상단 결과

지금까지 작업한 결과물입니다. 프로젝트의 소개와 함께 아래에는 프로젝트 관련 이미지가 나와야겠죠. 썸네일 이미지들을 나열한 다음 이미지를 클릭하면 큰 이미지의 슬라이더가 나타나게 만들어보겠습니다.

05 Attachment 플러그인 사용하기

플러그인 추가하기 화면에서 Attachments와 Lightbox Plus Colorbox를 검색해서 설치하고 활성화 합니다.

Attachments 플러그인은 글 편집 화면에서 이미지를 업로드 할 수 있는 기능이 있는 플러그인으로 관리자 화면에 설정화면이 없고 코드를 추가해야 글 편집 화면에 표시할 수 있습니다. 워드프레스의 Attachments는 첨부를 의미합니다. 특히 이 플러그인에서는 첨부 이미지를 의미하죠. 이 플러그인을 사용하면 특정 글에 이미지를 첨부하고 사이트에서 원하는 대로 출력할 수 있습니다. 글 편집기에서도 이미지를 추가할 수 있지만, 글에 첨부될 뿐이고 이를 코드에서 원하는 대로 제어하기가 어렵습니다.

Lightbox Plus Colorbox 플러그인은 글에 있는 이미지를 팝업 창으로 크게 보거나 슬라이드를 만들 수 있는 플러그인입니다.

이미지 설정

모바일 기기에서의 반응형 디자인을 위해 이미지 크기를 어떻게 해야 할지 결정해야 합니다. 부트스트랩에서는 웹브라우저의 너비가 991px 이하일 때 그리드 너비가 정해지지 않고 float: left; 되던 것이 제거되기 때문입니다. 너비가 정해지지 않아서 이미지의 너비에 따라 그리드 너비가 달라집니다. 만일 250픽셀의 이미지를 사용한다면 그리드 너비도 250픽셀이 되므로 브라우저 너비가 900픽셀이더라도 250픽셀의 이미지가 float되지 않은 채 위에서부터 세로로 나열됩니다.

그림 3-24 이미지가 작을 때 좁은 너비에서의 레이아웃

이미지를 강제로 늘려서 width: 100%;로 설정하면 되지만 작은 크기의 이미지가 늘어나면서 흐린 이미지가 되고 맙니다. 이를 해결하는 방법은 두 가지가 있습니다. 하나는 처음부터 썸네일 이미지를 큰 크기로 하는 방법이고, 다른 하나는 이미지를 작은 크기로 하고 모바일 사이즈의 화면 너비에서 그리드의 너비를 정해 float 속성을 left로 지정하는 방법입니다. 이미지의 크기를 크게하면 로딩 속도가 느려져서 가능하면 작게 하는 것이 좋으므로 여기서는 두 번째 방법을 사용하겠습니다.

썸네일 이미지는 높이에 상관 없이 전체 이미지 크기 비율대로 사용하는 방법과 이미지 비율에 상관없이 일정한 가로 세로 너비로 잘라서 사용하는 두 가지 방법으로 레이아웃을 만들어 보겠습니다.

functions.php 파일에 다음과 같이 포트폴리오 썸네일용 이미지 크기를 설정합니다.

```
72 // 이미지 사이즈 등록
73 add_image_size( 'image_lft', '250', '155', true );
74 add_image_size( 'portfolio', '300', '0', true );
75 add_image_size( 'portfolio_fixed', '300', '200', true );
```

이전에 설정한 썸네일 이미지에 추가로 설정하고, 관리자 화면의 설정 → 미디어 화면 아래에서 이미지를 재생성합니다.

Attachment 플러그인 코드 입력

Attachment 플러그인을 사용하려면 functions.php 파일에 코드를 추가해야 합니다. 여러 가지 형태로 만들 것에 대비해서 별도의 파일에 저장하고 가져오기를 하겠습니다.

```php
1  <?php
2  add_filter( 'attachments_default_instance', '__return_false' );
3
4  function gallery_attachments( $attachments )
5  {
6      $fields         = array(
7          array(
8              'name'    => 'gallery_title',
9              'type'    => 'text',
10             'label'   => __( '제목', 'attachments' ),
11             'default' => '제목',
12         ),
13         array(
14             'name'    => 'gallery_caption',
15             'type'    => 'text',
16             'label'   => __( '캡션', 'attachments' ),
17             'default' => '캡션',
18         ),
19     );
```

code-block 폴더에 inc_attachment.php 파일을 생성하고 위와 같이 코드를 입력합니다. 함수 이름을 gallery로 한 이유는 레이아웃이 갤러리 형태이고 갤러리 페이지에서도 사용할 것이기 때문입니다. 위 코드는 글 편집 화면에서 이미지를 추가하고 나면 나타나는 입력 상자들입니다. 바로 아래에 다음 코드를 추가합니다.

```
44    $args = array(
45        'label'          => '첨부',
46        'post_type'      => array( 'post', 'page', 'movie', 'portfolio', 'gallery',
'slider', 'team', 'carousel' ),
47        'position'       => 'advanced',
48        'priority'       => 'high',
49        'filetype'       => null,
50        'note'           => '여기에 파일을 첨부하세요!',
51        'append'         => true,
52        'button_text'    => __( '파일 첨부', 'attachments' ),
53        'modal_text'     => __( '첨부', 'attachments' ),
54        'router'         => 'browse',
55        'post_parent'    => false,
56        'fields'         => $fields,
57    );
58    $attachments->register( 'gallery_attachments', $args );
59 }
60
61 add_action( 'attachments_register', 'gallery_attachments' );
```

post_type에서 지원하는 글 타입을 입력합니다.

```
128 /**
129  * 첨부 가져오기
130  */
131 require get_stylesheet_directory() . '/code-block/inc_attachment.php';
```

functions.php 파일에 위와 같이 가져오는 코드를 추가합니다.

그림 3-25 첨부 이미지 업로드

이전에 만든 포트폴리오 편집 화면의 첨부 메타박스에서 파일 첨부 버튼을 클릭해 12개의 이미지를 한번에 업로드 합니다. 제목 왼쪽의 아이콘을 드래그 해서 이미지의 위치를 변경할 수 있습니다. 각 이미지에 제목과 캡션을 입력하고 저장합니다. 이미지를 변경하고자 할 때에는 썸네일 오른쪽에 있는 Change 링크를 클릭해 변경할 수 있지만 하나씩 추가하고 업데이트 버튼을 클릭해야 합니다.

Attachments 플러그인의 자세한 사용법은 다음 링크를 참고하기 바랍니다.

https://github.com/jchristopher/attachments/blob/master/docs/usage.md

```php
14 <?php $attachments = new Attachments( '함수이름' ); ?>
15 <?php if( $attachments->exist() ) : ?>
16   <h3>Attachments</h3>
17   <p>Total Attachments: <?php echo $attachments->total(); ?></p>
18   <ul>
19     <?php while( $attachments->get() ) : ?>
20       <li>
21         ID: <?php echo $attachments->id(); ?><br />
22         Type: <?php echo $attachments->type(); ?><br />
23         Subtype: <?php echo $attachments->subtype(); ?><br />
24         URL: <?php echo $attachments->url(); ?><br />
25         Image: <?php echo $attachments->image( 'thumbnail' ); ?><br />
26         Source: <?php echo $attachments->src( 'full' ); ?><br />
27         Size: <?php echo $attachments->filesize(); ?><br />
28         Title Field: <?php echo $attachments->field( 'title' ); ?><br />
29         Caption Field: <?php echo $attachments->field( 'caption' ); ?>
30       </li>
31     <?php endwhile; ?>
32   </ul>
33 <?php endif; ?>
```

위 코드는 편집 화면에서 추가한 이미지와 관련된 내용을 불러오는 코드입니다. 상단의 함수 이름에는 fuctions.php 파일에 등록한 함수 이름을 입력하면 되며 여기서는 gallery_attachments를 입력합니다. 위 모든 목록이 필요한 것은 아니며 필요한 항목만 사용하면 됩니다. 제목이나 캡션, 썸네일 이미지, 전체 이미지 등이 주로 사용됩니다. 위 코드는 첨부한 모든 이미지를 나열할 때 사용합니다.

```php
39 <?php $attachments = new Attachments( 'gallery_attachments' ); ?>
40 <?php if( $attachments->exist() ) : ?>
41     <?php $my_index = 0; ?>
42     <?php if( $attachment = $attachments->get_single( $my_index ) ) : ?>
43         <h3>Attachment at index 0:</h3>
44         <pre><?php print_r( $attachment ); ?></pre>
45         <ul>
46           <li>
47             ID: <?php echo $attachments->id( $my_index ); ?><br />
48             Type: <?php echo $attachments->type( $my_index ); ?><br />
49             Subtype: <?php echo $attachments->subtype( $my_index ); ?><br />
50             URL: <?php echo $attachments->url( $my_index ); ?><br />
51             Image: <?php echo $attachments->image( 'thumbnail', $my_index ); ?><br />
52             Source: <?php echo $attachments->src( 'full', $my_index ); ?><br />
53             Size: <?php echo $attachments->filesize( $my_index ); ?><br />'
54             Width: <?php echo $attachments->width('thumbnail', $my_index ); ?><br />
55             Height: <?php echo $attachments->height('thumbnail', $my_index ); ?><br />
56             Title Field: <?php echo $attachments->field( 'title', $my_index ); ?><br />
57             Caption Field: <?php echo $attachments->field( 'caption', $my_index ); ?>
58           </li>
59         </ul>
60     <?php endif; ?>
61 <?php endif; ?>
```

개별 이미지에 대해서는 위와 같은 코드를 사용합니다. 인덱스는 0부터 시작하며 이를 입력하면 첫 번째 이미지에 대한 정보가 나옵니다. 원하는 번호의 이미지를 출력할 때 사용합니다.

```php
68 </div><!-- .entry-content -->
69     <?php $attachments = new Attachments( 'gallery_attachments' ); ?>
70     <?php if( $attachments->exist() ) : ?>
71         <div class="isotope-single">
72           <ul class="row isotope">
73             <?php while( $attachments->get() ) : ?>
74               <li class="thumbs col-md-3 p-all-0">
75                 <a rel="lightbox" href="<?php echo $attachments->src( 'full' ); ?>">
76                   <?php echo $attachments->image( 'portfolio_fixed' ); ?>
77                 </a>
78               </li>
79             <?php endwhile; ?>
```

```
 80            </ul>
 81        </div>
 82    <?php endif; ?>
 83    <?php
 84    // Author bio.
```

content-portfolio.php 파일에서 .entry-content가 끝나는 곳에 위와 같이 코드를 입력합니다. 반복문이고 여기에도 조건문을 사용하는데, 이 조건문은 플러그인을 비활성화했을 때 에러 메시지가 나오는 것을 방지합니다. .isotope-single 선택자는 CSS 제어를 위한 것이고 .isotope 선택자는 이미지의 높이에 관계없이 공백 없는 레이아웃을 만드는 isotope 플러그인을 사용하기 위한 선택자입니다. .thumbs는 isotope의 레이아웃을 위한 아이템 선택자이고 커스텀 선택자인 p-all-0을 추가해 그리드의 좌우 패딩을 제거했으므로 모든 썸네일 사이의 간격이 없어져 서로 붙어있게 됩니다. rel="lightbox"는 라이트박스의 타겟을 위한 속성입니다.

echo $attachments->src('full');은 원본 이미지의 URL이고 <?php echo $attachments->image('portfolio_fixed'); ?>은 img 태그에 src="썸네일 이미지"가 포함된 코드를 만듭니다. 따라서 썸네일 이미지를 클릭하면 원본 이미지가 나타납니다. endif; 바로 아래의 Author bio 부분의 PHP 코드 전체를 제거합니다.

```
138 ul, ol { padding: 0; }
139 article .isotope-single img { margin: 0; width:100%;}
140 .isotope-single { padding: 20px; }
```

스타일시트는 위와 같이 설정합니다.

```
149 @media (max-width: 499px) {
150     .thumbs.col-md-3 { width: 100%; }
151 }
152 @media (max-width: 767px) and (min-width: 500px) {
153     ...
154     .thumbs.col-md-3 { width: 50%; float: left; }
155 }
156 @media (min-width: 768px) {
157     .thumbs.col-md-3 { width: 50%; float: left; }
158 }
```

```
159 @media (min-width: 992px) {
160     .thumbs.col-md-3 { width: 33.333333%; }
161 }
162 @media (min-width: 1200px) {
163     ...
164     .thumbs.col-md-3 { width: 25%; }
165 }
```

미디어쿼리에는 위와 같이 설정합니다. .thumbs가 있는 그리드에만 그리드 너비를 설정했으므로 다른 곳에서의 .col-md-3의 설정은 그대로 유지됩니다.

만약 화면 너비가 넓을 때, 그리드를 3개만 사용한다면 다음과 같이 수정합니다.

```
74 <li class="thumbs col-md-4 p-all-0">
```

이 경우 미디어쿼리는 다음과 같습니다.

```
149 @media (max-width: 499px) {
150     .thumbs.col-md-4 { width: 100%; }
151 }
152 @media (max-width: 767px) and (min-width: 500px) {
153     ...
154     .thumbs.col-md-4 { width: 50%; float: left; }
155 }
156 @media (min-width: 768px) {
157     .thumbs.col-md-4 { width: 50%; float: left; }
158 }
159 @media (min-width: 992px) {
160     .thumbs.col-md-4 { width: 33.333333%; }
161 }
162 @media (min-width: 1200px) {
163     ...
164     .thumbs.col-md-3 { width: 25%; }
165 }
```

각 선택자의 숫자를 바꾸고 마지막의 설정은 제거합니다. 여기서는 .col-md-3을 사용하겠습니다.

그림 3-26 포트폴리오 싱글 페이지 완료

레이아웃이 완성됐습니다. 이번에는 전체 사이즈의 비율로 자른 썸네일 이미지를 사용하고 isotope 기능을 추가해보겠습니다.

```
76 <?php echo $attachments->image( 'portfolio' ); ?>
```

썸네일을 portfolio로 교체하고 브라우저 화면에서 확인하면 다음과 같이 빈 공간이 발생합니다.

그림 3-27 높이가 다른 이미지를 적용했을 때

이미지는 위에서부터 순서대로 지그재그 모양으로 배치됩니다. 높이가 다른 이미지를 사용했으니 당연한 일입니다. 공백 없이 배치하기 위해 isotope 제이쿼리 플러그인을 사용하겠습니다. isotope 플러그인을 사용하면 이미지를 순서대로 배치하다가 빈 공간이 있으면 그곳부터 채워줍니다.

http://isotope.metafizzy.co/

위 사이트로 이동하면 사용법과 플러그인을 내려받을 수 있습니다. 이 플러그인을 사용해서 무료 프로젝트를 만들 개발자나 개인 사용자는 무료이지만 상업적 목적으로 사용하려면 유료($25)입니다. 하지만 한번 구매하면 개발하는 모든 프로젝트에 사용해도 됩니다. 즉 얼마든지 사이트를 만들 수 있습니다. 기능도 아주 많아서 전부 설명하려면 책 반 권은 필요합니다.

https://github.com/desandro/imagesloaded

다른 페이지를 만들 때 무한 스크롤 기능을 추가할 예정인데, 이 때 이미지가 겹치는 현상이 발생하므로 같은 개발자가 만든 위 플러그인도 내려받습니다. 이 개발자가 트위터 부트스트랩의 고안자라는 얘기도 있습니다.

```
17  wp_enqueue_script('imagesloaded.pkgd.min-js', get_stylesheet_directory_uri() . '/
js/imagesloaded.pkgd.min.js', array('jquery'), null, true);
18  wp_enqueue_script('isotope.pkgd.min-js', get_stylesheet_directory_uri() . '/js/
isotope.pkgd.min.js', array('jquery'), null, true);
```

압축을 해제하고 isotope.pkgd.min.js 파일과 imagesloaded.pkgd.js 파일을 테마 폴더의 js에 붙여넣은 다음 functions.php 파일에 등록합니다.

```
56  var $container = $('.isotope');
57  $container.isotope({
58    itemSelector: '.thumbs',
59    masonry: {
60      columnWidth: '.col-md-6, .col-md-4, .col-md-3'
61    }
62  });
63
64  $container.imagesLoaded( function() {
65    $container.isotope('layout');
66  });
```

custom.js 파일에 위와 같이 코드를 입력합니다. 첫 번째 부분의 코드는 isotope 기능을 적용할 .isotope 선택자가 있는 div를 변수로 만들고 이를 대상으로 isotope 기능을 적용합니다. 말이 중복되지만 코드를 있는 그대로 해석해서 그렇습니다. 일반적으로 플러그인을 사용하면 다음과 같은 형태이지만 타겟($('.isotope'))이 자주 사용되므로 변수로 만든 것입니다.

```
57  $('.isotope').isotope({
58    itemSelector: '.thumbs',
59    masonry: {
60      columnWidth: '.col-md-6, .col-md-4, .col-md-3'
61    }
62  });
63
64  $('.isotope').imagesLoaded( function() {
65    $('.isotope').isotope('layout');
66  });
```

두 번째 부분은 타겟의 이미지가 로드 돼 사용할 준비가 되면 레이아웃을 다시 작업하라는 의미입니다. 또한 무한 스크롤 시 겹치는 것을 방지합니다. itemSelector는 isotope을 적용할 개별 아이템이고, columnWidth는 아이템의 너비입니다. 3개의 그리드 선택자는 모두 너비가 정해져 있으므로 타겟으로 사용됩니다. 위와 같이 설정하면 완료입니다.

그림 3-28 isotope으로 공백 제거

사이트에서 확인해보면 위와 같은 모습입니다. portfolio_fixed의 이미지를 사용해도 되며 화면 너비를 변경할 때 애니메이션 효과는 유지됩니다. 그러면 다음으로 이미지를 클릭했을 때 팝업 창이 나오고 슬라이드 기능까지 있는 Lightbox 플러그인의 사용법을 알아보겠습니다.

06 라이트박스 플러그인 사용하기

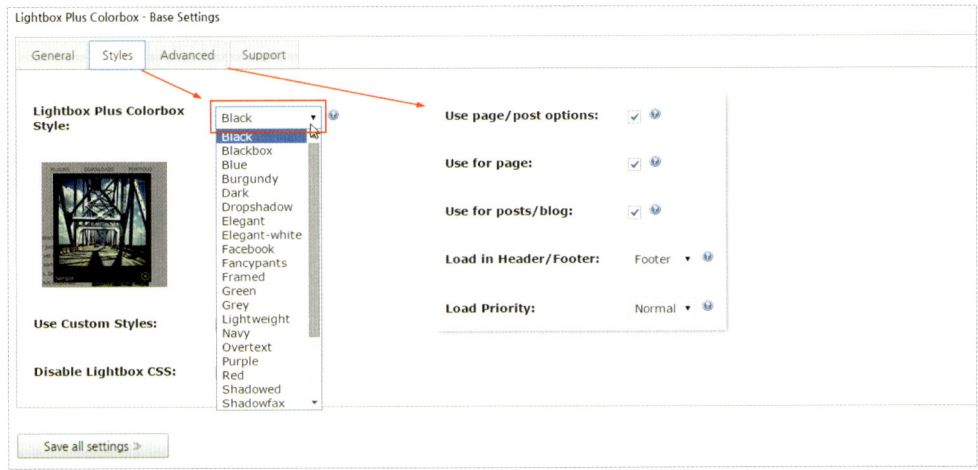

그림 3-29 라이트박스 기본 설정

관리자 화면의 외모 → Lightbox Plus colorbox를 선택합니다. Base Settings 박스의 Styles 탭에서 스타일을 선택할 수 있는데 Black이 무난합니다. Advanced 탭에 있는 체크 상자는 모두 체크합니다. 그러면 라이트박스를 페이지, 글에서 사용할 수 있습니다. 마지막 으로 Save all settings 버튼을 클릭해 설정을 저장합니다.

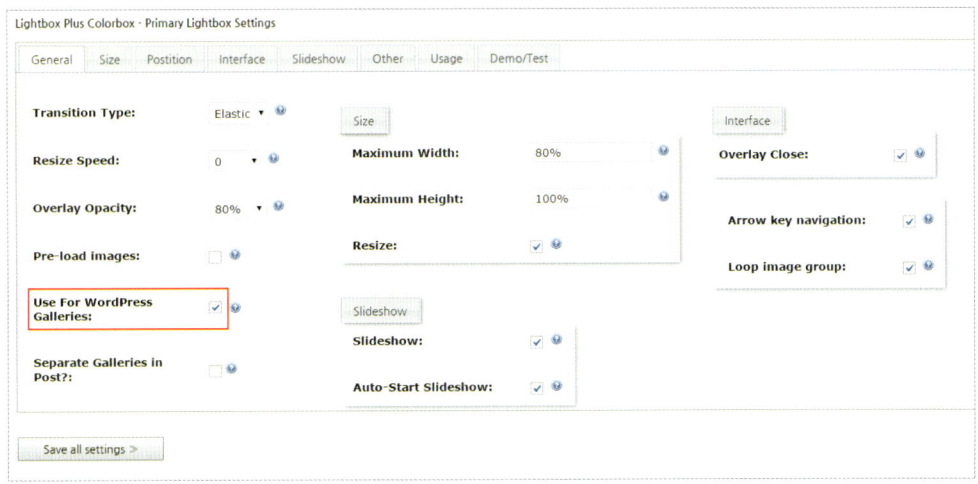

그림 3-30 라이트박스 추가 설정

01. 사용자 정의 글 타입(Custom Post Type)　331

Primary Lightbox Settings 박스의 일반 탭에서 트랜지션 타입을 선택할 수 있습니다. 트랜지션 타입으로는 슬라이드(Elastic)와 페이드 형태가 있습니다. Overlay Opacity에서는 백드롭의 투명도를 조절할 수 있고, Use For Wordpress Galleryies에 체크하면 워드프레스의 내장된 갤러리 기능에서도 이 플러그인을 사용할 수 있습니다.

size 탭에서의 설정이 중요한데, 하단에서 Maximum Width와 Height를 반드시 설정합니다. 이를 설정하지 않으면 너비가 아주 넓은 이미지를 사용했을 때 화면을 많이 벗어나게 됩니다. 너비를 80%로 설정하면 브라우저의 80% 범위내에서 슬라이드가 나타납니다. 높이는 100%가 되게 합니다.

Interface 탭에서는 Overlay Close에 체크해 오버레이 백드롭을 클릭했을 때 슬라이드를 닫을 수 있게 하는 것이 좋습니다. Arrow Key Navigation에 체크하면 방향 키로 슬라이드를 이동할 수 있습니다. Loop Image group에 체크하면 마지막 이미지가 끝나고 다시 처음으로 돌아가게 됩니다.

Slideshow 탭에서 Slideshow에 체크하면 단순한 모달 팝업 창에서 슬라이드로 전환됩니다. Auto-Start Slideshow에 체크하면 슬라이드가 자동으로 시작되게 할 수 있습니다. Slideshow Speed를 4000으로 설정한 다음 저장하고 사이트에서 확인합니다.

```
141  #colorbox, #colorbox button:focus, #cboxWrapper:focus {outline:none !important;}
```

썸네일 이미지를 클릭하면 팝업 되면서 아웃라인이 나타납니다. 다른 슬라이드를 보기 위해 슬라이드 이미지의 양 옆을 클릭해도 아웃라인이 나타나므로 이를 제거하기 위해 위와 같이 스타일시트에 추가합니다.

좋은 플러그인임에도 관리를 하지 않아서인지 에러가 조금 있습니다. 좌, 우 영역을 클릭하면 슬라이드되지만 아무런 표시가 없어서 어디를 클릭해야 할지 알기가 어렵습니다. 이를 개선하기 위해 마우스를 올렸을 때 버튼이 애니메이션 되면서 나타나게 하고 상단에 있는 start 텍스트도 아이콘으로 바꿔보겠습니다.

```
142  #cboxNext { text-indent: 0 !important; margin-top: 0 !important; top:0 !important;
right: -200px !important; text-align: right; color: transparent !important; transition:
.5s;}
143  #cboxPrevious { text-indent: 0 !important; margin-top: 0 !important; top:0
!important; left: -200px !important; text-align: left; color: transparent !important;
transition: .5s;}
```

플러그인에서는 '이전', '다음' 글자에 text-indent를 사용하고 있습니다. 이를 원위치로 하고 좌, 우측 글자가 범위에서 보이지 않게 right, left 값에 -200px과 color: transparent;를 적용했습니다. 또한 마우스가 범위에서 벗어났을 때 애니메이션 되면서 원위치로 가도록 transition을 사용했습니다.

```
169  #cboxSlideshow { top:100% !important; margin-top:3px !important; color: transparent
!important; }
```

start 텍스트는 포지션을 top으로 제어하고 있으므로 아래로 내려오게 하려면 같은 top을 사용해야 하며, 100%로 설정하면 아래로 배치됩니다. 세밀한 위치 조정은 마진을 이용합니다. 글자가 보이지 않게 transparent를 적용합니다.

```
147  #cboxNext:after, #cboxPrevious:after, #cboxSlideshow:after {
148      font-size: 50px !important;
149      opacity: 0.5;
150      color: #fff !important;
151      display: inline-block;
152      font: normal normal normal 14px/1 FontAwesome;
153      font-size: inherit;
154      text-rendering: auto;
155      -webkit-font-smoothing: antialiased;
156  }
157  #cboxNext:after { content: "\f054"; }
158  #cboxPrevious:after { content: "\f053"; }
159  #cboxSlideshow:after { content: "\f04b";   font-size: 20px !important; }
```

3가지 폰트 어썸 아이콘을 사용해 글자의 위치에 배치합니다.

```
160  #cboxContent:hover #cboxNext { transition: .5s; right: 50px !important; }
161  #cboxContent:hover #cboxPrevious { transition: .5s; left: 50px !important; }
```

슬라이드 박스에 마우스를 올렸을 때 아이콘이 좌, 우로 각각 50px 되는 곳에 애니메이션 되면서 나타나게 합니다.

그림 3-31 라이트박스 설정 결과 확인

사이트에서 확인합니다.

07 이미지 제목과 캡션 추가하기

포트폴리오 이미지를 추가할 때 제목과 캡션을 추가했습니다. 이를 썸네일 이미지에 마우스를 올렸을 때 반투명 배경과 함께 나타나게 하고 마우스를 이동하면 반투명 배경도 같은 방향으로 이동하는 효과를 만들어보겠습니다.

Direction-Aware Hover Effect 제이쿼리 플러그인 사용하기

http://tympanus.net/codrops/2012/04/09/direction-aware-hover-effect-with-css3-and-jquery/

위 사이트로 이동하면 소스와 데모를 확인할 수 있습니다. 소스를 내려받아 압축을 해제합니다.

```
19    wp_enqueue_script('hoverdir-js', get_stylesheet_directory_uri() . '/js/jquery.
hoverdir.js', array('jquery'), null, true);
20    wp_enqueue_script('modernizr-js', get_stylesheet_directory_uri() . '/js/modernizr.
custom.97074.js', array('jquery'), null, true);
```

js 폴더에서 두 가지 파일을 복사해 테마의 js 폴더에 붙여넣고 위와 같이 functions.php 파일에 등록합니다. css 폴더에서 style.css를 편집기로 열고 내용을 복사해 테마의 style2.css 상단에 붙여넣은 뒤 수정합니다.

```
4  /************ Direction-Aware Hover Effect **************/
5  .da-thumbs { position: relative; }
6  .da-thumbs .thumbs { position: relative; }
```

현재 작업하고 있는 포트폴리오 싱글 페이지의 코드와 맞게 li 태그 선택자를 .thumbs 클래스로 모두 바꿉니다. 위 두 가지 선택자에 대해서 너비와 관련된 모든 속성을 제거합니다.

```
15  .da-thumbs .thumbs a div {
16      position: absolute;
17      background: #333;
18      background: rgba(75,75,75,0.7);
19      width: 100%;
20      height: 100%;
21      left: -100%;
22  }
```

위 선택자 부분은 left: -100%;를 추가합니다.

```
47  .da-thumbs .thumbs a div span + span {
48      display: block;
49      padding: 10px 0;
50      margin: 0px 20px 10px 20px;
51      text-transform: uppercase;
52      font-weight: normal;
53      color: rgba(255,255,255,0.9);
54      text-shadow: 1px 1px 1px rgba(0,0,0,0.2);
55      border-bottom: 0px solid rgba(255,255,255,0.5);
56      box-shadow: 0 0px 0 rgba(0,0,0,0.1), 0 0px 0 rgba(255,255,255,0.3);
57  }
```

마지막 부분에 위 전체 코드를 추가합니다. 기본 파일에 있는 코드는 제목만 나타나는 구조이므로 캡션까지 나타나게 하기 위한 코드입니다.

```php
69    <?php $attachments = new Attachments( 'gallery_attachments' ); ?>
70    <?php if( $attachments->exist() ) : ?>
71        <div class="isotope-single">
72          <ul class="row isotope da-thumbs">
73            <?php while( $attachments->get() ) : ?>
74              <li class="thumbs col-md-3 p-all-0">
75                <a rel="lightbox" href="<?php echo $attachments->src( 'full' ); ?>">
76                  <?php echo $attachments->image( 'portfolio' ); ?>
77                  <div>
78                    <span><?php echo $attachments->field( 'gallery_title' ); ?></span>
79                    <span><?php echo $attachments->field( 'gallery_caption' ); ?></span>
80                  </div>
81                </a>
82              </li>
83            <?php endwhile; ?>
84          </ul>
85        </div>
86    <?php endif; ?>
```

content-portfolio.php 파일에서 <?php echo $attachments->image('portfolio'); ?> 바로 아래에 div 태그를 만들고 내부의 span 태그에 각 이미지의 제목과 캡션을 가져오는 코드를 추가합니다. 태그는 위와 같이 동일해야 합니다.

```
73 // 호버디렉션
74 $(' .da-thumbs > .thumbs ').each( function() { $(this).hoverdir(); } );
```

custom.js 파일에 위와 같이 코드를 추가하면 완료입니다.

그림 3-32 마우스 오버 효과

썸네일에 마우스를 올리면 제목과 캡션이 나타나며 다른 썸네일로 이동하면 배경이 따라 다닙니다. 내려받은 파일에서 데모 파일을 열면 다른 효과도 있으니 참고하세요.

08 사이드바 배치하기

포트폴리오 싱글 페이지의 하단에 댓글 박스가 넓으므로 이를 줄이고 오른쪽에 사이드바를 배치해보겠습니다.

```
33          get_template_part( 'portfolio/content', 'portfolio' );
34
35
36          // Previous/next post navigation.
37          the_post_navigation( array(
38              ...) );
39      // End the loop.
40      endwhile;
41      ?>
42      <div class="row">
43        <div class="col-md-8">
```

```
44            <?php // If comments are open or we have at least one comment, load up the comment template.
45              if ( comments_open() || get_comments_number() ) :
46                comments_template();
47              endif; ?>
48            </div>
49            <div id="sidebar2" class="col-md-4">
50              <div id="secondary" class="secondary">
51                <?php if ( is_active_sidebar( 'sidebar-3' ) ) : ?>
52                  <div id="widget-area" class="widget-area" role="complementary">
53                    <?php dynamic_sidebar( 'sidebar-3' ); ?>
54                  </div><!-- .widget-area -->
55                <?php endif; ?>
56              </div>
57            </div><!--#sidebar-->
58          </div>
59        </main><!-- .site-main -->
```

single-portfolio.php 파일에서 endwhile; 아래에 .row > .col-md-8 + .col-md-4의 레이아웃을 만들고 get_template_part() 바로 아래에 있던 comments_template() 부분을 잘라내 .col-md-8 안에 붙여넣은 후 이를 PHP 코드 블록으로 감싸줍니다. .col-md-4에는 id를 sidebar2로 입력합니다. sidebar1을 사용하면 블로그 사이드바 크기로 됩니다. 블로그 사이드바는 콘텐츠 영역과 함께 크기를 28%와 72%로 줄였습니다. 여기서는 원래의 너비를 사용할 것입니다.

내부에는 sidebar.php 파일에서 사용한 코드와 같습니다. sidebar.php에서 상단의 소셜 아이콘 부분을 제외하면 됩니다. is_active_sidebar와 dynamic_sidebar의 숫자는 3으로 합니다. 이 사이드바는 functions.php 파일에서 이미 만들었습니다.

Ultimate Posts Widget 플러그인 사용하기

사이드바에는 사용자 정의 글 타입 목록을 만드는 위젯을 배치하겠습니다. 플러그인 추가하기 화면에서 Ultimate Posts Widget으로 검색해 설치하고 활성화 합니다.

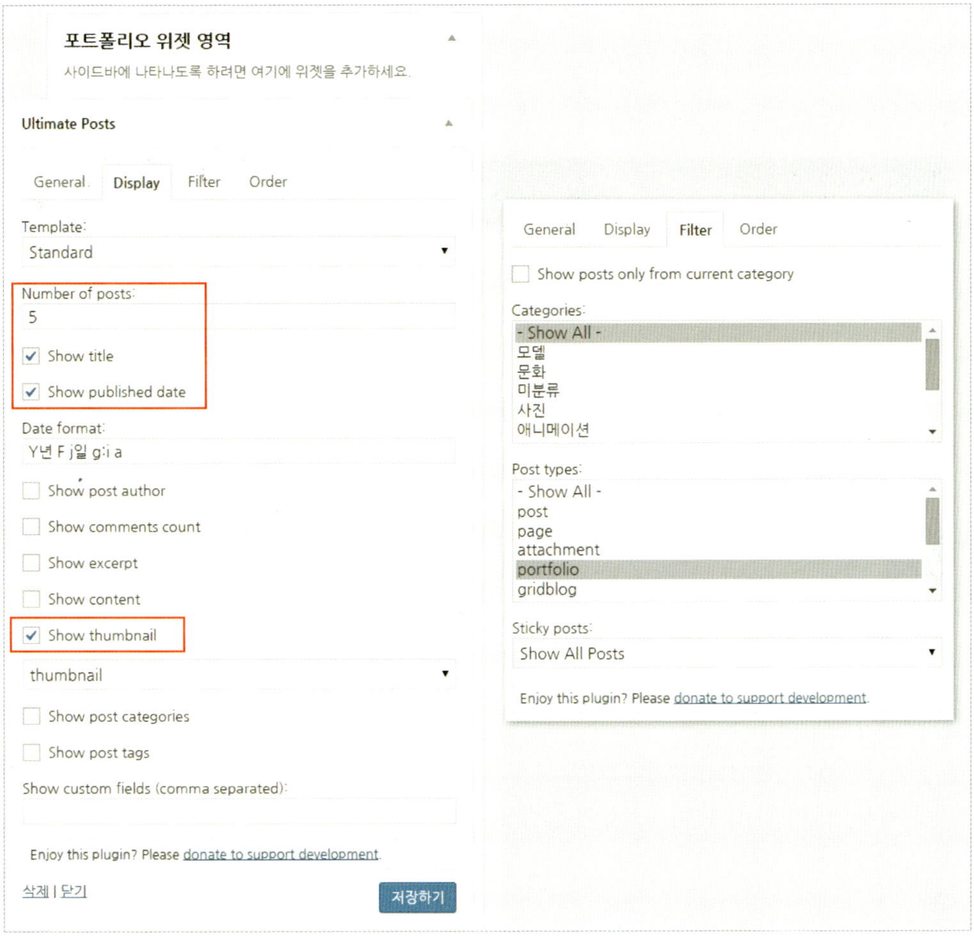

그림 3-33 Ultimate Posts Widget 설정

관리자 화면의 외모 → 위젯 화면으로 가면 오른쪽 칼럼에 포트폴리오 위젯 영역이 있습니다. 사용할 수 있는 위젯 영역에서 Ultimate Posts를 끌어다 배치하고 General 탭에서 Title:의 입력란에 포트폴리오라고 입력합니다. Display 탭에서 위 그림과 같이 설정하고 Filter 탭에서 Post type을 portfolio로 선택한 다음 저장하기 버튼을 클릭합니다.

```
168 #sidebar2 { margin-top: 25px; }
169 .upw-posts .entry-image img { width: 70px; float: left; margin:0 15px 0 0; }
170 .upw-posts article { margin-bottom: 5px !important; padding-bottom: 25px !important; }
```

style.css 파일에는 위와 같이 추가합니다. 150px의 썸네일 이미지를 적당한 크기로 줄이고 오른쪽 마진을 설정해 글자가 오른쪽에 배치되게 합니다.

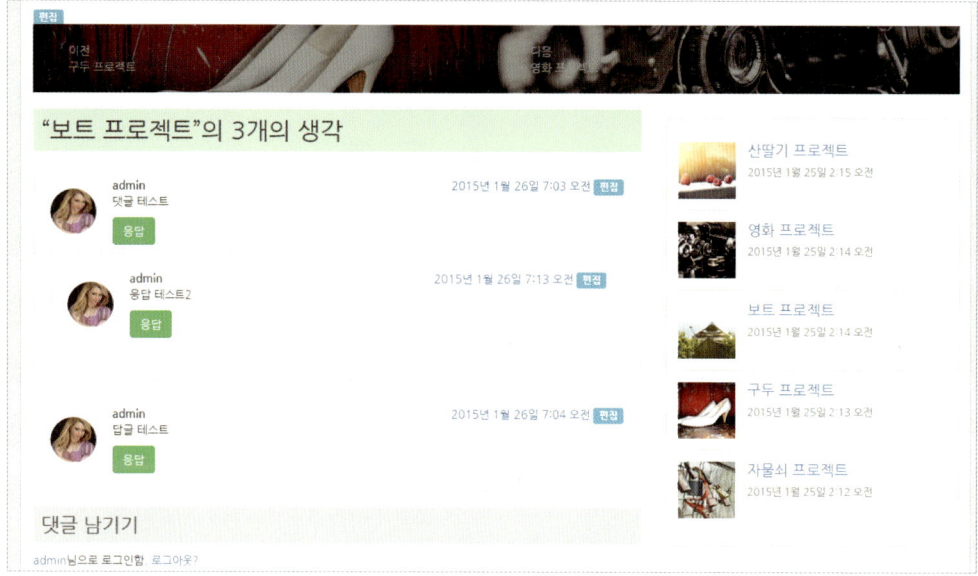

그림 3-34 사이트에서 확인

사이트에서 확인하면 글 내비게이션이 상단으로 배치됩니다.

09 포트폴리오 목록 페이지 만들기

포트폴리오 싱글 페이지는 방문자가 보는 최종점입니다. 이 페이지에 들어오기 전에 포트폴리오 싱글 페이지로 갈 수 있는 목록이 있어야 합니다. 블로그 글 목록 페이지에서 글 제목을 클릭했을 때 블로그 단일 페이지로 가는 것과 같은 이치입니다.

그림 3-35 포트폴리오 글 복사

목록 페이지에는 여러 개의 글이 있어야 하므로 이미 만든 포트폴리오를 복사해서 여러 개 만듭니다. 무한 스크롤 기능도 테스트 해야 하니 10개 정도면 됩니다. 복사하면서 제목과 특성 이미지, 카테고리는 반드시 바꿔야 합니다. 그래야 목록 페이지에 다양하게 나타납니다. Attachment(첨부)의 이미지는 바꿀 필요는 없고 위치만 변경해줍니다. 제목은 이미지에 어울리게 정하고 특히 카테고리는 5개 정도 만들어 그림과 같이 중복되게 합니다. 카테고리가 필요한 이유는 isotope의 분류 기능을 사용하기 위해서입니다. 목록 상단에 카테고리 버튼이 나타나고 하나의 카테고리 버튼을 클릭하면 해당 포트폴리오만 분류돼 나타나므로 이점을 감안하여 카테고리를 만듭니다.

템플릿 만들기

블로그 글의 싱글 페이지가 single.php 파일과 content.php 파일 두 개로 구성되듯이 페이지도 마찬가지로 page.php와 content-page.php로 구성됩니다. 따라서 포트폴리오 글 타입의 페이지 구성도 같은 방식으로 하겠습니다.

page-portfolio.php 파일 만들기

새로운 페이지를 만들 때는 항상 page.php 파일을 기반으로 만들고 이미 템플릿을 만들었다면 이 템플릿을 복사해서 사용하면 됩니다. 그러니 처음은 조금 어렵습니다.

page.php 파일을 복사해서 page-portfolio.php 파일을 만들고 이 파일을 편집기로 엽니다.

```php
1  <?php
2  /**
3   * Template name: 포트폴리오
4   *
5   * @package WordPress
6   * @subpackage Twenty_Fifteen
7   * @since Twenty Fifteen 1.0
8   */
9
10 get_header(); ?>
11
12 <div class="container-fliud p-all-0 m-btm-30 bg-ddd">
13   <?php echo do_shortcode('[header_bar]'); ?>
14 </div><!-- .container-fluid -->
15
16 <div class="container">
```

상단에 Template name: 포트폴리오라고 입력하고, .container 바로 위에 제목바를 가져오는 코드를 추가한 뒤 저장합니다.

그림 3-36 포트폴리오 페이지 만들기

관리자 화면의 새 페이지 추가에서 제목을 입력하고 페이지 속성에서 템플릿을 포트폴리오로 선택한 다음 특성 이미지를 추가합니다. 이 특성 이미지는 제목바의 배경으로 나타납니다. 페이지는 댓글이 필요 없으므로 오른쪽 상단에 있는 화면 옵션 탭을 클릭해 토론에 체크하고 편집기 하단의 토론 메타박스에서 토론에 체크를 해제 합니다. 공개하기 버튼을 클릭해 사이트에서 확인합니다.

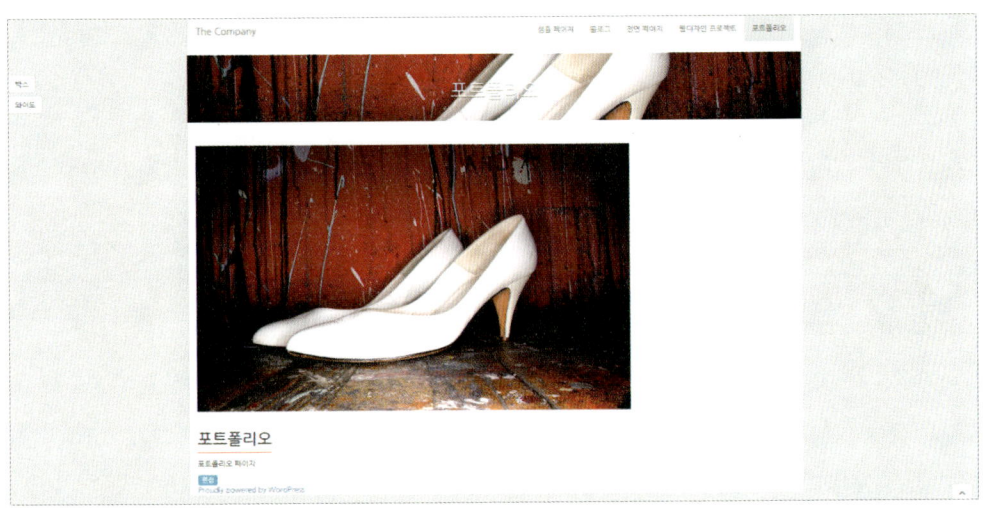

그림 3-37 특성 이미지와 제목의 중복 출력

사이트에서 보면 제목바는 원하는 대로 나오지만, 같은 특성 이미지와 제목이 콘텐츠에도 나타나고 있으므로 이를 제거해야 합니다. 페이지 콘텐츠는 content-page.php에서 출력하고 있습니다. 이 파일을 복사해 content-page_portfolio.php 파일을 만들고 portfolio 폴더에 저장한 다음 이 파일을 편집기로 엽니다.

```
27 get_template_part( 'portfolio/content', 'page_portfolio' );
```

page-portfolio.php의 get_template_part() 부분에 위와 같이 폴더 이름을 추가하고 이전에 만든 파일 이름으로 수정한 다음 저장합니다.

```
12    <?php
13    if (!is_page_template('page-side_right.php' ) && !is_page_template('page-side_left.php' )) :
14        // Post thumbnail.
```

```
15      twentyfifteen_post_thumbnail();
16    endif;
17    ?>
18
19    <?php if (!is_page_template('page-side_right.php' ) && !is_page_template('page-side_left.php' )) : ?>
20    <header class="entry-header">
21      <?php the_title( '<h1 class="entry-title">', '</h1>' ); ?>
22    </header><!-- .entry-header -->
23    <?php endif; ?>
```

content-page_portfolio.php 파일에서 위 코드를 모두 제거합니다.

```
13    <div class="entry-content">
14      <?php the_content(); ?>
```

<?php the_content(); ?>도 제거합니다. 이 자리에는 새로운 반복문을 만들 것입니다. 저장한 다음 사이트에서 보면 이전에 보였던 특성 이미지와 제목이 나타나지 않습니다.

```
13    <div class="entry-content">
14      <ul id="portfolio-filter" class="list-inline m-btm-20 text-center">
15        <?php
16          $terms = get_terms("portfolio_category");
17          $count = count($terms);
18          echo '<li><a href="javascript:void(0)" title="" data-filter=".all" class="active btn btn-default">전체</a></li>';
19          if ( $count > 0 ){
20
21            foreach ( $terms as $term ) {
22
23              $termname = strtolower($term->name);
24              $termname = str_replace(' ', '-', $termname);
25              echo '<li><a href="javascript:void(0)" title="" data-filter=".'.$termname.'" class="btn btn-default">'.$term->name.'</a></li>';
26            }
27          }
28        ?>
29      </ul>
```

<?php the_content(); ?>를 제거한 곳에 위 코드를 입력합니다. 포트폴리오 카테고리 전체를 가져와서 '전체'라는 버튼을 만들고 다음으로 카테고리 버튼 목록을 만듭니다. .text-center 선택자 때문에 버튼은 중앙을 기준으로 정렬됩니다. 이 코드를 다른 글 타입에도 이용한다면 'portfolio_category' 부분만 바꾸면 될 것입니다. 저장하고 사이트에서 확인하면 다음 그림과 같이 버튼만 나타납니다.

그림 3-38 카테고리 분류 버튼

이전의 코드 바로 아래에는 다음 코드를 추가합니다.

```
29    </ul>
30    <div id="portfolio" class="infinite no-touch">
31    <?php
32      $paged = (get_query_var('paged')) ? get_query_var('paged') : 1;
33      $args = array(
34        'post_type' => 'portfolio',
35        'posts_per_page' => 5,
36        'paged'=>$paged
37      );
38      $portfolio = new WP_Query( $args );
39      if ( $portfolio->have_posts() ) :
40      while ( $portfolio->have_posts() ) : $portfolio->the_post();
41
42      $terms = get_the_terms( $post->ID, 'portfolio_category' );
43          if ( $terms && ! is_wp_error( $terms ) ) :
44
45            $links = array();
46
47            foreach ( $terms as $term ) {
48              $links[] = $term->name;
49            }
50
```

```
51              $tax_links = join( " ", str_replace(' ', '-', $links));
52              $tax = strtolower($tax_links);
53          else :
54      $tax = '';
55          endif; ?>
```

위 코드는 새로운 글 타입의 쿼리를 만들고 글이 있는 경우 해당 글을 반복시킵니다. 페이지 당 글 수는 'posts_per_page'의 숫자로 결정됩니다. 위 코드를 다른 글 타입에서 적용하려면 portfolio 부분만 바꾸면 됩니다. 아직 코드가 완성되지 않았으니 사이트에서는 에러가 나타납니다.

상단의 id 선택자는 스타일시트와 제이쿼리 제어를 위한 것이고 클래스는 무한 스크롤과 썸네일 마우스오버 효과를 위한 것입니다. 이들 기능은 나중에 추가하겠습니다.

```
55          endif; ?>
56
57      <div class="all thumbs cs-style-3 col-md-3 <?php echo $tax; ?>">
58          …콘텐츠…
59      </div>
60      <?php endwhile; ?>
```

다음으로 위 코드를 추가합니다. …콘텐츠… 부분은 제목과 썸네일을 출력할 것인데 어떤 레이아웃을 하느냐에 따라 달라집니다. 우선 하단까지 코드를 작성한 다음에 다시 콘텐츠 부분을 완성하겠습니다.

```
64      <?php
65          wp_link_pages( array(...
66          ) );
67      ?>
68  </div><!-- #portfolio -->
69  </div><!-- .entry-content -->
70
71      <?php wp_reset_postdata(); ?>
72
73  <?php else : ?>
74      <p><?php _e( 'Sorry, no posts matched your criteria.' ); ?></p>
75  <?php endif; ?>
76
```

```
77    <nav>
78      <ul id="portfolio-pager" class="pager">
79        <li class="previous"><?php previous_posts_link( '&laquo; 이전', $portfolio-
>max_num_pages) ?></li>
80        <li class="next"><?php next_posts_link( '다음 &raquo;', $portfolio->max_num_
pages) ?></li>
81      </ul>
82    </nav>
```

마지막으로 wp_link_pages() 부분 하단에 #portfolio가 있는 div와 .entry-content가 있는 div의 종료 태그를 추가하고 위 코드를 추가합니다. 하단의 nav 부분은 페이지 처리이며 부트스트랩의 페이저 스타일을 적용했습니다.

10 콘텐츠 레이아웃 만들기

…콘텐츠… 부분은 이전의 포트폴리오 싱글 페이지와는 다른 마우스오버 효과를 적용해 보겠습니다.

http://tympanus.net/codrops/2013/06/18/caption-hover-effects/

위 사이트로 이동하면 데모를 확인할 수 있으며 소스 코드를 내려받을 수 있습니다. 이곳은 최신 기술을 개발해 공개하는 사이트로 이 책에서 소개하는 것 외에도 많은 기능의 플러그인이 있으며 많은 프리미엄 테마에서 적용하고 있습니다.

```
57      <div class="all thumbs cs-style-3 col-md-3 <?php echo $tax; ?>">
58        <div>
59          <figure>
60            <?php the_post_thumbnail('portfolio'); ?>
61            <figcaption>
62              <span><?php the_title(); ?></span>
63              <a href="<?php echo get_permalink(); ?>">더 보기</a>
64            </figcaption>
65          </figure>
66        </div>
67      </div>
68      <?php endwhile; ?>
```

이전의 …콘텐츠… 부분에 위와 같이 코드를 추가합니다. 내려받은 파일에서 스타일시트를 사용할 것이므로 코드 구조를 유지해야 합니다. figure 태그 안에 썸네일 템플릿 태그를 사용하고 figcaption 태그에 span 태그를 사용한 제목 템플릿 태그를 입력합니다. 더 보기의 a 태그에 있는 템플릿 태그는 싱글 페이지로 가는 링크입니다.

상단의 클래스를 보면 all과 〈?php echo $tax; ?〉가 있습니다. 이 코드는 카테고리 버튼 목록 중에서 버튼을 클릭했을 때 해당 버튼의 카테고리 이름을 가져와 태그에 클래스로 삽입합니다. 그러면 isotope이 이 클래스가 있는 글만 보여주게 됩니다. 카테고리 이름이 한글이지만, 클래스로 사용되고 있습니다. .cs-style-3은 다음에 추가할 제이쿼리 플러그인의 마우스오버 효과 중 세 번째 효과를 사용하기 위해 추가했습니다.

그러면 제이쿼리 플러그인과 스타일시트를 추가하겠습니다.

```
21  wp_enqueue_script('toucheffects-js', get_stylesheet_directory_uri() . '/js/
    toucheffects.js', array('jquery'), null, true);
```

이 플러그인은 modernizr.js와 스타일시트만으로 효과를 만들 수 있습니다. modernizr.js는 이미 이전 플러그인에서 추가했으므로 toucheffects.js 플러그인만 추가합니다. 이는 터치 효과를 위한 플러그인으로 데스크톱에서는 제외해도 됩니다.

```
1   .grid {
2   /*  padding: 20px 20px 100px 20px;
3       max-width: 1300px;
4       margin: 0 auto;
5       list-style: none;
6       text-align: center;*/
7   }
8
9   .grid li {
10      display: inline-block;
```

그림 3-39 코드 수정

css 폴더에서 components.css 파일을 편집기로 열고 .grid로 검색하면 10개가 나옵니다. 이를 모두 .thumbs로 변경합니다. 그리고 li는 양쪽에 빈 공간을 포함해 검색하면 3개가 나타납니다. 이 또한 div로 변경한 다음 모두 복사해서 style2.css 파일 상단에 추가하고 위 코드는 원래대로 복구합니다.

```
 3  /*Caption Hover Effects*/
 4  .thumbs {
 5  /*  padding: 20px 20px 100px 20px;
 6      max-width: 1300px;
 7      margin: 0 auto;
 8      list-style: none;
 9      text-align: center;*/
10  }
11
12  .thumbs div {
13  /*  display: inline-block;
14      width: 440px;
15      margin: 0;
16      padding: 20px;
17      text-align: left;*/
18      position: relative;
19  }
```

너비를 설정하는 속성은 모두 제거합니다.

```
48  .thumbs figcaption span:before {
49      content: 'by ';
50  }
```

위 코드를 찾아 by를 제거합니다.

```
389  @media screen and (max-width: 31.5em) {
390      .thumbs {
391          padding: 10px 10px 10px 10px;
392      }
```

미디어쿼리 부분에서 하단 패딩을 10으로 수정합니다.

```
78  var $container2 = $('#portfolio');
79  $container2.isotope({
80      itemSelector: '.thumbs',
81      masonry: {
82          columnWidth: '.col-md-6, .col-md-4, .col-md-3'
83      }
```

```
84      });
85
86    $container2.imagesLoaded( function() {
87      $container2.isotope('layout');
88    });
```

custom.js 파일을 위와 같이 만듭니다. 이전의 코드를 복사해 아이디 선택자와 $container2 변수만 수정하면 됩니다. 위 코드 아래에 다음 코드를 추가합니다.

```
90    $('#portfolio-filter a').click(function(){
91      $('#portfolio-filter a.active').removeClass('active');
92      var selector = $(this).attr('data-filter');
93      $container2.isotope({ filter: selector, animationEngine : "css" });
94      $(this).addClass('active');
95      return false;
96    });
```

포트폴리오 카테고리 버튼을 클릭하면 다른 버튼에서 .active 클래스를 제거하고, 누른 버튼에 .active 선택자를 추가해 활성 상태의 버튼으로 만들며, 필터링해서 해당 카테고리의 글만 나열합니다.

그림 3-40 포트폴리오 글 목록

사이트에서 확인하면 'posts_per_page'에서 설정한 대로 5개의 글만 나타납니다. 이미지에 마우스를 올리면 이미지가 조금 위로 올라가면서 캡션이 나타납니다. 더보기 버튼을 클릭하면 싱글 페이지로 이동합니다.

그림 3-41 여러 가지 마우스오버 효과

.cs-style-3 클래스의 숫자 부분을 1부터 7까지 변경하면 여러 가지 효과를 볼 수 있습니다. 4번 효과는 왼쪽에서 오른쪽으로 책장을 넘기듯 캡션이 나타나는데 이미지가 범위를 벗어나므로 .thumbs { overflow: hidden; }를 사용해야 하고, 7번 효과는 마지막 그림과 같이 잘리므로 이 속성을 제거하면 됩니다. 또한 캡션 글자가 나타나지 않고 그림 뒤로 숨겨져 다른 썸네일과 겹치기도 하므로 수정이 필요합니다.

11 무한 스크롤 기능 추가하기

https://github.com/paulirish/infinite-scroll

위 사이트에서 플러그인을 내려받아 jquery.infinitescroll.min.js 파일을 복사해 테마의 js 폴더에 붙여넣습니다.

```
22    wp_enqueue_script('jquery.infinitescroll.min-js', get_stylesheet_directory_uri() .
'/js/jquery.infinitescroll.min.js', array('jquery'), null, true);
```

functions.php 파일에 등록합니다.

```
 98    var $container3 = $('.infinite');
 99    $container3.infinitescroll({
100      navSelector  : '.pager',
101      nextSelector : '.pager a',
102      itemSelector : '.thumbs',
103      loading: {
104          finishedMsg: '<em>페이지가 더 이상 없습니다</em>',
105          msgText : "",
106          img: 'http://i.imgur.com/6RMhx.gif'
107      }
108    },
109    function(newElements) {
110      var $newElems = $(newElements);
111      $newElems.imagesLoaded(function(){
112          $container3.isotope('appended', $newElems );
113      });
114    }
115    );
```

custom.js 파일에 위 코드를 추가합니다. navSelector는 페이지 처리의 nav 태그에 있는 선택자이고 nextSelector는 페이저 다음에 있는 버튼의 a 태그입니다. 페이지를 스크롤해서 하단에 이르면 다음 글이 로딩되고 더 이상 없으면 메시지가 나타납니다. img는 '로딩중 이미지'입니다.

```
194  /* Infinite Scroll loader */
195  #infscr-loading {
196      text-align: center;
197      z-index: 100;
198      position: fixed;
199      left: 45%;
200      bottom: 330px;
201      width: 220px;
202      padding: 10px;
203      background: #000;
204      opacity: 0.8;
205      color: #FFF;
206      -webkit-border-radius: 3px;
207         -moz-border-radius: 3px;
208              border-radius: 3px;
209  }
```

```
210 #infscr-loading img {
211     width:70px !important;
212 }
```

style.css 파일 하단에는 위 코드를 추가합니다.

현재 사이트에서는 글이 5개만 나타나므로 글의 갯수를 설정하는 곳에서 'posts_per_page' => 8,로 수정하고 테스트 해봅니다. 화면 너비를 좁혀서 새로고침 한 다음 아래로 스크롤 하면 로딩 되는 모습이 보이고 페이지 처리의 다음 버튼은 나타나지 않게 됩니다.

무한 스크롤 기능은 사용자 경험을 증대시키는 아주 좋은 효과이지만 아주 많은 글이 있는 곳에서는 많은 이미지를 로딩해야 하므로 속도가 느려지고 메모리를 많이 차지하게 됩니다. 가장 큰 단점은 방문자가 한번 본 글을 다시 보고자 할 때 찾기가 어려워집니다. 페이지 처리를 사용할 경우 몇 번째 페이지인지 거슬러 올라가 찾아 볼 수 있죠. 따라서 서버 용량이 크거나 글의 내용이 크게 중요하지 않은 사이트에서만 사용할 것을 권장합니다. 또한 다른 기능을 추가하는데 있어서 제대로 나오지 않는 경우가 있으니 이 책에서는 사용하지 않는 것으로 하겠습니다. 사용을 해제하려면 custom.js에서 설정 내용을 주석 처리하면 됩니다.

12 브레드크럼과 옵션 프레임워크 사용하기

다른 글 타입의 페이지를 만들기 전에 정리하는 측면에서 몇 가지 알아보고 넘어가겠습니다. 하나는 브레드크럼 기능 추가하기이고 다른 하나는 테마 옵션 만들기입니다. 브레드크럼은 사이트의 내비게이션을 위해 중요한 역할을 합니다. 따라서 이를 페이지나 글의 제목 아래에 배치할 것입니다.

코드를 수정하는 방식으로 테마에 여러 가지 기능을 추가하면서 설정을 일일이 변경하기는 어렵고 번거롭습니다. 따라서 프리미엄 테마에서는 수없이 많은 옵션 항목을 제공해서 코드를 수정하지 않고도 스타일이나 글자 등 많은 것을 변경할 수 있게 하고 있습니다. 이 책에서도 관리자 화면에 테마 옵션 페이지를 만들고 여기에서 간단하게 변경하고 저장하는 방식으로 사이트에 바로 적용될 수 있게 해보겠습니다. 하지만 앞서 살펴본 모든 내용을 설정하기는 어려우니 일부 설정 방법만 알아보겠습니다.

과정의 중간에 하는 이유는 페이지를 계속 만들다보면 이전의 코드를 복사해 사용하게 되는데 위 기능을 추가해 놓으면 다른 페이지도 쉽게 적용할 수 있고 수정할 일이 적어지기 때문입니다.

브레드크럼 사용하기

플러그인 추가화면에서 Breadcrumb NavXT로 검색해 설치하고 활성화 합니다. 주메뉴에서 설정 → Breadcrumb NavXT를 선택하면 메시지가 나타나는데, Migrate Now 링크를 클릭하면 설정 화면이 나옵니다. 설정 변경은 나중에 하기로 하고 우선 하단에서 변경 사항 저장 버튼을 클릭합니다.

```
109 function header_bar_with_title_and_bg() {
110     $src = wp_get_attachment_image_src( get_post_thumbnail_id($post->ID), array(
10000,10000 ) ); ?>
111     <div class="code-block text-center overlay m-btm-30" style="background: url(<?php
echo $src[0]; ?>) center no-repeat;background-size:cover;padding: 30px;" data-stellar-
background-ratio="0.5">
112         <h1><?php the_title(); ?></h1>
113         <?php if(function_exists('bcn_display')): ?>
114           <div class="breadcrumbs">
115             <?php bcn_display(); ?>
116           </div>
117         <?php endif ?>
118     </div> <?php
119 }
```

functions.php 파일에서 이전에 만든 제목바 단축 코드에 위와 같이 코드를 추가합니다. 플러그인이 비활성화 되거나 없을 때에는 표시하지 않도록 조건문을 넣어야 합니다.

```
166 .breadcrumbs, .breadcrumbs a { font-size: 16px; color: #fff; text-shadow: 0 1px 1px
rgba(0, 0, 0, 0.5); }
```

style.css 파일에는 위와 같이 추가합니다.

그림 3-42 브레드크럼

사이트에서 확인하면 제목바의 제목 바로 아래에 브레드크럼이 생성된 모습을 볼 수 있습니다. 그런데 홈이 사이트 이름으로 나오고, 포트폴리오 페이지인데도 블로그라고 나오는 문제가 있습니다. 이는 설정 화면에서 변경해야 합니다.

그림 3-43 세퍼레이터 변경

설정 화면의 일반 탭에서 구분하는 문자(세퍼레이터)를 바꿀 수 있습니다. 공백을 만들고 슬래시를 입력한 다음 다시 공백을 만들면 간격을 띄울 수 있습니다.

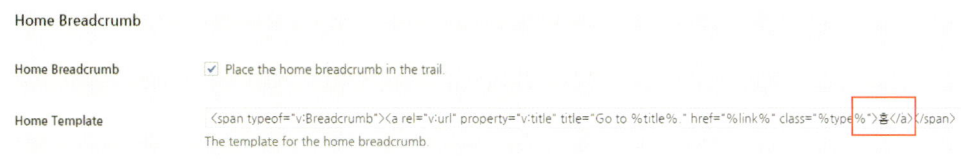

그림 3-44 텍스트 변경

Home Template에서 사이트 이름을 홈으로 수정합니다.

01. 사용자 정의 글 타입(Custom Post Type) 355

그림 3-45 루트 페이지 변경

Post Types 탭에서 포트폴리오 Root Page를 포트폴리오로 선택합니다. hierarchy는 포트폴리오 카테고리를 선택합니다. 위 포트폴리오 아래로는 여러 가지 글 타입이 있으며 이후로 글 타입의 페이지를 만들 때마다 이곳에서 위와 같이 변경합니다.

[그림 3-46 텍스트 번역1

Miscellaneous 탭에서 '글쓴이'로 수정합니다.

그림 3-47 텍스트 번역2

Search 부분에서 '검색 결과'로 수정합니다.

옵션 프레임워크 사용하기

플러그인 추가하기 화면에서 Options Framework로 검색해 설치하고 활성화 합니다. 이 플러그인도 설치하고 나면 설정 화면이 없고 별도의 샘플 파일을 추가한 뒤, 직접 설정해야 합니다. 이처럼 설정 화면이 없는 플러그인은 그만큼 가볍고 메모리를 많이 사용하지 않습니다.

https://github.com/devinsays/options-framework-plugin

옵션 프레임워크의 깃허브 사이트입니다. zip 파일을 내려받고 압축을 해제하면 options-check라는 예제 테마가 있습니다. 이를 다른 워드프레스에 설치하고 활성화하면 외모 → Options Framework 메뉴에서 옵션을 바로 설정할 수 있는 화면을 볼 수 있습니다. 어떤 과정으로 만들어지는지 알아보기 위해 다른 워드프레스에서 테스트했습니다.

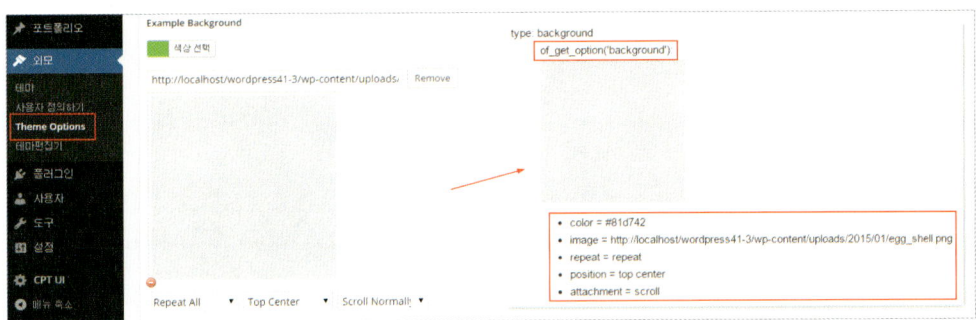

그림 3-48 옵션 프레임워크 테스트

테마 옵션의 Advanced 탭에서 배경색과 이미지를 업로드 하고 저장합니다. 전면 사이트에서 확인하면 이미지가 보이고 of_get_option('background')라는 코드를 통해 색상 코드와 이미지 URL 등 테마 옵션에서 설정한 옵션이 나타납니다. 이들을 테마에서 적절하게 사용하면 됩니다.

작업 중인 테마에서 사용해 보겠습니다. 내려받은 파일의 압축을 해제하고 options-check의 images 폴더에서 3개의 이미지를 복사해 자식 테마의 images 폴더에 붙여넣습니다. 이는 옵션 화면의 Advanced 탭에서 Example Image Selector의 이미지입니다. options-check 폴더에서 options.php 파일을 복사해 작업 중인 자식 테마 폴더에 붙여넣고 이 파일을 편집기로 엽니다.

```
12   $themename = get_option( 'stylesheet' );
13   $themename = preg_replace("/\W/", "_", strtolower($themename) );
```

위 두 줄을 제거하고 $themename = twentyfifteen;으로 수정합니다.

```
98   // If using image radio buttons, define a directory path
99   $imagepath =  get_template_directory_uri() . '/images/';
```

99번째 줄에서 template을 stylesheet로 수정하고 저장합니다. 테마 경로를 자식 테마로 바꾸는 것이죠. 우선 간단한 것부터 옵션을 설정해보겠습니다.

```
115   $options[] = array(
116       'name' => __('포트폴리오 페이지당 글 수 변경', 'options_check'),
117       'desc' => __('포트폴리오 페이지에서 한 페이지당 나타날 글 수.', 'options_check'),
118       'id' => 'portfolio_post_num',
119       'std' => '10',
120       'type' => 'text');
```

115번째 줄에서 위와 같이 수정합니다. 옵션 화면에서 나타날 옵션 이름과 설명, 아이디, 기본 설정, 입력 상자 타입입니다. 아이디는 테마 옵션에서 설정한 값을 데이터베이스에 저장하고, 이 아이디를 템플릿에서 불러오면 사이트에 해당 값으로 나타내는 변수 역할을 합니다.

그림 3-49 페이지당 포트폴리오 글 수 변경

테마 옵션의 기본 설정 탭에 설정한 대로 나타납니다. 이곳에 입력하는 값은 아이디를 통해 데이터베이스에 저장되며, 템플릿에서 이 아이디를 입력해놓으면 위 화면에서 언제든 변경할 수 있습니다. 하단에서 저장 버튼을 클릭합니다.

```php
31  <?php
32      $paged = (get_query_var('paged')) ? get_query_var('paged') : 1;
33      $args = array(
34          'post_type' => 'portfolio',
35          'posts_per_page' => of_get_option('portfolio_post_num', '입력 값이 없습니다'
),
36          'paged'=>$paged
```

테마 폴더의 portfolio 폴더에서 content-page_portfolio.php 파일에 페이지당 글 수를 입력한 곳이 있습니다. 숫자를 위와 같이 아이디를 가져오는 템플릿 태그로 변경합니다. 아이디 다음의 글자는 입력한 값이 없을 때 사이트에 표시할 글자입니다. 저장하고 사이트의 포트폴리오 페이지에서 확인하면 10개의 글이 나타날 것입니다. 테마 옵션에서 숫자를 변경하면 이 숫자만큼의 글이 나타나게 됩니다. 앞으로 여러 가지 글 타입의 페이지당 글 수 변경은 options.php 파일의 코드를 복사해 글 타입에 따른 글자만 변경해주면 됩니다. 다음으로 포트폴리오 페이지의 썸네일 마우스 오버 효과가 일곱가지가 있었는데, 이를 선택해 변경하는 방법을 알아보겠습니다.

```php
141  $options[] = array(
142      'name' => __('Input Select Small', 'options_check'),
143      'desc' => __('Small Select Box.', 'options_check'),
144      'id' => 'example_select',
145      'std' => 'three',
146      'type' => 'select',
147      'class' => 'mini', //mini, tiny, small
148      'options' => $test_array);
149
150  $options[] = array(
151      'name' => __('포트폴리오 마우스오버 효과', 'options_check'),
152      'desc' => __('포트폴리오 마우스오버 효과.', 'options_check'),
153      'id' => 'seven_effects',
154      'std' => 'three',
155      'type' => 'select',
156      'class' => 'mini', //mini, tiny, small
157      'options' => $seven_effects_array);
```

일곱 가지 항목이 있으므로 선택 상자를 사용하겠습니다. options.php 파일에서 'Input Select Small'로 검색한 뒤 141~148 줄의 코드를 복사해 바로 아래에 붙여넣고 수정합니다.

이처럼 예제는 보존하고 복사해서 사용하도록 합니다. 아이디는 혼란을 방지하기 위해 구체적이고 독특한 이름으로 만듭니다. 익숙해지면 짧게 만들어 사용합니다. 기본을 three로 했고 폼 형태는 select 박스입니다. 클래스는 선택 상자의 너비를 결정하며 사용하지 않으면 가장 넓은 너비를 사용합니다. options는 array 형태이며 이 파일의 상단에 있습니다.

```
29  // Test data
30  $test_array = array(
31      'one' => __('One', 'options_check'),
32      'two' => __('Two', 'options_check'),
33      'three' => __('Three', 'options_check'),
34      'four' => __('Four', 'options_check'),
35      'five' => __('Five', 'options_check')
36  );
37
38  // seven_effects data
39  $seven_effects_array = array(
40      'cs-style-1' => __('One', 'options_check'),
41      'cs-style-2' => __('Two', 'options_check'),
42      'cs-style-3' => __('Three', 'options_check'),
43      'cs-style-4' => __('Four', 'options_check'),
44      'cs-style-5' => __('Five', 'options_check'),
45      'cs-style-6' => __('Six', 'options_check'),
46      'cs-style-7' => __('Seven', 'options_check'),
47  );
```

테스트 데이터 부분을 복사해 아래에 붙여넣고 수정합니다. 왼쪽은 데이터에 해당하므로 템플릿에서 사용한 클래스 선택자를 입력하고, 오른쪽은 테마 옵션 화면에 나타낼 이름입니다.

```
57      <div class="all thumbs <?php echo of_get_option('seven_effects', '입력 항목이 없습니다' ); ?> col-md-3 <?php echo $tax; ?>">
58          <div>
59              <figure>
```

content-page_portfolio.php 파일의 클래스 선택자를 제거하고 위와 같이 코드를 변경합니다. 항상 '입력 항목이 없습니다'의 메시지는 입력하도록 합니다. 코드가 잘못됐을 때 요소 검사를 하면 위 코드가 있는 위치에 메시지가 나타납니다.

그림 3-50 마우스오버 효과 선택

테마 옵션 화면에서 다른 항목을 선택하고 저장합니다. 사이트에서 확인하면 바로 적용된 효과를 확인할 수 있습니다. 만일 아이디를 잘못 입력해서 수정한다면 위 화면에서 새로고침하고 다시 저장해야 합니다.

그러면 탭 추가에 대해 알아보겠습니다. 옵션이 많아지다 보면 한 화면에서 모두 관리할 수 없으니 여러 가지 탭이 필요하게 됩니다. 현재는 3가지 탭만 있습니다.

```
210  $options[] = array(
211    'name' => __('Style Settings', 'options_check'),
212    'type' => 'heading');
213  // 스타일 설정 옵션 시작
214
215  $options[] = array(
216    'name' => __('Advanced Settings', 'options_check'),
217    'type' => 'heading');
```

options.php 파일에서 Advanced Settings를 찾아 코드를 복사해 바로 위에 붙여넣고 name을 원하는 이름으로 수정합니다. 여기서는 'Style Settings'로 했습니다. 탭의 추가는 type의 heading이 결정합니다. 위 탭 이하에 원하는 코드를 복사해 붙여넣고 설정하면 됩니다.

마지막으로 배경 이미지를 변경하는 방법을 알아보고 테마 옵션은 마치겠습니다. 테마 옵션을 모두 다루는 것은 한계가 있기 때문에 스스로 연구해서 만들어야 합니다.

```
218  // Style Settings
219  $options[] = array(
220    'name' => __('Style Settings', 'options_check'),
221    'type' => 'heading');
222  // 스타일 설정 옵션 시작
223  $options[] = array(
224    'name' => __('사이트 배경', 'options_check'),
225    'desc' => __('사이트 배경 설정.', 'options_check'),
226    'id' => 'site_background',
227    'std' => $site_background_defaults,
228    'type' => 'background' );
```

background type의 옵션을 찾아서 복사하고 Style Settings 탭에 배치합니다. 글자를 수정하고 아이디를 변경합니다. std의 기본 설정은 상단에 있습니다.

```
65  // Background Defaults
66  $background_defaults = array(
67    'color' => '',
68    'image' => '',
69    'repeat' => 'repeat',
70    'position' => 'top center',
71    'attachment'=>'scroll' );
72
73  // Site Background Defaults
74  $site_background_defaults = array(
75    'color' => '#f5f5f5',
76    'image' => '',
77    'repeat' => 'repeat',
78    'position' => 'top center',
79    'attachment'=>'scroll' );
```

기본 배경 설정을 복사해 붙여넣고 위와 같이 수정합니다.

```
29 <?php get_template_part('code-block/theme', 'option'); ?>
30 <body <?php body_class(); ?>>
```

header.php 파일을 열고 body 태그 바로 위에 위 코드를 추가합니다. 코드 내용이 길어질 것에 대비해 다른 파일을 만들고 이것을 가져오기 하는 것입니다.

```php
29 <?php
30     $background = of_get_option('site_background');
31     if ($background['color'] || $background['image']) {
32         echo '<style type="text/css" >';
33         echo 'body {';
34         if ($background['color']) {
35             echo '
36             background-color: ' .$background['color']. ';';
37         }
38
39         if ($background['image']) {
40             echo '
41             background: url('.$background['image']. ') ';
42             echo ''.$background['repeat']. ' ';
43             echo ''.$background['position']. ' ';
44             echo ''.$background['attachment']. ';';
45         }
46         echo '}';
47
48         echo '</style>';
49     }
50 ?>
```

code-block 폴더에 theme-option.php 파일을 만들고 위 코드를 입력합니다. 배경 옵션은 여러 가지 속성이 포함된 array 형태입니다. 색상, 이미지, 반복, 위치, 첨부가 포함돼 있습니다. 위 코드의 내용은 site_backgound 아이디에 포함된 데이터를 변수($background)로 전환하고 내용이 있을 경우 스타일시트로 해당 내용을 출력하는 역할을 합니다.

```css
1 /*body { background: url(images/egg_shell.png), no-repeat; }*/
2 #page { background-color: #fff; }
3 @media (min-width: 1200px) {
4   #page { width: 1170px; margin: 0 auto; border-left: 1px solid #ccc; border-right: 1px solid #ccc; }
5 }
```

테스트 하기 전에 우선 스타일 스위쳐의 박스 스타일(style-box.css)에서 배경 이미지를 설정한 곳을 주석 처리합니다. 저장한 다음 테마 옵션 화면으로 갑니다.

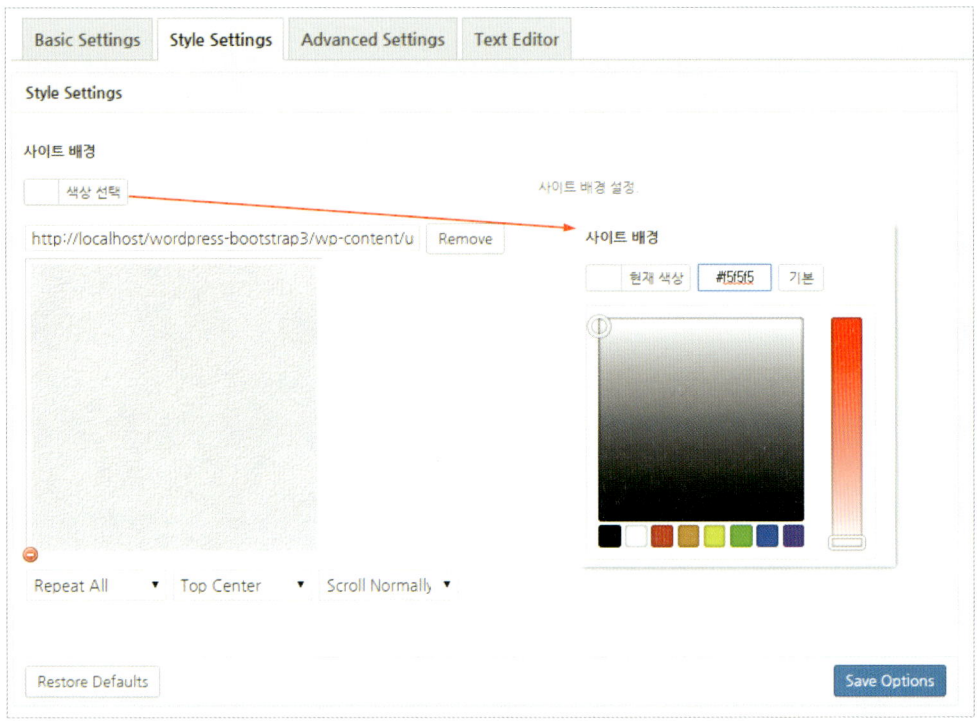

그림 3-51 배경 색상 및 이미지 변경

옵션 화면에서 색상 선택 버튼을 클릭하면 설정한 대로 기본 색상 코드가 나타납니다. 우선 색상부터 제대로 나오는지 다른 색을 선택하고 저장한 다음 사이트에서 확인합니다. 사이트에서는 '와이드'와 '박스'의 두 가지 버튼이 있는데, '박스'로 선택해야 배경을 볼 수 있습니다. 확인됐으면 이번에는 이미지를 업로드 해보겠습니다. 이미지를 업로드하면 하단에 추가 옵션이 나타나며 이것은 플러그인에서 지원하는 것으로 안타깝게도 이 플러그인에는 background-size 항목은 없습니다. 저장한 다음 사이트에서 확인합니다.

스타일 스위쳐는 사이트 개발을 위해 사용하는 일시적인 것이라서 나중에 제거하게 됩니다. 그러면 위에서 배경 이미지는 추가했지만 사이트 레이아웃을 와이드와 박스 형태로 보일 수 없게 됩니다. 이를 테마 옵션에서 설정하는 방법을 알아보겠습니다.

```
230    $options[] = array(
231        'name' => __( '레이아웃', 'options_check' ),
232        'desc' => __( '사이트 레이아웃', 'options_check' ),
233        'id' => 'site_layout',
234        'std' => 'box',
235        'type' => 'radio',
236        'options' => array(
237            'box' => __( '박스', 'options_check' ),
238            'wide' => __( '와이드', 'options_check' ),
239            'none' => __( '없음', 'options_check' )
240        )
241    );
```

이전의 배경 설정 바로 아래에 위 코드를 입력합니다. 이번에는 라디오 버튼을 사용합니다. 스타일 스위쳐를 계속 사용할 것에 대비해 없음 옵션도 추가했습니다.

```
20     echo '</style>';
21   }
22   $site_layout = of_get_option('site_layout');
23    if ($site_layout) {
24      echo '<style type="text/css" >';
25      if ($site_layout == 'box' ) {
26        echo '
27          #page {  background-color: #fff; }
28          @media (min-width: 1200px) {
29          #page {  width: 1170px;   margin: 0 auto;  border-left: 1px solid #ccc; border-right: 1px solid #ccc; }
30          }
31        ';
32      }
33
34      if ($site_layout == 'wide') {
35        echo '
36        body { background: #fff; }
37        #page {  width: 100%; background-color: #fff; }
38        ';
39      }
40      if ($site_layout == 'none') {
41        echo '';
```

```
42        }
43        echo '</style>';
44    }
45 ?>
```

theme-option.php 파일에는 위와 같이 입력합니다. 각 echo 부분에는 스타일 스위쳐의 스타일시트를 그대로 붙여넣습니다. 마지막의 none 부분에는 아무것도 없습니다. 코드의 내용은 3가지 옵션 항목이 있으므로 이를 변수로 전환하고 각 옵션 항목에 대해서 해당 스타일시트를 출력하는 것입니다.

그림 3-52 레이아웃 옵션

테마 옵션 화면에서 박스를 선택하고 저장한 다음 사이트에서 확인합니다. 이 기능이 작동하면 스타일 스위쳐의 버튼은 적용되지 않으며 '없음'을 선택해야 합니다. 실제로는 스타일 스위쳐가 작동하지만 위 기능이 우월적으로 적용되는 것입니다.

02 갤러리 페이지 만들기

갤러리 페이지도 포트폴리오 페이지와 같은 과정을 거쳐 만듭니다. 다만 싱글 페이지는 썸네일이 아닌 슬라이더를 사용합니다. 이전의 코드를 활용할 것이니 복사와 이름 수정이 많이 필요합니다. 포트폴리오 관련 파일의 내용을 보면 다음과 같습니다.

표 3-3 포트폴리오 관련 템플릿

템플릿	내용
single-portfolio.php	썸네일 레이아웃. portfolio 폴더의 content-portfolio.php 파일 내용을 가져옴.
content-portfolio.php	상단에 포트폴리오 콘텐츠, 하단에 이미지 목록. 출력한 내용을 single-portfolio.php 파일로 보냄
page-portfolio.php	싱글 포트폴리오 목록 나열. portfolio 폴더의 content-page_portfolio.php 파일의 내용을 가져옴.
content-page_portfolio.php	상단에 필터링 버튼, 하단에 썸네일 레이아웃. 출력한 내용을 page-portfolio.php 파일로 보냄

각 파일의 이름에 portfolio가 들어있습니다. 복사하면서 다른 글 타입의 글자로 변경하면 됩니다. 파일 수가 많아지니 하나의 폴더에 몰아 넣는 방법도 있지만 파일 관리에 익숙하지 않으면 혼란스러울 수 있으므로 새로운 폴더를 만들어 사용합니다.

갤러리 관련 파일의 내용은 다음과 같습니다.

표 3-4 갤러리 템플릿

템플릿	내용
single-gallery.php	슬라이더와 썸네일 레이아웃.
content-gallery.php	상단에 갤러리 콘텐츠, 하단에 슬라이더. 출력한 내용을 single-gallery.php 파일로 보냄
page-gallery.php	싱글 갤러리 목록 나열.
content-page_gallery.php	상단에 필터링 버튼, 하단에 썸네일 레이아웃. 출력한 내용을 page-gallery.php 파일로 보냄

파일 탐색기에서 portfolio 폴더를 복사해 붙여넣고 폴더 이름을 gallery로 바꿉니다. Gallery 폴더로 들어가 파일 이름의 portfolio를 gallery로 바꿉니다. 테마 폴더에서도 두 개의 파일을 복사해 gallery로 바꿉니다. 다른 글 타입은 싱글 페이지를 사용하지 않거나 기본 싱글 템플릿을 사용하므로 파일 수가 줄어듭니다.

01 갤러리 이미지 만들기

싱글 갤러리에서는 썸네일 크기의 이미지를 사용하지 않고 콘테이너 너비의 이미지를 사용할 것입니다. 따라서 콘테이너 너비의 새로운 이미지를 만들어야 하고 슬라이더에 사용할 것이므로 일정한 높이로 해야 합니다.

```
154 // 이미지 사이즈 등록
155 add_image_size( 'image_lft', '250', '155', true );
156 add_image_size( 'portfolio', '300', '0', true );
157 add_image_size( 'portfolio_fixed', '300', '200', true );
158 add_image_size( 'slider', '1170', '658', true );
159 add_image_size( 'slider450', '1170', '450', true );
```

functions.php 파일의 이미지 등록 부분에서 두 가지 슬라이더 이미지를 만듭니다. 하나는 브라우저 전체 높이(slider)이고 다른 하나는 높이를 줄인 슬라이더(slider450)입니다. slider의 사이즈는 모니터 크기인 1920×1080 크기를 비율대로 축소한 것으로 전면 페이지의 슬라이더에도 사용할 것이며, slider450은 4장에서 두 번째 홈페이지를 만들 때 슬라이더로 사용할 것입니다. 설정 → 미디어에서 이미지를 재생성합니다.

플렉스 슬라이더 플러그인 설치하기

플렉스 슬라이더는 우씸(Woothemes)에서 만든 제이쿼리 플러그인으로 아주 많이 사용되고 있습니다.

http://flexslider.woothemes.com/

위 사이트로 이동하면 데모와 zip 파일을 내려받을 수 있습니다. 압축을 해제하고 jquery.flexslider-min.js 파일을 복사해 테마의 js 폴더에 붙여넣습니다. flexslider.css 파일을 편집기로 열고 모두 복사해 테마의 style2.css 파일 상단에 붙여넣습니다. 수정할 부분은 없습니다.

```
23    wp_enqueue_script('jquery.flexslider.min-js', get_stylesheet_directory_uri() . '/js/jquery.flexslider-min.js', array('jquery'), null, true);
```

functions.php 파일에 제이쿼리 플러그인을 등록합니다. 주의할 점은 이전에 등록한 코드를 복사해서 사용할 경우 파일 이름에 주의해야 합니다. 다른 플러그인의 파일 이름은 min 앞에 마침표가 있으나, 이 플러그인은 대시로 돼 있습니다.

02 템플릿 파일 수정하기

```
30    get_template_part( 'gallery/content', 'gallery' );
```

single-gallery.php 파일을 편집기로 열고 위와 같이 수정합니다.

```
56              <div id="sidebar2" class="col-md-4">
57                <div id="secondary" class="secondary">
58                  <?php if ( is_active_sidebar( 'sidebar-4' ) ) : ?>
59                    <div id="widget-area" class="widget-area" role="complementary">
60                      <?php dynamic_sidebar( 'sidebar-4' ); ?>
61                    </div><!-- .widget-area -->
62                  <?php endif; ?>
63                </div>
64              </div><!--#sidebar-->
```

사이드바 숫자도 변경합니다. 위젯 영역은 functions.php 파일에서 포트폴리오 위젯을 복사해 만듭니다.

```php
16    <div class="entry-content">
17
18        <?php $attachments = new Attachments( 'gallery_attachments' ); /* pass the instance name */ ?>
19        <?php if( $attachments->exist() ) : ?>
20          <section class="slider">
21            <div id="gallery-slider" class="flexslider">
22              <ul class="slides">
23                <?php while( $attachments->get() ) : ?>
24                  <li data-thumb="<?php echo $attachments->src('thumbnail'); ?>">
25                    <?php echo $attachments->image( 'slider' ); ?>
26                  </li>
27                <?php endwhile; ?>
28              </ul>
29            </div>
30          </section>
31        <?php endif; ?>
```

gallery 폴더에서 content-gallery.php 파일을 열고 .entry-content 아래에 위와 같이 입력합니다. 이전에 포트폴리오에 사용하던 첨부 관련 코드는 제거합니다. 포트폴리오에서는 하단에 이미지 썸네일 목록이 있었으나 갤러리 싱글 페이지에서는 갤러리 슬라이더가 상단에 배치됩니다.

코드를 보면 두 가지 이미지를 사용합니다. 슬라이더 하단에는 썸네일이 배치되고 슬라이더는 이전에 새로 만든 이미지(slider)를 사용합니다. 플렉스 슬라이더의 css 구조에 맞게 클래스 선택자를 사용했습니다. #gallery-slider는 제이쿼리의 타겟이 됩니다.

```js
118  // 플렉스 플라이더
119  $('#gallery-slider').flexslider({
120      animation: "slide",
121      slideshow: false,
122      slideshowSpeed: 3000,
123      controlNav: "thumbnails"
124  });
```

custom.js에는 위와 같이 입력합니다. 슬라이더의 기본 애니메이션은 fade이며 슬라이드 형태로 하려면 animation: "slide",를 입력합니다. 슬라이드는 자동으로 시작되며, 수동으로 슬라이드 되게 하려면 slideshow: false를 사용합니다. 기타 설정은 다음 사이트를 참고하세요.

http://www.woothemes.com/flexslider/

03 갤러리 글 만들기

관리자 화면의 갤러리 글 편집 화면은 포트폴리오와 같은 형태이므로 같은 방법으로 콘텐츠를 입력합니다. 카테고리, 특성 이미지 등 모든 내용을 입력하고 첨부 메타박스에서 10개의 이미지를 업로드 하는데, 세로로 긴 이미지는 제외합니다. 세로로 긴 이미지까지 포함시키면 슬라이더가 긴 이미지를 수용하기 위해 세로로 긴 레이아웃을 만들기 때문입니다. 긴 이미지를 사용하고 싶다면 긴 이미지만 별도로 갤러리를 만들면 될 것입니다. 특성 이미지는 긴 이미지를 사용해도 됩니다. 완료됐으면 공개하기 버튼을 클릭하고 사이트에서 확인합니다.

스타일 수정

```css
173 .flex-control-thumbs li { width: 10%; }
174 .flex-direction-nav a.flex-next:before { font-family: FontAwesome; content:
"\f054"; }
175 .flex-direction-nav a:before { font-family: FontAwesome;
176 content: "\f053"; }
177 article #gallery-slider img { margin: 0; }
178 .flexslider {
179     margin: 0 0 40px;
180     background: #fff;
181     border: 4px solid #fff;
182     position: relative;
183     -webkit-border-radius: 0px;
184     -moz-border-radius: 0px;
185     -o-border-radius: 0px;
186     border-radius: 0px;
187     -webkit-box-shadow: 0 0px 0px rgba(0,0,0,.2);
188     -moz-box-shadow: 0 0px 0px rgba(0,0,0,.2);
```

```
189    -o-box-shadow: 0 0px 0px rgba(0,0,0,.2);
190    box-shadow: 0 0px 0px rgba(0,0,0,.2);
191    zoom: 1;
192 }
```

사이트에서 보면 수정할 곳이 많습니다. 우선 썸네일 이미지가 4개씩 나타나는데 이는 너비를 25%로 설정했기 때문이며 이를 10%로 수정합니다. 더 많은 이미지가 있으면 아래로 순차적으로 내려갑니다. 양 옆의 내비게이션 아이콘은 플러그인의 폰트 아이콘을 복사해 넣으면 되지만 폰트 어썸에 같은 아이콘이 있으므로 폰트 이름과 폰트 코드만 추가하면 됩니다. 블로그 레이아웃에서 이미지에 상하 15 픽셀의 마진을 설정했으므로 이를 제거합니다. 슬라이더 전체를 감싸는 div에 테두리와 박스 그림자 효과가 있는데 이를 모두 제거합니다.

글을 복사해 10개의 글을 만듭니다. 안타깝게도 글을 한번에 여러 개 만드는 플러그인은 없으며, 또한 하나의 글 타입의 글을 한번에 복사해 다른 글 타입으로 만드는 플러그인도 없습니다. 일일이 하나씩 복사해서 만들어야 합니다. 다만 글 타입을 변경하는 플러그인(Post Type Switcher)은 있습니다. 포트폴리오의 글 타입 전체를 한번에 갤러리 글 타입으로 변경할 수 있는 것이죠. 그렇게 되면 포트폴리오의 글은 없어지게 됩니다.

그림 3-53 슬라이더 내비게이션

양쪽 내비게이션 아이콘이나 썸네일을 클릭해 내비게이션 할 수 있습니다. 플러그인에 다른 효과도 있으니 데모 HTML을 참고해서 테스트 해보세요. 완료됐으면 사이드바에 위젯도 배치하고 포트폴리오와 마찬가지로 설정합니다.

프리로더 사용하기

슬라이더는 제이쿼리 플러그인을 사용하므로 일반적으로 콘텐츠가 모두 로딩된 후에 슬라이더 이미지가 나타납니다. 이때 아래에 있는 콘텐츠가 자리를 잡고 있다가 페이지 로딩이 완료되면서 슬라이더가 나타나므로 콘텐츠가 하단으로 내려가는 모습이 보이는데, 사용자 경험 측면에서 어색해 보입니다. 이럴 때 사용하는 것이 프리로더입니다. 프리로더 이미지로 애니메이션 gif를 사용하기도 하는데 요즘은 CSS3를 사용해 이미지 로딩 부담을 줄이고 있습니다.

https://ihatetomatoes.net/create-custom-preloading-screen/

위 사이트에 가면 CSS3로 만든 로딩 이미지와 데모 파일을 내려받을 수 있습니다.

```
38  #loader-wrapper {
39      position: fixed;
40      ...
41      .no-js h1 {
42          color: #222222;
43      }
```

압축을 해제한 뒤 css 폴더에서 main.css 파일을 열고 #loader-wrapper부터 .no-js h1의 중괄호까지 복사해 style2.css 파일 상단에 붙여넣습니다.

```
85  #loader-wrapper .loader-section {
86      position: fixed;
87      top: 0;
88      width: 51%;
89      height: 100%;
90      background: #fff url(images/egg_shell.png);
```

#loader-wrapper .loader-section에서 background를 #fff url(images/egg_shell.png)로 수정합니다. 로딩 이미지의 배경인데 어두운 색으로 하면 파이어폭스에서 이미지의 주변이 약간 깨져 보입니다.

```
84  </div><!-- /.container-fluid -->
85  <div id="loader-wrapper">
86      <div id="loader"></div>
87      <div class="loader-section section-left"></div>
88      <div class="loader-section section-right"></div>
89  </div>
90  <div class="site-wrapper container-fluid">
91      <div class="row">
```

header.php 파일을 열고 하단에서 .site-wrapper 바로 위에 #loader-wrapper 부분을 만듭니다. 이 코드는 어디에 배치하느냐에 따라 달라지는데 상황에 따라 body 태그 아래에 배치할 수도 있습니다.

```
470  // 프리로더
471  $(window).load(function(){
472      $('#loader-wrapper').fadeOut(1000);
473  });
```

custom.js에는 위와 같이 코드를 추가합니다. 페이지의 로딩이 완료된 후에 #loader-wrapper의 내용을 페이드 아웃 해 보이지 않게 됩니다. 페이드 아웃의 속도는 괄호안의 숫자로 조정합니다. 나중에 전면 페이지에도 슬라이더를 사용할 예정입니다. 이때도 하단의 콘텐츠가 먼저 나타나고 페이지 로딩이 완료되면 슬라이더가 나타나 상당히 어색한 모양을 만드는데, 이 효과를 적용하면 우아한 모양의 전면 페이지를 만들 수 있습니다.

04 갤러리 페이지 만들기

```
13  <div class="entry-content">
14      <ul id="gallery-filter" class="list-inline m-btm-20 text-center">
15      <?php
16          $terms = get_terms("gallery_category");
```

gallery 폴더에서 content-page_gallery.php 파일을 편집기로 열고 portfolio로 돼 있는 부분을 모두 gallery로 바꿉니다. 편집기에서 Ctrl+H 키를 눌러 치환하면 됩니다.

```
60    <?php the_post_thumbnail('portfolio'); ?>
```

썸네일 이름은 portfolio로 그대로 둡니다.

```
35   'posts_per_page' => of_get_option('gallery_post_num', 'no entry' )
```

페이지당 글 수는 테마 옵션에서 이전의 포트폴리오 부분을 복사해 아래와 같이 수정하면 됩니다.

```
142    $options[] = array(
143        'name' => __('갤러리 페이지당 글 수 변경', 'options_check'),
144        'desc' => __('갤러리 페이지에서 한 페이지당 나타날 글 수.', 'options_check'),
145        'id' => 'gallery_post_num',
146        'std' => '10',
147        'type' => 'text');
```

```
57    <div class="all thumbs <?php echo of_get_option('seven_effects2', 'no entry' ); ?> col-md-3 <?php echo $tax; ?>">
```

마우스오버 효과는 포토폴리오와 다른 효과를 만들기 위해 2를 추가합니다.

```
174    $options[] = array(
175        'name' => __('갤러리 마우스오버 효과', 'options_check'),
176        'desc' => __('갤러리 마우스오버 효과.', 'options_check'),
177        'id' => 'seven_effects2',
178        'std' => 'three',
179        'type' => 'select',
180        'class' => 'mini', //mini, tiny, small
181        'options' => $seven_effects_array);
```

options.php 파일에 위와 같이 추가합니다.

```
3  * Template name: 갤러리
```

테마 폴더에서 page-gallery.php 파일을 열고 템플릿 이름을 수정합니다.

```
27 get_template_part( 'gallery/content', 'page_gallery' );
```

가져오기 부분은 위와 같이 수정합니다.

```
117 //갤러리 아이소톱
118   var $container4 = $('#gallery');
119   $container4.isotope({
120     itemSelector: '.thumbs',
121     masonry: {
122       columnWidth: '.col-md-6, .col-md-4, .col-md-3'
123     }
124   });
125
126   $container4.imagesLoaded( function() {
127     $container4.isotope('layout');
128   });
129
130   $('#gallery-filter a').click(function(){
131     $('#gallery-filter a.active').removeClass('active');
132     var selector = $(this).attr('data-filter');
133     $container4.isotope({ filter: selector, animationEngine : "css" });
134     $(this).addClass('active');
135     return false;
136   });
```

custom.js에는 포트폴리오 부분을 복사해 타겟 아이디를 바꾸고 #container의 숫자도 4로 만듭니다. 페이지마다 타겟에 클래스를 사용하면 위와 같이 같은 코드를 복사해 만들 필요는 없습니다. 하지만 각 글 타입 페이지의 코드를 모아서 전면 페이지에도 사용할 것이므로 클래스를 사용하면 안됩니다. 물론 다른 이름의 클래스를 사용할 수도 있습니다.

마지막으로 관리자 화면에서 새 페이지를 추가하면서 제목을 입력하고 특성 이미지를 추가한 다음 페이지 속성 박스에서 템플릿을 갤러리로 선택합니다. 공개하기 버튼을 클릭하면 사이트에 메뉴가 추가된 모습을 볼 수 있습니다.

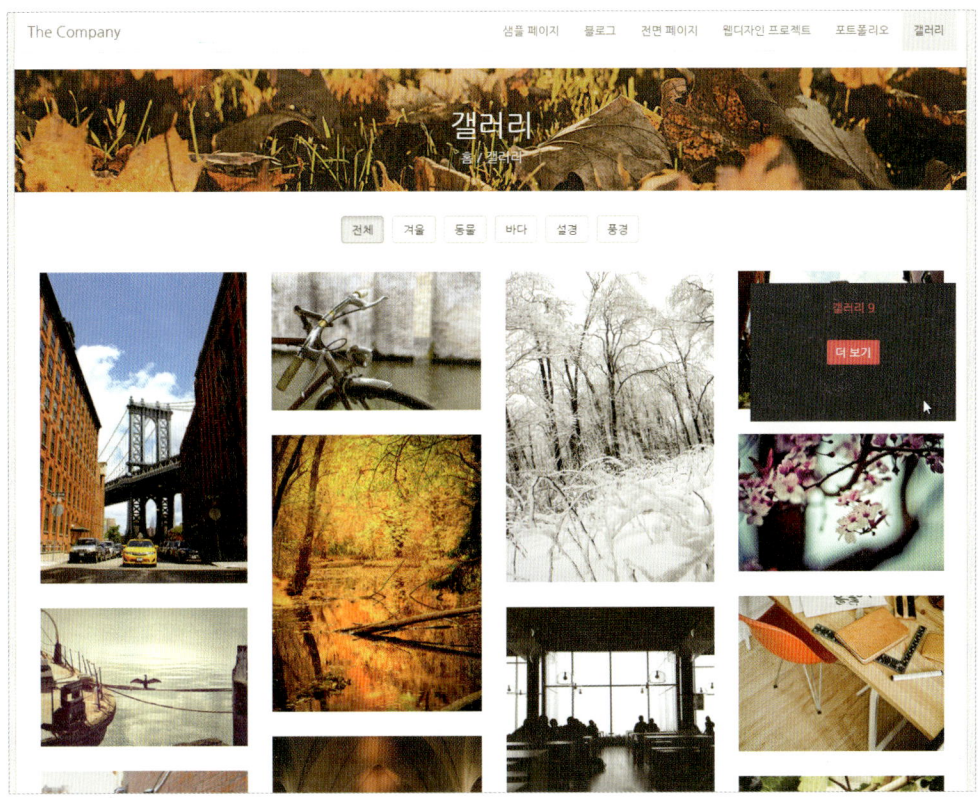

그림 3-54 사이트에서 확인

제대로 작동하는지 확인하세요.

슬라이더 글 타입 만들기 03

슬라이더 글 타입은 콘텐츠로 사용하기 위해 만드는 것이 아니라 전면 페이지 상단에 사용하기 위한 것입니다. 간단하게 만들 수도 있지만 글 타입으로 만들면 여러 곳에서 다양한 이미지의 슬라이더를 만들어 배치할 수 있습니다. 전면 슬라이더는 전체 너비, 전체 높이로 보이는 플러그인을 사용할 것입니다. 부트스트랩의 캐러젤 플러그인에서 볼 수 있듯이 좁은 너비로 줄이면 이미지의 높이도 줄어들어 슬라이더로서의 기능이 잘 나타나지 않기 때문입니다. 따라서 새로 사용할 플러그인은 웹브라우저의 높이를 조절하더라도 항상 슬라이더 이미지만 보이게 됩니다.

http://nicinabox.com/superslides/

위 사이트에서 데모를 볼 수 있고 파일을 내려받을 수 있습니다. 내려받은 파일의 데모는 버튼도 없고, 캡션도 없는데 이를 추가할 것입니다. 압축을 해제하고 dist 폴더에서 jquery.superslides.min.js 파일을 복사해 테마의 js 폴더에 붙여넣습니다. stylesheet 폴더에서 superslides.css 파일을 편집기로 열고 복사해 테마 폴더의 style2.css 파일 상단에 붙여넣습니다.

플러그인은 기본 플러그인만 추가해도 되지만 examples/javascripts 폴더를 보면 몇 가지 플러그인이 더 있습니다. 다양한 애니메이션(이징 효과)을 위해 jquery.easing.1.3.js는 반드시 추가합니다. 이 파일은 앞으로 추가할 기능에 필요합니다. hammer.min.js는 모바일 터치 기능을 위한 것이고 jquery.animate-enhanced.min.js는 크로스 웹브라우징 애니메이션을 위한 것입니다. 이 두 가지 설정에 대해서는 example 폴더에 있는 touch.html 파일 하단을 참고하세요.

```
24  // wp_enqueue_script('jquery.hammer.min-js', get_stylesheet_directory_uri() . '/js/
hammer.min.js', array('jquery'), null, true);
25  // wp_enqueue_script('jquery.animate-enhancemed.min-js', get_stylesheet_directory_
uri() . '/js/jquery.animate-enhancemed.min.js', array('jquery'), null, true);
26  wp_enqueue_script('jquery.easing-js', get_stylesheet_directory_uri() . '/js/
jquery.easing.1.3.js', array('jquery'), null, true);
27  wp_enqueue_script('jquery.superslides.min-js', get_stylesheet_directory_uri() . '/
js/jquery.superslides.min.js', array('jquery'), null, true);
```

functions.php 파일의 자바스크립트 등록 부분에서 위와 같이 슬라이더 플러그인은 하단에 배치합니다. 두 가지 파일을 사용하려면 플러그인 위에 배치합니다. 설정하지 않으면 개발자 툴의 console 창에 에러 메시지가 나타나므로 여기서는 사용하지 않겠습니다.

01 single-slider.php 파일 만들기

```
1  <?php get_header(); ?>
2
3      <?php $attachments = new Attachments( 'gallery_attachments' ); ?>
4      <?php if( $attachments->exist() ) : ?>
5      <div id="slides">
6        <ul class="slides-container">
7          <?php while( $attachments->get() ) : ?>
8          <li>
9            <?php echo $attachments->image( 'slider' ); ?>
10           <div class="carousel-caption">
11             <h3><?php echo $attachments->field( 'gallery_title' ); ?></h3>
12             <p><?php echo $attachments->field( 'gallery_caption' ); ?></p>
13           </div>
14         </li>
```

```
15        <?php endwhile; ?>
16      </ul>
17      <nav class="slides-navigation">
18        <a class="left carousel-control prev" href="#prev" role="button" data-slide="prev">
19          <span class="glyphicon glyphicon-chevron-left" aria-hidden="true"></span>
20          <span class="sr-only">Previous</span>
21        </a>
22        <a class="right carousel-control next" href="#next" role="button" data-slide="next">
23          <span class="glyphicon glyphicon-chevron-right" aria-hidden="true"></span>
24          <span class="sr-only">Next</span>
25        </a>
26      </nav>
27    </div>
28    <?php endif; ?>
29
30 <?php get_footer(); ?>
```

테마 폴더에 single-slider.php 파일을 만들고 위 코드를 추가합니다. 상단 부분에는 수퍼 슬라이드의 코드 구조에 Attachments 이미지를 가져오는 코드를 추가했고, 하단 부분에는 부트스트랩의 내비게이션 버튼을 추가했습니다. 전면 페이지에만 사용할 것이므로 다른 부분은 제외하고 싱글 페이지 테스트를 위해 상단에 get_header()와 하단에 get_footer()만 추가했습니다.

```
146 // 수퍼 슬라이드
147 $('#slides').superslides({
148   animation: 'fade',
149   play: 3000,
150   slide_easing: 'easeInOutCubic',
151   pagination: true,
152 });
```

custom.js에 위와 같이 추가합니다. 기본이 'slide'이므로 페이드 형태로 하려면 fade를 사용합니다. 자동 애니메이션은 play를 사용합니다. 이징 효과는 위와 같이 이징 옵션을 추가합니다. 이징 옵션에 대해서는 아래 사이트를 참고하세요.

http://gsgd.co.uk/sandbox/jquery/easing/

추가 옵션에 대해서는 플러그인의 깃허브 사이트를 참고하세요.

https://github.com/nicinabox/superslides

02 슬라이더 글 만들기

슬라이더 글 타입의 새로 추가에서 제목을 입력한 다음 첨부 메타박스에서 5개의 이미지를 추가하고 제목과 캡션도 입력합니다. 특성 이미지와 카테고리는 필요하지 않습니다. 공개하기 버튼을 클릭한 다음 제목 아래의 슬라이더 글 보기 버튼을 클릭해 사이트에서 확인합니다.

그림 3-55 슬라이더 글 사이트에서 확인

스타일 스위처를 와이드로 선택하고 확인합니다. 슬라이더가 브라우저 높이로만 나와야 하는데 메뉴바 때문에 아래로 조금 내려가 약간 스크롤 해야 전체 이미지가 나타납니다. 또한 제목과 캡션이 하단에 배치돼 있어서 잘 보이지 않습니다. 이를 중간에 배치하고 슬라이더를 메뉴바 뒤로 배치하면 좀 나아질 것입니다. 그러면 전면 페이지에 아무것도 없으니 이를 만들고 슬라이더만 우선 배치해보겠습니다.

04 전면 페이지 만들기

```
1  <?php
2  /**
3   * 전면 페이지
4   *
5   * @package WordPress
6   * @subpackage Twenty_Fifteen
7   * @since Twenty Fifteen 1.0
8   */
9
10 get_header("wide"); ?>
11
12 <div id="front-page" class="content-area">
13   <main id="main" class="site-main" role="main">
14     ...
15   </main>
16 </div>
17
18 <?php get_footer(); ?>
```

테마 폴더에 front-page.php 파일을 만들고 위와 같이 입력합니다. 새로운 헤더 파일을 만들어 사용할 것이므로 get_header()의 괄호 안에 "wide"를 추가합니다. 14번째 줄부터는 여러 가지 콘텐츠가 들어갈 것입니다. 각 글 타입에서 만든 코드가 들어가므로 아주 많아져 복잡해집니다. 따라서 가져오기 할 코드는 code-block 폴더에 넣고 위에서 가져오겠습니다.

테마 폴더의 code-block 폴더에 front-slider.php 파일을 만들고 편집기로 엽니다.

```php
3 <?php $attachments = new Attachments( 'gallery_attachments', '236' ); ?>
4 <?php if( $attachments->exist() ) : ?>
5 <div id="slides">
6    ...
7 </div>
8 <?php endif; ?>
```

single-slider.php 파일에서 상단과 하단에 있는 get_header()와 get_footer()를 제외하고 모두 복사해 front-slider.php 파일에 붙여넣습니다. 위와 같이 'gallery_attachments' 다음에 콤마를 입력하고 슬라이더 글 번호를 추가합니다. 편집 화면의 주소창에서 post 뒤에 나와있는 숫자가 글 번호입니다(post.php?post=236이라면 236이 글 번호). 자신의 편집 화면에서 확인해 입력합니다. 또는 편집 화면의 제목 아래에 있는 짧은 링크 가져오기 버튼을 클릭하면 나옵니다.

```html
12 <div id="front-page" class="content-area">
13    <main id="main" class="site-main" role="main">
14       <div id="front-home" class="container-fluid p-all-0">
15          <?php get_template_part('code-block/front', 'slider'); ?>
16       </div>
17    </main>
18 </div>
```

front-page.php 파일에서 위와 같이 가져오기 한 다음 사이트에서 확인합니다. 전면 페이지 메뉴나 사이트 제목을 클릭하면 슬라이더를 볼 수 있습니다. #front-home 아이디는 메뉴를 클릭했을 때 이동하는 타겟이며 나중에 부트스트랩의 스크롤 스파이 기능을 추가할 때 필요합니다.

01 전면 페이지 헤더

전면 페이지는 원 페이지 레이아웃입니다. 메뉴를 클릭하면 페이지 내에서 해당 콘텐츠로 이동하죠. 이동한 곳에서 콘텐츠 아이템을 클릭하면 두 번째 홈 페이지로 이동합니다. 이 페이지에서는 원 페이지 레이아웃 메뉴가 아닌 일반 메뉴가 됩니다. 메뉴바는 하나인데 두 가지 기능을 만드려면 코드가 복잡해집니다. 따라서 header.php를 두 개 사용하면 쉬워집니다.

header.php 파일을 복사해 header-wide.php 파일로 만들고 이 파일을 편집기로 엽니다.

```
30 <body id="wide" <?php body_class(); ?>>
31 <div class="visible-lg-block">
32    <a href="#" rel="<?php echo esc_url( get_stylesheet_directory_uri() ); ?>/style-wide.css" class="btn btn-default wide-box wide">와이드</a>
33    <a href="#" rel="<?php echo esc_url( get_stylesheet_directory_uri() ); ?>/style-box.css" class="btn btn-default wide-box box">박스</a>
```

body 태그에 #wide를 추가하고 아래에 있는 스타일 스위처 버튼은 제거합니다.

```
37 <div id="main-menu" class="container-fluid p-all-0">
38   <nav class="navbar navbar-default bdr-0">
39     <div class="container-fluid">
```

.navbar 아래는 .container-fluid로 변경합니다.

```
42 <button type="button" class="navbar-toggle collapsed" data-toggle="collapse" data-target="#navbar-collapse-2">
```

.navbar-toggle 버튼에서 data-target 속성값의 숫자를 2로 변경합니다.

```
54        wp_nav_menu( array(
55            'menu'              => 'secondary',
56            'theme_location'    => 'secondary',
57            'depth'             => 1,
58            'container'         => 'div',
59            'container_class'   => 'collapse navbar-collapse ',
60       'container_id'        => 'navbar-collapse-2',
```

wp_nav_menu에서 menu와 theme_location을 secondary로 바꿉니다. 이 메뉴는 이전에 functions.php 파일에 만들어뒀습니다. depth는 1로 변경하고, container_id의 숫자는 2로 변경합니다. 저장한 후 사이트에서 확인하면 메뉴가 나타나지 않습니다.

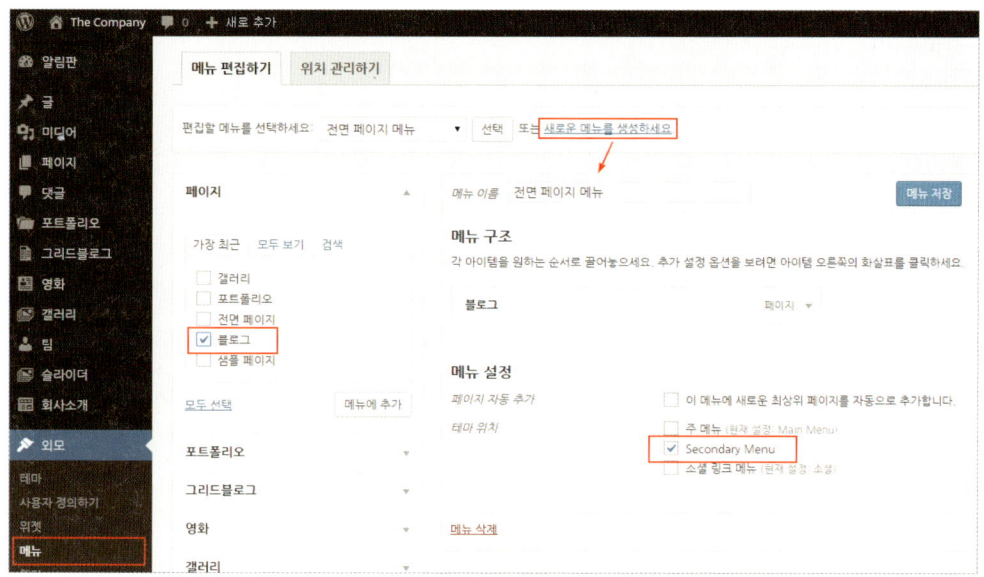

그림 3-56 전면 페이지 메뉴 만들기

메뉴 화면에서 '전면 페이지 메뉴'라는 이름으로 새로운 메뉴를 만듭니다. 우선 두 번째 홈페이지로 갈 수 있게 전면 페이지 메뉴에 블로그 페이지를 추가하고 Secondary Menu를 선택한 다음 저장합니다. 이 블로그 메뉴는 나중에 제거할 것입니다.

02 스타일 수정

```
194 .navbar-default { opacity: 0.9; }
195 #wide #main-menu { position: fixed; top: 32px; left: 0; z-index: 10; width: 100%;}
```

style.css 파일에 위 코드를 추가합니다. 메뉴바의 배경 색을 약간 투명하게 하고 메뉴바를 고정 위치로 설정하면 슬라이더가 메뉴바 뒤로 나타납니다. 전면 페이지 메뉴바는 고정시키고, 관리자 툴바 때문에 우선 top을 32px로 설정했는데, 로그아웃하면 빈 공간이 생기게 됩니다. 이는 나중에 두 번째 홈페이지의 메뉴바를 만들면서 수정하겠습니다.

```
197 #wide .slides-pagination { bottom: 100px; }
```

내비게이션 불릿은 하단에서 항상 100px 떨어진 위치에 고정합니다. 다음으로 가장 번거로운 부분입니다.

```
219 @media (max-width: 499px) {
220   ...
221   #slides .carousel-caption { bottom: 44%; }
222   #slides .carousel-caption h3 { font-size: 2em; }
223   #slides .carousel-caption p { font-size: 1em; }
224 }
225 @media (max-width: 767px) and (min-width: 500px) {
226   ...
227   #slides .carousel-caption { bottom: 46%; }
228   #slides .carousel-caption h3 { font-size: 2em; }
229   #slides .carousel-caption p { font-size: 1em; }
230
231 }
232 @media (min-width: 768px) {
233   ...
234   #slides .carousel-caption { bottom: 42%; }
235   #slides .carousel-caption h3 { font-size: 3em; }
236   #slides .carousel-caption p { font-size: 2em; }
237 }
238 @media (min-width: 992px) {
239   ...
240   #slides .carousel-caption { bottom: 40%; }
241   #slides .carousel-caption h3 { font-size: 4em; }
242   #slides .carousel-caption p { font-size: 2.5em; }
243 }
244
245 @media (min-width: 1200px) {
246   ...
247   #slides .carousel-caption { bottom: 40%; }
248   #slides .carousel-caption h3 { font-size: 5em; }
249   #slides .carousel-caption p { font-size: 3em; }
250 }
```

미디어쿼리에서 사이즈별로 브라우저의 너비를 조절하면서 제목과 캡션이 하단으로부터 떨어진 거리와 글자 크기를 수정합니다.

```
3 @media (min-width: 1200px) {
4     #page { width: 1170px;   margin: 0 auto;  border-left: 1px solid #ccc; border-right: 1px solid #ccc; }
5     #wide #page { width: 100%;   margin: 0 auto;  border-left: 0px solid #ccc; border-right: 0px solid #ccc; }
6 }
```

두 번째 홈페이지에서 박스 레이아웃으로 선택하고 전면 페이지로 이동하면 박스 형태로 나타나므로 style-box.css 파일을 열고 위와 같이 #wide를 추가한 뒤 너비를 100%로 설정합니다. 테두리도 0으로 합니다.

03 포트폴리오 코드 블록 추가

```
1  <article>
2    <ul id="portfolio-filter" class="list-inline m-btm-20 text-center">
3      <?php
4          $terms = get_terms("portfolio_category");
5          ...
6      ?>
7    </ul>
8    <div id="portfolio" class="infinite no-touch">
9    <?php
10       ...,
11         'posts_per_page' => 8,
12         'paged'=>$paged
13       );
14       ...
15    <?php endwhile; endif; ?>
16   </div><!-- #portfolio -->
17 </article>
```

code-block 폴더에 front-portfolio.php 파일을 만들고 편집기로 연 다음 <article>…</article> 태그를 만들어놓습니다. portfolio 폴더의 content-page_portfolio.php 파일중 ul 태그 부분과 #portfolio 부분의 코드를 복사해 붙여넣습니다. posts_per_page는 8로 변경하고 endwhile; 다음에 endif;를 추가합니다. 전면 페이지에 노출할 것이므로 썸네일 아이템을 8개로 제한하는 것입니다.

```
16        </div><!-- 슬라이더 -->
17        <div id="front-portfolio" class="container-fluid p-all-0">
18        <?php $src = wp_get_attachment_image_src( get_post_thumbnail_id(125), array(
10000,10000 ) ); ?>
19        <div class="code-block text-center overlay m-btm-30" style="background:
url(<?php echo $src[0]; ?>) center no-repeat;background-size:cover;padding: 80px 0;"
data-stellar-background-ratio="0.5">
20            <div class="container get_excerpt">
21              <h1><?php echo get_the_title(125); ?></h1>
22              <p><?php echo get_excerpt_by_id(125); ?></p>
23            </div>
24        </div>
25        <div class="container p-all-0">
26            <?php get_template_part('code-block/front', 'portfolio'); ?>
27        </div>
28        </div><!-- 포트폴리오 -->
29    </main>
```

front-page.php 파일에서 슬라이더 코드 다음에 위 코드를 추가합니다. #front-portfolio 내부의 첫 번째 div의 코드는 code-block 폴더에 있는 page-header.php 파일의 내용입니다. 복사해서 붙여넣고 id를 입력합니다. 자신의 포트폴리오 페이지 아이디를 넣어야 합니다. 마찬가지로 제목과 요약 글의 아이디도 입력합니다. 패딩 값은 '80px 0'으로 해서 위, 아래 폭을 넓혀주고 좌우 폭은 0으로 설정합니다. .container div에 .get_excerpt를 추가하면 글자가 흰색으로 바뀝니다. 이는 home.php 파일을 만들 때 설정했던 것입니다. 다음 div는 방금 전에 만든 front-portfolio.php 파일을 가져옵니다.

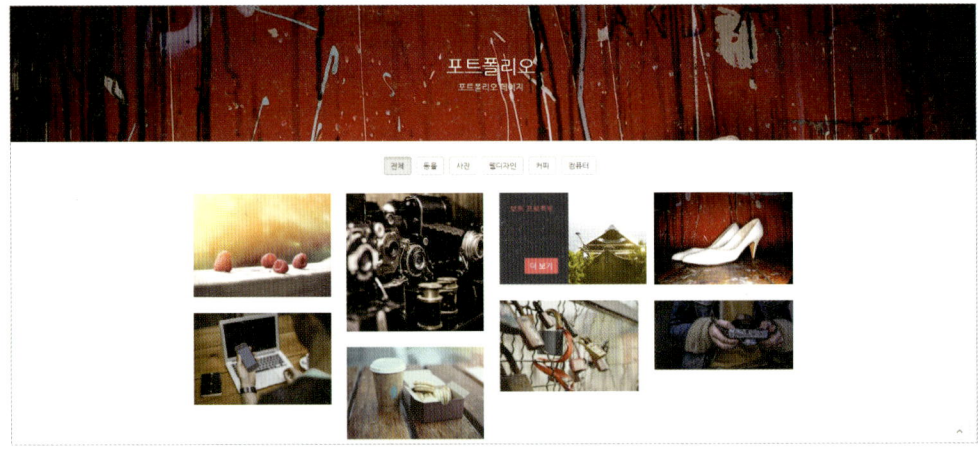

그림 3-57 전면 페이지에서 포트폴리오 코드 블록 확인

버튼이 작동하는지와 썸네일에 마우스를 올렸을 때 효과가 나오는지 확인합니다. 제목 아래의 글은 포트폴리오 페이지 편집 화면에서 간단한 소개 글을 올리면 나타납니다.

04 갤러리 코드 블록 추가

포트폴리오와 같은 방법으로 추가하면 됩니다.

```
 1  <article>
 2    <ul id="gallery-filter" class="list-inline m-btm-20 text-center">
 3      ...
 4    </ul>
 5    <div id="gallery" class="infinite no-touch">
 6    <?php
 7      $paged = (get_query_var('paged')) ? get_query_var('paged') : 1;
 8      $args = array(
 9        'post_type' => 'gallery',
10        'posts_per_page' => 8,
11        ...
12    </div>
13    <?php endwhile; endif; ?>
14    </div><!-- #gallery -->
15  </article>
```

code-block 폴더에 front-gallery.php 파일을 만들고 이곳에 content-page_gallery.php 파일의 ul 태그 부분과 #gallery 부분의 코드를 붙여넣고 endif;를 추가합니다.

```
28      <div id="front-gallery" class="container-fluid p-all-0 m-top-30">
29        <?php $src = wp_get_attachment_image_src( get_post_thumbnail_id(207), array(10000,10000 ) ); ?>
30        <div class="code-block text-center overlay m-btm-30" style="background: url(<?php echo $src[0]; ?>) center no-repeat;background-size:cover;padding: 80px 0;" data-stellar-background-ratio="0.5">
31          <div class="container get_excerpt">
32            <h1><?php echo get_the_title(207); ?></h1>
33            <p><?php echo get_excerpt_by_id(207); ?></p>
34          </div>
35        </div>
```

```
36        <div class="container p-all-0">
37            <?php get_template_part('code-block/front', 'gallery'); ?>
38        </div>
39    </div><!-- 갤러리 -->
```

포트폴리오와의 간격 조절을 위해 .m-top-30을 추가했습니다.

그림 3-58 전면 페이지에서 갤러리 코드 블록 확인

그러면 두 개의 콘텐츠 블록과 홈 슬라이더가 만들어졌으니 메뉴를 만들어보겠습니다.

05 부트스트랩 스크롤 스파이 이용하기

```
30 <body id="wide" data-spy="scroll" data-offset="200" <?php body_class(); ?>>
```

header-wide.php 파일의 body 태그에 data-spy="scroll"을 추가합니다. 오프셋은 고정 메뉴바에서는 작동하지 않으므로 입력하지 않아도 됩니다. 제이쿼리를 사용해 설정할 것입니다.

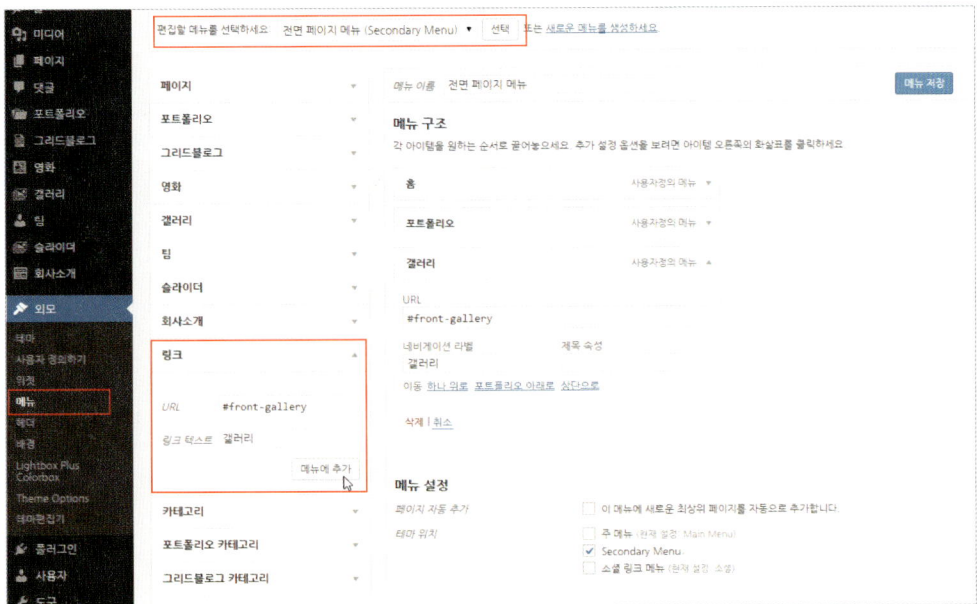

그림 3-59 전면 페이지 스크롤 스파이 기능 추가

메뉴 화면에서 전면 페이지 메뉴를 선택한 다음 링크 박스를 열고 URL에 #front-home을 입력합니다. 링크 텍스트로는 홈을 입력한 다음 메뉴에 추가합니다. 같은 방법으로 #front-portfolio - 포트폴리오, #front-gallery - 갤러리를 만든 다음 메뉴 저장 버튼을 클릭합니다.

사이트를 새로고침하고 메뉴를 클릭하면 해당 콘텐츠로 이동합니다. 스크롤해서 이동하면 콘텐츠에 해당하는 메뉴가 하이라이트 됩니다. 마지막으로 메뉴를 클릭했을 때 애니메이션 효과와 함께 스크롤 되는 기능과 오프셋까지 설정해 보겠습니다.

```
55  $("#wide .navbar ul li a[href^='#']").click(function(e) {
56      e.preventDefault();
57
58      var goto = $(this).attr('href');
59      if ($('body').hasClass('admin-bar')) {
60          $('html, body').animate({
61              scrollTop: $(goto).offset().top -83
62          }, 1000);
63      } else {
64          $('html, body').animate({
65              scrollTop: $(goto).offset().top -50
66          }, 1000);
67      }
68  });
```

custom.js 파일에 위 코드를 입력합니다. 오프셋의 조절은 top- 다음의 숫자로 변경합니다. 두 번째 숫자 부분은 나중에 메뉴 바를 수정하면서 설정합니다. 관리자 툴바의 높이를 감안한 코드이므로 로그아웃 했을 때 빈 공간을 제거하면 맞게 됩니다.

이제 전면 페이지가 만들어졌으므로 다른 글 타입의 콘텐츠를 만든 다음 차례대로 배치하면 되고, 코드 블록의 위치를 바꿔서 노출 순서를 변경할 수도 있습니다. 그러면 나머지 글 타입에 대해 알아보겠습니다.

팀원 글 타입 페이지 만들기 05

이전에 만든 글 타입과 비슷한 과정으로 만들지만, 글목록 페이지의 레이아웃으로 isotope 을 사용하지 않고 구글의 이미지 갤러리와 같은 형태로 썸네일을 클릭하면 바로 아래에 싱글 페이지의 콘텐츠가 나타나는 구조를 만들 것입니다.

01 팀원 페이지 만들기

콘텐츠가 글목록 페이지의 썸네일 하단에 나타나므로 싱글 페이지를 만들지 않아도 됩니다. 관리자 페이지에서 글 타입이 팀인 글을 발행하고, 미리 보기나 글 보기를 클릭하면 기본 싱글 페이지인 single.php 파일을 사용해 글을 표시하게 됩니다. 템플릿 계층구조에 따라 single-글타입이름.php 파일이 없으면 single.php 파일을 사용하는 것입니다. 하지만 글 콘텐츠는 사용자 정의 필드를 이용하게 되므로 나타나지 않습니다.

글 목록 페이지도 2개로 나눠져 있죠. 간단한 구조이므로 이것도 한곳으로 모아보겠습니다. 우선 사용자 정의 필드 메뉴에서 콘텐츠 레이아웃을 만듭니다.

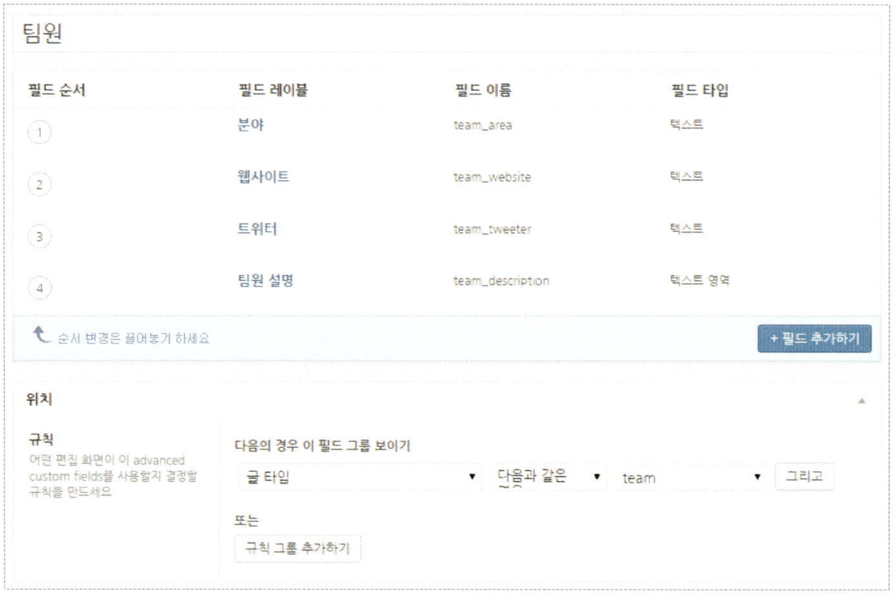

그림 3-60 팀원 사용자 정의 필드 만들기

위와 같은 구조로 만든 다음 글 타입 위치로 team을 선택하고 저장합니다. 이번에는 글을 먼저 입력해보겠습니다.

그림 3-61 팀원 글 만들기

팀원 정보를 입력하고 카테고리를 설정한 다음 특성 이미지를 업로드 하고 공개합니다. 이를 복사해서 6개를 만듭니다.

02 page-team.php 파일 만들기

```
1 <?php
2 /**
3  * Template name: 팀
4  *
5  * @package WordPress
```

탐색기에서 page-portfolio.php 파일을 복사해서 page-team.php 파일을 만듭니다. 상단에서 템플릿 이름을 팀으로 수정합니다.

```
22      <?php
23          // Start the loop.
24          while ( have_posts() ) : the_post(); ?>
25
26          // Include the page content template.
27          get_template_part( 'portfolio/content', 'page_portfolio' );
28
29      <?php // If comments are open or we have at least one comment, load up the comment template.
30          if ( comments_open() || get_comments_number() ) :
31              comments_template();
```

가져오기 부분을 제거하고 이곳에 HTML이 들어올 예정이므로 24번 줄의 마지막에 PHP 종료 코드 블록을 입력하고 29번 줄의 시작 부분에 시작 코드 블록을 추가합니다.

```
11 <article id="post-<?php the_ID(); ?>" <?php post_class(); ?>>
12 ...
13 </article><!-- #post-## -->
```

portfolio 폴더에서 content-page_portfolio.php 파일을 열고 상단의 주석 부분을 제외한 article 태그 전체를 복사한 뒤, 위 page-team.php 파일에서 가져오기를 삭제한 부분에 붙여넣고 저장합니다. 필요하지 않은 코드를 제거하기 전에 다음에 사용할 템플릿을 우선 만들어두겠습니다. '다른 이름으로 저장하기'에서 파일명을 isotope-template.php로 저장해놓습니다. 상단의 템플릿 이름은 isotope으로 합니다. 이 템플릿은 isotope 기능이 있는 글 타입에 사용하면 됩니다. 이 파일을 닫고 page-team.php 파일을 엽니다.

```
28      <div class="entry-content">
29          <ul id="portfolio-filter" class="list-inline m-btm-20 text-center">
30              ...
31          </ul>
32          <div id="portfolio" class="infinite no-touch">
```

.entry-content와 #portfolio 사이에 있는 ul 태그 부분을 제거합니다.

```
38              if ( $portfolio->have_posts() ) :
39                  while ( $portfolio->have_posts() ) : $portfolio->the_post(); ?>
40
41                  $terms = get_the_terms( $post->ID,
42                      ...
43                  endif; ?>
44
45                  <div class="all thumbs <?php echo of_get_option('
```

while 구문의 코드 마지막에 PHP 종료 코드 블록을 추가합니다. 이 아래부터 .all.thumbs 이전까지 모두 제거합니다.

```
52              <?php endwhile; ?>
53
54              <?php
55              wp_link_pages( array(
56                  'before'        => '<div class="page-links"><span class="page-links-title">' . __( 'Pages:', 'twentyfifteen' ) . '</span>',
57                  'after'         => '</div>',
58                  'link_before'   => '<span>',
59                  'link_after'    => '</span>',
60                  'pagelink'      => '<span class="screen-reader-text">' . __( 'Page', 'twentyfifteen' ) . ' </span>%',
61                  'separator'     => '<span class="screen-reader-text">, </span>',
62              ) );
63              ?>
64
65          </div><!-- #portfolio -->
```

endwhile 이하부터 <!--#portfolio--> 이전까지 모두 제거합니다.

```
28        <div class="entry-content">
29          <div id="portfolio" class="infinite no-touch">
30          <?php
31            $paged = (get_query_var('paged')) ? get_query_var('paged') : 1;
32            $args = array(
33              'post_type' => 'portfolio',
34              'posts_per_page' => of_get_option('portfolio_post_num', 'no entry' ),
35              'paged'=>$paged
36            );
37            $portfolio = new WP_Query( $args );
38            if ( $portfolio->have_posts() ) :
39            while ( $portfolio->have_posts() ) : $portfolio->the_post(); ?>
```

그림 3-62 코드 치환

portfolio로 검색해서 모두 team으로 치환합니다.

```
51 <?php the_post_thumbnail('portfolio'); ?>
```

썸네일 크기인 portfolio는 그대로 유지합니다.

```
41 <div class="all thumbs <?php echo of_get_option('seven_effects', 'no entry' ); ?>
col-md-3 <?php echo $tax; ?>">
```

글 분류를 위해 사용한 클래스도 제거합니다. 그러면 이 파일이 가장 일반적인 페이지 템플릿이 됩니다. 템플릿 이름인 team을 글 타입에 따라 해당 글 타입으로 변경하고 반복할 부분의 레이아웃을 수정하면 됩니다.

새로운 글 타입의 콘텐츠를 이미 만들었으니 이를 나열하는 반복문 구조를 만들겠습니다. 그 이전에 이 페이지에서 사용할 플러그인을 내려받습니다.

http://tympanus.net/codrops/2013/03/19/thumbnail-grid-with-expanding-preview/

위 사이트로 이동하면 데모와 압축 파일이 있습니다. 압축을 해제하고 js폴더에서 grid.js 파일과 modernizr.custom.js 파일을 복사해 테마의 js 폴더에 붙여넣습니다. css 폴더에서 component.css 파일을 편집기로 열고 모두 복사해 테마의 style2.css 파일 상단에 붙여넣습니다. 이 플러그인은 최근 버전의 제이쿼리와 호환이 안되므로 1.9.1 버전을 링크해 사용할 것이고 플러그인은 page-team.php 파일 하단에 링크를 만들겠습니다.

```
55 <script src="https://ajax.googleapis.com/ajax/libs/jquery/1.9.1/jquery.min.js"></
script>
56 <script src="<?php bloginfo('stylesheet_directory');?>/js/modernizr.custom.js"></
script>
57 <script src="<?php bloginfo('stylesheet_directory');?>/js/grid.js"></script>
58<script>
59  $(function() {
60    Grid.init();
61  });
62</script>
```

위와 같이 〈!--.entry-content--〉 아래에 추가합니다. 사용자 정의 필드에서 만든 필드를 모두 가져오려면 플러그인 파일 일부를 수정해야 합니다. 이런 플러그인은 한번 만들면 업데이트를 잘 하지 않으므로 업데이트 할 일이 거의 없습니다.

```
342    Preview.prototype = {
343      create : function() {
344        // create Preview structure:
345        this.$title = $( '<h3></h3>' );
346        this.$description = $( '<p></p>' );
347        this.$area = $( '<p></p>' );
348        this.$tweeter = $( '<p></p>' );
349        this.$href = $( '<a href="#">웹사이트</a>' );
350        this.$details = $( '<div class="og-details"></div>' ).append( this.$title,
this.$area, this.$tweeter, this.$description, this.$href );
```

grid.js 파일을 편집기로 열고 342번 줄 아래에 위와 같이 추가합니다. 영문 Website도 한글로 변경합니다.

```
381        // update preview's content
382        var $itemEl = this.$item.children( 'a' ),
383          eldata = {
384            href : $itemEl.attr( 'href' ),
385            largesrc : $itemEl.data( 'largesrc' ),
386            title : $itemEl.data( 'title' ),
387            description : $itemEl.data( 'description' ),
388            area : $itemEl.data( 'area' ),
389            tweeter : $itemEl.data( 'tweeter' )
```

```
390         };
391
392       this.$title.html( eldata.title );
393       this.$area.html( eldata.area );
394       this.$tweeter.html( eldata.tweeter );
395       this.$description.html( eldata.description );
396       this.$href.attr( 'href', eldata.href );
```

381번 줄 아래에 위와 같이 추가합니다.

```
33  <div class="entry-content">
34    <ul id="og-grid" class="og-grid">
35    <?php
36        $paged = (get_query_var('paged')) ? get_query_var('paged') : 1;
37        $args = array(
38          'post_type' => 'team',
39          'posts_per_page' => 11,
40          'paged'=>$paged
41        );
42        $team = new WP_Query( $args );
43        if ( $team->have_posts() ) :
44        while ( $team->have_posts() ) : $team->the_post(); ?>
45
46      <li class="waypoint">
47        <?php $src = wp_get_attachment_image_src( get_post_thumbnail_id($post->ID), array( 1000,1000 ) ); ?>
48        <a href="<?php the_field('team_website'); ?>" data-largesrc="<?php echo $src[0] ?>" data-title="<?php the_title(); ?>" data-description="<?php the_field('team_description'); ?>" data-area="분야: <?php the_field('team_area'); ?>" data-tweeter="트위터: <?php the_field('team_tweeter'); ?>">
49          <?php the_post_thumbnail('portfolio_fixed'); ?>
50        </a>
51      </li>
52      <?php endwhile; ?>
53    </ul><!-- #og-grid -->
54  </div><!-- .entry-content -->
```

반복문 부분은 위와 같이 입력합니다. 썸네일은 array(1000,1000)으로 제한하면 이 값에서 가장 근접한 사이즈의 이미지를 가져옵니다. 나머지 코드는 플러그인의 HTML 구조를 기준으로 작성한 것입니다. 썸네일 이미지는 너비와 높이가 정해진 것을 사용합니다(portfolio_fixed). 이 플러그인은 레이아웃 구조가 아주 독특해서 썸네일 마우스오버 효과가 들어갈 여지가 없습니다. 마우스오버 효과는 포지션으로 absolute를 사용하는데 그러자면 부모 요소가 relative가 돼야 합니다. 이렇게 되면 썸네일을 클릭했을 때 하단에 나타나는 콘텐츠도 relative의 영향을 받아 썸네일 너비로만 타나납니다.

```css
201 .og-details h3 { padding: 0px 0 10px; }
202 .og-details p { color: #333; }
203 .og-grid li img.attachment-portfolio_fixed { width: 271px; }
204 .og-grid li { height: auto; }
205 article .og-grid img { margin: 0; }
```

style.css 파일에는 위와 같이 추가합니다. 그리드 형태인데 이미지의 너비에 따라 한 행의 그리드 수가 결정됩니다. 마우스오버 효과를 간단하게 만들자면 다음과 같이 할 수 있습니다.

```css
208 .og-grid li a { background: url(images/cursor.jpg) no-repeat; }
209 .og-grid li a > img { transition: opacity .35s ease-in-out;
210    -moz-transition: opacity .35s ease-in-out;
211    -webkit-transition: opacity .35s ease-in-out; }
212 .og-grid li a > img:hover {opacity: .4;}
```

a 태그에 커서 이미지를 만들어 배경으로 배치하고 img에 대해 마우스를 올렸을 때 투명도를 줄이면 배경 이미지가 나타납니다.

그림 3-63 팀원 마우스오버 효과

03 관리자 화면에서 페이지 만들기

커스텀 템플릿을 만들었으니 이제 관리자 화면에서 이를 이용해 페이지를 만들면 됩니다. 새 페이지 추가하기 화면에서 제목을 입력하고 템플릿을 팀으로 선택한 다음 특성 이미지를 추가합니다. 공개하기 버튼을 클릭하고 사이트에서 확인합니다.

그림 3-64 팀원 싱글 콘텐츠

하나의 페이지 템플릿으로 싱글 콘텐츠까지 완료됐습니다. 그리드는 항상 중앙을 기준으로 배열됩니다.

04 전면 페이지에 코드 블록 삽입하기

```
1  <article>
2    <div class="entry-content">
3      <ul id="og-grid" class="og-grid">
4      <?php
5        ...
6      </li>
7      <?php endwhile; endif; ?>
8    </ul><!-- #og-grid -->
9    ...
10   </script>
11 </article>
```

page-team.php 파일에서 .entry-content부터 자바스크립트까지 복사합니다. code-block 폴더에 front-team.php 파일을 만들고 article 태그를 만든 다음 내부에 붙여넣습니다. endwhile; 다음에 조건문의 종료를 추가합니다.

```
40      <div id="front-team" class="container-fluid p-all-0 m-top-30">
41        <?php $src = wp_get_attachment_image_src( get_post_thumbnail_id(253), array( 10000,10000 ) ); ?>
42        <div class="code-block text-center overlay m-btm-30" style="background: url(<?php echo $src[0]; ?>) center no-repeat;background-size:cover;padding: 80px 0;" data-stellar-background-ratio="0.5">
43          <div class="container get_excerpt">
44            <h1><?php echo get_the_title(253); ?></h1>
45            <p><?php echo get_excerpt_by_id(253); ?></p>
46          </div>
47        </div>
48        <div class="container p-all-0">
49          <?php get_template_part('code-block/front', 'team'); ?>
50        </div>
51      </div><!-- #front-team -->
```

front-page.php 파일에 이전의 갤러리 코드를 복사해서 붙여넣고 페이지 아이디를 수정합니다. 템플릿 가져오기의 team도 수정하고 저장합니다. 메뉴 화면에서 링크박스를 이용해 메뉴(#front-team, 팀원)를 만든 다음 사이트에서 확인합니다.

그림 3-65 전면 페이지 팀원 코드 블록 확인

전면 페이지는 전체 너비를 사용하므로 콘텐츠 영역이 늘어납니다.

06 회사 소개 페이지 만들기

팀 글 타입에서 싱글 페이지가 없으면 기본 싱글 파일을 사용한다고 했습니다. 따라서 회사 소개 페이지도 페이지 템플릿만 만들고 싱글 페이지는 만들지 않을 것입니다. 회사 소개 싱글 페이지는 블로그 싱글 페이지 형태가 됩니다.

01 page-about.php 템플릿 만들기

page-team.php 파일을 복사해 page-about.php 파일을 만들고 편집기로 연 다음 상단에서 템플릿 이름을 회사소개로 변경합니다. team은 전부 about으로 치환합니다. 반복문 부분(li 태그)과 자바스크립트 부분은 제거합니다.

```
32    <div class="entry-content">
33      <div id="about" class="row da-thumbs">
34      <?php
35        $paged = (get_query_var('paged')) ? get_query_var('paged') : 1;
36        $args = array(
37          'post_type' => 'about',
38          'posts_per_page' => 10,
39          'paged'=>$paged
40        );
41        $about = new WP_Query( $args );
```

```php
42      if ( $about->have_posts() ) :
43      while ( $about->have_posts() ) : $about->the_post(); ?>
44
45      <div class="thumbs col-md-4">
46        <a href="<?php echo get_permalink(); ?>">
47          <?php the_post_thumbnail('portfolio_fixed'); ?>
48          <div>
49            <span><?php the_title(); ?></span>
50            <span><?php
51              $excerpt = get_the_excerpt();
52              echo string_limit_words($excerpt,20);
53            ?></span>
54          </div>
55        </a>
56      </div>
57
58      <?php endwhile; ?>
59    </div><!-- #about -->
60  </div><!-- .entry-content -->
```

새로운 반복문을 추가합니다. 포트폴리오 싱글 페이지에 사용했던 코드지만 분류 기능은 없습니다. 썸네일은 한 행당 3개씩 출력하기 위해 .col-md-4를 추가합니다. 51번 줄의 코드는 썸네일에 요약글을 나타나게 하는데, 너무 길면 안되므로 20개의 단어로 줄이는 코드입니다. 이를 위해 functions.php 파일에 다음 코드를 추가합니다. 요약 글을 줄여서 나타내고자 하는 곳에 항상 이 코드를 사용하고 숫자로 나타낼 글자 수를 조정하면 됩니다.

```php
285 function string_limit_words($string, $word_limit)
286 {
287   $words = explode(' ', $string, ($word_limit + 1));
288   if(count($words) > $word_limit)
289   array_pop($words);
290   return implode(' ', $words);
291 }
```

썸네일 목록 아래의 왼쪽에는 회사 소개에 관한 간략한 글을 추가하고, 오른쪽에는 부트스트랩의 프로그레스바를 이용한 회사 스킬(Skill)을 추가할 것입니다. <!--.entry-content--> 아래에 다음 코드를 입력합니다.

```html
60        </div><!-- .entry-content -->
61
62        <div class="row m-top-30 m-btm-20">
63          <div class="col-md-5 p-all-20 p-top-0">
64            <p><?php echo do_shortcode( '[contentblock id=company-message]' ) ?></p>
65          </div>
66          <div class="col-md-7">
67            <div id="progress-bar" class="p-lft-20 p-rgt-20">
68              <span>웹개발:</span>
69              <div class="progress">
70                <div class="progress-bar progress-bar-success" role="progressbar" aria-valuenow="80" aria-valuemin="0" aria-valuemax="100">
71                  <span class="sr-only">80%</span>
72                </div>
73              </div>
74              <span>웹디자인:</span>
75              <div class="progress">
76                <div class="progress-bar progress-bar-info" role="progressbar" aria-valuenow="90" aria-valuemin="0" aria-valuemax="100">
77                  <span class="sr-only">90%</span>
78                </div>
79              </div>
80              <span>포트폴리오:</span>
81              <div class="progress">
82                <div class="progress-bar progress-bar-warning" role="progressbar" aria-valuenow="60" aria-valuemin="0" aria-valuemax="100">
83                  <span class="sr-only">60%</span>
84                </div>
85              </div>
86              <span>포토샵:</span>
87              <div class="progress">
88                <div class="progress-bar progress-bar-danger" role="progressbar" aria-valuenow="95" aria-valuemin="0" aria-valuemax="100">
89                  <span class="sr-only">95%</span>
90                </div>
91              </div>
92            </div>
93          </div>
94        </div>
```

.row 〉.col-md-5 + .col-md-7의 그리드 시스템입니다. .col-md-5에는 회사 소개 메시지를 입력할 것입니다. 이는 템플릿에 직접 입력하는 방법보다는 워드프레스 플러그인을 사용해 관리자 화면에서 입력하는 방법이 쉽습니다. 관리자 화면에서 입력하면 이곳에 출력됩니다. 스킬은 고정되는 것이 아니라 동적으로 0%부터 프로그레스 바가 진행되는 모양으로 보이게 할 것입니다.

관리자 화면의 페이지 → 새 페이지 추가에서 회사소개라는 제목으로 페이지를 만듭니다. 글 편집기에는 몇 단어의 글을 입력합니다. 제목 아래에 나타날 것이므로 짧아야 합니다. 템플릿을 회사소개로 선택하고 특성 이미지를 추가한 다음 공개하기 버튼을 클릭합니다.

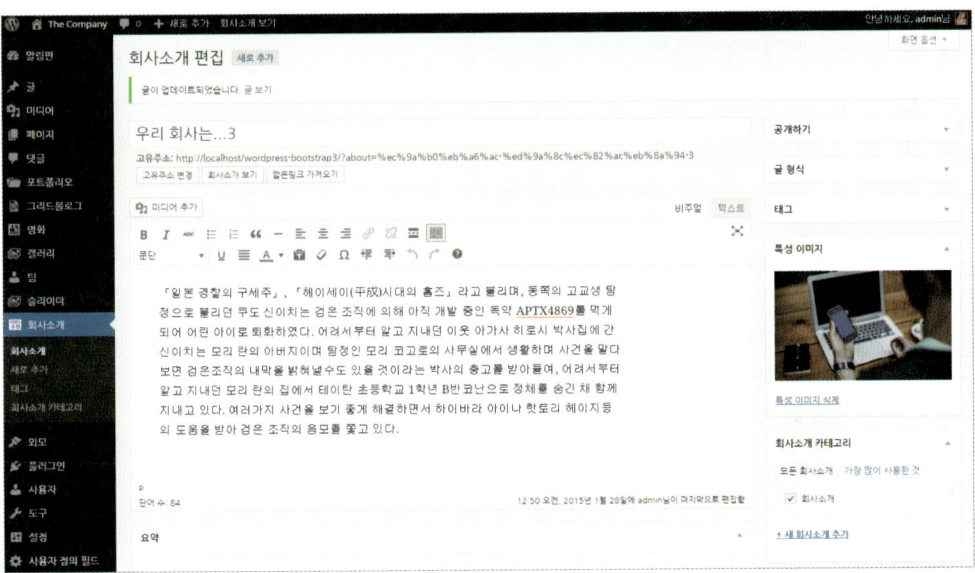

그림 3-66 회사소개 글 만들기

회사 소개 글 타입에서 3개의 글을 발행합니다.

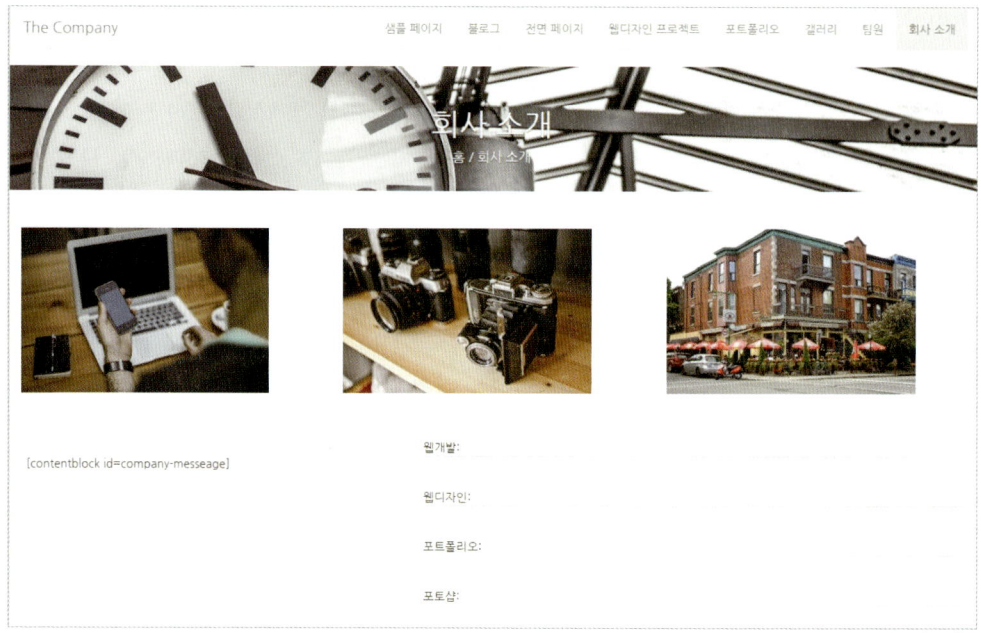

그림 3-67 회사소개 페이지 확인

사이트에서 확인하면 회사 소개 메뉴가 추가되고 이를 클릭하면 위와 같이 나타납니다. 썸네일 이미지는 그리드 너비로 나타나지 않고, 아직 플러그인을 추가하지 않아서 썸네일 목록 아래의 왼쪽은 단축코드로 나오며, 오른쪽에도 프로그레스바가 나오지 않습니다.

관리자 화면의 플러그인 추가하기 화면에서 Global content block으로 검색해 설치하고 활성화 합니다.

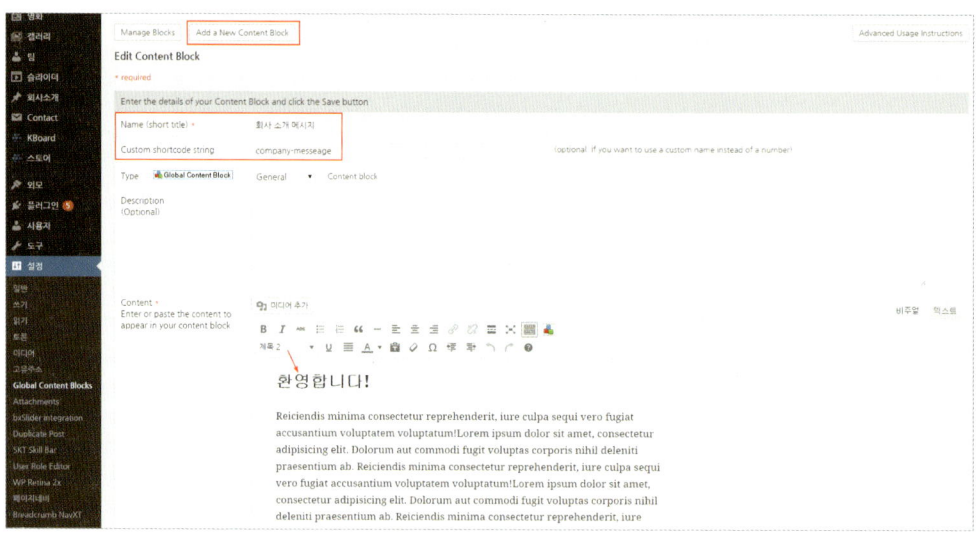

그림 3-68 콘텐츠 블록 추가

주메뉴의 설정 → Global content block에서 Add a New Content Block 버튼을 클릭하고 제목과 단축코드로 사용할 이름(company-message), 콘텐츠를 입력하고 편집기 오른쪽 상단의 텍스트 탭을 클릭해 h2 태그에 class="p-top-0"을 추가합니다. 하단에서 Save 버튼을 클릭합니다.

```
69  //프로그레스바
70  $('.progress-bar').each(function() {
71      var me = $(this);
72      var perc = me.attr("aria-valuenow");
73      var current_perc = 0;
74      var progress = setInterval(function() {
75          if (current_perc>=perc) {
76              clearInterval(progress);
77          } else {
78              current_perc +=1;
79              me.css('width', (current_perc)+'%');
80          }
81          me.text((current_perc)+'%');
82      }, 50);
83  });
```

custom.js 파일에 위 코드를 추가합니다. 사이트에서 확인하면 회사 소개 메시지와 프로그레스바가 나타날 것입니다.

```
267 #about .thumbs img { width:100%; height:auto; margin:0; }
268 @media (max-width: 767px) and (min-width: 500px) {
269     ...
270     #about .col-md-4 { width: 33.333333%; float:left; }
271 }
272 @media (min-width: 768px) {
273     ...
274     #about .col-md-4 { width: 33.333333%; float:left; }
275 }
```

style.css 파일에는 위와 같이 추가합니다. 이미지의 너비가 .col-md-4보다 약간 작으므로 100%로 늘려줘야 합니다. 작은 폭의 미디어쿼리에서 너비를 정하고 float 시킵니다.

02 전면 페이지 코드 블록 만들기

```
1       <div class="entry-content">
2           <div id="about" class="row da-thumbs">
3           <?php
4              ...
5
6              <?php endwhile; endif; ?>
7           </div><!-- #about -->
8       </div><!-- .entry-content -->
9
10      <div class="row m-top-30 m-btm-20">
11          <div class="col-md-5 p-all-20 p-top-0">
12              <p><?php echo do_shortcode( '[contentblock id=company-messeage]' ) ?></p>
13          </div>
14          <div class="col-md-7">
15              <div id="progress-bar" class="p-lft-20 p-rgt-20">
16                 ...
17              </div>
18          </div>
19      </div><!-- .row -->
```

전면 페이지는 code-block 폴더에 front-about.php 파일을 만들고 article 태그를 만듭니다. .entry-content 부분과 .row 부분을 복사해 붙여넣은 다음 endwhile; 다음에 endif;를 추가하고 저장합니다.

```
16      </div><!-- 슬라이더 -->
17      <div id="front-about" class="container-fluid p-all-0 m-top-30">
18          <?php $src = wp_get_attachment_image_src( get_post_thumbnail_id(284), array( 10000,10000 ) ); ?>
19          <div class="code-block text-center overlay m-btm-30" style="background: url(<?php echo $src[0]; ?>) center no-repeat;background-size:cover;padding: 80px 0;" data-stellar-background-ratio="0.5">
20              <div class="container get_excerpt">
21                  <h1><?php echo get_the_title(284); ?></h1>
22                  <p><?php echo get_excerpt_by_id(284); ?></p>
23              </div>
```

```
24        </div>
25        <div class="container p-all-0">
26            <?php get_template_part('code-block/front', 'about'); ?>
27        </div>
28    </div><!-- #front-about -->
29    <div id="front-portfolio" class="container-fluid p-all-0">
```

front-page.php 파일에서 포트폴리오 코드 블록을 복사해 바로 위에 붙여넣고 페이지 아이디를 수정한 다음 가져오기 파일 이름도 변경합니다.

관리자 화면의 외모 → 메뉴에서 링크를 이용해 메뉴에 추가합니다(#front-about, 회사소개). 메뉴를 홈 메뉴 아래로 옮긴 다음 저장하고 사이트에서 확인합니다.

그림 3-69 회사소개 코드 블록 확인

처음 홈 화면에 접속하면 슬라이더가 보이고 아래로 스크롤하면 회사 소개가 보입니다. 그런데 스킬 부분이 이동하는 모습이 보이지 않습니다. 해당 콘텐츠로 이동했을 때 사용자 경험측면에서 프로그레스 바가 진행되는 모습이 보여야 합니다. 그러면 이러한 기능을 추가하는 방법을 알아보겠습니다.

03 웨이포인트와 애니메이션 스타일시트 사용하기

웨이포인트(Waypoint)는 스크롤의 이동에 따라 일정한 콘텐츠에 도달하면 이벤트를 시작하는 제이쿼리 플러그인입니다. animate.css는 각종 애니메이션을 정의해 놓은 스타일시트로 선택자만 사용하면 해당 애니메이션을 나타낼 수 있습니다. 이 두 파일의 조합으로 다이나믹한 사이트를 만들 수 있습니다.

https://github.com/imakewebthings/waypoints

위 깃허브 사이트에서 zip 파일을 내려받고 압축을 해제합니다. lib 폴더에서 jquery.waypoints.min.js 파일을 복사해 테마의 js 폴더에 붙여넣고 functions.php 파일에 등록합니다. 등록하는 방법은 많이 해봤으니 코드는 올리지 않았습니다.

http://daneden.github.io/animate.css/

위 사이트에서 애니메이션의 데모를 볼 수 있으며 깃허브 페이지 링크도 있습니다. zip 파일을 내려받아 압축을 해제하고 animate.min.css 파일을 복사해 테마의 css 폴더에 저장한 다음 functions.php 파일에 등록합니다.

```
87   // 웨이포인트
88   $( '.waypoint' ).each( function(i) {
89     var $el = $( this ),
90       animClassDown = $el.data( 'animateDown' ),
91       animClassUp = $el.data( 'animateUp' );
92
93     $el.waypoint( function( direction ) {
94       if( direction === 'down' && animClassDown ) {
95         $el.addClass(animClassDown);
96       }
97       else if( direction === 'up' && animClassUp ){
98         $el.addClass(animClassUp);
99       }
100    }, { offset: '100%' } );
101  } );
```

custom.js 파일에 위와 같은 코드를 추가합니다. 이 코드는 .waypoint 클래스가 있는 요소에 data-animate-down 속성과 값이 있을 때, 아래로 스크롤 해서 .waypoint 클래스가 있는 곳에 도달하면 data-animate-down 속성의 값을 클래스로 추가합니다. data-animate-up은 위로 스크롤 할 때 사용합니다. offset 값은 브라우저의 상단으로부터 떨어진 거리이며 100%일 경우 스크롤해서 waypoint 선택자가 있는 요소가 보이기 시작하면 클래스가 추가됩니다. 여기서는 아래로 스크롤 했을 때 애니메이션 되게 하겠습니다.

```
37    <div class="container p-all-0 waypoint" data-animate-down="zoomIn animated">
38        <?php get_template_part('code-block/front', 'portfolio'); ?>
39    </div><!-- #front-portfolio -->
```

front-page.php 파일에서 포트폴리오의 썸네일이 있는 콘테이너 div에 waypoint 선택자를 추가하고 데이터 속성으로 data-animate-down="zoomIn animated"를 추가합니다. animate.css를 사용할 경우 두 가지 값 중 animated는 항상 필요합니다. zoomIn은 animate.css 사이트에서 데모를 보면서 원하는 애니메이션의 이름을 사용하면 됩니다.

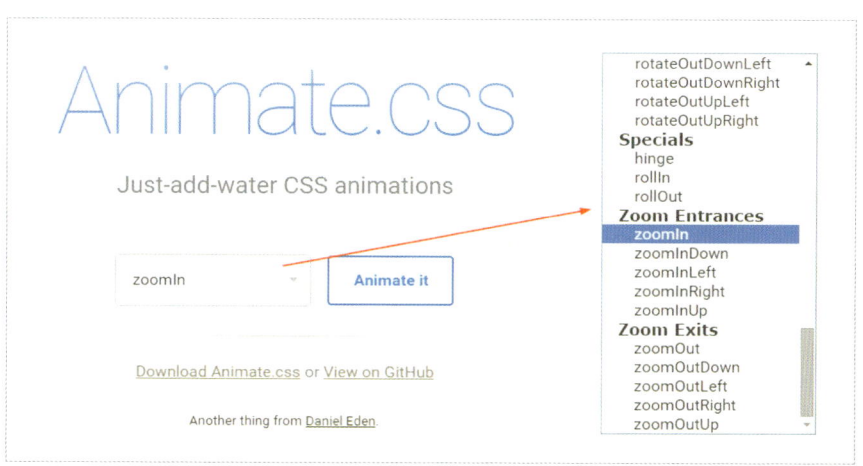

그림 3-70 애니메이션 CSS

선택박스를 선택하면 바로 애니메이션을 확인할 수 있습니다.

```
69  //프로그레스바
70  $('#progress-bar').waypoint(function() {
71      $('.progress-bar').each(function() {
72          ...}, 50);
73      });
74  }, { offset: '100%' });
```

프로그레스바는 태그에 추가하지 않고, 웨이포인트 함수 안에 프로그레스바가 작동하도록 설정한 코드를 입력합니다.

애니메이션에 원하는 효과가 없으면 직접 만들어 사용합니다.

```css
211 .moveDown { position: relative;  top: 300px; }
212 .moveUp {
213     transform: translateY(-300px);
214     -ms-transform: translateY(-300px); /* IE 9 */
215     -webkit-transform: translateY(-300px); /* Safari and Chrome */
216 }
```

.moveDown 선택자를 만들고 포지션은 원래 위치에서 아래로 300px 떨어진 곳에 배치합니다. 클래스로 .moveUp이 추가되면 애니메이션 되면서 원래 위치로 이동하게 됩니다.

```css
217 .slow {
218     -webkit-transition:all 3.0s linear;
219     -moz-transition:all 3.0s linear;
220     -o-transition:all 3.0s linear;
221     transition:all 3.0s linear;
222 }
223
224 .medium {
225     -webkit-transition:all 1.0s ease;
226     -moz-transition:all 1.0s ease;
227     -o-transition:all 1.0s ease;
228     transition:all 1.0s ease;
229 }
230
231 .fast {
232     -webkit-transition:all 0.1s linear;
233     -moz-transition:all 0.1s linear;
234     -o-transition:all 0.1s linear;
235     transition:all 0.1s linear;
236 }
```

애니메이션 속도에 관한 클래스도 미리 만들어놓습니다.

```
48      <div class="container p-all-0 waypoint moveDown" data-animate-down="moveUp medium">
49          <?php get_template_part('code-block/front', 'gallery'); ?>
50      </div>
51  </div><!-- #front-gallery -->
```

위와 같이 갤러리 코드 블록에 추가하면 스크롤해서 이곳에 이르렀을 때, 하단에 있던 갤러리 목록이 원래 위치로 돌아오게 됩니다.

https://github.com/inuyaksa/jquery.nicescroll

스크롤과 관련해서 부드러운 스크롤을 원한다면 위 사이트에서 파일을 내려받아 jquery.nicescroll.min.js 파일을 js 폴더에 붙여넣고 custom.js에 다음과 같이 설정합니다.

```
104 $("html").niceScroll();
```

그리드 블로그 글 타입 07

이미 블로그 글 타입이 있지만 레이아웃을 변경하려면 새로운 글 타입을 만들어야 합니다. 이 글 타입의 레이아웃은 포트폴리오와 같습니다. 하지만 썸네일을 클릭하면 싱글 페이지로 가는 것이 아니라 부트스트랩의 모달 창에 열립니다. 핀터레스트와 같은 형태입니다. 따라서 싱글 페이지를 만들 필요는 없고 글 목록 페이지는 이전에 저장해둔 isotope.php 파일을 사용합니다.

01 page-gridblog.php 템플릿 만들기

isotope.php 파일을 편집기로 열고 '다른 이름으로 저장하기'에서 page-gridblog.php로 저장합니다. 상단의 템플릿 이름은 '그리드 블로그'로 수정합니다. 포트폴리오에서 사용했던 템플릿이므로 portfolio로 검색해서 gridblog로 치환합니다.

```
46  <?php
47      $paged = (get_query_var('paged')) ? get_query_var('paged') : 1;
48      $args = array(
49          'post_type' => 'gridblog',
50          'posts_per_page' => 10,
51          'paged'=>$paged
```

페이지당 글 수는 10으로 변경합니다.

```
72      <div class="all thumbs <?php echo of_get_option('seven_effects', 'no entry' );
?> col-md-3 <?php echo $tax; ?>">
73        <div>
74          <figure>
75            <?php the_post_thumbnail('portfolio'); ?>
76            <figcaption>
```

the_post_thumbnail의 괄호는 portfolio로 다시 바꿉니다. 그대로 놔두면 gridblog라는 이름의 이미지가 없기 때문에 원본 이미지 사이즈를 사용하게 됩니다.

```
201  //그리드 블로그 아이소톱
202  var $container5 = $('#gridblog');
203  $container5.isotope({
204    itemSelector: '.thumbs',
205    masonry: {
206      columnWidth: '.col-md-6, .col-md-4, .col-md-3'
207    }
208  });
209
210  $container5.imagesLoaded( function() {
211    $container5.isotope('layout');
212  });
213
214  $('#gridblog-filter a').click(function(){
215    $('#gridblog-filter a.active').removeClass('active');
216    var selector = $(this).attr('data-filter');
217    $container5.isotope({ filter: selector, animationEngine : "css" });
218    $(this).addClass('active');
219    return false;
220  });
```

custom.js에서 이전에 만든 갤러리 아이소톱을 복사해 바로 아래 붙여넣고 $container4를 $container5로 변경한 뒤 #gallery는 #gridblog로 수정하고 저장합니다.

여기까지 하면 그리드 블로그의 글 타입 템플릿이 만들어집니다. 관리자 화면의 새 페이지 추가에서 제목을 그리드 블로그로 하고 템플릿을 '그리드 블로그'로 선택한 다음 특성 이미지를 추가하고 공개하기 버튼을 클릭합니다. 아직 사이트에는 글이 없으므로 상단의 제목바와 중앙에 '전체'라는 버튼만 있고 '죄송합니다. 조건에 맞는 글이 없습니다'라고 나옵니다.

02 블로그 글 타입 변경하기

새로운 글이 없으므로 이전에 만든 블로그 글 전체를 글 타입을 변경해 사용하겠습니다. 플러그인 추가하기 화면에서 Post Type Switcher로 검색해 설치하고 활성화 합니다.

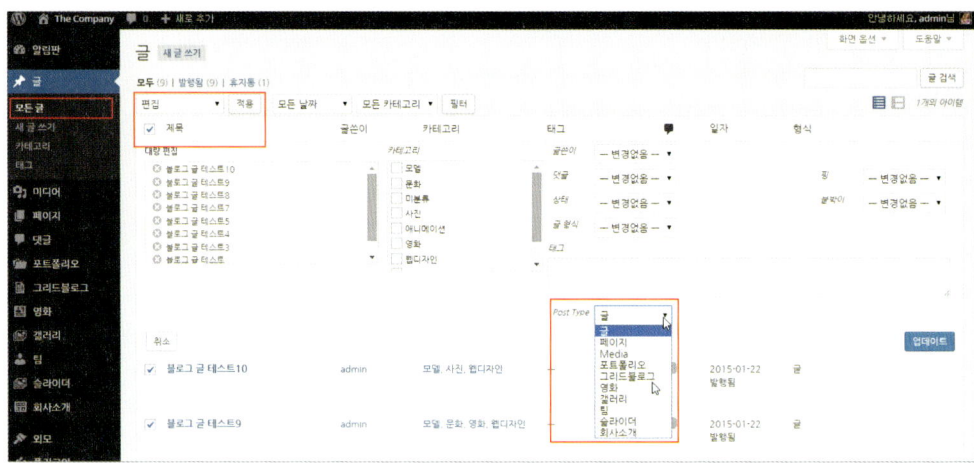

그림 3-71 블로그 글 타입 변경

모든 글 목록에서 상단의 제목 옆에 있는 체크박스를 체크하고 선택박스에서 편집을 선택한 다음 적용을 클릭하면 펼쳐집니다. Post Type에서 그리드 블로그를 선택하고 업데이트 버튼을 클릭하면 모든 글이 그리드 블로그 글 타입으로 전환됩니다. 이 플러그인은 카테고리는 따라가지 않기 때문에 새로 만들어 글에 추가해야 합니다.

그림 3-72 그리드 블로그 카테고리 추가

그리드 블로그 카테고리에서 카테고리 이름을 입력하고 엔터 키를 누르면 생성됩니다. 계속 입력해 만듭니다.

그림 3-73 그리드 블로그 카테고리 변경

그리드 블로그 글 목록에서 각 개별 글에 대해 마우스를 올리고 빠른 편집 링크를 클릭해 카테고리를 무작위로 선택한 다음 업데이트 버튼을 클릭합니다. 이제 사이트에서 그리드 블로그 페이지를 보면 글 썸네일 이미지가 나타날 것이며 마우스오버 효과도 나타납니다. 이는 포트폴리오 설정이 적용됐기 때문입니다. 변경하려면 테마 옵션을 설정하세요. 썸네일에 마우스를 올려서 더보기 버튼을 클릭하면 싱글 페이지로 이동합니다. 이를 핀터레스트 레이아웃으로 변경하겠습니다.

03 부트스트랩 모달 기능 추가하기

```
72    <div class="all thumbs <?php echo of_get_option('seven_effects', 'no entry' ); ?> col-md-3 <?php echo $tax; ?>">
73      <div>
74        <figure>
75          <?php the_post_thumbnail('portfolio'); ?>
76          <figcaption>
77            <span><?php the_title(); ?></span>
78            <a href="#myModal-<? the_ID(); ?>" data-toggle="modal">더 보기</a>
79          </figcaption>
80        </figure>
81      </div>
82    </div>
```

page-gridblog.php에서 더 보기 버튼의 a 태그 내부를 모두 위와 같이 변경합니다. the_ID()는 글 아이디를 가져오는 템플릿 태그입니다. 위 코드 바로 아래에 다음 코드를 추가합니다.

```php
 84  <!-- Modal -->
 85  <div class="modal fade" id="myModal-<? the_ID(); ?>" tabindex="-1" role="dialog" aria-labelledby="myModalLabel" aria-hidden="true">
 86    <div class="modal-dialog modal-lg">
 87      <div class="modal-content">
 88        <div class="modal-header">
 89          <button type="button" class="close" data-dismiss="modal" aria-label="Close"><span aria-hidden="true">&times;</span></button>
 90          <h4 class="modal-title" id="myModalLabel"><?php the_title();?></h4>
 91        </div>
 92        <div class="modal-body">
 93          <?php the_post_thumbnail(); ?>
 94          <?php the_content();?>
 95          <?php
 96            // Author bio.
 97            if ( is_page_template( 'page-gridblog.php' ) && get_the_author_meta( 'description' ) ) :
 98              get_template_part( 'author-bio' );
 99            endif;
100          ?>
101          <?php
102            // If comments are open or we have at least one comment, load up the comment template.
103            $withcomments = '1';
104            if ( comments_open() || get_comments_number() ) :
105              comments_template();
106            endif;
107          ?>
108        </div>
109        <div class="modal-footer">
110          <button type="button" class="btn btn-default" data-dismiss="modal">닫기</button>
111        </div>
112      </div>
113    </div>
114  </div>
115
116  <?php endwhile; ?>
```

모달 창의 크기는 .modal-lg를 사용하고 나머지는 블로그 싱글 콘텐츠를 가져오는 content.php의 템플릿 태그들입니다. 특히 싱글 페이지 외부에서 댓글 템플릿 태그를 사용할 경우 "$withcomments = '1';"를 사용해야 한다고 하는데 없어도 작동합니다. 또한 글쓴이 바이오 부분의 조건문에 싱글 블로그가 아닌 그리드 블로그 템플릿 파일로 조건을 바꿔야 합니다. 그 외에 글 내비게이션은 추가해도 나타나지 않습니다.

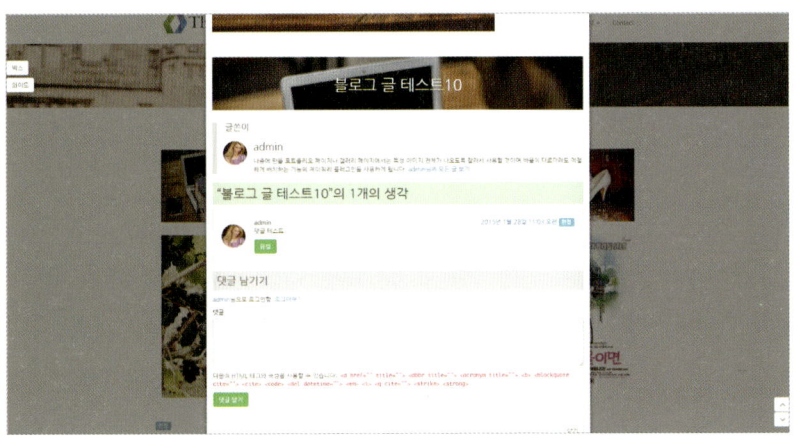

그림 3-74 사이트에서 싱글 페이지 모달 창 확인

그리드 블로그 페이지에서 새로고침하고 썸네일의 더 보기 버튼을 클릭하면 모달 창이 나오고 글의 모든 내용이 나타납니다. 하단에서 댓글을 입력하면 저장되면서 싱글 페이지로 이동하는데, 이는 댓글을 입력하고 댓글을 보여주기 위해 페이지가 새로고침 되면서 모달 창이 사라지고 싱글 페이지로 가는 것입니다. 현재의 모달 창에 머무를 수는 없는 것이죠. 따라서 2장에서 설정한 댓글 유효성 검사도 적용이 안됩니다. 모달 창에 머무르게 한다거나 내비게이션이 가능하게 하려면 AJAX 기능으로 구현해야 합니다.

댓글의 댓글을 달기 위해 응답 버튼을 클릭하면 반응이 없습니다. 이는 댓글을 위한 자바스크립트가 블로그 싱글 페이지에서만 작동하도록 조건문이 설정돼 있기 때문에, 위 모달창은 싱글 페이지가 아니라 자바스크립트가 활성화 되지 않고 있습니다.

```
47    if ( is_page_template( 'page-gridblog.php' ) ) {
48        wp_enqueue_script( 'comment-reply' );
49    }
50 }
51 add_action('wp_enqueue_scripts', 'bootstrap_scripts');
```

문제를 해결하기 위해서 functions.php 파일의 자바스크립트 등록 부분에 위와 같이 그리드 블로그 템플릿을 사용할 경우 댓글 자바스크립트를 등록하도록 설정하면 됩니다.

04 전면 페이지에 코드 블록 추가하기

```
1    <article>
2      <div class="entry-content">
3        ...
4      </div><!-- .entry-content -->
5    </article>
```

전면 페이지는 code-block 폴더에 front-gridblog.php 파일을 만들고 page-gridblog.php 파일의 .entry-content 부분을 모두 복사해 붙여넣습니다. .entry-content의 div를 감싸는 article 태그를 추가합니다.

```
20   <div id="gridblog" class="infinite no-touch">
21   <?php
22     $paged = (get_query_var('paged')) ? get_query_var('paged') : 1;
23     $args = array(
24       'post_type' => 'gridblog',
25       'posts_per_page' => 6,
26       'paged'=>$paged
```

페이지당 글 수는 6으로 변경합니다.

```
47   <div class="all thumbs <?php echo of_get_option('seven_effects', 'no entry' ); ?> col-md-3 <?php echo $tax; ?>">
48     <div>
49       <figure>
50         <?php the_post_thumbnail('portfolio'); ?>
51         <figcaption>
52           <span><?php the_title(); ?></span>
53           <a href="<?php echo get_permalink(); ?>">더 보기</a>
54         </figcaption>
55       </figure>
56     </div>
57   </div>
58
```

```
59    <!-- Modal -->
60    <div class="modal fade" id="myModal-<?  the_ID(); ?>" tabindex="-1" role="dialog" aria-labelledby="myModalLabel" aria-hidden="true">
61       ...
62    </div><!-- Modal -->
63
64    <?php endwhile; endif; ?>
65
66    <?php
67       wp_link_pages( array(...
68    ?>
69
70  </div><!-- #gridblog -->
71 </div><!-- .entry-content -->
```

더보기 링크의 a 태그 부분을 원래의 isotope.php 파일에 있던 것으로 바꿉니다. 클릭하면 싱글 페이지로 이동합니다. 〈!--Modal--〉부분은 모두 삭제하고, endwhile; 다음에 endif;를 추가한 뒤 wp_link_pages 부분도 모두 삭제합니다.

```
41      <div id="front-gridblog" class="container-fluid p-all-0 m-top-30">
42      <?php $src = wp_get_attachment_image_src( get_post_thumbnail_id(295), array( 10000,10000 ) ); ?>
43      <div class="code-block text-center overlay m-btm-30"style="background: url(<?php echo $src[0]; ?>) center no-repeat;background-size:cover;padding: 80px 0;" data-stellar-background-ratio="0.5">
44         <div class="container get_excerpt">
45            <h1><?php echo get_the_title(295); ?></h1>
46            <p><?php echo get_excerpt_by_id(295); ?></p>
47         </div>
48      </div>
49      <div class="container p-all-0 waypoint moveDown" data-animate-down="moveUp medium">
50         <?php get_template_part('code-block/front', 'gridblog'); ?>
51      </div>
52    </div><!-- #front-gridblog -->
```

front-page.php 파일에서 이전의 갤러리 코드 블록을 복사해 바로 위에 붙여넣고 gallery를 gridblog로 변경합니다. 페이지 아이디(295)도 자신의 아이디로 변경합니다.

관리자 화면의 외모 → 메뉴에서 전면 페이지 메뉴를 선택하고 링크 박스를 이용해 메뉴를 추가합니다(#front-gridblog - 블로그). front-page.php의 그리드 블로그 코드 블록의 위치에 맞게 메뉴 위치를 변경합니다.

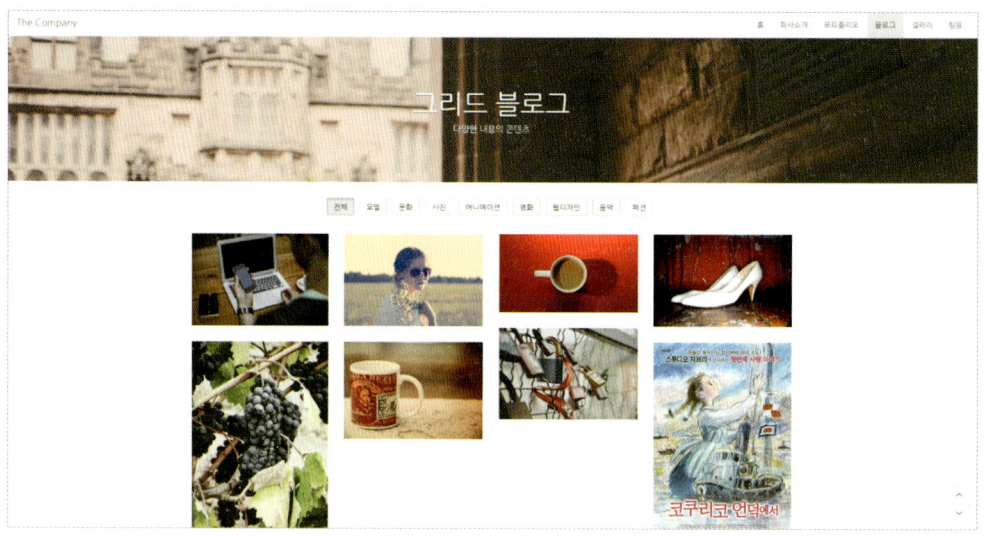

그림 3-75 전면 페이지에서 그리드 블로그 코드 블록 확인

사이트에서 확인합니다. 제목이 그리드 블로그로 나와있는데 기존의 블로그 레이아웃을 이용하지 않을 경우 페이지 제목을 블로그로 수정하면 됩니다. 8개의 썸네일이 나타나도록 했는데 긴 썸네일이 있을 경우 균형이 맞지 않으므로 글 수를 추가하거나 다음과 같이 front-gridblog.php 파일에서 썸네일 크기를 변경합니다.

```
48    <figure>
49        <?php the_post_thumbnail('portfolio_fixed'); ?>
50    <figcaption>
```

이상으로 6개의 글 타입에 대해 레이아웃을 만들어봤습니다. 한 개의 글 타입은 영화인데 그동안 작업한 내용을 참고해서 직접 만들어보도록 합니다. 데모 사이트를 보고 참고하면 됩니다. 캐러젤 글 타입은 4장에서 두 번째 홈페이지를 만들면서 사용할 것입니다.

게시판 페이지 만들기 08

게시판은 워드프레스에서 만든 비비프레스를 많이 사용하지만 색다른 플러그인을 설치해 페이지를 만들어보겠습니다. 국내에서는 Kboard를 많이 사용하지만, 데이터베이스 문제인지 일부 서버에서 오류가 발생합니다. 이 책에서 사용하는 게시판 플러그인은 디자인이 상당히 좋습니다. 좋은 게시글에 대한 투표 기능도 있고 디자인 측면에서 추천할만 합니다.

다만 코드가 잘못돼 있어서 일부 수정을 해야 합니다. 플러그인이란 항상 사용자에게 모든 면에서 적합한 기능을 제공할 수는 없기에 여러 가지 문제를 해결하는 과정을 거치는 작업도 해볼만 하다고 생각됩니다.

플러그인 추가하기 화면에서 DW Question Answer로 검색하고 설치해 활성화 합니다. 설치하고나면 일부가 한글로 나오기는 하지만 필자가 새로 번역한 파일이 있으니 첨부 파일의 languages 폴더에서 복사해 플러그인의 언어 폴더(plugins/dw-question-answer/languages)에 덮어쓰기 하고 사용합니다. 원래 질문 답변 게시판용이라서 '질문'이라는 단어를 사용하고 있는데 이를 제거하고 게시판 형태로 단어를 수정했습니다. 설정에 앞서서 템플릿을 만들겠습니다.

01 page-board.php 템플릿 만들기

```
43    </div><!-- #content -->
44    <div id="sidebar1" class="col-md-4">
45      <div id="secondary" class="secondary">
46        <?php if ( is_active_sidebar( 'sidebar-6' ) ) : ?>
47          <div id="widget-area" class="widget-area" role="complementary">
48            <?php dynamic_sidebar( 'sidebar-6' ); ?>
49          </div><!-- .widget-area -->
50        <?php endif; ?>
51      </div>
52    </div><!--#sidebar-->
53  </div><!-- .row -->
54 </div><!-- .container -->
```

테마 폴더에서 page-side_right.php 파일을 복사해 page-board.php 파일로 만들고, 이 파일을 편집기로 엽니다. 상단의 템플릿 이름은 게시판으로 수정하고 하단의 사이드바는 위와 같이 만듭니다. 다른 위젯 영역을 사용할 것이므로 functions.php 파일에서 위젯을 등록하면서 위 사이드바의 번호를 사용합니다(여기서는 sidebar-6).

```
11 <article id="post-<?php the_ID(); ?>" <?php post_class(); ?>>
12   <?php
13   if (!is_page_template('page-side_right.php') && !is_page_template('page-side_left.php') && !is_page_template('page-board.php')) :
14     // Post thumbnail.
15     twentyfifteen_post_thumbnail();
16   endif;
17   ?>
18
19   <?php if (!is_page_template('page-side_right.php') && !is_page_template('page-side_left.php') && !is_page_template('page-board.php')) : ?>
20     <header class="entry-header">
```

content-page.php 파일 상단에 있는 조건문에 게시판 템플릿을 사용할 경우 특성 이미지와 제목이 나타나지 않게 합니다.

02 게시판 싱글 페이지 수정하기

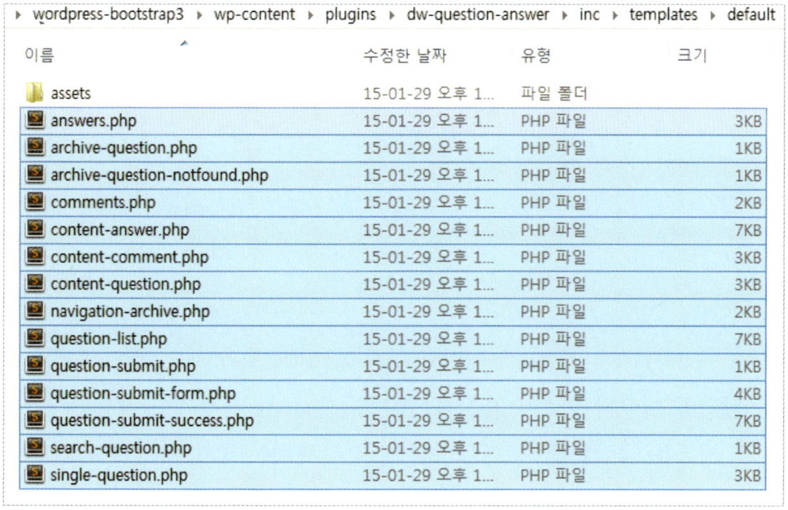

그림 3-76 게시판 플러그인 템플릿

plugins/dw-question-answer/inc/templates/default 폴더로 가서 위 php 파일을 모두 복사한 다음 테마 폴더에 dwqa-templates 폴더를 만들어 붙여넣습니다. 위 파일에서 single-question.php 파일을 편집기로 엽니다.

```
 7    global $current_user, $post;
 8 ?>
 9 <div class="container-fliud p-all-0 m-btm-30 bg-ddd question">
10    <?php echo do_shortcode('[header_bar]'); ?>
11 </div><!-- .container-fluid -->
12
13    <?php if ( have_posts() ) : ?>
14      <?php while ( have_posts() ) : the_post(); ?>
15        <?php $post_id = get_the_ID(); $post_status = get_post_status();  ?>
16        <div class="dwqa-single-question col-md-8">
```

상단에 헤더 바 단축코드를 추가하고 선택자로 question을 추가합니다. 위 헤더바는 특성이미지가 나타나게 돼 있는데 개별 게시글에는 특성 이미지가 없으므로 별도로 추가하기 위한 것입니다. .dwqa-single-question 클래스가 있는 곳에 .col-md-8을 추가합니다.

```
68        <?php endwhile; // end of the loop. ?>
69    <?php endif; ?>
70
71    <div id="sidebar1" class="col-md-4">
72        <div id="secondary" class="secondary">
73        <?php if ( is_active_sidebar( 'sidebar-6' ) ) : ?>
74          <div id="widget-area" class="widget-area" role="complementary">
75            <?php dynamic_sidebar( 'sidebar-6' ); ?>
76          </div><!-- .widget-area -->
77        <?php endif; ?>
78        </div>
79    </div><!--#sidebar-->
80    <div class="clearfix"></div>
```

하단에서 사이드바를 삽입하고 다른 요소가 겹치지 않도록 .clearfix를 추가합니다. 이 파일은 게시글 목록에서 글 제목을 클릭했을 때 단일 게시글을 출력하는 코드로 싱글 페이지를 출력하는 content.php 파일 내부로 들어가게 됩니다. 그런데 이 파일은 자식 테마에 있는 템플릿을 사용하는 것이 아니라 부모 테마의 템플릿을 사용하는 구조입니다. 따라서 자식 테마에서 템플릿을 만들어 사용할 수 없게 돼 있습니다. 여기까지 템플릿 수정을 우선 마치고 사이트에서 확인할 수 있게 페이지를 만든 다음 추가로 수정하겠습니다.

03 템플릿으로 페이지 만들기

그림 3-77 플러그인에 의해 추가된 페이지

관리자 화면의 페이지 목록에 가면 플러그인 설치로 인해 두 가지 페이지가 만들어져 있습니다. 이름을 수정하고 템플릿을 바꿔야 합니다. 우선 DWQA Question 제목을 클릭해 편집 화면으로 들어갑니다.

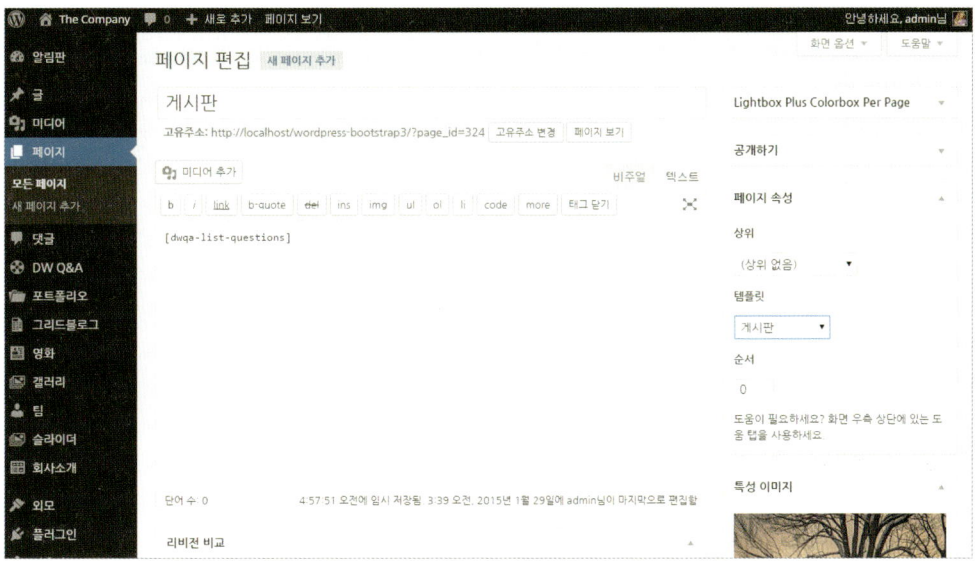

그림 3-78 페이지 수정하기

이 페이지는 게시글 목록을 출력하는 페이지입니다. 제목을 '게시판'으로 수정하고 페이지 속성 박스의 템플릿에서 게시판을 선택한 다음 특성 이미지를 추가하고 업데이트 버튼을 클릭합니다. 마찬가지로 DWQA Ask Questions 페이지의 제목을 '질문하기'로 수정하고 템플릿을 게시판으로 선택한 다음 특성 이미지를 추가하고 업데이트 합니다. 이 페이지는 사이트의 게시판에서 '게시글 작성'이라는 버튼을 클릭하거나 상단 메뉴에서 '질문하기'를 클릭했을 때 나타나는 페이지입니다.

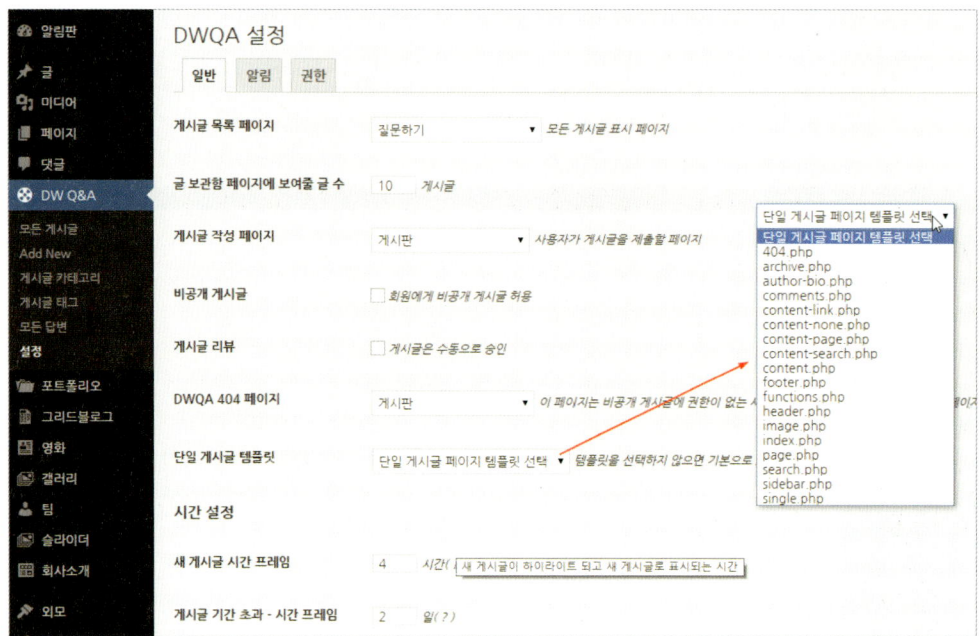

그림 3-79 게시판 플러그인 설정

DW Q&A 메뉴에서 설정을 선택하면 위 화면이 나타납니다. 게시판에 보여줄 글 수를 입력하고 DWQA 404 페이지는 게시판을 선택합니다. 구글 캡챠를 사용하려면 위 화면 하단에서 인증 키를 추가할 수 있습니다.

이 플러그인이 잘못된 부분은 '단일 게시글 템플릿' 선택박스를 클릭했을 때 플러그인을 자식 테마에서 사용하고 있음에도 부모 테마의 파일을 표시하고 것 입니다. 'DWQA 404 페이지'는 자식테마의 템플릿을 표시하고 있습니다. 플러그인에서 지정하는 테마 폴더가 부모 테마 폴더(get_template_directory_uri)를 지정하고 있기 때문에 그렇습니다. 이 때문에 단일 게시글 페이지 템플릿을 만들지 못하고 플러그인에서 제공하는 템플릿을 사용해서 좀 어색하게 수정을 한 것입니다. 또한 추가로 수정해야 할 부분이 여러 곳 있습니다. 설정과 관련한 설명은 템플릿 수정을 마친 후에 하겠습니다.

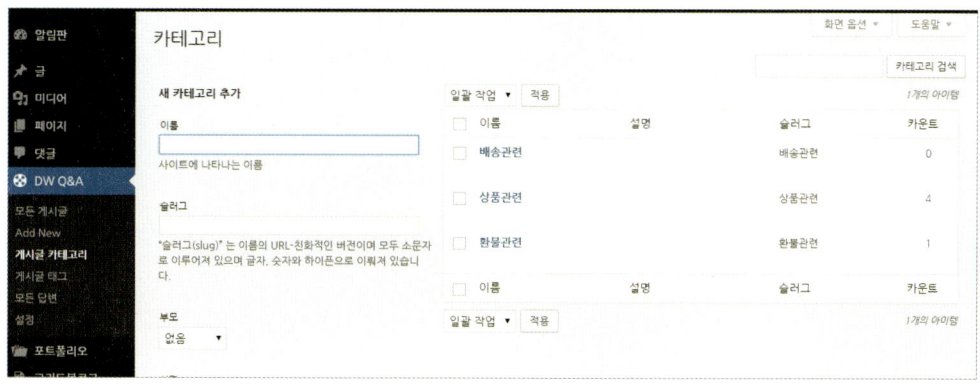

그림 3-80 게시판 카테고리 추가하기

게시글 카테고리에서 몇 가지 카테고리를 만듭니다. 이름란에 입력하고 엔터 키를 누르면 바로 만들어집니다.

04 템플릿 추가 수정

기존의 테마를 이용해서 사이트를 만들다보면 여러 가지 난감한 상황에 직면하게 되는데 플러그인이 모든 테마에 적합하게 만들어지지 않아서 그렇습니다. 프리미엄 테마는 이런 상황이 많이 발생하곤 합니다. 그렇다 하더라도 부모 테마와 플러그인의 코드를 절대로 수정해서는 안됩니다. 부모 테마나 플러그인 코드를 수정하면 나중에 테마나 플러그인이 업데이트 됐을 때 더 많은 부분을 수정해야 하는 상황이 발생합니다. 여기서 이 플러그인이 어떤 템플릿을 사용하고 있는지 찾는 방법을 알아보겠습니다.

```
17 <article id="post-<?php the_ID(); ?>" <?php post_class('child-content-php'); ?>>
```

자식 테마의 content.php 파일에서 article 태그의 클래스 선택자를 만드는 템플릿 태그에 이 파일이 위치한 폴더와 파일의 이름을 추가합니다. 클래스 선택자로 사용하고자 하는 것이 아니라 이 클래스가 사이트에서 어떤 파일에 나타나는지 알기 위한 것입니다.

```
15 <div class="container">
16   <div class="row">
17     <div id="content" class="col-md-8">
18       <div id="primary" class="content-area child-single-php">
19         <main id="main" class="site-main" role="main">
```

single.php 파일에도 #primary div에 이 파일의 이름을 추가합니다.

```
13 <article id="post-<?php the_ID(); ?>" <?php post_class('parent-content-php'); ?>>
14
15 <div id="primary" class="content-area  parent-single-php">
```

부모 테마의 content.php 파일과 single.php 파일의 같은 곳에 각 파일의 이름을 입력합니다.

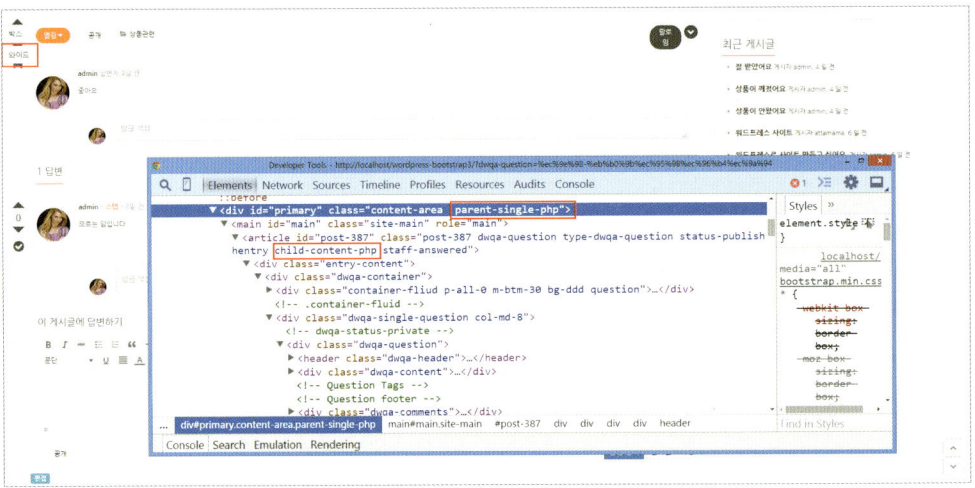

그림 3-81 게시판에서 사용되는 템플릿 찾기

사이트에서 게시판에 게시글을 하나 만들고 제목을 클릭해 들어가면 게시글의 싱글 페이지가 나타납니다. 와이드 레이아웃으로 보면 콘텐츠 영역이 .container-fluid 너비로 늘어납니다. 요소 검사를 해보면 싱글 페이지는 부모 테마를 사용하고 있고, 콘텐츠는 자식 테마를 사용하고 있습니다. 따라서 레이아웃을 변경하려면 부모의 single.php 파일에 .container div를 추가해야 하는 상황입니다. 조금 어렵더라도 항상 자식 테마에서 해결해야죠. 조건문을 사용해서 기존의 템플릿에 게시판 관련 콘텐츠를 제한하는 방법으로 해야 합니다.

05 content.php 템플릿 수정하기

http://codex.wordpress.org/Conditional_Tags

위 워드프레스 코덱스 페이지에는 각종 조건과 관련된 템플릿 태그가 있습니다.

```
13 <?php if (  is_singular( 'dwqa-question' ) ) : ?>
14     <div class="container">
15 <?php endif; ?>
```

자식 테마의 content.php 파일을 열고 상단에 조건문을 만들고 .container div를 추가합니다. 게시판 플러그인의 글타입은 dwqa-question입니다. 이 조건문은 싱글 페이지이면서 글 타입이 게시판일 때 .container div를 추가합니다.

```
52 <?php if ( is_singular( 'dwqa-question' ) ) : ?>
53     </div>
54 <?php endif; ?>
```

하단에는 .container div의 종료 태그를 조건문에 포함해 추가합니다.

그림 3-82 사이트에서 확인

사이트에서 확인하면 글 부분만 .container 영역으로 들어오고, 부모 테마의 single.php 파일 하단에 있는 the_post_navigation() 부분이 출력되고 있습니다. 이곳의 선택자에 대해 display: none;을 적용하고 싶지만 그래도 어떻게든 해봐야 합니다.

```
442 @media (min-width: 1200px) {
443    ...
444    .single-dwqa-question .navigation { width: 1168px; margin: 0 auto; }
445 }
```

게시판 싱글 페이지는 body 태그에 .single-dwqa-question 클래스가 추가됩니다. 이 선택자를 포함해서 .navigation 선택자에 미디어쿼리를 이용해 1200px 이상일 때 너비를 설정하고 가운데에 오게 배치하면 됩니다. 다만 좁은 너비에서는 내비게이션이 사이드바 아래에 나타나게 됩니다.

06 content-page.php 파일 수정하기

그림 3-83 게시판 카테고리 목록 페이지로 가기

게시판 페이지에서 게시글 카테고리를 클릭하면 카테고리 목록 페이지가 나타나는데 레이아웃을 수정해야 합니다. 이 페이지는 부모 테마의 page.php 템플릿을 사용하면서 내부의 콘텐츠는 자식 테마의 content-page.php 파일을 사용합니다. 따라서 이 부분도 조건 태그를 이용해 해결합니다.

```
11 <?php if ( is_archive() ) : ?>
12    <div class="container">
13 <?php endif; ?>
14
15 <article id="post-<?php the_ID(); ?>" <?php post_class('content-page-php'); ?>>
16    <?php
17    if (!is_page_template('page-side_right.php') && !is_page_template('page-side_left.php') && !is_page_template('page-board.php') && !is_archive() ) :
18       // Post thumbnail.
19       twentyfifteen_post_thumbnail();
20    endif;
21    ?>
22
```

```
23    <?php if (!is_page_template('page-side_right.php' ) && !is_page_template('page-
      side_left.php' ) && !is_page_template('page-board.php' ) ) : ?>
24      <header class="entry-header">
25        <?php the_title( '<h1 class="entry-title">', '</h1>' ); ?>
26      </header><!-- .entry-header -->
27    <?php endif; ?>
```

테마 폴더에서 content-page.php 파일을 열고 상단에 .container div를 추가한 뒤 이를 글 보관함 조건 태그인 is_archive()로 조건문을 만듭니다. 이 페이지가 글 보관함일 경우 .container div를 추가하게 됩니다. 다음으로 썸네일이 나타나지 않게 조건을 추가합니다. 제목은 필요하므로 조건 태그를 추가하지 않습니다.

```
45    </article><!-- #post-## -->
46 <?php if ( is_archive() ) : ?>
47    </div>
48 <?php endif; ?>
```

하단에서 .container div의 종료 태그를 추가합니다. 여기까지 하면 게시판과 관련된 콘텐츠를 출력하는 페이지 템플릿과 싱글 페이지, 글 보관함 페이지가 완성됐습니다.

07 게시판 추가 설정

그림 3-84 게시판 알림 설정

이 플러그인의 장점 중 하나는 이메일 템플릿 디자인입니다. 로고를 추가하고 관리자 이메일을 입력한 다음 이메일 제목은 박스 상단의 제목을 그대로 사용합니다. 오른쪽의 각 탭을 클릭해 같은 방법으로 입력합니다.

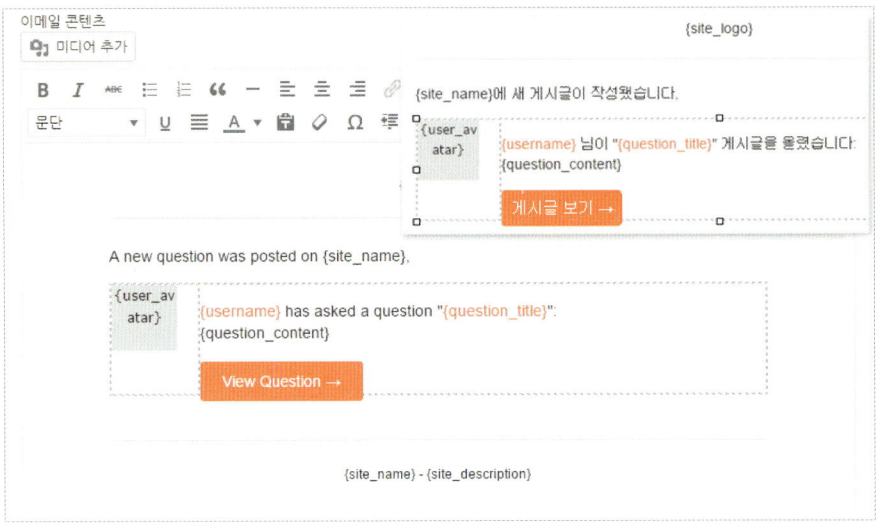

그림 3-85 게시판 이메일 템플릿 수정하기

편집기 오른쪽 위에 있는 비주얼 탭을 클릭해 글자를 수정합니다. 중괄호에 싸여 있는 변수 부분은 그대로두고 다른 부분의 영문 글자를 적절하게 번역합니다. View Question은 글자를 제거하기 전에 글자 뒤에 한글을 먼저 입력하고 제거합니다. 글자를 먼저 제거하고 한글을 입력하면 글자가 버튼 외부로 벗어나게 됩니다. 다음 탭의 번역 내용은 다음과 같습니다.

Howdy {question_author} → 안녕하세요, {question_author}님

{answer_author} has answered your question at "{question_title}": → {answer_author}님이 "{question_title}"에서 게시글에 답변을 올렸습니다 :

{comment_author} has commented on your question at "{question_title}": → {comment_author}님이 "{question_title}"에서 게시글에 댓글을 달았습니다 :

{comment_author} has commented on your answer at "{question_title}" → {comment_author}님이 "{question_title}"에서 답변에 댓글을 달았습니다 :

{answer_author} has answered your followed question at "{question_title}": → {answer_author}님이 "{question_title}"에서 팔로우 하는 게시글에 답변을 달았습니다 :

{comment_author} has commented on your followed question at "{question_title}": → {comment_author}님이 "{question_title}"에서 팔로우하는 게시글에 댓글을 달았습니다 :

{comment_author} has commented on your followed answer at "{question_title}": → {comment_author}님이 "{question_title}"에서 팔로우 하는 답변에 댓글을 달았습니다 :

그림 3-86 게시판 이메일 알림

게시글 작성 후 오는 이메일입니다.

08 게시판 스타일 수정

```
299 .question {
300   margin-left: -50px !important;
301   background-image: url(images/content-bg.jpg);
302 }
303 body .dwqa-container .breadcrumbs a { color: #fff !important; text-shadow: 0 1px 1px rgba(0, 0, 0, 0.5); }
304 .dwqa-widget .question-title { display: inline; }
305
306 @media (max-width: 499px) {
307   ...
308   .question { margin-left: 0px !important; }
309 }
310 @media (max-width: 767px) and (min-width: 500px) {
311   ...
312   .question { margin-left: 0px !important; }
313 }
```

.question 선택자의 왼쪽 마진을 마이너스로 설정하고 배경 이미지를 추가합니다. 이 이미지는 게시판 싱글 페이지는 특성 이미지를 추가할 수 없으므로 제목바에 사용되는 배경 이미

지입니다. 이미지는 테마 폴더의 images 폴더에 저장합니다. 767px 이하의 너비에서는 마진을 다시 원래대로 복구해야 합니다. 브레드크럼의 글자 색은 흰색으로 하고 앞으로 추가할 사이드바 위젯의 글자는 inline으로 설정해 좌우로 배열되게 합니다.

```
306 @media (min-width: 1200px) {
307     #content.col-md-8, .dwqa-single-question.col-md-8   { width:72%; }
308     ...
309 }
```

콘텐츠 너비를 72%로 설정한 곳에 단일 게시글 선택자를 추가합니다.

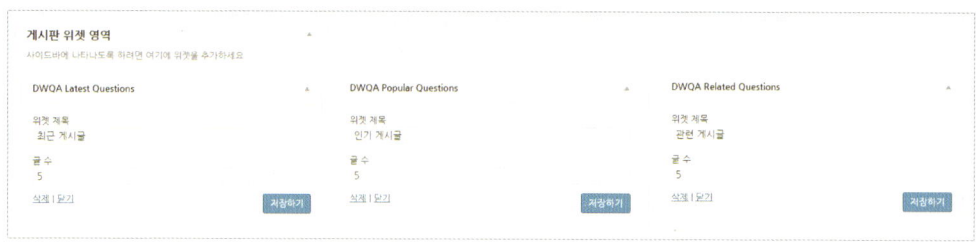

그림 3-87 게시판 위젯

위젯 화면에서 게시판 위젯 영역에 DWQA 위젯을 배치하고 제목을 각각 입력합니다.

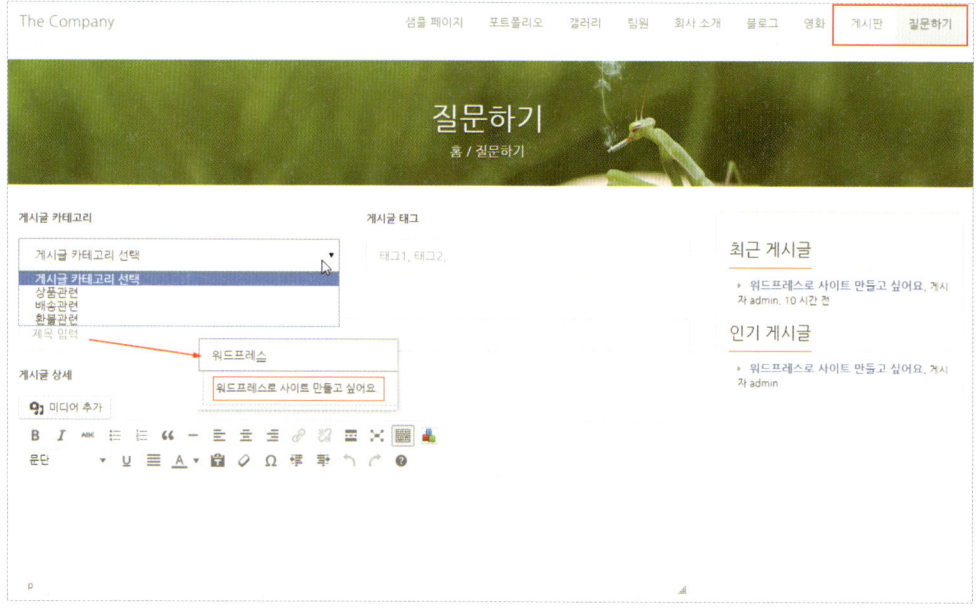

그림 3-88 게시판 사용법

질문하기 메뉴를 선택하면 위와 같은 화면이 나타납니다. 게시판 화면에서 게시글 작성이라는 버튼을 클릭해도 이 화면으로 이동합니다. 카테고리를 선택하고 제목을 입력한 다음 글을 작성할 수 있습니다. 미디어 추가 버튼은 관리자만 볼 수 있습니다. 제목을 입력할 때 기존 질문을 찾을 수 있게 질문 목록이 나타나기도 합니다.

워드프레스는 기본적으로 사이트에서 사용자가 미디어를 업로드 할 수 없는 구조입니다. 이미지를 가장한 악성코드를 침투시켜 해킹을 시도할 수 있기 때문입니다. 하지만 이러한 구조를 무시하고 업로드를 할 수 있게 만든 플러그인도 있습니다. 대신 이러한 플러그인을 사용할 때에는 보안을 철저히 해야합니다. 이 플러그인의 개발자도 방문자가 이미지를 업로드 할 수 있게 업데이트를 요청을 받았지만 보안을 이유로 하지 않고 있습니다.

09 드롭다운 버튼 문제 해결 방법

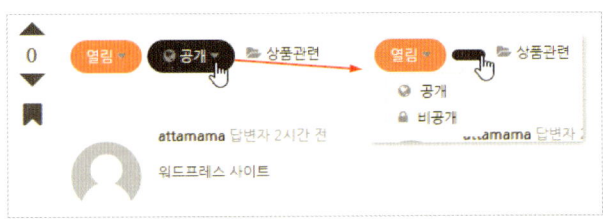

그림 3-89 게시판의 드롭다운 메뉴

게시글 작성자나 사이트 관리자는 게시글의 공개 상태를 변경하거나 닫은 게시글을 다시 열 수 있습니다. 여기서 닫는다는 의미는 질문이 해결됐으므로 더 이상의 댓글을 달지 못하도록 폐쇄하는 것을 말합니다.

개별 게시글의 상단에 두 가지 버튼이 있는데 이 버튼에는 드롭다운 메뉴가 있으며 이를 클릭하면 글자가 사라지는 현상이 발생합니다. 이는 기본 테마에서 사용하는 자바스크립트 때문이며 부모 테마의 js 폴더에서 functions.js 파일을 사용하고 있습니다. 부모 테마에 있는 것이니 제거하더라도 테마를 업데이트하면 다시 살아나죠. 따라서 항상 비활성화 되게 만들어야 합니다.

```
259  // 부모 테마 자바스크립트 비활성화
260  function parent_dequeue_script() {
261      wp_dequeue_script( 'twentyfifteen-script' );
262  }
263  add_action( 'wp_print_scripts', 'parent_dequeue_script' );
```

현재 작업 중인 자식 테마의 functions.php 파일에 위와 같이 코드를 추가합니다. 함수 이름은 임의의 이름이며 이 안에 부모 테마의 스크립트 핸들러를 대기 해제하는 코드를 추가합니다. 그러면 어떻게 이 자바스크립트가 충돌을 일으키는지와 등록한 자바스크립트 핸들러를 찾는 방법을 알아보겠습니다. 그전에 위 코드를 주석처리해 비활성화 합니다.

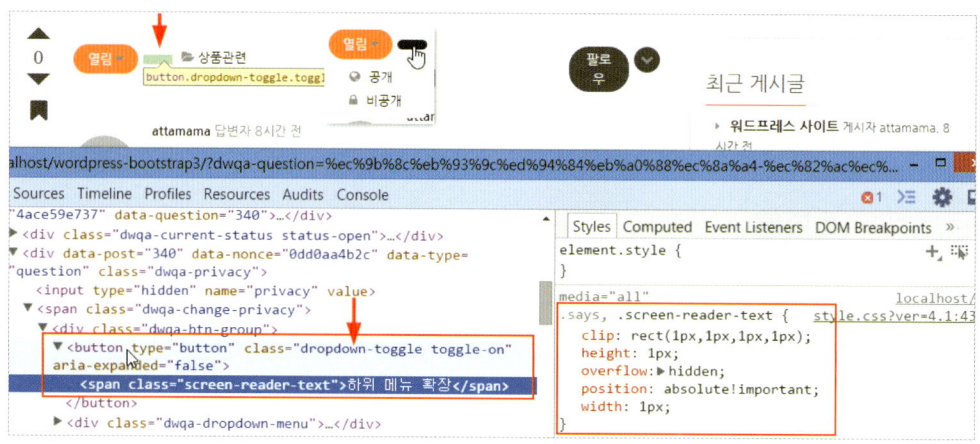

그림 3-90 게시판 드롭다운 메뉴 문제

버튼을 클릭하면 사라지는데 빈 공간에 마우스를 올리면 짙은 회색의 버튼 배경색이 나타납니다. 이를 클릭하면 드롭다운 메뉴가 나타나죠. 이를 요소 검사하면 dropdown-toggle이라는 클래스가 사용되고 드롭다운이 나타나면 toggle-on 클래스가 추가됩니다. 이 버튼은 게시판 플러그인에 의해 추가되는 것인데 뭔가 문제가 있다면 다른 곳에서도 같은 선택자의 같은 기능이 있다는 의미입니다.

button 태그의 자식 요소를 보기 위해 펼치면 '하위 메뉴 확장, 축소' 라는 스크린 리더 텍스트가 나타납니다. 이들 텍스트는 기본적으로 테마에 많이 사용되고 있고 보이지 않도록 clip 속성을 사용하고 있습니다. 따라서 버튼의 충돌을 제거하기 위해 스타일시트의 속성을 제거할 수도 없습니다. 그러면 테마의 자바스크립트를 비활성화 하는 수밖에 없으며 위 dropdown-toggle이라는 클래스가 어떤 파일에서 사용되고 있는지 찾아야 합니다.

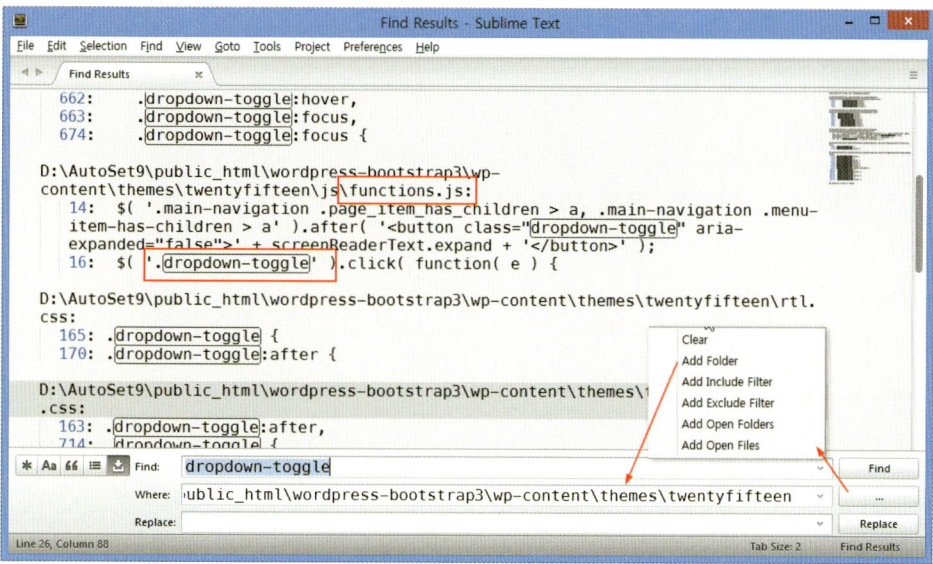

그림 3-91 부모 테마의 자바스크립트 파일 찾기

서브라임 텍스트에서 Ctrl+Shift+F 키를 누르면 하단에 패널이 나타납니다. Find:에 검색어를 입력하고 Where 우측의 버튼을 클릭해 Add Folder로 찾을 위치를 정한 다음 Find 버튼을 클릭하면 이 단어가 사용된 곳을 찾아줍니다. 스크롤해서 내리다보면 자바스크립트 파일을 볼 수 있습니다. 그러면 이 파일이 어디서 사용되는지 또 알아야겠죠. functions.php 파일에서 대기 함수(wp_enqueue_scripts)로 사용되고 있겠지만 핸들러를 찾아야 합니다.

위 검색 내용을 모두 제거하고 다시 검색어를 functions.js로 입력해 검색하면 다음과 같은 곳이 나타납니다.

```
1 Searching 46 files for "functions.js"
2
3 D:\AutoSet9\public_html\wordpress-bootstrap3\wp-content\themes\twentyfifteen\functions.php:
4    229:    wp_enqueue_script( 'twentyfifteen-script', get_template_directory_uri() . '/js/functions.js', array( 'jquery' ), '20141212', true );
5
6 1 match in 1 file
```

부모 테마의 functions.php 파일 229번째 줄에서 사용되고 있으며 핸들러도 보입니다. 이 핸들러를 대상으로 wp_dequeue_script()를 사용하면 됩니다. functions.js 파일에는 스크린 리더 텍스트와 관련된 자바스크립트 모음으로서 만일 테마를 사용하는 중에 스크린 리더 텍스트와 문제가 있다면 이 파일에서 dropdown-toggle 부분의 코드를 제거하고 자식 테마에 등록해 사용하면 됩니다.

10 영어로 나타나는 문제 해결 방법

그림 3-92 영어로 나타나는 문제

게시글을 발행하면 최근 게시글 위젯에 나타나는데 시간 다음에 ago라는 글자가 나타납니다. 상당히 어색하죠. 번역은 제대로 했지만 사이트 전면에서 영어가 나타난다면 문제입니다. 플러그인 개발자는 외국 사용자를 위해 번역할 수 있도록 파일을 제공하지만 모든 곳에서 코드를 제대로 입력하지 않은 경우가 아주 많습니다. 워드프레스 자체에도 이런 문제가 종종 있습니다. 어떻게 코드가 작성됐는지 오류를 찾기 위해 플러그인 폴더를 대상으로 검색해보면 다음과 같이 나옵니다.

```
34    $questions = new WP_Query( $args );
35    if ( $questions->have_posts() ) {
36      echo '<div class="dwqa-popular-questions">';
37      echo '<ul>';
38      while ( $questions->have_posts() ) { $questions->the_post( );
39        echo '
40        <li><a href="'.get_permalink().'" class="question-title">'.get_the_title(
).'</a> '.__( 'asked by', 'dwqa' ).' ' . ( dwqa_is_anonymous( get_the_ID() ) ? __(
'Anonymous', 'dwqa' ) : get_the_author_link() ) . ', ' . human_time_diff( get_the_time(
'U' ), current_time( 'timestamp' ) ) . ' ago';
```

latest-question.php 파일의 40번째 줄에 있는 ago라는 단어가 앞에 있는 'Anonymous' 처럼 __(' ago', 'dwqa')로 돼 있어야 번역 대상으로 번역 파일에 나타나고 번역을 할 수 있게 됩니다. 대상이 없으니 번역도 할 수 없는 것이죠. 이를 한글로 만들려면 코드를 수정한 다음 번역 파일을 업데이트해야 제대로 번역되서 나옵니다. 그러자면 플러그인 파일을 수정할 수밖에 없습니다.

```
249 add_filter('gettext', 'translate_text');
250 add_filter('ngettext', 'translate_text');
251
252 function translate_text($translated) {
253     $translated = str_ireplace('답변 추가', '답변 달기', $translated);
254
255     return $translated;
256 }
```

텍스트를 번역하거나 수정하려면 위와 같은 코드를 사용합니다. 게시글 작성 화면 하단에 '답변 추가' 버튼이 있는데 이를 '답변 달기'로 수정하려면 위와 같이 하면 됩니다. 이 방법은 전체 글자를 수정하는데만 사용할 수 있고 일부 글자, 예를 들어 위의 경우 '추가'만 변경할 수는 없습니다.

현재 문제가 되고 있는 ago가 그런 경우인데 다른 글자가 포함돼 있습니다. 이럴 경우 다음과 같이 자바스크립트를 사용할 수도 있습니다.

```
47 $(".dwqa-popular-questions ul li").each(function() {
48     var text = $(this).text();
49     text = text.replace( /\bago\b/g, "전" );
50     $(this).text(text);
51 });
```

정규 표현식을 이용해 ago라는 글자만 바꾸는 것이죠. 그런데 이것도 태그 안에 다른 요소가 있으면 안됩니다. li 태그 안에 a 태그도 있어서 링크가 제거되고 맙니다.

나머지 방법은 누군가 만든 간단한 플러그인인데 아주 유용하게 사용할 수 있습니다.

```javascript
73  // http://stackoverflow.com/a/9795091
74  $.fn.wrapInTag = function (opts) {
75      // http://stackoverflow.com/a/1646618
76      function getText(obj) {
77          return obj.textContent ? obj.textContent : obj.innerText;
78      }
79
80      var tag = opts.tag || 'strong',
81          words = opts.words || [],
82          regex = RegExp(words.join('|'), 'gi'),
83          replacement = '<' + tag + ' >$&</' + tag + '>';
84
85      // http://stackoverflow.com/a/298758
86      $(this).contents().each(function () {
87          if (this.nodeType === 3) //Node.TEXT_NODE
88          {
89              // http://stackoverflow.com/a/7698745
90              $(this).replaceWith(getText(this).replace(regex, replacement));
91          }
92          else if (!opts.ignoreChildNodes) {
93              $(this).wrapInTag(opts);
94          }
95      });
96  };
97
98  $('li, #sidebar1').wrapInTag({
99    tag: 'span',
100   words: ['ago', '게시글']
101 });
```

위 코드는 특정 글자에 HTML 태그를 추가할 수 있는 자바스크립트 플러그인입니다. 사용법은 하단의 제이쿼리에 타겟(li, #sidebar1)을 입력하고 tag에는 추가할 태그를 입력한 다음 words에 배열 형태로 단어를 추가하면 됩니다. 그러면 위의 경우 ago라는 글자에 span이라는 태그가 삽입됩니다. 이렇게 되면 문제가 간단해집니다. 해당 글자만 타겟을 정할 수 있으므로 제이쿼리든 CSS든 수정 대상이 됩니다.

제이쿼리를 이용한다면 다음과 같이 추가합니다.

```
102 $('.dwqa-widget li span').text('전');
```

그러면 li 태그에 있는 ago라는 글자는 모두 '전'으로 바뀌게 됩니다.

```
299 .dwqa-widget li span { display: none; }
300 .dwqa-widget li:after { content: '전'; }
```

CSS는 제한적으로 이용해야 합니다. 위와 같이 하면 span 태그의 글자를 보이지 않게 하고 li 태그 다음에 '전'이라는 글자를 추가하게 되는데 li 태그 모두에 글자가 추가됩니다. 따라서 한정적만 사용하는 것이 좋습니다.

이 플러그인은 잘 이용하면 세밀한 부분까지 수정할 수 있습니다. 예를 들어 #sidebar1에 있는 '게시글'이라는 단어에 span 태그가 들어가므로 '최근 게시글' 이라는 단어 중 게시글이라는 단어만 글자를 굵게 한다거나 색상을 바꿀 수 있는 것입니다.

지금까지 게시판 플러그인에 대해 알아봤는데, 디자인과 기능이 좋아서 여러 가지 문제점을 해결하면서 어떻게든 사용해보려고 했습니다. 워드프레스 플러그인은 다양하고 기능도 많지만 구미에 맞는 플러그인을 찾기란 어렵습니다. 어떤 기능이 필요해 플러그인을 찾았지만 이런 문제가 발생한다면 해결하는 능력도 필요하기에 다뤄봤습니다. 수정할 때에는 항상 기본 파일을 건드리지 않으면서 수정해나가야 한다는 점만 주의하면 됩니다.

디테일

4장에서 다루는 내용

01 _ 메뉴바 만들기

02 _ 컨택트 페이지 만들기

03 _ 구글 지도 사용하기

04 _ 푸터 만들기

05 _ 콘텐츠 영역을 전체 폭으로 사용하기

06 _ 두 번째 홈페이지 만들기

07 _ 스타일 정리

그 동안 책을 출간하면서 독자 분들의 많은 질문을 받았습니다. 이런 것은 어떻게 하느냐 하면서 커스터마이징 요청이 들어오기도 했습니다. 다른 작업이나 책을 만들 때는 시간이 부족하므로 시간이 오래 걸리는 커스터마이징과 관련한 답변은 드릴 수가 없었습니다. 따라서 이 책에서는 웹사이트에서 기본적으로 필요한 것을 가능한 한 많이 담으려고 했습니다.

4장에서 알아볼 내용을 간추리면 다음과 같습니다.

메뉴바 만들기
사이트 상단의 기본 메뉴와는 별도로 탑 메뉴바를 만들어 로그인이나 회원가입, 메시지 박스 등을 추가할 수 있도록 합니다. 로그인과 회원가입을 위해 WP-Members 플러그인을 사용하는 방법을 알아봅니다.

컨택트 페이지 만들기
Contact Form 7 플러그인을 사용해 컨택트 페이지를 만들고 전면 페이지에도 배치합니다.

구글 지도 사용하기
구글 지도를 간편하게 만드는 방법을 알아보고 컨택트 페이지와 전면 페이지에도 추가합니다.

푸터 만들기
푸터에 위젯을 배치해 여러 가지 콘텐츠를 나타나게 하는 방법을 알아봅니다.

콘텐츠 영역을 전체 폭으로 사용하기
사용자 정의 필드를 이용해 페이지 템플릿에 옵션 설정을 추가하는 방법을 알아보고 페이지를 만들 때 옵션을 선택해 페이지 레이아웃을 변경하는 방법을 알아봅니다.

두 번째 홈페이지 만들기
One page 외에 일반적으로 많이 사용하는 홈페이지를 만들어 원하는 콘텐츠만 나타나도록 합니다.

스타일 정리
그동안 작업하면서 놓친 부분을 전반적으로 검토해 수정합니다.

메뉴바 만들기 01

현재의 메뉴바는 전면 페이지와 두 번째 홈페이지 두 개로 나눠져 있습니다. 각각 다른 스타일을 적용할 것이고, 두 번째 홈페이지에는 회원가입 메뉴와 로그인 메뉴를 추가할 것이며, 이를 위해 탑메뉴바도 추가할 것입니다.

01 로고 추가하기

```
38      <div class="navbar-header">
39        <button type="button" class="navbar-toggle collapsed" data-toggle="collapse" data-target="#navbar-collapse-2">
40          <span class="sr-only">내비게이션 토글</span>
41          <span class="icon-bar"></span>
42          <span class="icon-bar"></span>
43          <span class="icon-bar"></span>
44        </button>
45        <a class="logo p-lft-30" href="<?php echo home_url(); ?>">
46          <div class="site-title sr-only">
47            <?php bloginfo('name'); ?>
48          </div>
49          <img src="<?php echo of_get_option( 'logo_image', 'no entry' ); ?>">
50        </a><!-- .logo -->
51      </div>
```

header-wide.php 파일을 열고 .navbar-brand의 a 태그 부분을 위와 같이 수정합니다. 로고 글자는 보이지 않게 .sr-only 클래스를 사용합니다. 로고의 왼쪽 패딩을 30px로 설정해 간격을 둡니다(p-lft-30 = padding-left: 30px;). header.php 파일에도 같은 코드를 추가합니다. 로고 이미지는 테마 옵션을 이용해 추가합니다.

```
258    $options[] = array(
259        'name' => __( '로고 이미지', 'theme-textdomain' ),
260        'desc' => __( '로고 이미지', 'theme-textdomain' ),
261        'id'   => 'logo_image',
262        'type' => 'upload'
263    );
```

테마 폴더에서 options.php 파일을 열고 이전의 사이트 레이아웃 설정 바로 아래에 위 코드를 추가합니다. 워드프레스 관리자 화면의 테마 옵션 화면에서 Style Settings 탭을 선택하고 로고 이미지(첨부 파일 사용)를 업로드 한 다음 저장합니다.

```
302 .logo img { height: 50px; width: auto; }
```

style.css 파일에 위 코드를 추가합니다. 큰 이미지를 올려도 메뉴바 높이로 제한됩니다. 저장한 다음 사이트에서 확인합니다.

그림 4-1 로고 추가

02 메뉴바 수정

현재 메뉴바는 고정돼 있는데 이를 해제하고 스크롤 해서 내려가면 일정 시점에 고정되는 방식으로 만들어보겠습니다.

```
30 <body id="wide" data-spy="scroll" data-offset="200" <?php body_class(); ?>>
31
32 <div id="page" class="hfeed site">
33     <a class="skip-link screen-reader-text" href="#content"><?php _e( 'Skip to content', 'twentyfifteen' ); ?></a>
```

```
34 <div id="main-menu" class="container-fluid p-all-0">
35   <nav id="nav" class="navbar navbar-default navbar-fixed-top  menubar-float bdr-0">
36     <div class="container-fluid">
```

header-wide.php 파일을 열고 위와 같이 수정합니다. #nav은 메뉴바를 제어하기 위한 선택자로 이곳에 .navbar-fixed-top과 .menubar-float을 추가합니다. 이 두 가지 클래스는 스크롤 해서 120px 내려갔을 때와 원래로 돌아왔을 때 제이쿼리를 사용해 제거되거나 다시 추가됩니다.

```
30 <body id="narrow" <?php body_class(); ?>>
31 ...
32 <div id="page" class="hfeed site">
33   <a class="skip-link screen-reader-text" href="#content"><?php _e( 'Skip to content', 'twentyfifteen' ); ?></a>
34 <div id="main-menu" class="container-fluid p-all-0">
35   <nav id="nav" class="navbar navbar-default bdr-0">
36     <div class="container">
```

header.php 파일에는 두 가지 id만 추가합니다.

```
394 /*메뉴바*/
395 .navbar-default { opacity: 0.9; }
396 /*#wide #main-menu { position: fixed; top: 32px; left: 0; z-index: 10; width: 100%;}*/
```

스타일시트에는 이전에 설정했던 #wide #main-menu 부분을 제거합니다.

```
364 @media (min-width: 1200px) {
365   ...
366   #nav.menubar-float { width: 1200px;   margin: 50px auto;   }
367   .shadow-border, #wide .navbar-default { box-shadow:  0 1px 10px rgba(0,0,0,.1); }
368   #wide .navbar-default.menubar-float { top: 32px; box-shadow: none; padding: 10px; font-size: 16px; }
369 }
```

미디어쿼리를 이용해 1200px 이상일 때 #nav에 .menubar-float가 있으면 메뉴바 너비가 1200px이 되고 상하 마진이 50px, 가운데 정렬되게 합니다. 제이쿼리로 이 클래스를 제거하면 위 설정이 적용되지 않게 됩니다. .shadow-border는 두 번째 홈페이지에서 넓은 너비일 때 메뉴바 아래에 그림자 효과를 주기 위한 선택자로 제이쿼리에 의해 메뉴바에 추가, 제거되는 클래스입니다. 마지막 설정은 전면 메뉴바에서 .navbar-fixed-top 클래스가 없을 때 그림자 효과를 제거하고 패딩을 추가하며 글자 크기를 약간 늘립니다. 이 선택자도 마찬가지로 제이쿼리에 의해 클래스를 제거하면 모든 설정이 적용되지 않게 됩니다.

여기까지 저장하고 사이트에서 확인하면 다음과 같이 됩니다.

그림 4-2 전면 페이지와 두 번째 홈페이지의 메뉴바

전면 페이지는 스크롤함에 따라 고정되며 두 번째 홈페이지는 같이 이동됩니다.

```
45  //메뉴바
46  $(window).scroll(function () {
47    var scroll = $(window).scrollTop();
48    var windowWidth = $(window).innerWidth();
49    if (scroll >= 120 && windowWidth > 960 ) {
50      if ($('body').hasClass('admin-bar')) {
51        $("#nav").addClass("shadow-border navbar-fixed-top").css('top', '32px');
52      } else {
53        $("#nav").addClass("shadow-border navbar-fixed-top").css('top', '0px');
54      }
55      $('#wide #nav').removeClass('menubar-float');
56    } else {
57      $("#narrow #nav").removeClass("shadow-border navbar-fixed-top").css('top', '0');
58      $('#wide #nav').addClass('navbar-fixed-top  menubar-float ');
59    }
60  });
```

custom.js에 위와 같이 추가합니다. 이 코드는 스크롤해서 120px 내려가면 50번줄부터 55번줄까지 적용됩니다. 원위치로 돌아오면 그 아래의 코드가 적용됩니다. 또한 브라우저의 너비가 960픽셀 이상일 때에만 적용되게 했습니다.

스크롤 해서 120px 이상 내려갔을 때에는 다음과 같습니다.

- 50번 줄의 조건문은 body 태그에 .admin-bar 클래스가 있을 때, 즉 로그인해서 관리자 툴바가 있으면 .shadow-border와 .navbar-fixed-top 클래스를 추가하고 상단으로부터 32픽셀 떨어져 배치됩니다. .admin-bar 클래스가 없을 때에는 상단에서 떨어져 배치되지 않습니다. 이 조건은 스크롤과 관계없이 적용됩니다. else 구문에 이와 상반되는 코드가 없기 때문입니다.
- 55번 줄에서는 스크롤 해서 120 픽셀 이상 내려갔을 때 전면 페이지의 메뉴에서 .menubar-float를 제거합니다. 그러면 상단에 고정 배치됩니다.

스크롤 해서 120px 이내로 들어왔을 때에는 다음과 같습니다.

- 두 번째 홈페이지의 메뉴바에서 그림자 효과의 클래스와 고정 메뉴바의 클래스를 제거하므로 원래의 위치로 돌아오게 됩니다. 현재도 상단에 배치돼 있어서 별 차이는 없겠지만, 나중에 탑메뉴바를 만들 때 필요합니다.

03 WP-Members 플러그인 사용하기

탑메뉴에는 왼쪽에 간단한 콘텐츠를 넣을 수 있는 곳을 배치하고, 오른쪽에는 회원가입과 로그인 메뉴를 배치할 것입니다. 워드프레스는 기본적으로 회원가입과 로그인이 단순한 형태로 돼 있어서 처음 워드프레스를 설치하고 로그인할 때의 화면과 같습니다. 다양한 정보를 입력할 공간도 부족합니다. 따라서 플러그인을 사용하면 다양한 정보를 입력할 수 있는 레이아웃을 만들 수 있습니다. 우선 플러그인을 설치하고 사용법을 알아본 다음 탑메뉴를 만들어 보겠습니다.

플러그인 추가하기 화면에서 WP-Members와 Really simple Captcha로 검색하고 설치한 다음 활성화 합니다.

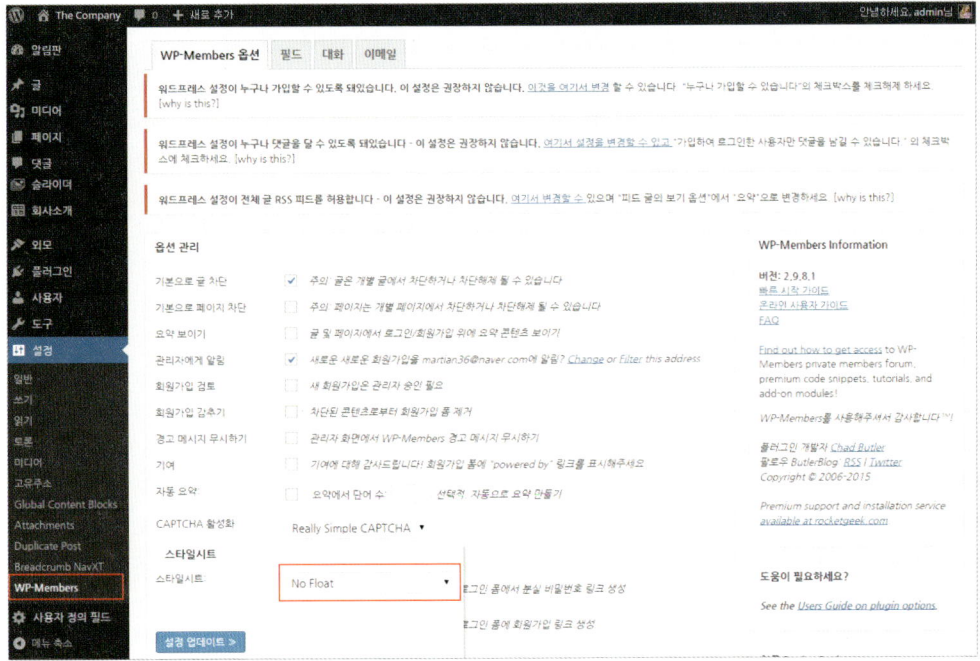

그림 4-3 WP-Members 플러그인 옵션 설정

주메뉴에서 설정 → WP-Members로 가면 위와 같은 설정 화면이 나옵니다. 처음에는 상단에 3개의 메시지 박스가 나타나는데 [why is this?]에 마우스를 올리면 왜 그런지 설명이 나옵니다. 설명을 읽고 무시하려면 옵션 관리 박스에서 '경고 메시지 무시하기'에 체크하고 하단에서 저장 버튼을 클릭하면 됩니다. 메시지 대로 하려면 Ctrl 키를 누르고 링크를 클릭해 해당 페이지로 가서 메시지 대로 변경하고 저장합니다.

옵션 관리에서 '기본으로 글 차단', '관리자에게 알림'에 체크하고 CAPTCHA 활성화에서 'Really Simple CAPTCHA'를 선택한 다음 설정 업데이트 버튼을 클릭하면 상단에 Captcha 탭이 나타납니다. 캡차는 회원가입과 로그인 할 때 보안 문자를 추가하는 기능을 합니다.

주의할 점은 이 화면에서 글이나 페이지를 차단으로 설정해놓고 로그인 하지 않은 상태에서 글이나 페이지에 접속하면 로그인 화면이 나타나게 됩니다. 개별 페이지나 글에서 상단에 차단하는 기능이 있으니 위 화면에서는 기본적으로 차단하지 않도록 하는 것도 좋은 방법입니다.

마지막으로 사용자 정의 스타일을 위해 하단에서 스타일시트를 No float로 선택합니다.

필드 탭

그림 4-4 필드 탭

필드 탭은 사이트에 나타날 폼을 편집하는 화면이며 삭제하거나 추가할 수 있는데 필요 없는 필드는 삭제보다는 표시에 체크를 해제해서 보이지 않게 합니다. 이름과 성이 분리돼 있는데 성을 표시하지 않고 이름만 사용해도 됩니다. 이름과 성이 분리돼 있으면 외국 프로그램이라는 티가 나죠. 저장한 다음 영문으로 나타나는 Confirm Email, Password, Confirm Password는 오른쪽의 편집 링크를 클릭해 한글로 수정합니다. Email은 편집 링크가 없으므로 나중에 제이쿼리로 수정하겠습니다.

대화 탭

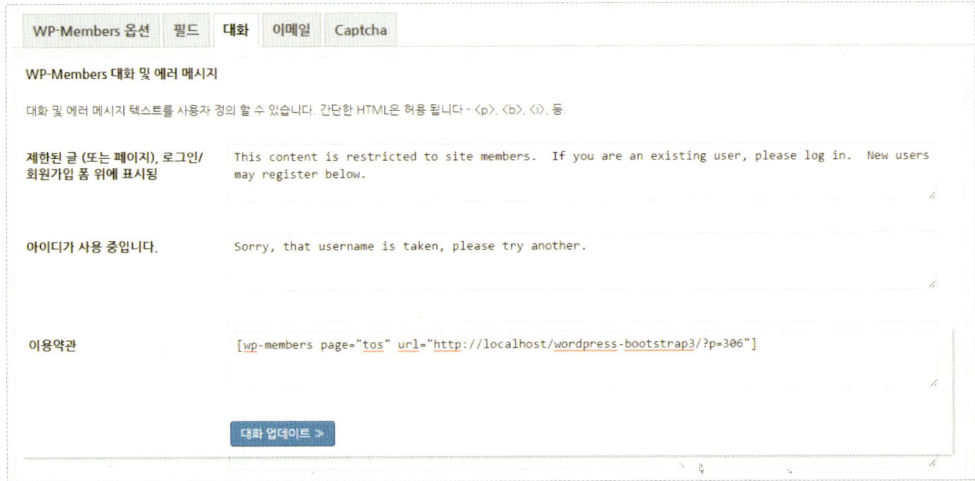

그림 4-5 대화 탭

대화 탭은 영문을 참고해서 직접 입력하거나 첨부 파일의 wp-members.txt 파일의 내용을 복사해 사용합니다. 하단의 이용약관은 페이지를 별도로 만들 것이므로 우선 위와 같이 입력해놓고 페이지를 만든 다음 페이지 아이디를 수정합니다.

[wp-members page="tos" url="http://localhost/wordpress-bootstrap3/?p=306"]

이메일 탭

그림 4-6 이메일 탭

이메일 탭을 선택하면 워드프레스 기본 설정과는 다르게 할 수 있습니다. 이곳을 비워두면 워드프레스를 설치할 때 사용한 이메일과 이름으로 보내집니다. 이메일 탭의 내용도 첨부 파일에 포함돼 있습니다. 캡챠 탭은 보면 알 수 있는 내용이니 나중에 모양을 보면서 설정합니다.

04 WP-Members 관련 페이지 만들기

WP Members 플러그인을 설치해서 사용하려면 로그인 페이지, 회원가입 페이지, 프로필 페이지를 만들어야 합니다. 여기서는 페이지를 만들어 사용하는 방법과 단축코드를 이용해 부트스트랩의 모달창 또는 드롭다운 메뉴를 사용하는 방법을 알아보겠습니다.

그림 4-7 로그인 페이지 만들기

새 페이지 추가 화면에서 제목을 입력하고 편집 화면에 단축코드로 [wp-members page="login"]를 입력합니다. 템플릿은 사이드바 우측을 선택하고 특성 이미지도 추가합니다. WP Memers 플러그인으로 인해 오른쪽 상단에 새로운 메타박스가 나타나며, 플러그인 설정 화면에서 '기본으로 페이지 차단'에 체크하지 않았기 때문에 개별 페이지에서 차단할 수 있게 돼 있습니다. 하지만 로그인 페이지이므로 차단할 필요가 없습니다. 페이지가 완성됐으면 공개하기 버튼을 클릭해 발행합니다.

같은 방법으로 두 개의 페이지를 더 만듭니다. 하나는 제목은 '회원가입', 단축코드는 [wp-members page="register"]로 입력하고 다른 하나는 제목은 '사용자 프로필', 단축코드는 [wp-members page="members-area"]로 입력합니다.

페이지를 3개 만들었으므로 메뉴에 3개가 추가될 것입니다. 이들을 새 메뉴를 만든 뒤 탑 메뉴에 배치하겠습니다.

```
52 register_nav_menus( array(
53     'secondary' => __( 'Secondary Menu', 'twentyfifteen' ),
54 ) );
55 register_nav_menus( array(
56     'Top' => __( '탑메뉴', 'twentyfifteen' ),
57 ) );
```

functions.php 파일에서 이전에 만든 메뉴 부분에 위와 같이 새 메뉴를 등록합니다.

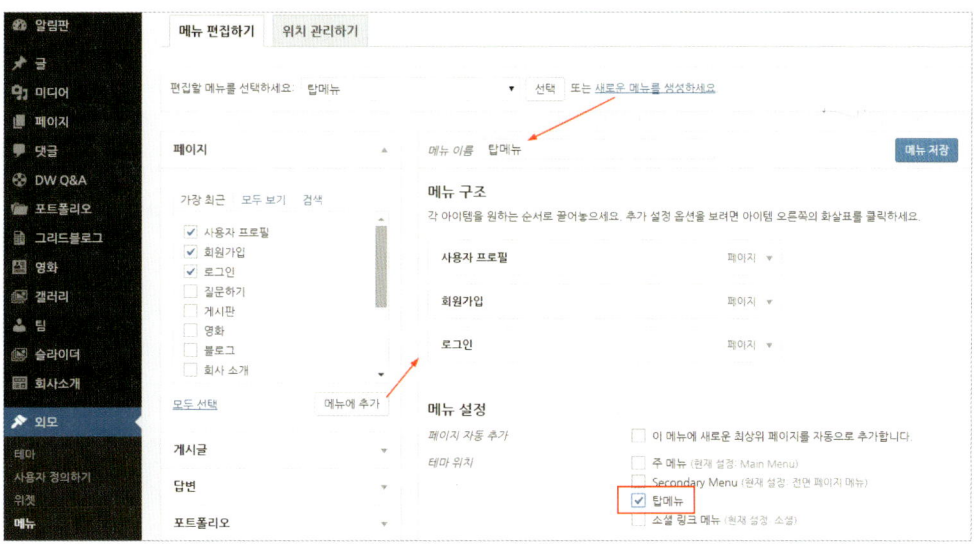

그림 4-8 탑메뉴 만들기

메뉴 화면에서 주메뉴에 자동으로 등록된 3가지 페이지는 삭제합니다. 메뉴 목록의 오른쪽에 있는 삼각형 아이콘을 클릭하면 아래에 삭제 링크가 있습니다. 새 메뉴 생성 링크를 클릭해 탑메뉴를 만든 다음 테스트를 위해 3가지 메뉴를 추가합니다. 테마 위치에서 탑메뉴를 선택하고 메뉴 저장 버튼을 클릭합니다.

05 탑메뉴 만들기

```
39 <div id="page" class="hfeed site">
40   <a class="skip-link screen-reader-text" href="#content"><?php _e( 'Skip to content', 'twentyfifteen' ); ?></a>
41 <!-- 탑메뉴 -->
42 <div class="container-fluid top-menu p-all-0">
43   <?php get_template_part('code-block/top', 'menu'); ?>
44 </div>
45 <!-- 메인메뉴 -->
46 <div id="main-menu" class="container-fluid p-all-0">
47   <nav id="nav" class="navbar navbar-default bdr-0">
48     <div class="container">
49       <!-- Brand and toggle get grouped for better mobile display -->
50       <div class="navbar-header">
51         <button type="button" class="navbar-toggle collapsed" data-toggle="collapse" data-target="#navbar-collapse-1, #navbar-collapse-3">
52           <span class="sr-only">내비게이션 토글</span>
```

header.php 파일의 메인 메뉴 바로 위에 .container-fluid div를 만들고 .top-menu 클래스를 추가합니다. 탑메뉴의 내용이 길어지므로 code-block 폴더에 파일을 만들고 가져오기 합니다. 좁은 너비에서 버튼을 클릭했을 때 탑메뉴도 제어할 수 있게 data-target 속성에 #navbar-collapse-3을 추가합니다.

```
 2  <div class="container bg-fff">
 3    <div id="navbar-collapse-3" class="collapse navbar-collapse member-login p-all-0">
 4      <ul class="nav navbar-nav top-left hidden-xs">
 5        ...탑메뉴 좌측
 6      </ul>
 7      <ul class="nav navbar-nav navbar-right">
 8        ...탑메뉴 우측 로그인/회원가입
 9      </ul>
10      <ul class="nav navbar-nav navbar-right">
11        ...탑메뉴 우측 메뉴 화면에서 만든 메뉴
12      </ul>
13    </div>
14  </div> <!-- #navbar-collapse-3 -->
```

code-block 폴더에 top-menu.php 파일을 만듭니다. 코드 구조는 위와 같습니다. id는 버튼에 추가한 data-target의 값과 일치해야 합니다. 첫 번째 ul은 왼쪽으로 배치하고 제어하기 위해 .top-left 선택자를 추가했고, 모바일에서 나타나지 않게 .hidden-xs를 추가했습니다. 두 번째 ul은 아래에 있는 ul보다 상위에 있으므로 가장 오른쪽에 배치됩니다. .navbar-right에 float: right; 속성이 있으니 먼저 나온 것이 가장 오른쪽에 배치됩니다.

탑메뉴 왼쪽 콘텐츠

탑메뉴의 왼쪽에서는 테마 옵션에서 만든 간단한 콘텐츠를 가져오기 합니다.

```
4     <ul class="nav navbar-nav top-left  hidden-xs">
5       <li>
6         <span><?php echo of_get_option( 'top-left-content', 'no entry' ); ?></span>
7       </li>
8     </ul>
```

위와 같이 미리 입력해 놓고 나중에 테마 옵션에서 추가하기로 합니다.

탑메뉴 로그인/회원가입

```
9     <ul class="nav navbar-nav navbar-right">
10      <?php if ( !is_user_logged_in() ) { ?>
11      <li>
12        <a href="#" data-toggle="modal" data-target="#myModal"><i class="fa fa-users"></i> 회원가입 </a>
13      </li>
14      <li class="dropdown">
15        <a href="#" class="dropdown-toggle" data-toggle="dropdown" role="button" aria-expanded="false"><i class="fa fa-sign-in"></i> 로그인</a>
16        <div class="dropdown-menu" role="menu">
17          <div class="wth-100">
18            <?php echo do_shortcode('[wp-members page="login"]');?>
19          </div>
20        </div>
21      </li>
22      <?php } else { ?>
```

```
23        <li><a href="<?php echo wp_logout_url( get_permalink() ); ?>" title="로그아
웃">로그아웃 <i class="fa fa-sign-out"></i></a>
24        </li>
25      <?php } ?>
```

두 번째 ul의 내용입니다. 회원가입 링크 부분은 모달 타겟이 있고 로그인 부분은 드롭다운입니다. 이곳에 WP-Members의 로그인 단축코드를 가져오기합니다. .wth-100은 width: 100%;의 커스텀 크래스입니다. 여기까지의 코드는 !is_user_logged_in()이라는 조건 태그를 사용해 로그인하지 않았을 때 보여주게 됩니다. else 부분은 그 외의 경우이므로 로그인 했을 때 로그아웃 링크를 보여주게 됩니다.

탑메뉴 오른쪽(메뉴 화면에서 만든 메뉴)

```
27    <ul class="nav navbar-nav navbar-right">
28      <div class="menu2">
29        <?php
30          wp_nav_menu( array(
31              'menu'              => 'Top',
32              'theme_location'    => 'Top',
33              'depth'             => 1,
34              'container'         => 'div',
35              'container_class'   => 'collapse navbar-collapse ',
36              // 'container_id'      => 'navbar-collapse-3',
37              'menu_class'        => 'nav navbar-nav navbar-right',
38              'fallback_cb'       => 'wp_bootstrap_navwalker::fallback',
39              'walker'            => new wp_bootstrap_navwalker())
40          );
41        ?>
42      </div><!-- /.container -->
43    </ul>
```

3번째 ul은 워커냅을 추가합니다. container_id는 이미 사용했으므로 생략합니다. menu와 theme-location은 Top입니다. 필요에 따라 depth의 숫자를 늘릴 수 있습니다.

```
48  <!-- Modal -->
49  <div class="modal fade" id="myModal" tabindex="-1" role="dialog" aria-labelledby="myModalLabel" aria-hidden="true">
50    <div class="modal-dialog">
51      <div class="modal-content">
52        <div class="modal-header">
53          <button type="button" class="close" data-dismiss="modal" aria-label="Close"><span aria-hidden="true">&times;</span></button>
54          <h4 class="modal-title" id="myModalLabel">회원가입</h4>
55        </div>
56        <div class="modal-body">
57          <div class="wth-100">
58            <?php echo do_shortcode('[wp-members page="register"]');?>
59          </div>
60        </div>
61        <div class="modal-footer">
62          <!-- <button type="button" class="btn btn-default" data-dismiss="modal">Close</button>
63          <button type="button" class="btn btn-primary">Save changes</button> -->
64        </div>
65      </div>
66    </div>
67  </div><!-- Modal -->
```

하단에는 모달을 추가합니다. 모달 콘텐츠로 WP-Members 회원가입 단축코드를 가져오기 합니다.

```
271 add_filter( 'wpmem_login_form_args',    'remove_wpmem_txt_code' );
272 add_filter( 'wpmem_register_form_args', 'remove_wpmem_txt_code' );
273 function remove_wpmem_txt_code( $args ){
274   $args = array(
275     'txt_before' => '',
276     'txt_after'  => ''
277   );
278   return $args;
279 }
```

WP-Members 단축코드를 페이지 외부에서 사용할 경우 불필요한 텍스트가 나타나므로 위 코드를 functions.php 파일에 추가해 불필요한 텍스트를 제거합니다.

그림 4-9 탑메뉴 확인

로그인 하지 않은 다른 웹브라우저에서 사이트를 확인하면 위와 같습니다. 위 그림에서 볼 수 있듯이 오른쪽 끝 부분이 범위를 벗어나 있습니다. .container 크기의 div에 다시 .container div를 사용해서 양쪽 테두리만큼 벗어나 있습니다. .container의 크기를 줄여 문제를 해결합니다. 메뉴바의 배경도 흰색으로 하고 테두리도 제거해야 합니다. 테스트하기 위해 추가한 메뉴는 제대로 나타나므로 메뉴 화면에서 삭제합니다. 필요할 경우 다른 아이템을 위 메뉴에 추가해 사용합니다.

스타일 수정하기

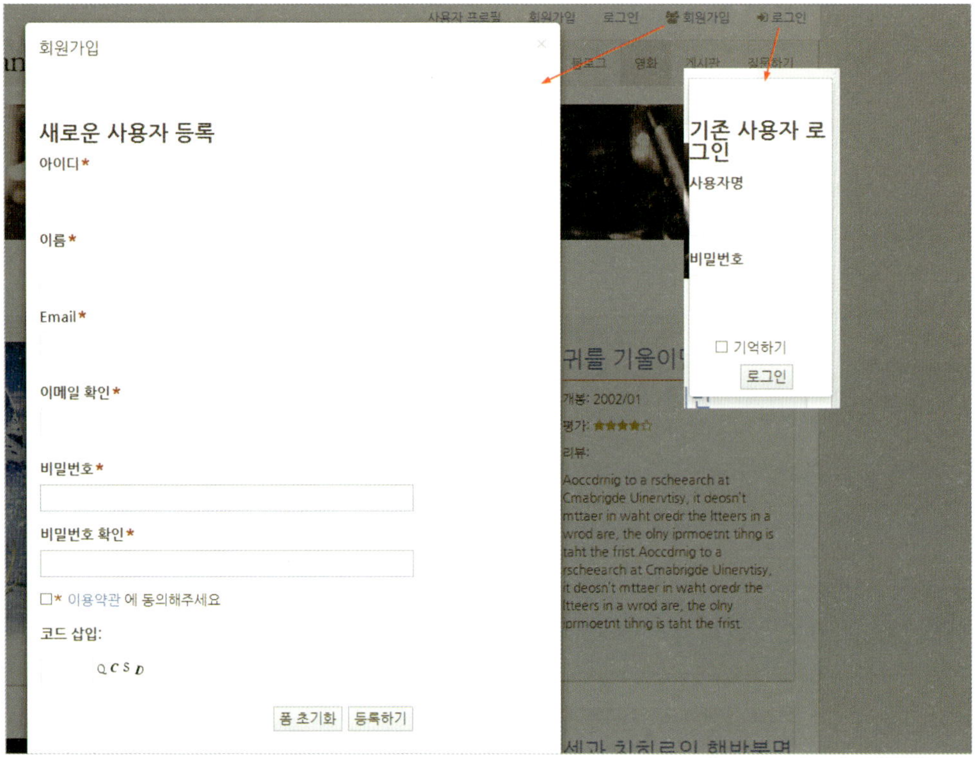

그림 4-10 회원가입과 로그인 메뉴 확인

회원가입과 로그인 메뉴를 클릭하면 위와 같이 나타납니다. 모달 창의 콘텐츠 영역 너비를 늘려야 하고, 드롭다운의 너비도 늘려야 합니다.

```css
310 /*탑메뉴*/
311 #navbar-collapse-3 .dropdown-menu {
312   min-width: 200px;
313 }
314 #wpmem_reg fieldset, #wpmem_login fieldset {
315   margin: 10px 0 10px !important;
316   padding: 0 10px !important;
317 }
318 #wpmem_reg legend, #wpmem_login legend {
319   font-size: 18px !important;
320   border-bottom: none;
321 }
322 #wpmem_reg .div_text, #wpmem_login .div_text {
323   width: 100%!important;
324   margin: 0 0 10px 0 !important;
325 }
326 #wpmem_reg .div_text input, #wpmem_login .div_text input, #wpmem_reg input {
327   border-radius: 4px !important;
328 }
329 #wpmem_reg input[type="text"], #wpmem_login input[type="text"] {
330   padding: 4px 10px !important;
331 }
332 #wpmem_reg fieldset:last-child {
333   margin-bottom: 10px !important;
334 }
335 #wpmem_login .button_div {
336   width: inherit !important;
337 }
338 #wpmem_reg .button_div {
339   width: 100%!important;
340   margin: 0 !important;
341 }
342 article #wpmem_reg img {
343   width: inherit;
344 }
```

요소 검사를 이용해 원하는 모양으로 수정합니다.

```
1131  .container-fluid.top-menu { border-bottom: 1px solid #f2f2f2; margin-bottom: 20px; }
1132  #narrow .navbar-default { background-color: #fff; border-color: #fff; }
1133  @media (min-width: 768px) {
1134      ...
1135      .top-menu .navbar-nav > li > a { padding-top: 7px; padding-bottom: 7px; }
1136      .top-left { padding: 7px 0; }
1137  }
1138  @media (min-width: 1200px) {
1139      ...
1140      #narrow .top-menu .container { width: 1168px; }
1141  }
1142  @media (max-width: 767px) and (min-width: 500px) {
1143      ...
1144      #narrow .navbar-nav { margin: 0; }
1145  }
```

- 탑메뉴의 아래에 테두리를 추가하고, 주메뉴와 간격을 두기 위해 아랫쪽 마진을 설정합니다.
- 주메뉴의 배경색과 테두리 색상을 흰색으로 합니다.
- 탑메뉴의 높이를 줄이기 위해 브라우저 너비가 768px 이상 때 미디어쿼리를 이용해 상하 패딩을 7px로 설정합니다.
- 1200px 이상의 브라우저 너비일 때 콘테이너 너비를 2픽셀 줄여서 1168px로 설정합니다.
- 좁은 너비에서 탑메뉴의 아래에 나타나는 스크롤바를 제거하기 위해 .navbar의 마진을 0으로 설정합니다.

```
382 @media (min-width: 768px) {
383     ...
384     #narrow #main-menu .navbar-nav>li>a { padding-top: 7px; padding-bottom: 7px;
margin-top: 7px; margin-bottom: 7px; border-radius: 3px; }
385 }
```

메뉴는 해당 페이지에 있으면 배경색이 회색으로 됩니다. 높이를 줄이기 위해 넓은 폭에서 상하 패딩을 줄이고 줄인 만큼 상하 마진을 눌려준 다음 둥근 모서리를 적용합니다.

```
383 #nav { z-index: 10; }
```

메뉴에 서브 메뉴를 배치하면 아래의 제목바와 겹치므로 제목바보다 위에 나타날 수 있게 z-index를 설정합니다.

```
172  $('label[for="user_email"]').wrapInTag({
173      tag: 'span',
174      words: ['Email']
175  });
176  $('label[for="user_email"] span').text('이메일');
```

회원가입 모달 창에서 이메일이 영문으로 나타나는 문제는 3장에서 사용한 플러그인을 이용해 한글로 수정합니다. 이 레이블 태그는 필수라는 표시를 위한 별표가 font 태그를 사용하고 있어서 다른 방법을 사용할 수 없습니다.

옵션 설정

```
264  // $options[] = array(
265  //     'name' => __('탑메뉴 좌측 콘텐츠', 'options_check'),
266  //     'desc' => __('탑메뉴 좌측 콘텐츠.', 'options_check'),
267  //     'id' => 'top-left-content',
268  //     'std' => '',
269  //     'type' => 'textarea');
270
271  $wp_editor_settings = array(
272      'wpautop' => true, // Default
273      'textarea_rows' => 1,
274      'media_buttons' => true
275  );
276  $options[] = array(
277      'name' => __( '탑메뉴 좌측 콘텐츠', 'theme-textdomain' ),
278      'desc' => sprintf( __( '탑메뉴 좌측 콘텐츠', 'theme-textdomain' )),
279      'id' => 'top-left-content',
280      'type' => 'editor',
281      'settings' => $wp_editor_settings
282  );
```

탑메뉴 왼쪽 콘텐츠는 option.php 파일에서 type을 textarea나 eidtor를 사용해 옵션을 만듭니다. textarea는 HTML 코드를 사용할 수 없습니다. 폰트 어썸 아이콘을 추가하려면 editor를 사용합니다.

그림 4-11 탭메뉴 왼쪽 콘텐츠 추가

테마 옵션에서 텍스트 탭을 선택하고 아이콘과 텍스트를 입력하면 됩니다. 이 영역은 모바일에서는 나타나지 않게 설정했습니다.

그림 4-12 모바일 화면에서 확인

모바일 크기에서 탭메뉴와 메인 메뉴의 형태입니다. 하나의 버튼으로 두 개의 메뉴를 콜랩스할 수 있습니다.

06 이용약관 페이지 만들기

WP-Members 플러그인의 옵션 설정에서 회원가입 할 때 이용약관에 체크해야만 회원 가입을 할 수 있게 했습니다. 이용약관 페이지는 부트스트랩의 어코디언을 이용해 페이지를 만들어보겠습니다. 워드프레스는 기본적으로 편집기의 텍스트 탭 화면에서 HTML 태그를 사용하면 일부 태그를 제거하는 습성이 있습니다. 입력하고 비주얼 탭을 클릭한 다음 다시 텍스트 탭에 들어오면 기존에 입력했던 일부 태그가 사라지죠. 이를 보존하려면 플러그인을 사용해야 합니다. 플러그인 추가하기 화면에서 Raw HTML로 검색하고 설치해 활성화 합니다.

```
1 <button id="close-all" class="btn btn-default" type="button">모두 닫기</button>
  <button id="open-all" class="btn btn-primary" type="button">모두 열기</button>
2
3 <div id="accordion" class="panel-group m-top-10">
4   <div class="panel panel-default">
5     <div id="headingOne" class="panel-heading">
6       <h4 class="panel-title"><a href="#collapseOne" data-toggle="collapse" data-parent="#accordion"> 제 1 조 </a></h4>
7     </div>
8     <div id="collapseOne" class="panel-collapse collapse in">
9       <div class="panel-body">Anim pariatur cliche reprehenderit, enim eiusmod high ....</div>
10    </div>
11  </div>
12  ...
13 </div>
```

우선 서브라임 텍스트 편집기에서 부트스트랩의 어코디언을 이용해 위의 형태로 코드를 만듭니다. 상단에는 모두 닫거나 열 수 있는 버튼을 만듭니다.

```
62 //어코디언
63 $('#close-all').click(function(){
64   $('.panel-collapse.in').collapse('hide');
65 });
66 $('#open-all').click(function(){
67   $('.panel-collapse:not(".in")').collapse('show');
68 });
```

custom.js에는 버튼을 제어할 수 있는 코드를 추가합니다.

```
358 #accordion .panel-heading { padding: 0; }
359 #accordion .panel-heading a { padding: 10px 15px; display: block; text-decoration: none; }
```

어코디언의 클릭할 수 있는 범위를 넓히기 위해 style.css에 코드를 추가합니다.

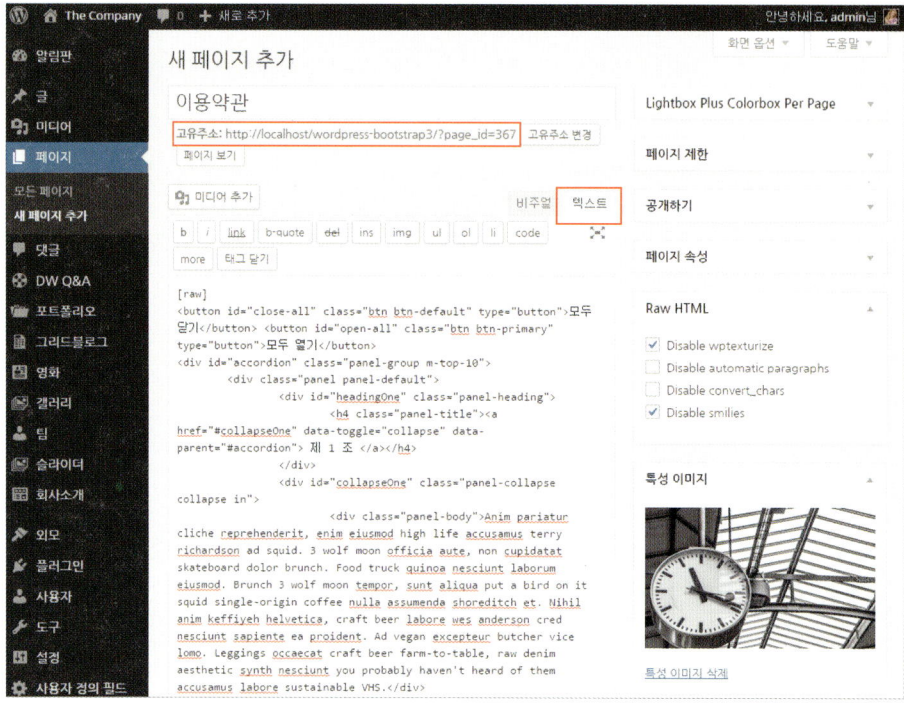

그림 4-13 이용약관 페이지 만들기

관리자 화면의 새 페이지 추가에서 제목을 입력하고 텍스트 탭을 활성화 한 뒤 Raw HTML의 단축코드인 [raw]…[/raw]를 만들고 이 사이에 어코디언 코드를 붙여넣습니다. Raw HTML 메타박스에서 설정을 변경할 수 있습니다.

- 워드프레스는 기본적으로 따옴표를 꼬리가 있는 형태(" ")로 만드는데, Disable wptexturize는 이를 원래 형태로 만듭니다. 즉 텍스트 편집기에서 복사해온 코드 그대로 표현하는 것입니다.
- 편집기에서 엔터 키를 누르면 자동으로 p 태그가 추가되는데, Disable automatic paragraph(wpautop)는 이를 방지합니다.
- Disable convert_chars는 〈, 〉 기호를 <, >와 같은 HTML 코드로 전환하는 것을 방지합니다.
- 워드프레스에서 콜론과 우측 괄호를 이어서 쓰면 자동으로 스마일 아이콘이 만들어지는데, Disable smilies는 스마일 아이콘이 만들어지는 것을 방지합니다.

비주얼 탭으로 간 다음 다시 텍스트 탭으로 왔을 때 들여쓰기가 제거되는 것은 어쩔 수 없습니다. 코딩을 위한 편집기 플러그인을 사용해야 합니다.

제목 아래의 주소를 복사해 WP-Members의 이용약관 주소 부분에 추가합니다. 로그인 되지 않은 브라우저에서 회원가입 메뉴를 클릭해 모달 창 하단의 이용약관 링크를 클릭하면 별도의 탭에서 이용약관 페이지가 나오게 됩니다.

02 컨택트 페이지 만들기

01 Contact Form 7 사용하기

컨택트 폼에 사용할 코드 만들기

컨택트 폼은 아주 많이 사용하는 Contact Form 7 플러그인을 사용하겠습니다. 플러그인 추가하기 화면에서 Contact Form 7으로 검색해 설치하고 활성화 합니다.

```
281 // 콘택트 폼 7 부트스트랩 클래스 추가
282 add_filter( 'wpcf7_form_class_attr', 'wildli_custom_form_class_attr' );
283 function wildli_custom_form_class_attr( $class ) {
284     $class .= ' form-horizontal';
285     return $class;
286 }
```

컨택트 폼에 부트스트랩의 클래스를 추가해 사용하려면 functions.php 파일에 위 코드를 추가해야 합니다.

```
 9 <div class="form-horizontal">
10   <div class="form-group">
11     <label class="col-sm-2 control-label required" for="yourEmail">이름</label>
12     <div class="col-sm-10">[text* your-name   class:form-control]</div>
13   </div>
14   <div class="form-group">
15     <label class="col-sm-2 control-label required" for="yourEmail">이메일</label>
16     <div class="col-sm-10">[email* your-email id:yourEmail class:form-control]</div>
17   </div>
18   <div class="form-group">
19     <label class="col-sm-2 control-label required" for="yourEmail">제목</label>
20     <div class="col-sm-10">[text* your-subject id:your-subject class:form-control]</div>
21   </div>
22   <div class="form-group">
23     <label class="col-sm-2 control-label required" for="yourMessage">메시지</label>
24     <div class="col-sm-10">[textarea* your-message id:yourMessage class:form-control x5]</div>
25   </div>
26   <div class="form-group">
27     <label class="col-sm-2 control-label required" for="captcha">[captchac captcha-490 size:s]</label>
28     <div class="col-sm-10">[captchar id:captcha class:form-control captcha-490]</div>
29   </div>
30   <div class="form-group">
31     <div class="col-sm-offset-2 col-sm-10"><button type="submit" class="btn btn-large btn-primary">보내기</button><img class="ajax-loader" src="http://localhost/wordpress-bootstrap2/wp-content/plugins/contact-form-7/images/ajax-loader.gif" alt="Sending ..." style="visibility: hidden; opacity: 1;"></div>
32   </div>
33 </div>
```

워드프레스 관리자 화면의 주 메뉴에서 Contact를 선택하면 기본 폼이 하나 나타나며 이를 클릭해 들어가면 단축코드가 있습니다. 이 코드에 부트스트랩 폼을 만들기 위한 코드를 추가하면 위와 같이 됩니다. 이 플러그인에서는 스팸 이메일을 방지하기 위해 캡챠를 사용하는데 이미 Really Simple Captcha를 설치했으므로 단축코드만 추가하면 됩니다. 이전에 functions.php 파일에 추가한 코드는 위 단축코드 내부에 class:form-cotrol 등을 추가하기 위한 것입니다. 저장한 후 상단에서 컨텍트 폼 단축코드를 복사합니다.

컨택트 폼에 추가하기

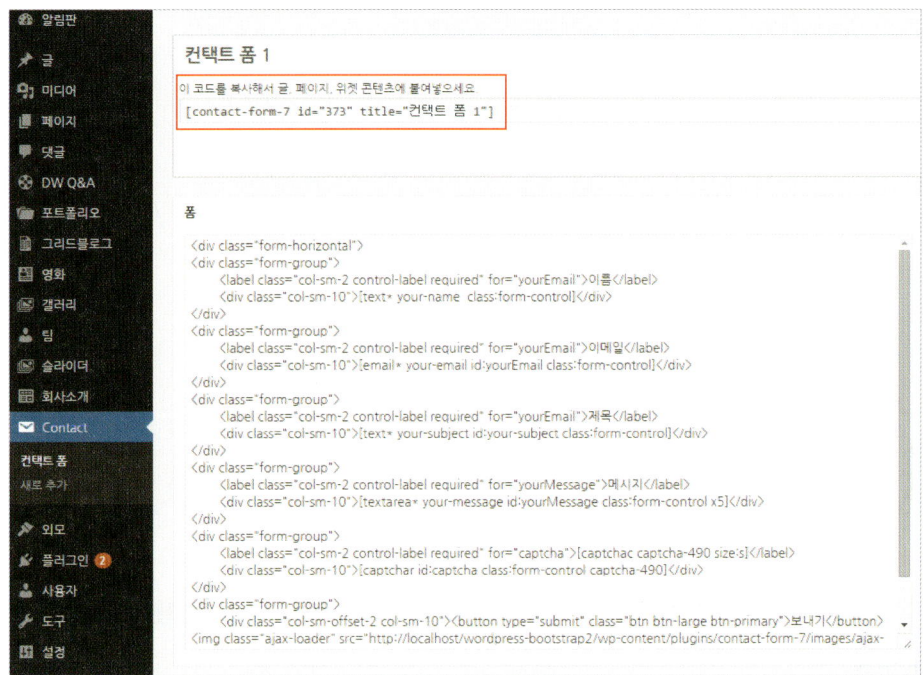

그림 4-14 컨택트 폼 추가하기

이 화면 아래에서 여러 가지 설정을 할 수 있습니다.

그림 4-15 관리자에게 보내는 이메일

메일은 관리자에게 발송되는 이메일에 관한 설정을 하는 부분입니다.

그림 4-16 방문자에게 보내는 이메일

메일 2는 컨택트 폼을 작성한 방문자에게 자동으로 보내지는 이메일입니다. 많이 사용하는 플러그인이므로 자세한 설명은 생략합니다.

02 컨택트 폼 페이지 만들기

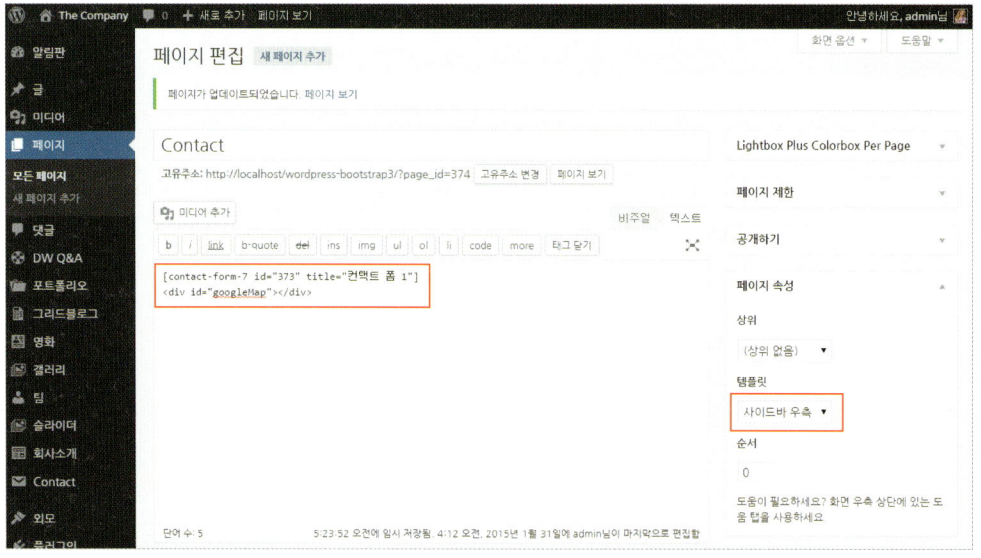

그림 4-17 컨택트 페이지 만들기

새 페이지를 만들면서 컨택트 폼 단축코드와 앞으로 추가할 구글맵 div 태그를 만들어놓습니다. 템플릿을 선택한 후 특성 이미지를 추가하고 저장합니다.

03 구글 맵 사용하기

구글 맵을 추가하기 위해 워드프레스 플러그인을 사용할 수 있지만 지도 하나 삽입하기 위해 플러그인을 설치할 필요는 없습니다. 구글맵 제이쿼리 플러그인만으로 사이트의 어디에나 추가할 수 있습니다.

01 파일 내려받아 설치하기

http://gmap3.net/

위 링크에서 Gmap3를 내려받아 압축을 해제하고 gmap3.min.js 파일을 복사해 테마의 js 폴더에 붙여넣습니다. 파일에 다양한 예제가 있으니 참고하세요.

```
27    <script src="http://maps.googleapis.com/maps/api/js?sensor=false" type="text/javascript"></script>
28    <?php wp_head(); ?>
29   </head>
```

header.php와 header-wide.php 파일에서 <?php wp_head(); ?> 바로 위에 구글 맵 API를 삽입합니다.

```
32    wp_enqueue_script('gmap-js', get_stylesheet_directory_uri() . '/js/gmap3.min.js', array('jquery'), null, true);
```

functions.php 파일에 자바스크립트를 등록합니다.

```
362 #googleMap, #googleMap2 { width: 100%; height: 500px; }
363 #googleMap img, #googleMap2 img { max-width: inherit; }
```

style.css 파일에는 위와 같이 추가합니다. 지도는 전체 너비를 사용하도록 하고 높이를 설정합니다. 여러 가지 위치의 지도를 사용할 경우 아이디 선택자를 계속 추가합니다. aritlce 태그 내부의 이미지에 설정된 max-width를 원래의 크기로 되돌려야 지도 왼쪽의 지도 내비게이션 이미지가 제대로 나타납니다.

```
71  //구글맵
72  var $map = $("#googleMap");
73
74  $map.gmap3({
75  map: {
76      options: {
77          maxZoom: 19,
78          scrollwheel: false
79      }
80  },
81  marker:{
82      latLng:[37.4946063,127.040223,15],
83      address: "역삼역",
84      options: {
85       icon: new google.maps.MarkerImage(
86          "http://gmap3.net/skin/gmap/magicshow.png",
87          new google.maps.Size(32, 37, "px", "px")
88       )
89      }
90  }
91  },
92  "autofit" );
```

custom.js 파일에는 위와 같이 추가합니다. options에서 19의 숫자를 변경하면 줌 레벨을 수정할 수 있고, scrollwheel은 지도에 마우스를 올렸을 때의 줌 효과를 결정합니다. 지도의 위치는 latLag에 위도와 경도를 입력하거나 address에 직접 한글로 입력해도 됩니다. 지도를 추가로 만들 때는 위 코드를 복사해 id 선택자와 주소만 바꾸고 스타일시트에 선택자를 추가한 다음 이 아이디로 원하는 위치에 div를 만들면 됩니다.

그러면 지금까지 한 내용을 전면 페이지 하단에 고객센터라는 코드 블록으로 만들어보겠습니다.

02 전면 페이지에 코드 블록 만들기

```
 89     <div id="front-contact" class="container-fluid p-all-0 m-top-30">
 90       <?php $src = wp_get_attachment_image_src( get_post_thumbnail_id(324), array( 10000,10000 ) ); ?>
 91       <div class="code-block text-center overlay m-btm-30" style="background: url(<?php echo $src[0]; ?>) center no-repeat;background-size:cover;padding: 80px 0;" data-stellar-background-ratio="0.5">
 92         <div class="container get_excerpt">
 93           <h1><?php echo get_the_title(324); ?></h1>
 94           <p><?php echo get_excerpt_by_id(324); ?></p>
 95         </div>
 96       </div>
 97       <div class="container p-all-0">
 98         <?php get_template_part('code-block/front', 'contact'); ?>
 99       </div>
100     </div><!-- #front-contact -->
101     <div class="container-fluid googlemap p-all-0">
102       <div id="googleMap"></div>
103     </div>
```

front-page.php 파일 하단에 이전의 코드블록을 복사해 붙여넣고 id 선택자를 수정합니다. 페이지 헤더는 게시판의 것을 사용했습니다. get_template_part()를 이용해 가져오기 코드를 만들고 하단에는 .container-fluid로 구글맵을 추가합니다.

```
 1     <div class="container waypoint moveDown" data-animate-down="medium moveUp">
 2       <div class="row">
 3         <div class="col-md-4">
 4           <div class="well">
 5             <h3>고객센터 안내</h3>
 6             <?php echo do_shortcode('[contentblock id=customer-guide]'); ?>
 7           </div>
 8         </div>
 9         <div class="col-md-4">
10           <div class="well">
```

```
11          <?php echo do_shortcode('[dwqa-latest-answers number="5" title="최근 답변"]'); ?>
12        </div>
13      </div>
14      <div class="col-md-4">
15        <div class="well">
16          <?php echo do_shortcode('[dwqa-popular-questions number="5" title="인기 질문"]'); ?>
17        </div>
18      </div>
19    </div>
20    <div class="row">
21      <div class="col-md-4">
22        <div class="well">
23          <h3>회사 정보</h3>
24          <?php echo do_shortcode('[contentblock id=company-info]'); ?>
25        </div>
26      </div>
27      <div class="col-md-8">
28        <?php echo do_shortcode( '[contact-form-7 id="373" title="컨택트 폼 1"]' ) ?>
29      </div>
30    </div>
31  </div>
```

code-block 폴더에 추가할 front-contact.php 파일은 위와 같습니다. .well 클래스를 이용해 테두리를 만듭니다. 고객센터 안내는 콘텐츠 블록(설정 → Global Content Block)으로 콘텐츠를 만들어 단축코드로 가져오기 합니다. 이전에 설치한 게시판 플러그인은 단축코드를 사용할 수 있는데, 최근 답변과 인기 질문을 위와 같이 추가합니다. 회사 정보도 콘텐츠 블록으로 만들고 가져오기 합니다. 컨택트 폼도 단축코드를 사용합니다.

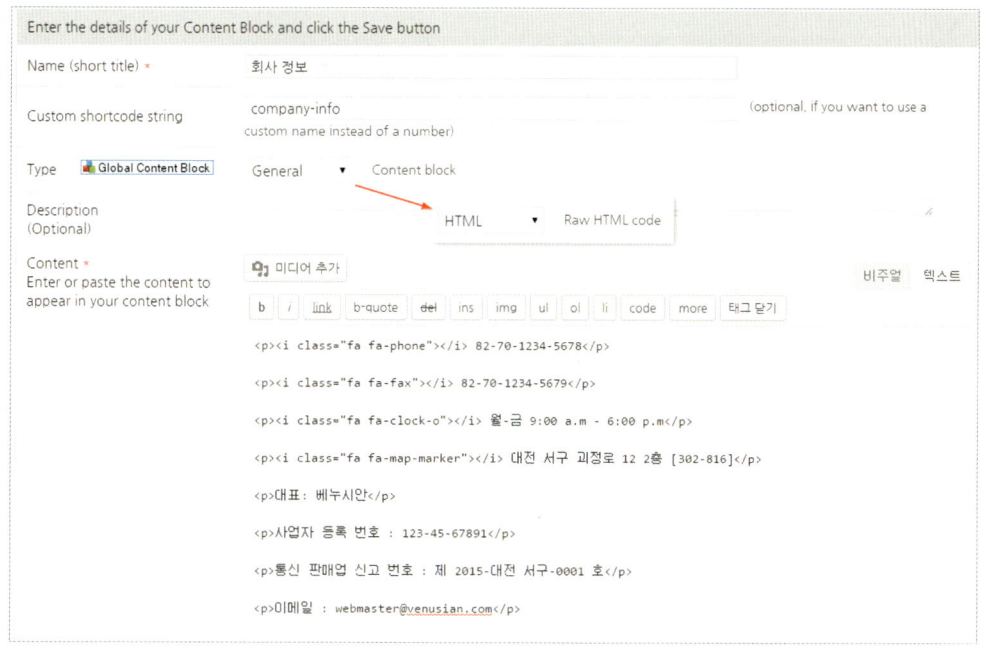

그림 4-18 회사 정보 콘텐츠 블록 만들기

콘텐츠 블록에서 회사 정보를 입력할 때 General을 선택하면 워드프레스의 기본 스타일인 p 태그를 자동으로 추가하는데 버그인지 안될 때도 있습니다. 이럴 때는 각 줄에 p 태그를 추가하세요.

```
362 #front-contact .well { background-color: #fff; }
363 #front-contact .well h3 { margin-top: 0; }
```

스타일시트는 위와 같이 추가합니다.

```
49 h2.widget-title, h2.entry-title, h1.entry-title, .author-info h2, .well h3 { font-size: 20px; padding-bottom: 10px; border-bottom: 1px solid #ddd; }
```

제목에 밑줄 추가하는 부분에서 선택자를 추가합니다.

```
31 $( ".entry-header, #front-contact, .widget-area" ).find('h1, h2, h3').wrapInner( "<span></span>" );
```

제이쿼리에도 추가합니다.

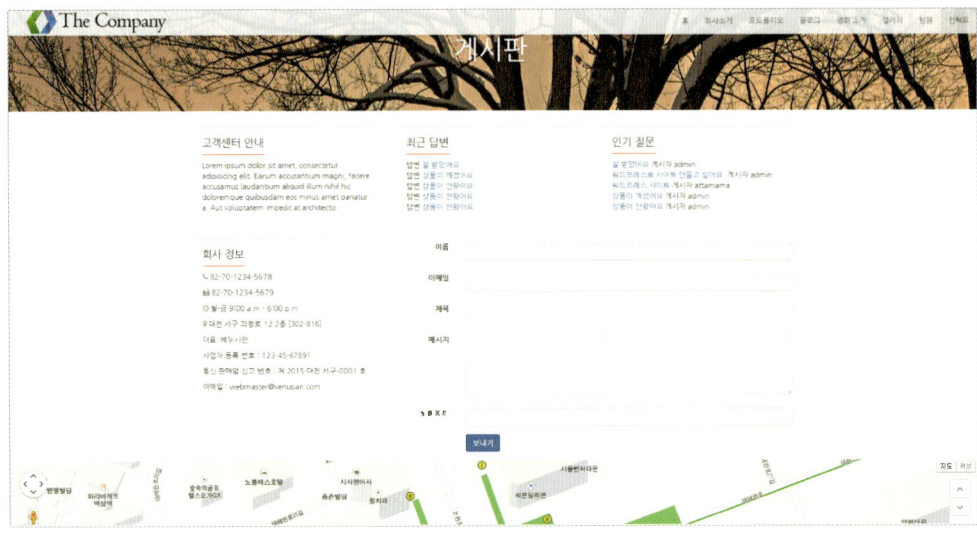

그림 4-19 사이트에서 확인

관리자 화면의 외모 → 메뉴에서 전면 페이지 메뉴에도 링크를 이용해 메뉴(#front-contact)를 추가하고 사이트에서 확인합니다. 하단에서 구글 지도를 볼 수 있습니다.

푸터 만들기 04

footer.php도 두 개를 만듭니다. 하나는 로고만 있는 푸터로 전면 페이지에 사용하고, 다른 하나는 여러 가지 위젯을 배치한 푸터로 두 번째 홈페이지에 사용할 것입니다.

01 두 번째 홈페이지 푸터

```
60 register_nav_menus( array(
61     'footer' => __( '푸터 메뉴', 'the_bootstrap' ),
62 ) );
```

functions.php 파일에서 푸터 메뉴를 등록합니다.

```
136     register_sidebar( array(
137         'name'          => __( '푸터 위젯 영역', 'twentyfifteen' ),
138         'id'            => 'sidebar-7',
139         'description'   => __( 'Add widgets here to appear in your sidebar.', 'twentyfifteen' ),
140         'before_widget' => '<aside id="%1$s" class="col-md-3 widget %2$s">',
141         'after_widget'  => '</aside>',
142         'before_title'  => '<h2 class="widget-title">',
143         'after_title'   => '</h2>',
144     ) );
```

위젯 등록 부분에서도 위젯을 하나 추가하면서 .col-md-3 클래스를 추가합니다.

```
15    <footer id="colophon" class="container site-footer m-top-20" role="contentinfo">
16      <div class="container footer-widget">
17        <div class="row">
18          <?php if ( is_active_sidebar( 'sidebar-7' ) ) : ?>
19            <div id="widget-area" class="widget-area" role="complementary">
20              <?php dynamic_sidebar( 'sidebar-7' ); ?>
21            </div><!-- .widget-area -->
22          <?php endif; ?>
23        </div><!--/.footer-widget-->
24      </div>
```

footer.php 파일을 열고 footer 태그 내부의 모든 코드를 제거합니다. 이전의 container는 제거하고 .container > .row div에서 위젯 사이드바를 가져옵니다. 나중에 있을 수 있는 제어를 위해 .footer-widget 클래스를 미리 입력해둡니다.

```
25    <nav id="footer-nav" class="navbar navbar-default bdr-0">
26      <div class="container footer-bottom">
27        <!-- Brand and toggle get grouped for better mobile display -->
28        <div class="navbar-header">
29          <a class="logo p-lft-20" href="<?php echo home_url(); ?>">
30            <div class="site-title sr-only">
31              <?php bloginfo('name'); ?>
32            </div>
33            <img src="<?php echo of_get_option( 'logo_image', 'no entry' ); ?>">
34          </a><!-- .logo -->
35        </div>
36
37        <!-- Collect the nav links, forms, and other content for toggling -->
38        <div class="footer-menu">
39          <?php
40            wp_nav_menu( array(
41              'menu'              => 'footer',
42              'theme_location'    => 'footer',
43              'depth'             => 2,
44              'container'         => 'div',
45              'container_class'   => 'collapse navbar-collapse',
```

```
46            'container_id'        => 'navbar-collapse-4',
47                    'menu_class'          => 'nav navbar-nav navbar-right footer-nav',
48                    'fallback_cb'         => 'wp_bootstrap_navwalker::fallback',
49                    'walker'              => new wp_bootstrap_navwalker()
50            );
51        ?>
52        </div><!-- /.footer-menu -->
53    </div><!-- /.container -->
54 </nav>
```

바로 아래에 header.php 파일의 내비게이션 부분을 복사해 붙여넣고 버튼 부분을 제거합니다. 푸터 메뉴에는 많은 메뉴를 추가하지 않으므로 모바일에서도 메뉴가 그대로 나타나게 하겠습니다. nav 태그의 id를 수정하고 .footer-menu도 수정합니다. wp_nav_menu에서 menu와 theme_location은 footer로 수정합니다. .container_class는 제거하고 container_id의 숫자는 4로 변경한 다음 .footer-nav 클래스를 추가합니다.

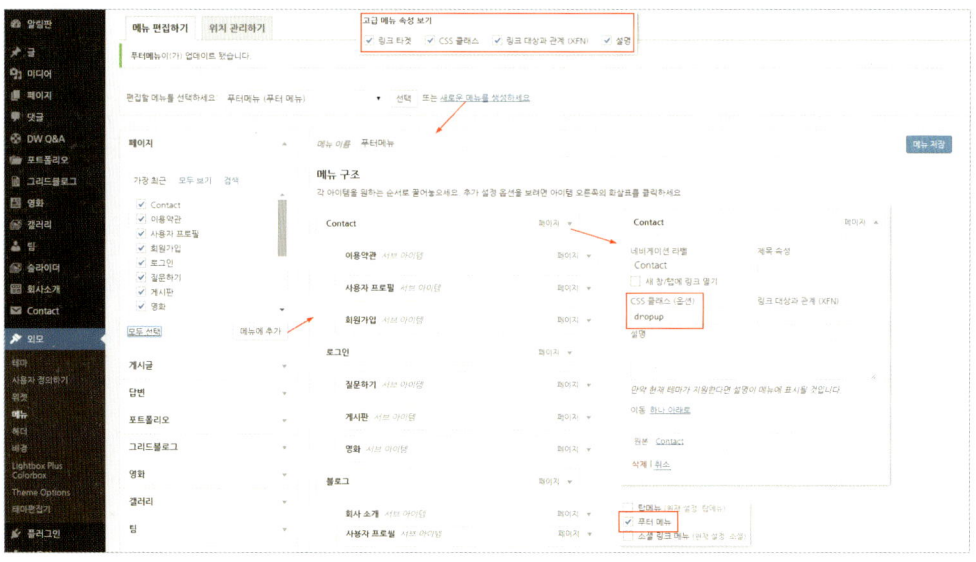

그림 4-20 푸터 메뉴 테스트

메뉴 화면에서 오른쪽 상단에 있는 화면 옵션 탭을 클릭해 열고 고급 메뉴 속성보기에 있는 체크박스를 모두 체크합니다. 새로운 메뉴를 생성해 이름을 '푸터메뉴'로 입력하고 엔터 키를

04. 푸터 만들기   481

누른 다음 페이지 박스에서 모두 체크하고 메뉴에 추가합니다. 메뉴 중 일부를 무작위로 오른쪽으로 끌어다 놓아 하위 메뉴로 만듭니다. 모든 상위 메뉴 박스를 열고 dropup 클래스를 추가합니다. 하단에서 푸터메뉴에 체크하고 메뉴 저장 버튼을 클릭합니다. 테스트 후에는 필요한 메뉴만 추가하도록 합니다. 메뉴에 추가를 마친 다음 위젯 화면에서 푸터 위젯 영역에 그동안 만든 글 타입 콘텐츠를 Ultimate Post 위젯을 이용해 글 타입 별로 4개 배치합니다. 글은 3개씩 나타나게 합니다.

```
366  /*푸터*/
367  .footer-nav .navbar-nav>li>.dropdown-menu {
368    border-top-left-radius: 4px;
369    border-top-right-radius: 4px;
370    border-bottom-left-radius: 0px;
371    border-bottom-right-radius: 0px;
372  }
373  #wide #footer-nav.navbar-default {
374    box-shadow: 0 0px 0px rgba(0,0,0,.1);
375    border: none;
376    background-color: #fff;
377  }
378  @media (min-width: 1200px) {
379    ...
380    #narrow .top-menu .container, .container.footer-bottom { width: 1168px; }
381  }
```

style.css 파일에 위 코드를 추가합니다. 드롭업 메뉴의 상단 모서리를 둥글게 하고 하단은 둥근 모서리를 제거합니다. 메뉴바의 배경은 흰색으로 하고 테두리와 그림자 효과는 모두 제거합니다. 미디어쿼리를 이용해 1200px 이상일 때 메뉴바 .container의 너비를 2픽셀 줄입니다.

04 전면 페이지 푸터

```
15    <footer id="colophon" class="site-footer m-top-20" role="contentinfo">
16        <div class="container footer-widget">
17            <div class="row">
18                <?php if ( is_active_sidebar( 'sidebar-7' ) ) : ?>
19                    <div id="widget-area" class="widget-area" role="complementary">
20                        <?php dynamic_sidebar( 'sidebar-7' ); ?>
21                    </div><!-- .widget-area -->
22                <?php endif; ?>
23            </div>
24        </div><!-- /.footer-widget -->
```

footer.php 파일을 복사해 footer-wide.php 파일을 만들고 위젯 부분을 제거한 뒤 저장합니다.

```
107 <?php get_footer('wide'); ?>
```

front-page.php 파일을 열고 하단에서 get_footer에 'wide'를 추가하고 저장합니다. 전면 페이지는 콘텐츠가 많으므로 푸터에 위젯을 배치할 일이 거의 없습니다.

그림 4-21 푸터 위젯

사이트에서 확인합니다.

05 콘텐츠 영역을 전체 너비로 사용하기

지금까지 만든 레이아웃은 너비를 유연하게 바꿀 수 있는 구조입니다. 기본적으로 가장 바깥쪽은 너비를 정하지 않고 요소가 나오는 순서대로 모두 .container나 .container-fluid를 사용하고 있기 때문입니다. 지금까지 제목바 아래에 있는 콘텐츠는 .container 클래스를 사용해 1170 픽셀로 제한했는데, 이를 .container-fluid로 바꾸면 전체 너비로 늘어납니다. 템플릿에서 일일이 선택자를 바꾸기는 번거로우니 페이지마다 옵션을 만들어 이 옵션을 선택하면 바뀌는 구조로 만들어보겠습니다.

01 사용자 정의 필드 만들기

그림 4-22 페이지 레이아웃을 위한 사용자 정의 필드 만들기

사용자 정의 필드에서 새로운 필드를 만듭니다. 제목을 입력하고 필드를 추가하면서 변수로 사용할 필드 이름을 영문으로 입력하고 필드 타입은 라디오 버튼을 선택합니다. 포트폴리오와 갤러리에서만 사용할 것이니 필드 가이드에 설명을 입력합니다. 선택에서 변수로 사용할 이름을 입력하는데 하나는 -fluid로 입력하고 콜론 다음에 페이지 편집 화면에 나타날 이름을 입력합니다. 두 번째 이름은 변수로 사용하지 않으니 아무 이름이나 입력하고 콜론 다음에 박스를 입력합니다.

그림 4-23 위치 조건 추가

위치 박스에서 페이지 템플릿이 포트폴리오인 경우를 선택하고 하단의 '규칙그룹 추가하기' 버튼을 클릭해 페이지 템플릿이 갤러리인 경우를 선택한 다음 공개하기 버튼을 클릭합니다.

05 갤러리 템플릿 수정

```
16 <?php if ( get_field('container_layout') == '-fluid') : ?>
17 <div class="container<?php echo the_field('container_layout'); ?> wide-layout">
18 <?php else: ?>
19 <div class="container">
20 <?php endif; ?>
21     <div class="row">
22         <div id="content" class="col-md-12">
```

테마 폴더에서 page-gallery.php 파일을 열고 상단의 .container div를 위와 같이 수정합니다. 콘테이너 레이아웃의 값이 -fluid일 때의 조건문을 만들고 .container 바로 다음에 이를 출력하는 코드를 추가합니다. 이 코드 다음에 한칸 띄고 스타일시트로 제어하기 위한 .wide-layout 클래스를 추가합니다. else 부분에는 이전의 .container div를 만들고 endif;로 종료합니다.

```
461 @media (min-width: 1200px) {
462   ...
463   .container-fluid.wide-layout .thumbs.col-md-3 { width:20%; }
464 }
465 @media (min-width: 1400px) {
466   .container-fluid.wide-layout .thumbs.col-md-3 { width:16.66666%; }
467 }
```

미디어쿼리를 이용해 너비를 조절합니다. 1400px의 미디어쿼리를 새로 만들고 이곳에는 전체 너비의 6분의 1에 해당하는 너비를 퍼센트로 입력합니다. 그러면 1400px 이상에서는 하나의 행에 6개의 그리드가 나타납니다. 1200px 이상에서는 그리드 너비를 20%로 하면 1400px~1200px에서는 한 행에 5개의 그리드가 나타납니다. 그 이하의 너비에서는 이전과 같습니다.

03 와이드 갤러리 페이지 만들기

그림 4-24 와이드 갤러리 만들기

갤러리 페이지 편집 화면을 보면 사용자 정의 필드에서 만든 페이지 레이아웃 박스가 있습니다. 우선 박스를 선택해 업데이트 버튼을 클릭하고 새로운 레이아웃의 갤러리를 만들기 위해

Copy to a new draft 링크를 클릭합니다. 제목을 와이드 갤러리로 변경하고 레이아웃을 와이드로 선택한 다음 공개하기 버튼을 클릭합니다.

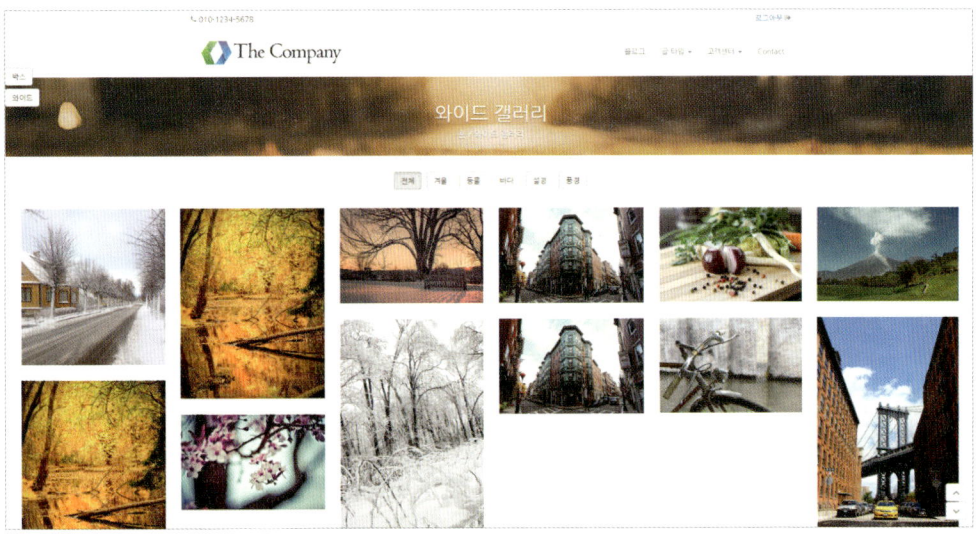

그림 4-25 사이트에서 확인

사이트에서 확인하면 설정한 대로 전체 너비의 그리드로 나타납니다. 물론 스타일 스위처는 와이드로 해야 합니다. 포트폴리오도 코드를 추가하고 같은 방법으로 테스트 해보세요.

스타일 스위처와 연동하기 위해 수정해보겠습니다. 다만 제대로 작동하지 않아 스위처 버튼을 두 번 클릭해야 할 때도 있습니다. 시도해 볼 독자를 위해 간략히 설명하겠습니다.

```
3  @media (min-width: 1200px) {
4    ...
5    .container-fluid.wide-layout { width: 1168px !important; }
6    .container-fluid.wide-layout .thumbs.col-md-3 { width:25% !important; }
7  }
8  @media (min-width: 1400px) {
9    .container-fluid.wide-layout { width: 1168px !important; }
10   .container-fluid.wide-layout .thumbs.col-md-3 { width:25% !important; }
11 }
```

style-box.css에 위와 같이 추가합니다.

```
4 @media (min-width: 1200px) {
5   .container-fluid.wide-layout .thumbs.col-md-3 { width:20%; }
6 }
7 @media (min-width: 1400px) {
8   .container-fluid.wide-layout .thumbs.col-md-3 { width:16.6666%; }
9 }
```

style-wide.css에는 위와 같이 추가합니다.

```
353 $('.wide-box').click( function() {
354   $container3.isotope('layout');
355 });
```

custom.js에서 갤러리 부분에 위와 같이 추가합니다.

```
33 <?php if(!is_front_page() && !is_page( array(418, 423))): ?>
34 <div class="visible-lg-block">
35   <a href="#" rel="<?php echo esc_url( get_stylesheet_directory_uri() ); ?>/style-wide.css" class="btn btn-default wide-box wide">와이드</a>
36   <a href="#" rel="<?php echo esc_url( get_stylesheet_directory_uri() ); ?>/style-box.css" class="btn btn-default wide-box box">박스</a>
37 </div>
38 <?php endif; ?>
```

갤러리 페이지(418)와 포트폴리오 페이지(423)에서는 스타일 스위치 버튼이 나오지 않게 하려면 페이지 아이디를 추가해 조건문을 만들면 됩니다.

06 두 번째 홈페이지 만들기

지금까지는 전면 페이지를 홈페이지로 사용했고, 상단의 주메뉴를 클릭하면 홈페이지 내부의 해당 콘텐츠로 이동하는 원 페이지 시스템이었습니다. 새로운 홈페이지를 만들고 이를 전면 페이지로 사용하고 기존의 전면 페이지는 새로운 홈페이지의 일부로 메뉴에 나타나게 해보겠습니다.

01 캐러젤 만들기

두 번째 홈페이지에는 높이를 조절할 수 있는 슬라이더를 사용하겠습니다. 기존의 전면 페이지 슬라이더는 기본적으로 브라우저의 전체 높이를 사용하는데, 이를 강제로 높이를 줄여서 사용하는 것보다는 새로운 슬라이더를 만드는 것이 좋습니다. 부트스트랩에 내장된 캐러젤을 사용해보겠습니다.

3장에서 캐러젤 글 타입을 만들었는데, 이를 출력하려면 싱글 페이지가 필요합니다. single-slider.php 파일을 복사해 single-carousel.php 파일로 수정하고 이 파일을 편집기로 엽니다.

```
1  <?php get_header(); ?>
2
3    <?php $attachments = new Attachments( 'gallery_attachments' ); ?>
4    <?php if( $attachments->exist() ) : ?>
5    <div id="carousel" class="carousel slide" data-ride="carousel">
6      <ol class="carousel-indicators">
7        <li data-target="#carousel" data-slide-to="0" class="active"></li>
```

```
 8            <li data-target="#carousel" data-slide-to="1"></li>
 9            <li data-target="#carousel" data-slide-to="2"></li>
10            <li data-target="#carousel" data-slide-to="3"></li>
11            <li data-target="#carousel" data-slide-to="4"></li>
12        </ol>
13        <div class="carousel-inner" role="listbox">
14            <?php while( $attachments->get() ) : ?>
15            <div class="item">
16                <?php echo $attachments->image( 'slider450' ); ?>
17                <div class="carousel-caption">
18                    <h3><?php echo $attachments->field( 'gallery_title' ); ?></h3>
19                    <p><?php echo $attachments->field( 'gallery_caption' ); ?></p>
20                </div>
21            </div>
22            <?php endwhile; ?>
23        </div>
24        <nav class="carousel-navigation">
25            <a class="left carousel-control" href="#carousel" role="button" data-slide="prev">
26                <span class="glyphicon glyphicon-chevron-left" aria-hidden="true"></span>
27                <span class="sr-only">Previous</span>
28            </a>
29            <a class="right carousel-control" href="#carousel" role="button" data-slide="next">
30                <span class="glyphicon glyphicon-chevron-right" aria-hidden="true"></span>
31                <span class="sr-only">Next</span>
32            </a>
33        </nav>
34    </div>
35    <?php endif; ?>
36
37 <?php get_footer(); ?>
```

코드는 위와 같이 부트스트랩의 캐러젤 구조로 변경합니다. 슬라이더 이미지를 5개만 사용할 것이므로 .carousel-indicators의 li 태그를 5개 만들고, 첫 번째 li 태그에 .active를 추가합니다.

슬라이더 이미지는 3장에서 만든 slider450 사이즈를 사용합니다. 캡션을 위해 Attachments 플러그인의 gallery_title과 gallery_caption을 사용하고 나머지 코드는 부트스트랩의 캐러젤 코드를 그대로 사용합니다.

```
 63 $('.carousel-inner .item:first-child').addClass('active');
```

custom.js에 제이쿼리 코드를 추가합니다. 캐러젤은 활성화된 불릿과 이미지가 동일한 순서로 .item 클래스에 .active 클래스가 있어야 하는데, 반복문 구조에 이를 추가하면 모든 .item에 추가됩니다. 따라서 .carousel-indicators의 li에 추가한 .active의 순서와 동일하게 .item에 .active를 추가합니다. 이것이 없으면 작동이 안됩니다.

```
417 .carousel-inner img { width: 100%; }
```

style.css에서는 위와 같이 슬라이더 이미지를 100%로 늘려줍니다. 이미지가 작기 때문에 화면이 전체 너비일 때 한쪽에 치우쳐 나타납니다.

02 캐러젤 글 만들기

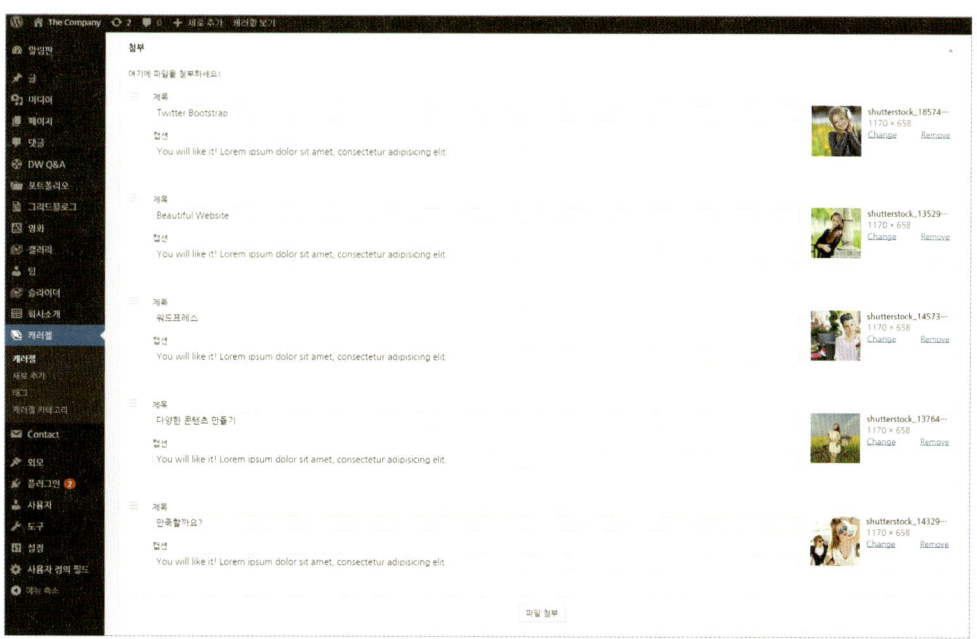

그림 4-26 캐러젤 이미지 업로드

캐러젤 새로 추가에서 글 제목에 '홈페이지 슬라이더'로 입력하고 첨부 박스에서 5개의 이미지를 추가합니다. 각 이미지의 제목과 캡션을 입력하고 공개하기 버튼을 클릭합니다. 글 제목 아래의 '캐러젤 보기' 버튼을 클릭하면 사이트에 슬라이더가 나타납니다.

그림 4-27 사이트에서 확인

참고로 위 이미지는 유료 이미지이므로 샘플로 제공되지는 않습니다.

```
3    <?php $attachments = new Attachments( 'gallery_attachments', '460' ); ?>
4    <?php if( $attachments->exist() ) : ?>
5    <div id="carousel" class="carousel slide" data-ride="carousel">
6       ...
7    <?php endif; ?>
```

지금까지 만든 캐러젤을 홈페이지에 사용하기 위해서 code-block 폴더에 home-carousel.php 파일을 만들고 single-carousel.php의 get_header()와 get_footer()를 제외한 코드를 복사해 붙여넣습니다. gallery_attachments에 글 아이디를 추가합니다.

03 home-page.php 템플릿 만들기

```
1  <?php
2  /**
3   * Template name: One Page 템플릿
4   *
5   * @package WordPress
6   * @subpackage Twenty_Fifteen
7   * @since Twenty Fifteen 1.0
8   */
9
10 get_header('wide'); ?>
```

front-page.php 파일의 이름을 one-page.php로 수정하고 상단에 Template name: One Page 템플릿을 추가합니다. 이 파일은 더 이상 전면 페이지가 아니므로 사이트에서는 아무것도 나타나지 않습니다. 이 파일을 복사해서 home-page.php 파일을 만들고 편집기로 엽니다.

```php
1  <?php
2  /**
3   * Template name: 홈 페이지
4   *
5   * @package WordPress
6   * @subpackage Twenty_Fifteen
7   * @since Twenty Fifteen 1.0
8   */
```

상단의 템플릿 이름을 홈페이지로 수정합니다.

```php
10  get_header('wide'); ?>
11
12  <div id="front-page" class="content-area">
13    <main id="main" class="site-main" role="main">
14      <div id="front-home" class="container-fluid p-all-0">
15        <?php get_template_part('code-block/home', 'carousel'); ?>
16      </div><!-- 슬라이더 -->
```

상단의 get_header()와 하단의 get_footer()에서 'wide'를 제거합니다. 슬라이더는 홈페이지 슬라이더의 파일 이름으로 수정합니다.

```php
17      <div id="front-about" class="container-fluid p-all-0 m-top-30">
18        <?php $src = wp_get_attachment_image_src( get_post_thumbnail_id(284), array(10000,10000) ); ?>
19        <div class="code-block text-center overlay m-btm-30" style="background: url(<?php echo $src[0]; ?>) center no-repeat;background-size:cover;padding: 80px 0;" data-stellar-background-ratio="0.5">
20          <div class="container get_excerpt">
21            <h1><?php echo get_the_title(284); ?></h1>
22            <p><?php echo get_excerpt_by_id(284); ?></p>
23          </div>
24        </div>
25        <div class="container p-all-0">
```

```
26        <?php get_template_part('code-block/front', 'about'); ?>
27      </div>
28    </div><!-- #front-about -->
```

#front-about에서 제목바를 출력하는 코드는 제거합니다. .container의 .p-all-0도 제거합니다.

```
23    <div id="front-gridblog" class="container p-all-0 m-top-30">
24      <?php $src = wp_get_attachment_image_src( get_post_thumbnail_id(295), array( 10000,10000 ) ); ?>
25      <div class="code-block text-center overlay m-btm-30"style="background: url(<?php echo $src[0]; ?>) center no-repeat;background-size:cover;padding: 20px 0;" data-stellar-background-ratio="0.5">
26        <div class="container get_excerpt">
27          <h1><?php echo get_the_title(295); ?></h1>
28          <p><?php echo get_excerpt_by_id(295); ?></p>
29        </div>
30      </div>
31      <div class="container p-all-0 waypoint moveDown" data-animate-down="moveUp medium">
32        <?php get_template_part('code-block/front', 'gridblog'); ?>
33      </div>
34    </div><!-- #front-gridblog -->
```

나머지는 홈페이지에 노출하고자 하는 콘텐츠의 코드 블록만 남겨놓습니다. 그리드 블로그의 콘텐츠를 출력하고자 한다면 위 코드에서 .container-fluid를 .contaier로 수정하고 padding 부분도 '20px 0'으로 수정합니다.

```
37    <div id="front-team" class="container p-all-0 m-top-30">
38      <?php $src = wp_get_attachment_image_src( get_post_thumbnail_id(253), array( 10000,10000 ) ); ?>
39      <div class="code-block text-center overlay m-btm-30"style="background: url(<?php echo $src[0]; ?>) center no-repeat;background-size:cover;padding: 20px 0;" data-stellar-background-ratio="0.5">
40        <div class="container get_excerpt">
41          <h1><?php echo get_the_title(253); ?></h1>
42          <p><?php echo get_excerpt_by_id(253); ?></p>
43        </div>
44      </div>
```

```
45        <div class="container p-all-0">
46            <?php get_template_part('code-block/front', 'team'); ?>
47        </div>
48    </div><!-- #front-team -->
```

예를 들어 #front-team은 요소 사이의 간격을 m-top-30 또는 m-btm-30의 숫자를 변경해 조절합니다.

```
49    <div id="front-contact" class="container p-all-0 m-top-30">
50        <?php $src = wp_get_attachment_image_src( get_post_thumbnail_id(324), array( 10000,10000 ) ); ?>
51        <div class="code-block text-center overlay m-btm-30" style="background: url(<?php echo $src[0]; ?>) center no-repeat;background-size:cover;padding: 20px 0;" data-stellar-background-ratio="0.5">
52            <div class="container get_excerpt">
53                <h1><?php echo get_the_title(324); ?></h1>
54                <p><?php echo get_excerpt_by_id(324); ?></p>
55            </div>
56        </div>
57        <div class="container p-all-0">
58            <?php get_template_part('code-block/front', 'contact'); ?>
59        </div>
60    </div><!-- #front-contact -->
```

#front-contact에서는 지도를 제외했습니다. 이제 두 개의 템플릿을 완성했으니 관리자 화면에서 새로운 페이지를 만들고 홈 화면에 노출할 페이지를 결정하면 됩니다.

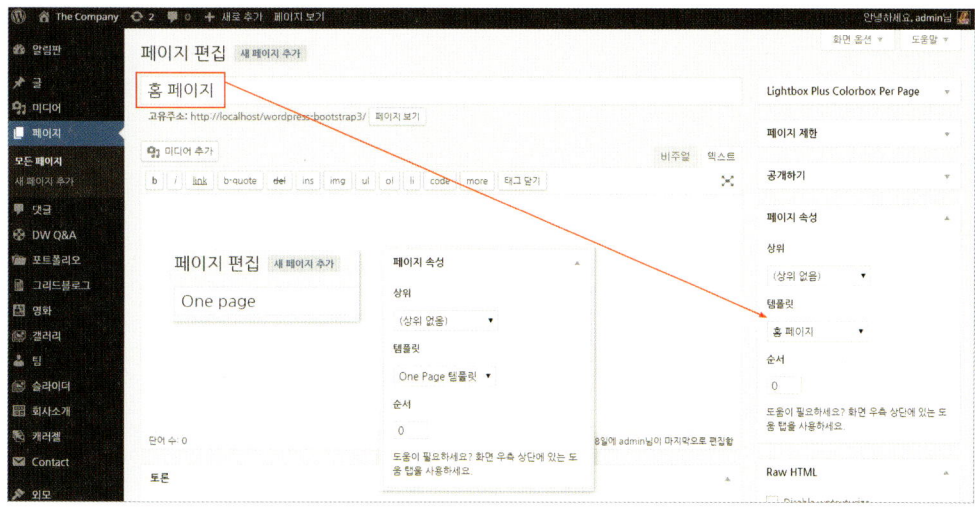

그림 4-28 홈페이지와 One page 만들기

새 페이지 추가 화면에서 '홈 페이지'로 제목을 만들고 템플릿을 '홈 페이지'로 선택한 다음 공개하기 버튼을 클릭합니다. 다시 새 페이지를 만들면서 이번에는 One page로 제목을 정하고 템플릿을 One Page 템플릿으로 선택합니다.

그림 4-29 메뉴 추가

메뉴 화면에서 Main Menu를 선택하고 홈 페이지와 One Page를 추가합니다. 이를 상단으로 옮기고 홈 페이지는 홈으로 수정한 뒤 저장합니다.

그림 4-30 전면 페이지 설정

설정 → 읽기에서 전면 페이지를 홈 페이지로 선택하고 저장합니다. 이제 사이트에서는 홈 페이지가 나타날 것입니다.

07 스타일 정리

```
11  #narrow #front-page .code-block { margin-left:15px; margin-right:15px; }
```

홈 페이지에서 스타일 스위처를 와이드로 했을 때 제목바와 콘텐츠의 세로 줄을 맞추기 위해 제목 바의 양쪽 끝에 15px의 마진을 적용합니다.

```
35      if ($site_layout == 'wide') {
36          echo '
37          body { background: #fff; }
38          #page {  width: 100%; background-color: #fff; }
39          #narow #front-page .code-block { margin-left:15px; margin-right:15px; }
40          ';
41      }
```

테마 옵션을 적용할 경우 code-block 폴더에서 theme-option.php 파일에 위와 같이 추가합니다.

좁은 너비의 브라우저에서는 스타일을 제대로 보지 않고 넘어가는 경우가 많은데, 정리하는 측면에서 전반적으로 둘러보겠습니다. 좁은 너비에서는 개발자 도구를 제대로 볼 수 없으니 크롬을 사용하고 있다면 개발자 도구의 탭 오른쪽 끝에 있는 윈도우 아이콘을 클릭해 브라우저로부터 독립된 창을 열어 살펴봅니다.

```
325 @media (max-width: 499px) {
326     ...
327     article img { width: 100% !important; }
328     .navbar-nav { margin: 0; }
329     #front-page .code-block { padding: 30px 0 !important; }
330 }
```

article 내부의 이미지는 모두 100%를 적용합니다. 콜랩스 된 메뉴를 열면 탑메뉴 하단에 스크롤 바가 생기는데 마진을 제거합니다. One page에서 제목바는 상하 패딩을 30px로 적용합니다.

```
320 article .author-avatar img, .img-circle, .comment-author img { width: inherit !important; }
```

위에서 모든 article 태그의 이미지 너비를 100%로 설정했는데, 원하지 않은 곳에서도 늘어나는 현상이 있으니 개별적으로 요소 검사해서 원래대로 돌려놓습니다.

```
43          // End the loop.
44          endwhile;
45          ?>
46          <div class="clearfix"></div>
```

싱글 페이지에서 글 내비게이션과 사이드바가 겹치는데 위와 같이 endwhile; ?> 바로 아래에 .clearfix를 추가합니다. 추가할 곳은 single.php, single-portfolio.php, single-gallery.php입니다.

여기까지 하고 책을 마칩니다. 이제 푸터까지 완료됐으니 얼추 사이트로서의 면모는 갖추게 됐습니다. 그동안 여러 가지 플러그인을 추가해 사용하면서 디자인적인 면에서 특별히 추가한 것은 별로 없습니다. 부트스트랩도 기본적인 요소만 사용했으며, 여러 가지 마음에 드는 테마의 파일을 추가하면 간단하게 색상이나 디자인을 바꿀 수 있습니다. 이러한 일부 세부적인 튜닝 작업과 자신만의 디자인을 추가하면 테마는 완성됩니다. 수고하셨습니다.

찾아보기

[기호]

.active	82
.affix-bottom	183
.affix-top	183
.alert	133
.alert-dismissible	134
.alert-link	134
.blockquote-reverse	54
.breadcrumb	125
.btn-block	82
.btn-group	99
.btn-group-justified	103
.btn-group-lg	100
.btn-group-sm	100
.btn-group-vertical	102
.btn-group-xs	100
.btn-lg	81
.btn-sm	81
.btn-toolbar	99
.btn-xs	81
.caption	132
.carousel-caption	181
.carousel-control	180
.carousel-indicators	179
.carousel-inner	180
.checkbox	67
.checkbox-inline	68
.clearfix	87
.close	134
.collapse.in	123
.disabled	67
.divider	98
.dl-horizontal	56
.dropdown	95
.dropdown-backdrop	158
.dropdown-header	98
.dropdown-menu	95
.dropdown-menu-left	97
.dropdown-menu-right	97
.dropdown-toggle	95
.drop-up	108
.embed-responsive	147
.embed-responsive-4by3	147
.embed-responsive-16by9	147
.embed-responsive-item	147
.form-control	62
.form-control-feedback	75
.form-control-static	71
.form-group-lg	78
.form-group-sm	78
.form-horizontal	65
.form-inline	63
.has-error	73
.has-feedback	75
.has-success	73
.has-warning	73
.help-block	79
.hidden	88
.img-circle	84
.img-responsive	84
.img-rounded	84
.img-thumbnail	84
.initialism	53
.input-group	109
.input-group-addon	109
.input-group-btn	111
.input-group-lg	110
.input-group-sm	110
.input-lg	77
.input-sm	77
.invisible	88
.jumbotron	129
.lable	128
.lead	50
.left	180

499

찾아보기

.list-goup-item-heading	143	.next	128
.list-goup-item-text	143	.open	95
.list-group	141	.page-header	130
.list-group-item	141	.pager	127
.list-inline	55	.pagination	125
.list-unstyled	54	.pagination-lg	127
.media	138	.pagination-sm	127
.media-body	138	.panel-body	144
.media-bottom	140	.panel-footer	145
.media-heding	138	.panel-heading	144
.media-left	138	.panel .panel-default	144
.media-list	140	.pre-scrollable	58
.media-middle	140	.previous	128
.media-right	139	.progress	135
.modal-body	151	.progress-bar	135
.modal-dialog	151	.progress-bar-striped	137
.modal-lg	152	.pull-left	87
.modal-sm	152	.pull-right	87
.navbar	121	.radio	67
.navbar-brand	122, 123	.radio-inline	68
.navbar-btn	124	.right	180
.navbar-collapse	119	_s	206
.navbar-default	121	.says	243
.navbar-fixed-bottom	124	.screen-reader-text	243
.navbar-fixed-top	124	.show	88
.navbar-form	123	.sideways	117
.navbar-header	119, 122	.sr-only	64, 88
.navbar-inverse	121	.sr-only-focusable	88
.navbar-left	123	.table	59
.navbar-link	124	.table-bordered	60
.navbar-right	123	.table-condensed	61
.navbar-static-top	125	.table-hover	60
.navbar-text	124	.table-responsive	62
.navbar-toggle	122	.table-stripe	60
.nav-justified	119	.tabs-left	116
.nav-pills	118	.tabs-right	117
.nav-stacked	118	.text-capitalize	53
.nav-tabs	114	.text-center	52

찾아보기

.text-hide	89
.text-left	52
.text-lowercase	53
.text-muted	85
.text-nowrap	52
.text-right	52
.text-uppercase	53
.thumbnail	131
.visible-xs-block	90
.visible-xs-inline	90
.visible-xs-inline-block	90

[ㄱ - ㄹ]

개발자 도구	29
거터	42
검색 상자	250
고급 사용자 정의 필드	310
관리자 화면 스타일시트	219
구글 맵	473
그리드 시스템	41
글(Post)과 페이지(Page)	195
글 타입	194
기본 글자 크기	50
냅(Navs)	114
냅바(Navbars)	119
냅바 선택자	121
단일 글 내비게이션	269
단축코드 만들기	284
닫기 아이콘(Close icon)	86
달력	250
댓글 내비게이션	268
댓글 유효성 검사	273
도움말 텍스트(Help text)	79
도움 클래스(Helper classes)	85
드롭다운	95, 158
디바이더	98
라디오버튼	67
라이트박스 플러그인	331
레이블(Label)	128
로그인 세션 변경	242
리스트 그룹(List group)	141

[ㅁ - ㅂ]

메타박스	193
모달(Modals)	151
목록	54
무료 사이트	237
무한 스크롤 기능	351
문맥 클래스	61
미디어 오브젝트(Media Object)	138
반응형 선택자(Responsive utilities)	89
반응형 임베드(Responsive embed)	147
반응형 테이블	62
배지(Badge)	128
버튼(Buttons)	80
버튼 그룹	99
버튼 그룹의 크기 조절	100
버튼 드롭다운	105
버튼 드롭다운의 크기 조절	107
버튼 드롭다운이 있는 입력상자	112
버튼 드롭업(Drop-up)	108
버튼 상태(Stateful)	172
버튼의 비활성 상태(Disabled state)	83
버튼의 크기 조절	81
버튼의 활성 상태(Active state)	82
버튼 툴바	99
보조 공학(Assistive Technology)	70
부제	50
부트 메트로	29
부트스트랩 스크롤 스파이	390
분리된 버튼	113
분리된 버튼 드롭다운 (Split button dropdowns)	106
뷰포트	40

501

찾아보기

브레드크럼	353
브레드크럼(Breadcrumb)	125
블록 버튼(Block level button)	82
블록 요소	90
비활성 상태(Disabled state)	71
비활성 필드셋(Disabled fieldsets)	72
빠른 플로트(Quick float)	87

[ㅅ - ㅇ]

사용자 정의 글 타입	297
서브라임 텍스트	29
선택(select) 상자	70
선택적 아이콘 사용 (With optional icons)	75
세로형 버튼 그룹 (Vertical button group)	102
센터 콘텐츠 블록 (Center content blocks)	87
소셜 메뉴	248
수평 폼 그룹 크기 조절	78
스크롤스파이(Scrollspy)	160
스크린 리더	88
스크린 리더 텍스트	243
스타일 스위쳐(Style switcher)	239
시멘틱 태그	40
싱글 토글 버튼	173
썸네일(Thumbnails)	131
아이콘(Glyphicons)	92
알림 메시지(Alert message)	172
알림 메시지(Alerts)	133
애니메이션 스크롤	241
애니메이션 스타일시트	412
액션	221
액션 만들기	283
약어	53
어픽스(Affix)	183
오버레이 효과	281
오토셋	31
옵션 프레임워크	353
워드프레스 공식 사이트	189
워드프레스 설치 폴더의 내용	198
워드프레스 템플릿 태그	204
웨이포인트(Waypoint)	412
웰(Wells)	148
위젯	246
유니코드	94
유동폭 레이아웃	48
이미지 대체(Image replacement)	89
인라인 요소	90
인용	53
읽기 전용 상태(Readonly state)	73
입력상자 그룹(Input groups)	109

[ㅈ - ㅋ]

자식 테마 만들기	217
전체 폭 버튼 그룹 (Justified button groups)	103
점보트론(Jumbotron)	129
정렬 클래스	52
정적인 콘트롤(Static control)	71
체크박스	67
치트시트	94
캐러젤(Carousel)	179
캐럿(Carets)	86
커스텀 콘텐츠	132
컬럼 네스팅	47
컬럼 리셋	45
컬럼 순서 변경	46
컬럼 오프셋	48
콘텍스트 배경 (Contextual backgrounds)	85
콘텍스트 색상(Contextual colors)	85
콘텐츠 보이기와 감추기	88
콘텐츠 영역	197

찾아보기

콜랩스(Collapse)	176
클리어픽스(Clearfix)	87
키보드 내비게이션 콘텐츠	88

[ㅌ - ㅎ]

탭(tabs)	114
탭(Tabs)	162
탭의 변형	116
템플릿 계층구조 (Tamplate Hierarchy)	199
템플릿 태그	201
템플릿 파일	200
툴팁(Tooltips)	165
트랜스폼 클래스	52
팝오버(Popover)	169
패널(Panels)	144
패럴랙스 효과	281
페이저(Pager)	127
페이지(Page), 글(Post)과	195
페이지 처리(Pagination)	125
페이지 처리의 크기 조절	127
페이지 헤더	130
폰트 어썸	93, 316
폼 유효성 상태(Validation states)	73
폼 크기 조절(Control sizing)	77
푸터 영역	197
프로그레스 바(Progress Bar)	135
프리로더	373
플렉스 슬라이더 플러그인	369
필(Pills)	114, 118
필드셋	72
헤더 영역	197
헤딩	49

[A - F]

abbr	53
Advanced Custom Fields	310
animate.css	412
aria-expanded	96
aria-haspopup	96
aria-invalid	74
aria-label	70, 99
aria-labelledby	99
Attachment 플러그인	319
backdrop	155
bg-danger	86
bg-info	86
bg-primary	86
bg-success	86
bg-warning	86
blockquote	53
bootstrap-theme.min.css	99
Breadcrumb NavXT	354
code	56
comment_template	263
Contact Form 7	469
content-none.php	271
content-search.php	271
Custom Post Type UI 플러그인	301
data-animation	167
data-api	149
data-dismiss	151
data-dismiss="alert"	134, 172
data-offset-bottom	183
data-offset-top	183
data-original-title	165
data-placement	165
data-ride="carousel"	179
data-slide="next"	180
data-slide="prev"	180
data-spy="affix"	183

503

data-toggle="collapse"	122, 176	pre	57
data-toggle="dropdown"	95	Raw HTML	468
data-toggle="modal"	151	Really simple Captcha	452
data-toggle="popover"	169	Regenerate Thumbnails	261
data-toggle="tab"	114	role	96
data-toggle="tooltip"	165	role="button"	96
del	51	role="group"	99
Direction-Aware Hover Effect 제이쿼리 플러그인	334	role="menu"	96
		role="menubar"	96
disabled 속성	71	role="menuitem"	96
dl	56	role="navigation"	96
Duplicate Post	235	role="presentation"	96
DW Question Answer	425	role="toolbar"	99
em	51	s	51
fieldset	72	samp	58
		search.php	270
		show	155
[G - S]		Simple Image Sizes	259
		small	51
get_field()	316	strong	51
get_footer()	209		
get_header()	209	[T - W]	
get_template_directory_uri	430		
get_template_part()	209	tabindex="-1"	96
Global content block	408	textarea 태그	67
Gmap3	473	text-danger	85
holder.js	131	text-info	85
input 태그	66	text-primary	85
ins	51	text-success	85
isotope 플러그인	328	text-warning	85
Jekyll	37	the_field()	316
kbd	57	truncate	56
keyboard	155	u	51
Lightbox Plus colorbox	331	Ultimate Posts Widget 플러그인	338
mark	51	var	58
multiple	70	WAI-ARIA	70
ol	54	wp-bootstrap-navwalker	225
Options Framework	357	wp_dequeue_script()	442
phpMyAdmin	190	wp_enqueue_script()	220
phpMyAdmin 세션 늘리기	243	wp_enqueue_style()	220
PHP 코드 블록	201	WP-Members	452
Post Type Switcher	418